아함경⁴

연기법의 언어

학담평석 **아함경** **4**

법보장 1 연기법의 언어, 연기법의 가르침

한길사

Āgama-Sūtra

by. Hakdam

Published by Hangilsa Publising. Co., Ltd., Korea, 2014

학담 아함경의 구성

일러두기

1. 번역 대본 및 참고한 주요 불전과 문헌은 다음과 같다.

• 북전 산스크리트어의 한역(漢譯) 네 아함을 번역 대본으로 삼고, 필요한 경우 그에 해당하는 남전 팔리어 니카야를 번역해 함께 수록했다. 그 가운데 상윳타니카야(Saṃyutta-nikāya, 상응부경전)와 마즈히마니카야(Majjhima-nikāya, 중부경전)는 보디(Bodhi) 비구의 영역본을 기본으로 해서 일어역『남전장경』(南傳藏經)을 참조했다. 또한 동국역경원 한글 번역본을 초역에 참고했다.

• 비나야(vinaya, 律)로는 동아시아 불교 율종(律宗)의 토대가 된『사분율』(四分律)의 주요 내용을 뽑아 실었다.

• 천태지의선사(天台智顗禪師)의 교관(敎觀)을 경전 해석의 기본 틀로 삼아 천태선사의 저술『마하지관』(摩訶止觀)·『법계차제초문』(法界次第初門) 가운데 많은 법문을 번역해 실었다.

• 그밖에 참고한 다양한 불전 및 문헌들은 제12책(아함경 독해의 길잡이) 끝에 자세히 실었다.

2. 네 아함의 한문 경전은 직역을 원칙으로 했으며 자연스러운 우리말을 풍부히 살렸다. 특히, 게송은 뜻을 살리면서 운율의 맛이 느껴지게 했다.

3. 기존 한역 네 아함과 남전 다섯 니카야의 불전 체계를 귀명장·불보장·법보장·승보장 삼보(三寶)의 새로운 틀로 재구성했다. 전12책 20권의 편제다.

4. 해제, 이끄는 글, 해설에서 모든 경을 대승 교설과 회통하여 깊고 명쾌하게 평석했다. 부·장·절 그리고 각 경에 제목을 붙여 내용의 이해를 도왔다.

5. 지명·인명·용어 등은 산스크리트어 표기를 원칙으로 하되 이미 익숙해

진 발음은 아래처럼 예외를 두었다.

- 붓다는 산스크리트어 Buddha의 어원을 나타내기 위해 '붇다'로 표기한다. 싣단타(siddhānta)와 데바닫타(Devadatta)의 경우도 마찬가지이다.
- 산스크리트어 표기는 묵음화된 현대 발음을 쓰지 않고 고대 한자어로 음 사한 음을 따라 쓴다. 예를 들어 Veda는 웨다로 쓰지 않고 베다로 쓴다. 산 스크리트어 비파스야나(vipaśyanā)는 위파사나로 하는 이들이 있지만, 우 리말에 익숙해진 비파사나로 쓴다.
- 〈ś〉의 발음은 〈śari〉처럼 뒤에 모음이 오면 '사리(스)', 〈Śrāvastī〉처럼 뒤에 자음이 오면 '슈라바스티(슈)', 〈Aśvajit〉처럼 단어 중간에 모음 없이 오면 '아쓰바짓(쓰)'으로 표기한다.
- 팔리어 인·지명만 남아 있을 경우 '巴'로 팔리어임을 표시했다.
- 산스크리트어의 원래 발음을 찾지 못한 한자 음사어는 우리말 한자음과 현 대 중국어 발음을 참고해서 원어에 가깝게 표기하고 한자어를 병기한다.
- 산스크리트어 빅슈(bhikṣu)·빅슈니(bhikṣunī)는 팔리어 비구(bhikkhu)· 비구니(bhikkhunī)로 쓴다. 산스크리트어 슈라마네라(śrāmaṇera)·슈라 마네리카(śrāmaṇerikā)도 사미·사미니로 쓴다. 산스크리트어로 슈라마나 (śramaṇa), 팔리어로 사마나(samaṇa)는 사문(沙門)으로 쓴다.
- 용수(龍樹)-나가르주나(Nāgārjuna), 마명(馬鳴)-아쓰바고샤(Aśvaghoṣa), 세친(世親)-바수반두(Vasubandhu) 등 일부 인명은 익숙한 한자음 표기를 혼용한다.

6. 경전명·저술명은 가급적 한자어로 표기한다. 『중론』·『성유식론』·『기신 론』·『대지도론』·『열반경』·『화엄경』 등.

7. 불(佛)·법(法)·승(僧)은 어원에 따라 붇다·다르마·상가로 쓴다.

8. " " – 직접인용 및 대화　　　' '–" " 속의 인용과 대화 및 어구 강조
　　〈 〉–' ' 속의 인용과 대화　　「 」–경전(품)·논문·단편
　　『 』– 경전·불전·책(빈번히 언급되는 남·북전 아함경은 생략)
　　[ ] – 병기 한자어 및 원어 독음이 다를 때

연기법의 언어, 연기법의 가르침

언어의 연기적 실상과 연기법의 언어

• 해제

1. 연기법의 언어관

많은 종교의 교도들은 자신들이 믿고 따르는 성자의 가르침을 거룩한 말씀[vāc, 聖語]이라고 받들어 모신다. 불교도들 또한 예외는 아니다.

그러나 초월신의 계시를 전제로 출발한 종교에서 말씀을 절대시하는 것과 우주 만유의 전변자인 브라흐만의 절대성을 믿는 브라마나들이 베다(Veda) 말씀의 신성함을 믿는 것, 그것과 절대신성을 부정하는 불교에서 붇다의 깨달음의 말씀에 대한 공경은 그 기본 성격이 다르다.

인도사회에서 브라흐만의 신성을 등에 업은 브라마나들의 지배적 권위에 도전해 새로운 사문들이 출현해, 자신들의 철학적 견해들을 펼쳤던 붇다 당시에는 베다의 언어에 대한 논쟁이 한창이었다.

브라마나들은 베다의 '거룩한 말씀은 늘 머문다'고 주장한다[常住說]. 그에 대해 브라흐만의 존재를 부인했던 사문들은 '베다도 말이기 때문에 덧없이 사라진다'고 주장한다[無常說].

붓다의 연기론에서 보더라도 신이 계시한 언어라 하거나 절대신성인 브라흐만이 육화된 언어라 하거나, 온갖 언어는 그 신성함에 대한 종교적 주장에도 불구하고 모두 역사 속에서 연기한 언어이며 사람이 사람에게 보인 의미전달의 약속과 기호이다.

언어는 절대관념 속에 있는 것도, 순수한 자기주체 속에 있는 것도 아니다. 언어는 세계를 마주하고 있는 인간이 세계를 자기화하고 세계에 의미를 부여하는 실천활동 속에서 생성된 것이며, 다른 사람과의 대화와 사유의 전승을 위해 만들어놓은 기호체계이다.

언어는 세계 속에서 그리고 인간의 사회적 관계 속에서 연기된 것이다. 그러므로 지금 인간이 쓰고 있는 언어는 다음 순간 사라지지만, 그 사회적 약속으로서의 기호체계는 새로운 언어사용의 틀이 되고 도구가 되며, 생성의 산실이 된다.

그러므로 언어는 덧없지만 저 사문들이 브라마나의 신성한 언어를 부정하기 위해 말하는 덧없음과는 그 덧없음의 뜻이 다르다.

붓다 또한 종교의 신비언어이든 일상언어이든 과학의 언어이든 모든 언어는 세간법이 모두 일어나고 사라진다는 뜻에서 덧없음의 존재라고 말한다.

지금 쓰는 언어는 다음 순간 사라진다. 그러나 이미 제도화되고 사회화된 기호로서의 언어체계는 다음 사유의 도구가 되어 우리는 세계에 대한 새로운 의미부여와 다른 사람과의 의사소통을 계속한다.

언어는 연기된 것이므로 공하지만 공하기 때문에 새로운 원인과 조건의 결합 속에서 우리는 언어사용을 계속할 수 있다.

언어는 주체의 사유와 세계 속에서 일어나지만 언어의 일정한 자기동일성은 새로운 세계 인식의 토대가 된다. 지금 사유하는 인간이 저 세계와 다른 사람을 향해 언어를 사용할 때, 그 언어는 사유가 아니지만 사유 아님도 아니고, 언어는 세계가 아니지만 세계 아님도 아니다.

붇다의 연기교설로 보더라도 지금 인간이 저 세계와 다른 사람을 향해 언어를 사용할 때, 말하는 내[六根]가 여기 실로 있다[實有]고 해도 세계[六境]와 다른 사람을 향해 언어를 쓸 수 없고, 말하는 내가 여기 실로 없다[實無]고 해도 세계를 향해 언어를 쓸 수 없다. 또한 저 언어를 통해 의미화되어지는 세계가 내 밖에 실로 나가 있다 해도 세계를 향한 주체의 언어가 쓰여질 수 없고, 저 세계가 내 안에 있다고 해도 나 아닌 다른 것에 대한 주체의 언어사용이 이루어질 수 없다.

지금 저 대상을 향해 말할 때, 실로 말하는 자와 실로 말되어지는 것이 있지 않으므로, 비로소 대상에 대한 나의 말이 이루어진다.

『기신론』(起信論)은 이 뜻을 '비록 생각하되 생각함과 생각할 것이 없으며, 비록 말하되 말할 수 있음과 말할 것이 없다'[雖念無有能念可念 雖說能說可說]고 한다.

말하되 말하는 주체와 말되어지는 대상의 실체가 없으므로 말할 수 있으니, 말함에 실로 말함이 없다. 그러나 말에 실로 말이 없고, 말 없되 말 없음도 없으므로, 말은 새로운 생성의 길을 걸어갈 수 있으니, 붇다의 덧없음은 사라져 없어짐의 덧없음이 아니다. 말은 덧없기 때문에 공하고 공하기 때문에 새로운 덧없음의 말을 만들어갈 수 있다.

붇다는 '거룩한 말씀은 늘 머문다'[語常住]고 함과 '말은 모두 덧없다'[語無常]는 두 견해를 뛰어넘어 언어는 덧없으므로 공하고 공하므로 새롭게 생성된다고 가르친다.

신성이 내려주는 초월적 언어의 신비를 부정하는 연기법의 언어 관에서 보면 붇다의 가르침 또한 일상언어의 장에서 연기한 것이다. 그러나 붇다의 언어는 우리 중생의 말과 다르지 않되 그 언어로 언어 자체와 세간법의 연기적 진실을 열어 보인다.

붇다의 언어는 미망을 깨뜨림으로써 헛된 관념과 모습에 물들고 얽매인 중생으로 하여금 부자유의 삶을 벗어나 니르바나와 해탈의 길에 들어가게 하므로 '거룩한 가르침'[聖教]의 뜻을 얻는다.

여래의 연기법의 가르침을 들은 제자들은 가르침을 듣고[聞] 사유하여[思] 해탈의 실천에 나아감[修]으로 '많이 들은 거룩한 제자'[多聞聖弟子]의 이름을 얻는다.

불교는 언어와 관념 세계의 온갖 모습들이 서로 의지하고 어우러지는 현실세간의 연기적 진실을 밝혀 해탈에 이끄는 데 두 가지 법[二法]을 세우니, 진제(眞諦)와 속제(俗諦)이다.

진제와 속제라는 두 가지 구분을 듣고 많은 이들은 불교가 세계를 경험되는 세속의 영역과 경험되지 않는 진리의 영역으로 양분하고 있다고 말하곤 한다.

그러나 진제와 속제라는 법을 세움은 존재 속에 진제와 속제라고 말할 수 있는 객관적 실재[理境二諦]가 있음을 보이기 위함이 아니다. 두 법을 세운 것은 언어와 모습 있음에서 실로 있다는 견해를 깨뜨리고 언어와 모습 없음에서 실로 없다는 견해를 깨뜨리기 위함이다.

속제(saṃvṛti-satya)란 말은 바로 연기되는 세속의 영역밖에 초월적인 진리의 영역이 따로 없음을 나타낸다. 세속의 모습은 연기되므로 공하고 공하기 때문에 경험되지만, 경험됨 또한 실로 경험됨이 없다.

연기된 것이라 있되 공한 세속의 모습에 대해, 실로 있다는 집착을 일으키면 세속의 있되 공한 진실에 나아갈 수 없으므로 있음이 실로 있다는 집착을 깨기 위해 진제(paramārtha-satya)의 이름을 세운다.

속제는 법이 없지 않음을 밝히고[明法非無] 진제는 법이 있지 않음을 드러낸다[顯法非有]. 이처럼 진제란 속제 밖에 말할 수 없고 사유할 수 없는 진리의 세계를 말함이 아니라, 말하고 경험하는 속제의 있되 공한 실상에 붙인 이름이다. 그러므로 진제의 공함 또한 집착할 것이 없어서 진제의 공한 뜻[空義]이 속제가 연기하는 뜻[緣起義]을 이루어준다.

속제는 진제인 속제이고 진제는 속제인 진리라 중도인 것이다.

붇다의 언어적 가르침 또한 말함이 있고 보임이 있으므로 속제이다. 그 붇다의 가르침은 속제를 통해 온갖 법이 연기하므로 공한 진실에 나아가게 하고, 진제라는 말로 없음이 없음 아님을 보여 속제의 있음 아닌 있음이 공한 진제에서 연기함을 보인다.

그 뜻을 나가르주나(Nāgārjuna, 龍樹) 존자의 『중론』(中論)은 다음과 같이 말한다.

　　모든 붇다는 두 가지 진리에 의해
　　중생을 위해 법을 말한다.
　　하나는 세속의 진리이고
　　둘은 으뜸가는 뜻의 진리이니
　　만약 사람이 두 진리에 대해
　　분별하여 알지 못한다면
　　깊고 깊은 붇다의 법에 대해

진실한 뜻을 알지 못한다.

諸佛依二諦　爲衆生說法

一以世俗諦　二第一義諦

若人不能知　分別於二諦

則於深佛法　不知眞實義

중국불교 남북조 시기에도 진제와 속제의 뜻을 바로 알지 못하여 많은 사람들이 혼란을 겪고 있었다. 당시 양무제(梁武帝)가 남조(南朝) 고승 이십팔가(二十八家)에게 이 뜻을 묻자, 그들은 진제와 속제의 같음[同]과 다름[異]으로 논쟁하였다.

논쟁의 끝이 보이지 않은 것은 많은 이들이 하나인 존재 속에 진제와 속제라는 이름에 상응하는 존재의 영역이 실로 있다는 사고[理境二諦]에 붙잡혀 있었기 때문이다.

이때 고구려 승랑법사(僧朗法師)가 우뚝 일어나 진제와 속제 두 법은 중생의 집착을 깨기 위한 언어적 가르침으로서 세운 것[言敎二諦]이라는 관점으로 이 논쟁을 융회하여 중국불교에 삼론(三論) 해석의 새로운 길[新三論]을 열었다.

승랑법사가 제시한 '언교이제'의 관점에서 보면 바로 연기되는 속제의 있음을 실로 있음으로 집착하는 사유를 깨기 위해 진제의 이름을 세우고, 공(空)을 공으로 집착하는 사유를 깨기 위해 속제의 이름을 세운 것이다. 진제에 공한 진리가 없고 속제에 실로 있는 세속의 모습이 없는 것이다.

승랑법사의 관점대로 속제와 진제가 둘이 아닌 중도의 관점을 올바로 세울 때만, 초월자의 거룩한 언어와 세속 언어의 이원성을 뛰어넘을 수 있고 말 있음과 말 없음의 대립에서 벗어날 수 있다.

곧 지금 비구대중의 눈앞에서 연기의 가르침을 설하는 붇다의 언어활동에서도 실로 말하는 붇다와 듣는 제자의 실체가 공하다. 그러므로 그 말함에 말함 없는 줄 아는 이가 바로 지금 붇다의 말 없는 침묵 속에서도 길이 붇다의 설법을 듣는 자라 할 것이다.

천태선사(天台禪師)는 『법화현의』(法華玄義)에서 말에 말 없고 문자에 문자가 공한 줄 알면, 말 없음 속에서 설법을 듣고 문자를 떠나 법계의 경 읽을 수 있음을 다음과 같이 보인다.

"이와 같이 문자를 이해하면 손으로 책을 잡지 않고도 늘 경을 읽고, 입으로 소리를 말하지 않고도 뭇 경전들을 두루 외우며, 붇다가 법을 설하지 않아도 거룩한 음성을 늘 들으며, 마음으로 생각하지 않고도 법계를 널리 비춘다[如此解字 手不執卷 常讀是經 口無言聲 遍誦衆典 佛不說法 恒聞梵音 心不思惟 普照法界]."

영가선사(永嘉禪師)의 「증도가」(證道歌)는 이런 뜻을 다음과 같이 노래한다.

말 없을 때 말하고 말할 때 말 없음이여,
큰 보시의 문이 열려서 막혀 답답함 없네.
어떤 사람이 무슨 종지 아느냐 내게 물으면
마하반야의 힘이라고 대답해주리라.
黙時說 說時黙 大施門開無壅塞
有人問我解何宗 報道摩訶般若力

2. 사유 · 현실 · 언어

세계의 연기적 실상을 해명하는 붇다의 거룩한 가르침은 초월자의 계시언어도 아니며, '오직 하나인 자'[Tad Ekam]와의 신비적 합일을 통해 받아 듣는 브라흐만의 육화된 언어도 아니다.

붇다의 깨달음과 해탈의 언어도 일상 언어생활의 장에서 연기한 것이나, 일상 언어생활의 연기적 실상을 해명함으로써 해탈에 이끄는 언어다.

일상 언어의 장이란 사유 · 현실 · 언어가 서로 의지하고 어울리는 현실생활의 장이니, 일상 언어생활의 장이 바로 속제의 영역이다. 붇다는 속제인 언어생활의 장에서 속제의 있음이 공한 있음인 줄 체달함으로써 사유에서 사유를 뛰어넘고 말에서 말을 뛰어넘으며 현실의 닫힌 모습에서 모습을 뛰어넘어 대자재를 구현한 분이다.

그에 비해 우리들 번뇌에 묶인 뭇 삶들은 사유 · 현실 · 언어가 서로 어울리는 현실경험의 세계에서 현실경험의 연기적 진실을 보지 못하고 물든 사유와 닫힌 관념, 모습의 장애에 가리고 막혀 생활하는 존재이다.

연기법에서 언어는 현실을 지향하는 주체의 사유 없이도 일어날 수 없고, 사유가 지향하는 현실이 없이도 사용될 수 없다. 언어가 객관적이고 제도화된 자기구조를 지니고 있으므로 사유에 전적으로 환원되지 않지만 사유 아님도 아니며, 언어가 지향하고 언어가 표현하는 현실이 아니지만 현실 아님도 아니다.

의식[名]과 존재[色]가 서로 의지해서 발생함을 보이는 다섯 쌓임[五蘊]의 가르침으로 다시 살펴보면, 언어는 의식과 물질적 생활세계에 의해 연기하나 언어가 다시 의식과 물질세계를 새롭게 규정하는 세력을 지니므로 지어감의 법[行蘊]이다.

지어감의 법은 산스크리트어 삼스카라(saṃskāra)로서 의지와 욕구의 힘을 가진 마음의 작용이나, 지어감의 법 가운데서도 언어는 의식에 전적으로 종속되지 않으므로 '마음에 서로 응하지 않는 법'[心不相應行法]이 된다.

유식불교(唯識佛教)는 만 가지 존재를 의식과 존재[名色, nāma-rūpa]의 상호연기로 밝히는 다섯 쌓임의 교설[五蘊說]을 받아 만 가지 존재를 앎활동[識]을 중심으로 해명한다. 유식에서 물질세계는 마음의 토대이나 마음에 알려진 세계이고 마음인 세계이므로 온갖 것은 앎활동인 온갖 것[萬法唯識]으로 다시 표현된다.

유식에서는 언어 또한 앎활동인 언어이다. 그러나 언어는 사유가 아니되 사유 아님도 아니고 세계가 아니되 세계 아님도 아니므로 언어는 '사유와 세계의 중간 영역'이다. 의식과 존재의 중간 영역으로서 언어를 유식불교는 분위유식(分位唯識)이라 한다. 분위란 부분적으로 같음을 뜻하니, 언어가 '앎활동 자체'[自體唯識]와 '앎이 드러낸 세계'[所變唯識]의 중간 영역임을 말한다.

언어는 이처럼 다섯 쌓임의 근본 교설[五蘊說]과 유식불교에서 모두 주체의 사유와 세계의 중간 영역이 되므로 사유와 세계를 새롭게 규정하는 힘을 가진 행[行蘊]으로 표현된다.

붓다의 깨달음 또한 일상언어의 현장을 떠나지 않는다. 여래의 보디(bodhi, 菩提)란 붓다의 삶에서 사유와 현실이 서로 의지해 있는 속제의 있되 있음 아닌 진실이 온전히 발현됨을 뜻하지 보디의 성취가 속제를 떠난 신비의 세계에 돌아감을 뜻하는 것이 아니다.

붇다의 깨달음의 언어는 곧 붇다의 지혜와 지혜로 깨친 세계의 실상이 언어로 발현된 것이다.

이를 『반야경』의 표현으로 살펴보면 붇다의 깨친 지혜가 관조반야(觀照般若)라면, 지혜로 깨친 세계의 실상은 실상반야(實相般若)이며, 붇다의 깨달음의 언어는 실상과 관조가 하나됨에서 일어난 해탈의 활동이니 곧 문자반야(文字般若)이다.

관조반야·실상반야·문자반야는 사유·현실·언어가 서로 의지해 있는 일상생활의 장의 연기관계에 상응한다. 다만 보디를 성취한 이의 사유는 사유되어지는바 모습이 모습 아님을 깨달아 그 사유가 생각 아닌 생각[無念之念]이 되고, 사유되어지는바 현실은 모습에 모습 없는 실상[無相實相]이 되며, 그 언어적 활동은 말에 말 없는 창조적 언어활동이 될 뿐이다.

아함경의 여러 곳에서 붇다께서는 비구대중에게 '나의 말은 바른 법의 말[法說]이며 뜻의 말[義說]이다'라고 선언한다. 이는 바로 여래의 갖가지 언어와 비유를 통한 교화가 바로 모든 법[諸法] 곧 연기하는 온갖 존재의 진실을 열어 보이는 법[dharma]의 말씀[法說]이며, 삶의 바른 지향[artha]을 가르치는 말씀, 곧 보디와 니르바나를 향한 실천적 지향의 말씀[義說]임을 보이는 것이다.

여래의 말씀은 연기의 진실을 열어 보이므로 법의 말이며, 중생을 보디와 니르바나에 이끌므로 뜻의 말인 것이다.

『법화경』(「방편품」方便品)은 아함의 이 뜻을 받아, 여래의 온갖 언어적 실천이 연기법의 실상과 실상을 깨친 보디에서 일어난 것임을 다음 한 게송으로 밝힌다.

세간의 이 법이 법자리에 머물러
세간의 모습이 늘 머물러 있네.
도량에서 이 법을 깨달아 아시고
인도자께선 방편으로 말씀하시네.

是法住法位　世間相常住
於道場知已　導師方便說

필자는 『법화경』의 이 게송에서 위의 두 줄을 '실상반야'에 연결시키고, 셋째 줄의 게송은 '관조반야', 넷째 줄은 '문자반야'에 연결시켜 풀이한다.

둘째 줄에서 '세간의 모습이 늘 머물러 있다'고 하는 것은 실재론자들이 말하는 변하지 않음의 뜻과는 전혀 다른 '늘 머묾'[常住]의 뜻이다.

게송에서 '이 법'[是法]이란 세간의 모습[世間相]이며 일상생활의 장인 속제의 세계이다. 이 속제가 연기한 것이라 있되 공하므로 세간의 모습이 바로 공하되 공하지 않은 진제 자체이므로 그 뜻을 속제가 진제인 법자리[法位]에 머문다고 말한 것이다.

세간의 모습은 인연으로 나는 것이라 실로 나는 것이 아니고, 인연으로 사라지는 것이라 실로 사라지지 않는다. 세간의 모습이 나되 나지 않고 사라지되 사라지지 않으므로 늘 머무는 모습[常住相]이 되는 것이니, 법화의 늘 머묾은 바로 항상함[常]과 덧없음[無常]을 뛰어넘은 늘 머묾인 것이다.

붓다께서는 이러한 세간법의 실상을 현실세간의 장, 일상 언어생활의 장에서 깨달으시니, 이를 경전은 '도량에서 깨달아 아셨다'고 말한다.

　도량에서 이미 아신 보디의 성취자 붇다께서는 다시 연기법의 진실을 모르고 나고 죽음의 기나긴 밤길 헤매는 중생에게 갖가지 방편의 문을 열고 언어적 실천을 일으켜 중생을 나고 죽음이 없는 해탈의 저 언덕으로 건네주시니, 이를 경전은 '삼계의 위대한 인도자께서 방편으로 말씀하신다'고 말한다.

　여래의 언어는 실상의 땅에서 일어난 것이고 알되 앎 없고 앎 없되 앎 없음도 없는 보디의 작용으로 나타난 것이므로 그 말씀에는 실로 말하되 말함이 없고, 그 해탈의 활동에는 건네주되 건네줌이 없으며, 짓되 지음이 없다.

　그 진리의 말씀을 듣고 우리 중생 또한 미망의 꿈을 버리고 보디의 땅에 돌아가고 세간의 모습이 늘 머물러 남이 없고 사라짐 없는 실상의 세계에 돌아가는 것이다.

　이처럼 여래의 말씀은 주어진 것의 진실을 밝히는 법의 말이고 고통 속 중생을 해탈에 이끄는 뜻의 말이다. 그러므로 여래의 법의 말과 뜻의 말을 굳건히 받아 듣고 사유해 행하는 자[聞思修] 또한 여래의 공덕의 삶으로 스스로의 삶을 드러내고, 여래의 장엄으로 스스로의 삶을 꾸미게 될 것이다[以如來莊嚴自莊嚴].

　그리하여 설해도 설함 없는 언어적 실천을 일으켜 우리들 삶의 공간 우리들 역사를 선정과 지혜의 힘으로 다시 아름답게 가꾸어갈 것[定慧力莊嚴]이다.

3. 언어의 연기구조와 연기법의 언어

종교적 성자가 자신의 언어를 절대신이 계시한 말이라거나 절대 신성 자체의 육화된 언어라고 말하면, 듣는 이가 그 언어의 현실성과 객관적 정당성을 검증할 길은 없다.

붓다는 스스로 자신의 가르침을 올바른 법의 말과 뜻의 말이라고 선언하고 있다. 곧 붓다는 스스로의 언어가 초월자의 언어가 아니라 세간법의 진실을 깨달아 세간법의 실상을 열어 보이는 진리의 언어이며, 니르바나에 이르는 지혜의 길임을 보이고 있는 것이다. 그러므로 듣는 이가 누구든 그 말씀을 옳게 받아 듣고[聞] 바르게 사유하여 [思] 생활 속에 실천하면[修] 말씀의 진리성을 스스로 깨달아 증험할 수 있다.

여래는 중생의 일상대화의 언어, 생활의 언어로써 삶의 진실과 세계의 실상을 열어 보이니, 여래의 가르침에는 어떤 형태의 도그마도 용납되지 않으며 어떤 형태의 환상도 설 곳이 없다.

이제 초기 불교의 근본 교설과 우리들 일상 대화구조의 연관성을 살펴보자.

우리가 장미꽃이나 진달래꽃이라는 단어를 사용할 때, 그 단어는 객관의 꽃 자체가 없이도 그 말을 쓸 수 없고, 그 꽃에 대한 주체의 사고, 목적의식적 지향이 없이도 사용할 수 없다.

사물에 대한 알아차림이 사물에 대한 언어 사용을 가능케 한다. 그러나 장미꽃·진달래꽃이라는 단어는 우리의 주관적인 느낌과 감정과는 달리 한 번 일어났다 사라지지 않는다. 그 단어는 제도화되고 객관화된 사회적 약속과 사회적 실천으로 자리하고 있어, 그 단어가 다시 사물을 새롭게 지시하고 인간의 행위를 이끌어간다.

그러므로 붇다의 다섯 쌓임의 교설[五蘊說]은 언어란 마음이 아니지만 마음 아님도 아니고 물질이 아니지만 물질 아님도 아닌, 주체와 세계의 중간 영역으로 그 법을 분류한다.

우리가 '산에 꽃이 피었다'고 말할 때 주체의 알아차림과 이름 지음[名, nāma], 꽃[色]이라고 이름지어지는 사물 자체의 서로 분리될 수 없는 내적 관계성을 전제하지 않고서는 그 말을 쓸 수 없다.

알려지는 것 없는 앎이 없고 아는 자 없는 알려지는 것이 없으므로, 의식과 존재는 지금 주체의 대상을 향한 이름 부름 속에서 동시에 서로 규정한다고 할 수 있다. 그러나 그 꽃이 진달래인지 철쭉인지 그 꽃의 빛깔이 아름다운지 어떤지의 분별은 어떤 인과적 차제(次第)를 전제해서 이루어지는 것이므로 구체적 인식의 성취는 한때 이루어진다고만 말할 수 없다.

비록 인과적 차제를 말하나 원인으로 인해 이루어진 결과가 다시 원인이 되어 원인과 결과가 모두 공한 것이니, 원인과 결과가 때를 같이함[同時]과 인과의 차제는 서로 배타하지 않는다.

산이라는 공간 안에 꽃이 있을 때 우리는 그것을 먼저 감각적으로 받아들여서, 좋고 나쁜 느낌으로만 사물을 받아들인다. 다섯 쌓임설로 보면 보여지는 꽃이 물질법[色法, rūpa]이라면 대상에 대한 감각적 수용은 느낌[受, vedanā]이다.

대상에 대한 감각적 수용은 동시에 저 사물을 주체의 의식내용으로 구성함이며 대상의 자기주체화이니, 이를 다섯 쌓임설은 모습 취함[想, 取像, saṃjñāna]이라 한다.

대상을 주체의 의식내용으로 받아들이면 그 받아들임에 때와 곳,

언어·숫자 등이 매개되면서 사물과 주체를 다시 규정하는 힘이 생기니, 이를 다섯 쌓임설은 지어감[行, 造作, saṃskāra]이라 한다.

대상의 감각적 수용이 언어와 숫자, 시간·공간이 매개되어 그 앎이 더욱 명징해지면서 저 사물이 나와 다른 어떤 것, 꽃이 철쭉인지 진달래인지 구체적인 분별이 형성되니, 이것을 다섯 쌓임설은 '가려 앎'[識, 了別, vijñāna]이라 한다.

'내가 산에 핀 꽃을 본다'는 언어의 사용에는 이처럼 주체가 객관을 나와 같은 것으로 자기화하고 주체가 객관을 나와 다른 것으로 대상화하는 모순된 인식운동이 함께 반영되어 있다.

모습 취함[想, 取像]의 범어가 '함께 안다'는 뜻의 삼즈냐나(saṃjñāna)이고, 가려 앎[識, 了別]의 범어가 '다르게 안다'는 뜻의 비즈냐나(vijñāna)인 것을 보면, 주체의 대상에 관한 인식은 주체의 객관에 대한 동일화와 차별화가 동시에 이루어지는 운동임을 알 수 있다.

사물에 대한 주체의 가려 앎[識]이 연기적 생성임을 밝히기 위해 지금까지 우리는 다섯 쌓임설을 경전에 나타난 순서대로 물질[色]·느낌[受]·모습 취함[想]·지어감[行]·앎[識] 등으로 읽었다. 방편으로 차제를 세워, 보여지는 물질로부터 구체적인 인식이 성취되는 과정으로 다섯 쌓임을 읽었지만, 다섯 쌓임은 모두 자기실체가 없으므로 앞과 뒤가 없이 서로 의지해 일어나는 것이다.

그러므로 다섯 쌓임설은 물질·느낌·모습 취함·지어감·앎으로 읽기도 하지만, 앎에서부터 물질법으로 거슬러서도 읽을 수 있어야 한다. 인식과정은 대상에 대한 감성적 수용의 추상성이 구체적·이성적 인식으로 발전되는 과정이면서 기성의 이성적 인식이 다시 감성적 인식을 이끄는 과정이기 때문이다.

다음 열두 들임[十二入]과 열여덟 법의 영역[十八界]을 밝힌 교설과 일상대화의 구조를 살펴보자.

붇다는 '온갖 존재[一切法]가 무엇인가'를 묻는 제자에게 때로 '눈·귀·코·혀·몸·뜻이라는 주체의 여섯 아는 뿌리[六根]와 빛깔·소리·냄새·맛·닿음·법이라는 객관의 여섯 티끌경계[六境]'로 답하기도 하고, 이 열두 들임에 '보고 듣고 맛봄 등 여섯 가지 앎[六識]'의 영역을 합쳐 열여덟 법의 영역으로 답하기도 한다.

온갖 존재를 묻는 이에게 보고 듣고 아는 주체와 보이고 들리는 객체로서 답한 붇다의 가르침은, '눈으로 빛깔을 보고 귀로 소리를 들으며, 나아가 뜻으로 대상을 사유한다'는 일상대화를 통해서 연기의 진실을 보임이다.

열두 들임[十二入]·열두 곳[十二處]의 가르침은 온갖 존재를 '보이고 들리는 경험활동'으로 보임으로써 주·객을 포괄하고 일으키는 초월자의 실재를 부정하고, 주체와 객체의 연기적 의존성을 보임으로써 주체와 객체의 닫힌 실체를 부정한다.

'눈이 저 빛깔을 본다'고 말할 때, 눈이 눈이라 해도 저 빛깔을 볼 수 없을 것이며, 눈이 눈 아니라 해도 저 빛깔을 볼 수 없을 것이다. 그리고 저 빛깔이 빛깔인 빛깔, 곧 실체로서 닫힌 빛깔이라도 나의 눈에 비칠 수 없을 것이며, 빛깔이 빛깔 아니라 해도 비칠 수 없을 것이다. 그렇다면 저 빛깔은 다만 눈이 보는 것인가. 우리말에 '보기 좋은 떡이 먹기도 좋다'는 말이 있다. 맛은 혀가 보지만 혀가 혀 아닌 혀이므로 혀가 맛보되 실로 맛봄이 없고, 눈과 귀가 맛보지 않되 맛보지 않음도 없다.

이처럼 올바로 쓰는 일상대화 구조는 그대로 연기의 진실을 반영하지 않을 수 없다. 붇다는 위에서 살핀 바처럼 온갖 존재를 묻는 제자에게 때로 보고 듣는 주체와 보이고 들리는 객체로만 답하기도 하고, 때로 주체와 객체에 여섯 가지 보고 듣는 앎[六識]을 더해서 답하기도 한다.

이는 왜 그런가. 여섯 가지 앎[六識]으로 표시된 행위란 자아와 세계 속에서 일어나지만 자아와 세계는 행위로 주어지고 행위를 통해서만 드러나기 때문이다. 그러므로 온갖 존재[一切]에 대한 붇다의 두 가지 대답은 서로 다른 것이 아니다. 십이처(十二處)를 다시 십팔계(十八界)로 보인 것은 자아[六根]는 온전히 행위하는 자이고 세계는 행위 밖의 세계가 아니라 온전히 행위에 내적인 세계임을 보인 것이다. 십이처설로 자아와 세계만을 보여도 그 자아와 세계가 앎을 일으키되 자아와 세계는 온전히 앎활동으로 현전하는 자아와 세계인 것이다.

사제(四諦)·십이연기(十二緣起)의 교설을 일상대화의 구조를 통해서 살펴보자.

사제 십이연기는 괴로움의 발생과 소멸에 관한 가르침이며 괴로움과 즐거움의 악순환으로부터 해탈하여 니르바나에 이르게 하는 길을 보임이다.

일상대화 속에서 우리는 '괴롭다'는 표현을 쓰지만, 그 괴로움은 늘 있는 괴로움이 아니다. '괴롭다'는 말을 쓰는 그 누구도 지금 괴로운 것이지 늘 괴로우리라는 뜻으로 그 말을 쓰지는 않는다. 괴로움은 괴롭다가 즐겁고 즐겁다가 다시 괴로워지는 괴로움이므로 괴로움은 덧없는 것이다. 덧없는 것이라면 괴로움은 늘 있는 괴로움이 아니라 공한 것이니, 괴로움 속에서 괴로움을 벗어날 해탈의 활로가 이미 있는 것이다.

우리가 '괴롭다'는 말을 쓸 때 그 괴로움은 스스로 있는 괴로움이 아니라 그 무언가에 대한 괴로움이다. 괴로움은 여기 내면 속에 있는 것도 아니고 저 객체 속에 있는 것도 아니라, 원인과 조건이 어울려서 일어난 괴로움이다. 그러므로 괴로움을 괴로움이게 하는 주체적 요인과 객관 여건을 살펴 원인과 조건에 붙잡아 쥘 것이 없는 줄 알면 괴로움에서 괴로움을 넘어설 수 있다.

괴로움은 일어난 것이라 사라질 수 있으며, 괴로움이 원인과 조건에 의해 일어난 것이므로 괴로움의 원인과 조건에 대한 바른 고찰과 그 일으켜냄과 모아냄의 전변을 통해 괴로움의 삶은 새로운 해탈과 니르바나의 삶으로 전환될 수 있다.

다음 연기의 진리[緣起法]를 밝히는 공(空)과 거짓 있음[假有], 중도(中道)의 법을 일상대화를 통해 해명해보자.

지금 땅에 씨를 뿌리고서 '땅에 상추 씨를 뿌리고 물을 주어 가꾸니 씨앗이 싹이 터올랐다'고 말한다 하자. 채소의 싹은 씨앗과 물과 햇빛과 땅에 의해 싹이 되었으니, 싹은 스스로 싹이 아니다. 그러나 지금 상추 싹 속에 씨앗이 그대로 있는 것도 아니고 땅과 물과 흙이 그대로 있는 것도 아니다.

결과로서의 싹은 공한 씨앗과 싹이 나도록 돕는 공한 조건이 어울려서 되었으니, 그 싹 또한 공하여 싹으로 인해 다시 열매 맺고 시들어 없어질 것이다. 곧 싹이 싹이 아니므로 싹은 덧없이 변해 사라질 것이다.

싹은 덧없으므로 곧 싹이 아니지만 싹의 공함 또한 공한 것이니,

싹 아닌 싹은 지금 바람에 나부끼며 햇빛을 받고 우리 눈앞에 분명히 자라고 있다. 상추 싹은 인연으로 왔지만 그 어디에도 실로 온 곳이 없고[無所從來] 사라지지만 간 곳이 없다[亦無所去].

붇다는 인연으로 법이 생겨남을 통해 존재의 있음이 있음 아님을 보인다. 그러나 있음이 있음 아니기 때문에 실로 있음을 깨기 위해 세운 공 또한 공한 것이니, 공을 집착하는 이들에게는 공하기 때문에 거짓 있음이 연기함을 보인다.

그러므로 가르침을 듣는 이가 연기와 공이라는 교설을 듣고서 하나의 사물 속에서 실로 있음과 실로 없음을 떠날 때, 있다고 할 수도 없고 없다고 할 수도 없는 사물의 진실을 실현하게 된다.

이처럼 붇다의 연기법의 언어는 중생의 일상대화의 장 속에서 일상대화의 구조 그대로 중생이 실로 있음을 집착하면 공을 말하고 공함을 집착하면 연기적인 생성을 말하여 실로 있음도 아니고 실로 없음도 아닌 중도의 진리를 열어 보인다.

진제는 연기하는 세속의 모습을 깨뜨리기 위해 세운 것이고, 속제는 공성(空性)을 공성으로 집착하는 허물을 깨뜨리기 위해 세운 것이다. 곧 여래는 중생의 집착을 따라 말을 세우므로, 말을 받아 듣는 중생이 말을 듣고 지혜에 돌아가 집착을 깨뜨릴 때, 붇다의 진리실현의 언어 또한 지양된다.

강을 건너 저 언덕에 이르기 위한 뗏목은 저 언덕에 이르면 곧 버려야 하는 것처럼 붇다의 건네줌의 언어 뗏목의 언어는 저 언덕에 오르기 위한 언어이므로 끝내 지양되어야 하지만, 뗏목의 언어는 힘차게 노를 저어 저 언덕에 이르름으로써만 지양된다.

뗏목의 언어를 세워 중생을 저 언덕에 건네주는 붇다의 말씀하심 그 모습은 어떠한가. 붇다는 날이 다하도록 말하되 한 마디도 말한 바가 없지만, 말 없는 말이 중생의 부름에 응하고 중생의 집착을 따라 온 하늘땅에 두루한다. 붇다의 말 없는 말이 하늘땅에 두루함은 바로 거북털[龜毛] 토끼뿔[兎角]이 허공에 가득한 소식인가.

옛 사람[悅齋居士]의 한 노래를 들어보자.

마흔 해 남짓 공을 쌓으심이여
거북털 토끼뿔이 허공에 가득하네.
한겨울 섣달 눈이 포근히 내려
활활 타는 붉은 화로에 떨어지네.

四十餘年積累功　龜毛兎角滿虛空
一冬臘雪垂垂下　落在紅爐烈焰中

4. 니르바나와 해탈에 이르게 하는 건네줌의 언어

1) 나아줌[治癒]와 건네줌[濟度]의 언어

붇다는 사유·현실·언어가 서로 어우러지는 일상생활의 장 속에서 그것이 모두 공한 줄 깨달아 쓰는 분이다. 보디의 완성자 붇다는 사유에서 사유를, 현실의 모습에서 모습을, 언어에서 언어를 뛰어넘는다.

그러므로 붇다가 서 있는 진리의 세계를 '이루 사유할 수 없고 말할 수 없는 법계'[不思議法界]라 한다. 이 부사의법계는 사유와 모습, 언어와 현실에서 사유·모습·언어의 공성을 통달한 세계이므로, 사유 아니되 사유 아님도 아니고 모습 아니되 모습 아님도 아니며 말이 아니되 말 아님도 아닌 세계이다.

그러므로 여래의 생각 아닌 생각과 말 아닌 말은 세간의 일상언어의 세계에 대해 초월성을 말하지 않고, 저 과학자들의 과학적 인식과 과학에서 법칙의 언어를 배척하지도 않는다.

연기법에서 보면 과학의 법칙은 관찰자에게 파악된 세계의 일정한 법칙성이 일반화된 것이다. 과학의 법칙을 말하는 과학자의 언어에 대해 살펴보자.

사물의 변화를 살피는 관찰자와 관찰되는 세계는 모두 역동적인 생성의 존재라 잠시도 머물러 있지 않는다. 그러므로 과학자에 의해 일반화된 과학적 법칙도 늘 반성적 성찰을 통해 법칙의 고정화를 넘어설 때 상황의 새로운 변화를 담아갈 수 있다.

선(禪)의 무념(無念), 곧 반야는 생각을 끊고 얻는 생각 없음이 아니라 생각에 생각 없음[於念無念]이다. 그러므로 반야는 생각이 아니되 생각 아님도 아닌 것이니, 반야야말로 사유의 부정이자 모든 합법칙적 사유의 터전이 되고 산실이 되는 것이다.

이처럼 연기법의 언어는 온갖 창조적 지식과 과학적 법칙의 연기성을 밝힘으로써, 기성의 온갖 지식과 과학적 법칙의 새로운 반성, 사유의 자기부정을 통해[識依他起相의 無自性] 새로운 창조적 지식의 재생산이 가능케 한다. 연기법의 언어야말로 언어의 우상화와 언어 부정을 넘어 삶의 풍요에 기여한다.

먼저 연기법의 언어는 존재와 사유의 연기적 진실을 알지 못함으로써 모습의 장애에 가리고 관념과 환상에 빠진 중생에게 모습의 공성과 관념과 환상의 실체 없음[識遍計所執相의 無自性]을 깨우쳐 해탈에 이끈다.

연기법의 말은 환상의 삶을 지혜로 이끌며 질곡과 장애의 삶을 해탈로 이끈다.

연기법의 언어가 지향하는 해탈의 세계는 사유와 언어, 언어와 현실의 모습이 어우러지는 일상생활의 장 밖으로의 초월을 말하지 않는다.

사유와 언어, 모습이 끊어진 완성의 세계는 결코 사유·언어·모습 밖에 실체로서 있지 않다[識圓成實相의 無自性]. 사유와 언어에서 해탈은 사유와 언어 한복판[依他起相]에서 사유와 언어가 연기이므로 실체 없음[依他起相無自性]을 통달할 때 성취된다.

그러므로 여래는 늘 제자들과의 문답이나 바깥길 수행자들과의 대화에서 유한한 것 너머에 무한을 말하고 변화 너머에 영원을 말하는 것이 모두 '실로 말할 것 없는 부질없는 법'[無記法]이라 꾸중한다.

'저 세계가 끝이 있는가 없는가, 여래가 죽은 뒤에 존재하는가 존재하지 않는가'를 묻는 것은 중도로서의 연기적 진실에 부합되지 않으므로 여래는 그 물음에 답변하지 않으신다. 여래는 오직 말할 것만을 말씀하지 말하지 않을 것을 말씀하지 않으시며, 제자들에게도 오직 말할 것만을 말하고 거룩한 침묵을 지키라 가르치신다.

중생을 환상과 집착에서 빼내 반야에 이끄는 말, 괴로움의 구덩이에 빠져 허덕이는 중생을 괴로움의 구덩이와 불길에서 건져주는 해탈의 언어가 여래가 가르치신 말해야 할 말이다.

건네줌과 나아줌의 언어로서 연기법의 가르침의 본질에 대해서는 '독화살의 비유'와 '뗏목의 비유'로 말씀한 경이 가장 단적으로 잘 보이고 있다.

'독화살의 비유'로 보인 경은 가르친다. 세계가 유한이냐 무한이냐를 따져 묻고, 붇다가 죽은 뒤에 존재하느냐 존재하지 않느냐는 물음에 매달리는 것은, 마치 어떤 독화살 맞은 이가 바로 화살을 빼고 치료하지 않고 그 화살을 쏜 자가 누구고 화살과 깃대를 만든 이가 누구인지 묻고 있는 것과 같다.

여래의 가르침은 독화살 맞은 이의 화살을 빼내주고 그 상처를 치유하며 독을 치료해서 생명을 살리는 가르침이지, 부질없는 물음으로 세월을 보내는 가르침이 아니다.

'세계가 유한이냐 무한이냐'를 묻는 것은 세계를 밖에서 들여다보며 어떤 정해진 견해로 세계를 분별하는 것이지, 저 세계의 연기적 진실을 온전히 사는 일이 아니므로 해탈의 길이 아니다.

여래는 오직 집착된 견해와 환상을 깨뜨려 연기의 실상 그대로 세계의 있는 모습과 없는 모습에 가리지 않는 해탈의 삶을 열어 보일 뿐이다.

여래의 가르침은 말이 말이 아니고 사유가 사유가 아닌 곳에서 중생의 집착과 병을 따라 집착을 깨뜨리는 말 아닌 말을 세운 것이다. 가르침을 듣는 중생이 그 말씀을 듣고 스스로의 병과 집착을 깨뜨리면, 병과 집착을 깨기 위해 세운 여래의 가르침에도 집착하지 않아야 한다. 그것은 마치 병을 낫기 위해 쓴 약은 병이 나으면 쓰지 않아야 하는 것과 같고, 뗏목을 타고 저 언덕에 건너가려는 이가 저 언덕에 이르면 타고 가던 뗏목도 버려야 하는 것과 같다.

뗏목과 약은 끝내 버려야 한다. 그러나 뗏목은 뗏목을 힘껏 저어 저 언덕에 이르를 때 버려야 하고, 진리의 약은 번뇌의 병이 다 나을 때 버려야 한다. 뗏목과 약은 지양되기 위해 쓰이지만 실천적 사용의 끝에 이르러서만 지양되어야 한다. 지양을 위한 실천, 실천을 통한 지양이 하나되는 곳에 연기법의 언어 그 창조적 실천의 길이 있다.

2) 중생의 마땅함을 따라 달리 열어주는 한맛의 법

경전에 보면 여래는 듣는 이의 처지와 병통에 따라, 그리고 받아들을 수 있는 근기에 따라 각기 가르치는 방법과 비유 그 처방을 달리하여 법을 설한다.

많이 가진 이, 장사해서 많이 벌어들인 바이샤에게는 부지런히 일하되 가진 것을 탐욕해 아끼는 허물에 떨어지지 않도록 널리 베풂을 가르친다.

베풂에 대해서도 빌어서 먹고 살아야 하는 비구에게는 법보시(法布施)의 길을 보이고, 장자와 거사에게는 재물보시[財布施]를 가르친다. 그에 비해 못 가진 이, 가난한 이들에게는 바르게 정진하되 남을 원망하지 않는 법, 못 가졌어도 남을 배려하는 마음, 정당하게 비판하고 부당하게 겪는 욕됨을 참아 이기는 마음, 가진 것 없어도 베푸는 마음을 갖도록 가르친다.

연기되어 있는 어떤 존재를 실로 있다고 집착하는 이들에게는 연기된 것이므로 공하다고 가르치며, 공함을 다만 없다고 집착하는 이들에게는 공하기 때문에 새롭게 연기한다고 가르친다.

때로 '있기도 하고 없기도 하다'고 집착하는 이들에게는 '있음도 아니고 없음도 아니다'라고 가르쳐서, 있음에 있음이 없고 없음에 없음이 없는 중도실상을 열어 보인다.

여래의 말씀은 때로 '있음도 아니고 없음도 아님'을 하나의 실체적 장으로 이해하는 자들에게는 '있기도 하고 없기도 하다'고 가르쳐 그 집착을 깨뜨린다.

여래의 말씀은 이처럼 듣는 사람과 그 병통 따라 때로 '있다'고 하고, 때로 '없다'고 하며, '있기도 하고 없기도 하다' 하며, '있음도 아니고 없음도 아니다'라고 가르친다. 그러나 차별된 가르침은 차별된 병통에 따라 시설된 것일 뿐 진실한 진리의 땅에는 있음[有]도 없고, 없음[無]도 없고, '있기도 하고 없기도 함'[亦有亦無]도 없고, '있음도 아니고 없음도 아님'[非有非無]도 없다.

그러므로 여래는 경에서 사람 따라 달리 다른 방편의 가르침을 열어 보이지만, 그 돌아가는 곳은 모든 견해가 끊어진 연기의 진실이므로 여래의 설법은 '늘 처음도 좋고 가운데도 좋고 끝도 좋은 법이다'라고 말씀한다.

마치 좋은 의사가 환자의 병증에 따라 각기 다른 처방을 내어 머리 아픈 사람에게 머리 아픔을 낫게 하는 약을 주고, 배 아픈 사람에게는 배 아픔을 낫게 하는 약을 주지만, 여러 다른 약을 쓰는 것이 그 약을 써서 끝내 모두 병 없는 건강한 사람이 되게 하려는 것과 같다.

존재의 있음을 집착하는 이들에게 없음의 약을 써서 환자가 법약을 먹고 있음이 있음 아님을 알게 하고, 존재의 없음을 집착하는 이들에게 있음의 약을 써서 환자가 법약을 먹고 없음이 없음 아님을 알게 한다.

이처럼 가르침의 언어에 있음과 없음이 서로 반대되지만, 이 없음의 법약과 있음의 법약은 끝내 있음도 없고 없음도 없는 한맛[一味]인 진리의 맛에 중생을 이끌게 된다.

여래의 가르침의 법약(法藥)은 중생이 중생의 현실을 버리고 새롭게 여래의 길에 들어서게 하는 것이 아니라, 중생을 중생되게 하는 집착과 환상의 요인을 없애 중생 속에 온전히 있는 여래장의 공덕의 곳간을 열어 쓰도록 하는 것이다.

여래의 보디는 중생의 자기진실일 뿐이니 중생에게 중생의 진실인 여래장을 스스로 열어 쓰도록 하는 데 여래의 가르침의 뜻이 있다. 여래의 가르침은 그 중생이 어떤 중생이든 한없는 연민과 사랑으로 그들에게 해탈의 길을 열어준다.

그것은 여래의 삶 여래의 언어적 실천에서 교화해야 할 중생이 삶 밖에 따로 있는 것이 아니라, 여래의 자기해탈의 행이 바로 이웃과 중생에게 여래장의 진실을 열어 해탈케 하는 길이 되기 때문이다.

각기 다른 취향과 병통을 가진 중생에게 그에 맞는 법의 약을 써서 그 중생을 모두 '하나인 진실의 땅'[一眞實地]에 이끄는 것에 대한 비유는 『법화경』(「비유품」)의 이야기가 가장 널리 알려져 있다.

여기 장자의 집이 있는데 갑자기 불이 나 그 집이 타고 있다. 그 집 안에는 불난 줄도 모르고 장자의 아들들이 놀고 있다. 그 아이들 가운데 한 아이는 양 수레[羊車]를 갖고 싶어하고, 한 아이는 사슴 수레[鹿車]를 갖고 싶어하고, 한 아이는 소 수레[牛車]를 갖고 싶어한다. 장자는 그 아이들을 불난 집에서 빼내주기 위해 집 밖에 양 수레·사슴 수레·소 수레가 있다고 아이들을 꾀어낸다.

그러나 마당에는 양 수레·사슴 수레·소 수레는 본래 없고 오직 흰 소가 끄는 큰 수레[白牛大車]가 있어서 세 아이는 모두 흰 소가 끄는 큰 수레를 갖게 되었다.

이때 세 수레로 아이들을 꾀어낸 그 장자가 아이들을 속인 것인가.

그 아이들의 취향에 따라 방편의 꾐으로 세 수레를 보여, 가장 크고 화려하며 한량없는 보배가 있고 아름다운 깃발이 내걸린 큰 수레를 선물했으니 아이들을 속인 것이 아니다.

불난 집은 삼계 중생 세간의 위태로움을 비유한 것이고, 불난 집에 노는 아이들은 삼계의 세간에서 탐욕과 미혹의 삶을 사는 중생을 비유한 것이다. 장자는 붇다를 비유한 것이며, 양·사슴·소 수레는 붇다가 중생의 근기와 취향에 맞춰 설한 성문의 수레[聲聞乘]·연각의 수레[緣覺乘]·보디사트바의 수레[菩薩乘]이다. 밖에 있는 흰 소가 끄는 큰 수레는 '오직 하나인 붇다의 수레'[一佛乘]이다.

이렇게 보면 붇다는 자신을 우상화하도록 하거나 중생을 자신의 아류로 삼기 위해서 법을 설하는 분이 아니다. 여래 스스로 깨쳐 쓰는 진리의 땅에 온전히 저 중생을 이끌어 중생을 여래장(如來藏)인 중생으로 세우기 위해 법을 설하는 것이다.

하나인 붇다의 수레에서 방편으로 세 수레를 열어 법을 보이나, 세 수레[三乘]가 지향하는 곳은 오직 하나인 진실의 땅[一眞實地] 붇다의 지혜의 세계이니, 『법화경』(「방편품」)은 이렇게 말한다.

　　나에게 방편의 힘이 있어서
　　세 수레의 법을 열어 보이지만
　　이 세상 온갖 모든 세존들께선
　　다 하나인 진리의 수레 말씀하네.

　　我有方便力　開示三乘法
　　一切諸世尊　皆說一乘道

3) 천태교판으로 다시 보는 교설의 언어적 방향과 교화형식

여래의 가르침은 중생의 근기와 취향, 병통에 따라 그 언어의 방향과 교화형식이 바뀌지만 온갖 가르침은 모두 중생을 오직 하나인 보디의 땅 진실의 땅에 이끄는 것이다. 이를 다시 살피기 위해 천태교판(天台敎判)에 대해 이야기하기로 한다.

'여래의 가르침의 모습을 나누어 풀이함'이라는 뜻의 교상판석(敎相判釋)은 중국불교의 고유한 산물이다.

산스크리트 경전의 번역을 통해 성립된 중국불교의 종파적 특성 속에서 중국불교는 자기 종파가 의거하는 경전과 수행방법을 중심으로 붇다의 전체 경전체계를 통일적으로 분류·정리하게 되었으니, 이것이 교판(敎判)이다.

일반적으로 여러 종파의 교판은 자기 종파의 경전과 수행방법의 우월성을 전제하고서 다른 경전을 그 주변부로 정리하는 관점을 보인다. 곧 화엄종은『화엄경』을 최고의 경전으로 세워놓고 다른 경전 다른 수행방법을『화엄경』주변에 배치하고 있으며, 정토종은 염불왕생(念佛往生) 수행과『정토경』(淨土經)을 중심으로 불교 일대 경전체계를 정리하고 있다.

이에 비해 천태의 교판사상은 남북조 시기 분열된 여러 종파의 교판사상을 수대(隋代)의 중국 통일에 맞춰, 통일적으로 이해할 시대정신을 안고 출현한다. 그래서 천태교판은 양 수레·사슴 수레·소 수레를 '흰 소 수레'[白牛大車]에 돌아가게 하는『법화경』회통의 정신을 기초로 불교 일대 체계, 붇다 교설의 차별된 언어적 방향을 한맛의 진실한 법에 회통하고 있다.

천태교판은 교법의 언어적 방향의 차별성에 따라 네 가지 가르침[化法四敎]으로 경전을 분류하고, 교화의 방법론에 따라 네 가지 가르침[化儀四敎]으로 분류한다. 천태교판의 이러한 분류법이 아함경 이후 법화·화엄까지 방대한 교법체계 전체를 통일적으로 이해하는 눈[目]을 제공할 뿐 아니라, 붇다 당시 육성의 설법인 초기 교설 안의 갖가지 언어적 방향을 이해하는 데 또한 그 기준이 된다.

그러므로 필자의 아함경 편집과 해설 또한 중도적인 천태교관(天台敎觀)의 뜻과 천태교관의 정신에 기초하고 있다.

천태 화법사교의 분류는 다음 『중론』 삼제게(三諦偈)에 의해 세워진다.

인연으로 생겨나는 법을
나는 곧 공하다고 한다.
또한 거짓 이름이 되고
또한 중도의 뜻이라 한다.

因緣所生法　我說卽是空
亦爲是假名　亦名中道義

천태는 '인연으로 생겨나는 법'이라는 첫째 구절을 만법의 연기적인 생성을 밝힌 초기 교설에 배치하니, 이를 삼장의 가르침[藏敎]이라 한다. '인연이므로 공하다'고 한 둘째 구절은 주로 만법이 연기이므로 공함을 통해 중도를 밝힌 반야공(般若空) 계통의 경전에 배치하고 이를 삼승에 모두 통하는 가르침[通敎]이라 한다.

셋째 구절의 '거짓 이름'이란 공 또한 있음의 집착을 깨기 위한 거짓 이름이므로 공을 취해서는 안 됨을 보이고 있으며, 온갖 법이 공하므로 연기의 뜻이 이루어져 있음 아닌 있음이 세워짐을 보이고 있다. 이 구절은 불교사상사로 보면 유식(唯識) 여래장(如來藏) 계열의 경전에 배치할 수 있으니, 천태는 이를 삼장교와도 다르고 원교와도 다른 가르침[別敎]이라 한다.

천태에 의하면 별교에서도 이미 중도의 뜻이 밝혀져 있으나 아직 공의 자취를 깨기 위한 방편의 뜻이 있으므로 별교의 일승[別敎一乘] 위에 원교(圓敎)의 일승을 세우니, 바로 '중도의 뜻'을 밝힌 경전이다.

이처럼 『중론』의 한 게송으로 여러 경전의 서로 다른 언어적 방향을 읽을 수 있으나, 『중론』의 이 게송이 실은 '연기의 뜻[緣起義]이 곧 공함[卽空]이고 거짓 있음[卽假]이고 곧 중도[卽中]이다'라는 뜻을 담고 있다.

그러므로 천태교판 또한 교설의 차별성을 읽음으로써 언어의 차별성이 이끌어가는 중도실상의 통일성에 그 중심이 있는 것이다.

천태는 교화방식에 따라 가르침을 다음 네 가지로 나눈다[化儀四敎].

첫째, 단박 깨닫게 하는 가르침[頓敎]
둘째, 점차 이끌어 깨닫게 하는 가르침[漸敎]
셋째, 정함 없는 가르침을 사람과 법을 모두 모르게 감추어 이끄는
　　　가르침[秘密不定敎]
넷째, 정함 없는 가르침을 사람 따라 드러내어 이끄는 가르침[顯露
　　　不定敎]이다.

이 분류는 천태 이전 중국 남북조 시기 여러 기성 종파에서 교화방식에 의해 경전을 분류했던 남삼북칠(南三北七)의 열 가지 분류법을 천태선사가 다시 네 가지 가르침으로 엮어낸 것이다.

돈교(頓敎)는 『화엄경』처럼 붇다가 깨친 보디의 법을 바로 설해 대중을 깨닫게 하는 법이고, 점교(漸敎)는 중생의 근기 따라 차츰 연기를 이해시키고 공함을 이해시켜 중도실상을 깨닫게 하는 것이다.

'정함 없는 가르침을 사람과 법을 모두 모르게 감추어 이끄는 가

르침'[秘密敎]이란, 바로 깨치는 법과 점차 깨치는 법을 붇다가 마음대로 굴리어, 듣는 이로 하여금 자기도 모르게 근기 따라 법의 이익을 얻도록 하는 방법이다. 듣는 이들은 여래가 쓰는 방편의 법을 서로 모르기 때문에 같이 들어도 각기 달리 알아 듣는다.

그에 비해 '정함 없는 가르침을 드러내어 이끄는 가르침'[不定敎]이란 붇다 스스로 일정한 방법에 갇힘 없이 사람에 따라 단박 깨침 가운데 점차를 두고 점차 가운데 단박 깨침을 두어 듣는 이가 스스로 깨치게 하는 방법이다.

천태선사가 세운 이 여덟 가지 분류법은 중국불교에서 초기 교설과 대승경전까지 방대한 경전의 언어적 방향의 차이와 경전 가운데 나타나고 있는 많은 교화방식의 뒤섞임 속에서 통일적인 눈을 얻기 위해 세운 것이다. 그러나 실은 분류법의 기초가 되는 네 가지 가르침의 언어적 방향과 교화형식의 차별은 붇다 당시 교화의 언어와 교화의 방식에 이미 있는 차별성인 것이다. 그러므로 우리는 천태교판의 분류법을 다시 초기 경전 이해의 눈으로 삼는다.

언어적 방향의 다름을 다름으로 분명하게 이해하는 곳에서 하나됨에 나아가는 길이 있고, 교화형식에서도 그 교화방식의 차별을 차별로 분명하게 아는 곳에서 붇다가 이끌어가고자 하는 해탈의 저 언덕에 걸림돌과 장애가 없이 곧장 한길로 나아갈 수 있는 것이다.

천태는 화엄을 돈교에 배치하면서, 법화를 단박 깨치게 함도 아니고[非頓] 점차 깨치게 함도 아니며[非漸], 정해지지 않은 법을 비밀하게 보임도 아니고[非秘密], 드러내 보임도 아닌[非不定] 가르침이라 한다. 이는 바로 단박 깨치게 함과 점차 이끌어감 모두 중생의 병을 따라 세워진 것이고, 여래께서 마지막 이끄시는 니르바나의 땅에는 이 모든 방편의 뜻이 없음을 나타내는 것이다.

이렇게 보면 선종(禪宗)에서 단박 깨치고 단박 닦음[頓悟頓修], 단박 깨쳐 점차 닦음[頓悟漸修]이라는 언교도 중생의 병에 따라 세워진 이름이고, 깨달음 자체에 단박 닦아 얻는 깨달음이 있고 점차 닦는 깨달음이 있는 것이 아니다. 이런 뜻을 모르고 병을 치유하기 위한 언교를 가지고 높은 깨달음과 낮은 깨달음이 있다고 논쟁하는 이들은 깊이 살펴볼 일이다.

중생의 집착에 따라 방편의 문을 세우지만 끝내 이르는 진리의 땅은 오직 하나인 연기의 진실[唯一事實]밖에 없으니, 『법화경』은 이렇게 말한다.

오는 세상 여러 모든 붇다께서도
비록 백천억 가지 이루 셀 수 없는
모든 법문을 말씀하시겠지만
실로는 일승의 법을 위하심이네.

未來世諸佛　雖說百千億
無數諸法門　其實爲一乘

세존께선 으뜸가는 고요함 알고
중생을 위한 방편의 힘 때문에
비록 갖가지 도를 말씀하시나
실로는 붇다의 수레 위함이시네.

知第一寂滅　以方便力故
雖示種種道　其實爲佛乘

『화엄경』(「여래출현품」如來出現品) 또한 성문의 지혜와 연각의 지혜가 따로 있는 것이 아니라 오직 하나인 붇다의 지혜에 의지해 교화의 방편으로 세워진 것임을 다음과 같이 보인다.

중생의 갖가지 즐거워함과
모든 방편으로 세워진 지혜는
다 붇다의 지혜 의지하지만
붇다의 지혜는 의지함 없네.

衆生種種樂　及諸方便智
皆依佛智慧　佛智無依止

성문과 프라테카붇다의 해탈
나아가 모든 붇다의 해탈은
모두 다 법계를 의지하지만
법계는 늘어나고 줄어듦 없네.

聲聞與獨覺　及諸佛解脫
皆依於法界　法界無增減

붇다의 지혜 또한 이와 같아
온갖 지혜를 나타내지만
늘어남도 없고 줄어듦 없으며
남이 없고 또한 다함없도다.

佛智亦如是　出生一切智
無增亦無減　無生亦無盡

경의 가르침처럼 성문·프라테카붇다·보디사트바의 지혜가 붇다
의 지혜를 의지하고 붇다의 지혜는 늘고 줆이 없는 법계를 의지한다.

이 법계는 세간법의 실상이므로 미혹의 중생이 가르침 따라 세간
법을 진실대로 살피면 중생이 곧 생각에 생각 없는 법계의 지혜에 들
어갈 수 있으니, 『화엄경』(「보현행품」普賢行品) 또한 이렇게 말한다.

모든 세간 법에 대하여
분별의 견해 내지 말라.
잘 분별을 떠나는 자는
또한 분별을 보지 않네.

於諸世間法　不生分別見
善離分別者　亦不見分別

한량없고 셀 수 없는 겁에서
이를 바로 알면 곧 한 생각이네.
생각을 알고 또한 생각 없음을 알면
이와 같음이 세간 보는 것이네.

無量無數劫　解之卽一念
知念亦無念　如是見世間

제1부

붇다의 연기교설, 그 깨달음의 언어

연기법에서 언어는 사유인 언어이고
존재인 언어이다. 말하는 이의 말이 참된 말[眞語]
바른 말[正語]이기 위해서는 그 언어가 환상이 없는
사유의 언어가 되어야 하고 존재의 연기적 진실을
밝히는 언어가 되어야 한다. (…) 여래는 세계의
연기적 진실을 깨달아 환상이 없는 보디의 마음으로
말하고, 번뇌와 괴로움의 질곡 속에 빠진 중생에게
해탈의 길을 열어주므로 여래의 말씀이 바로 존재의
진실 그대로의 참된 말 바른 말이 되며
속이지 않는 말이 된다.

해탈의 문을 여는 가르침의 언어

붇다의 가르침의 언어 또한 연기하는 속제(俗諦)의 일부이다. 그러나 그 언어는 세속의 있되 공한 실상을 열어 보이고, 중생의 미혹과 무명을 깨뜨려 지혜의 밝음을 이루게 하고 니르바나의 문을 열어준다.

이처럼 붇다의 언어가 세간 대화의 언어를 떠나지 않지만 그 언어가 중생을 해탈의 땅에 세워주고 미혹의 세간에 보디의 깃발을 세워주므로, 그 언어는 거룩한 가르침[聖敎]의 이름을 얻게 된다. 그러므로 붇다의 소리를 들은 제자[聲聞弟子]들은 붇다를 법의 눈[法眼]이고 법의 근본[法根]으로 온갖 해탈의 법이 여래를 말미암는다고 찬탄하는 것이다.

붇다의 가르침은 세계의 실상을 깨친 여래 지혜의 언어적 발현이다. 그러나 중생의 편에서 보면 여래의 반야의 가르침이 다시 붇다를 역사 속에 출생시키고 보디사트바의 길을 밝히니, 그 언어가 다시 진리의 산실이 되는 것[諸佛母]이다.

진리의 가르침을 듣고[聞] 그 해탈의 뜻을 사유하며[思] 행하는[修] 자, 그가 가르침을 따르는 자이며 이 미망의 세간 속에 해탈의 언교를 세울 수 있는 자이다.

여래가 설한 가르침을 통해 실상에 돌아가 비유와 언어적 표현에서 말의 자취를 넘어서면 가르침을 듣는 이 스스로 해탈의 땅에서 중생을 위해 뜻을 세우고 언교를 세울 수 있으니, 『화엄경』(「여래출현품」)은 이렇게 말한다.

남이 없는 성품처럼 붇다는 세간 오시고
사라짐 없는 성품처럼 니르바나 드셨네.
가르침의 말과 비유 모두다 끊으면
온갖 뜻이 이루어져 같이할 것 없으리.

如無生性佛出興　如無滅性佛涅槃
言辭譬諭悉皆斷　一切義成無與等

옛 사람[悅齋居士] 또한 가르침을 통해 존재의 진실을 살필 수 있으면 하늘의 놀이 지고 머묾 속에서 늘 법계의 경[法界經]을 읽고 말할 수 있음을 다음과 같이 보인다.

늘 이와 같은 경을 굴리며
다만 이런 법만을 말하네.
지는 놀은 흰 해오라기 섬을 향하고
머물 땐 황소 골짝에 깃들도다.

常轉如是經　只說者箇法
落向白鷺洲　住在黃牛峽

제1장

언어와 현실의 실상

"스스로 짓고 스스로 깨닫는다고 하면 곧 늘 있다는
견해[常見]에 떨어지고, 남이 짓고 남이 깨닫는다고 하면
곧 끊어져 없어진다는 견해[斷見]에 떨어지는 것이오.
뜻의 말과 법의 말은 이 두 치우침을 떠나[離此二邊]
중도에 머물러 법을 설하오."

연기법에서 언어는 사유인 언어이고 존재인 언어이다.

말하는 이의 말이 참된 말[眞語] 바른 말[正語]이기 위해서는 그 언어가 환상이 없는 사유의 언어가 되어야 하고 존재의 연기적 진실을 밝히는 언어가 되어야 한다.

붇다의 마음을 보디의 마음이라 함은 왜인가. 사유는 늘 스스로 사유이지 못하고 아는 것을 의지해 아는 것과 더불어 앎이 되는 앎이다. 그러므로 아는 것에 실로 알 것이 있고 보는 것에 실로 볼 것이 있다고 생각하면, 그 사유는 지금 아는 것 보는 것에 가려진 물든 앎이 된다.

붇다는 존재의 연기적 진실을 깨달아, 아는바 세계의 모습에 실로 알 것이 없고 보는바 세계의 모습에 실로 볼 것이 없음을 안다. 그러므로 붇다의 앎은 알되 앎이 없고 그 봄은 보되 봄이 없으므로 붇다의 마음을 보디의 마음이라 하고, 붇다의 알고 봄을 해탈의 지견[解脫知見]이라 한다.

환상이 없는 보디의 마음이 아니면 세계의 연기적 진실이 실현될 수 없고, 모습에 모습 없는 세계의 실상을 바로 보지 못하면 그 마음이 보디의 마음이 될 수 없다. 이처럼 여래는 세계의 연기적 진실을 깨달아 환상이 없는 보디의 마음으로 말하고, 번뇌와 괴로움의 질곡 속에 빠진 중생에게 해탈의 길을 열어주므로 여래의 말씀이 바로 존재의 진실 그대로의 참된 말 바른 말이 되며 속이지 않는 말이 된다.

『금강경』(金剛經)은 다음과 같이 보인다.

"수부티여, 여래는 참된 말씀을 하시는 분이고, 실다운 말씀을 하시는 분이며, 같은 말씀을 하시는 분이고, 속이는 말을 하지 않는 분이며, 다른 말을 하지 않는 분이다.

수부티여, 여래께서 얻은 법, 이 법은 실다움도 없고 헛됨도 없다."

須菩提 如來是眞語者 實語者 如語者 不誑語者 不異語者 須菩提
如來所得法 此法無實無虛

여래의 말씀이 세계의 실상을 열어주는 진실의 말이고 보디에 이끄는 말이므로 『금강경』은 다시 '여래의 말씀을 담은 경전이 있는 곳은 붇다나 존중받는 제자가 계신 것과 같다'고 가르친다.

아함경 또한 환상을 깨뜨려 보디를 열어주고 세계의 실상을 열어주는 바른 가르침에 대해 여래 스스로 '나의 말은 바른 법의 말[法說]이고 바른 뜻의 말[義說]이다'라고 한다.

법의 말이란 모든 법의 실상, 세계의 실상을 열어주는 말임을 나타낸다. 뜻[義]이란 주체의 의지와 사유이니, 뜻의 말은 곧 여래의 말씀이 무명과 환상을 깨뜨려 보디와 반야를 지향하는 말이며 무명을 깨뜨려 지혜의 밝음 열어주는 말임을 나타낸다.

여래의 말씀이 존재의 진실을 열어주고 해탈에 이끄는 말이므로, 법을 듣는 이가 간절한 믿음으로 바른 법의 말 뜻의 말을 받아들여 연기의 실상에 돌아가면 그곳에 해탈의 길이 있고, 법의 말과 뜻의 말마저 참으로 지양되는 길이 있다.

법다운 말씀은 진리를 나타내고 마음을 열어주니

이와 같이 내가 들었다.

한때 붇다께서는 바라나시 국의 선인이 살던 사슴동산 가운데 계셨다.

그때 비카다루카[毘迦多魯迦] 마을에 사는 어떤 브라마나가 붇다 계신 곳에 찾아와 공손히 문안드린 뒤 한쪽에 물러 앉아 붇다께 말씀 드렸다.

"고타마시여, 제게는 젊은 제자가 있습니다.

그는 천문(天文)과 태어난 출신[族姓]을 알아 대중을 위해 얼굴 모습으로 길흉(吉凶)을 점치는데, 있다고 말하면 반드시 있고, 없다고 하면 반드시 없으며, 이루어진다고 하면 반드시 이루어지고, 무너진다고 하면 반드시 무너집니다.

고타마시여, 어떻게 생각하십니까?"

붇다께서는 브라마나에게 말씀하셨다.

"그대의 젊은 제자가 천문과 타고난 출신을 안다는 것은 우선 그만두고, 내가 이제 그대에게 묻겠으니, 그대 생각대로 대답하시오.

브라마나여, 어떻게 생각하오? 물질은 본래 씨앗[種子]이 없소?"

"그렇습니다, 세존이시여."

"느낌·모습 취함·지어감·앎은 본래 씨앗이 없소?"

"그렇습니다, 세존이시여."

붇다께서 브라마나에게 말씀하셨다.

"그대는 말했소.

'나의 젊은 제자는 천문과 타고난 출신을 알아 대중을 위해 이렇게 말해주는데, 곧 있다고 하면 반드시 있고, 없다고 하면 반드시 없습니다.'

그런데 그 알고 본 것은 진실한 것이 아니지 않소?"

"그렇습니다, 세존이시여."

붇다께서는 브라마나에게 말씀하셨다.

"그대는 어떻게 생각하오? 어떤 물질이 있어 백 년 동안 늘 머무르오? 아니면 달리 생겨나 달라져 사라지오? 느낌·모습 취함·지어감·앎이 백 년 동안 늘 머무르오? 아니면 달리 생겨나 달라져 사라지오?"

대답하였다.

"달리 생겨나고 달라져 사라집니다."

브라마나가 다섯 쌓임의 진실 열어주는 말씀을 찬탄함

붇다께서 브라마나에게 말씀하셨다.

"어떻게 생각하오? 그대의 젊은 제자가 천문과 타고난 출신을 알아 대중을 위해 말해주되 '이루어진 것은 무너지지 않는다'고 하지만 그 알고 보는 것도 달라지지 않는 것은 아니지요?"

"그렇습니다, 세존이시여."

붇다께서 브라마나에게 말씀하셨다.

"어떻게 생각하오? 이 법과 저 법, 이 말과 저 말에서 어느 것이 낫소?"

"세존이시여, 이 법다운 말씀[如法說]은 붇다의 말씀대로 진리를 나타내고, 마음을 열어줍니다[顯現開發].

마치 어떤 사람이 물에 빠졌을 때 구해주고, 길 잃고 헤맬 때 길을 보여 구해줌과 같으며, 어두움 가운데 지혜의 밝은 등과 같습니다.

세존께서 오늘 잘 말씀하신 빼어난 법 또한 그와 같아서 진리를 나타내고 마음을 열어주십니다."

붇다께서 이 경을 말씀하시자, 비카다루카 마을의 그 브라마나는 붇다의 말씀을 듣고 기뻐하고 또 따라 기뻐하면서 곧 자리에서 일어나 붇다의 발에 절하고 물러갔다.

• 잡아함 54 세간경(世間經)

• 해설 •

삶과 세계에 정해진 길이 있어서 꼭 그렇게 된다고 예언하는 것이 옳은 말인가. 아니면 삶과 세계에는 정해진 뿌리가 없어서 늘 창조적 가능성이 열려 있다고 말하는 것이 옳은 말인가.

천문과 지리를 통달하고 얼굴 모습을 보아 길흉을 잘 점치는 제자를 찬탄하는 브라마나에게 붇다는 다시 마음과 존재에 정해진 뿌리, 정해진 씨앗이 있는가 없는가를 묻는다.

그 브라마나가 곧바로 생각을 돌이켜 다섯 쌓임에 모두 본래 정해진 씨앗이 없다고 답하니, 브라마나가 비록 바깥길의 삿된 견해에 빠져 살았지만 붇다의 가르침을 따름에는 '바깥길의 착한 뿌리 없는 이'로 정해져 있지 않다.

삿된 견해에 정해진 뿌리 없는 곳이 바로 보디의 씨앗[佛種]이 나는 곳이다.

인연으로 존재가 이루어지지만 존재를 존재이게 하는 원인과 조건이 공하므로 결과로서의 법에 정해짐도 없고 정해지지 않은 모습도 없다.

여래는 정함도 없고 정하지 않음도 없는 법의 실상을 깨달아 진리 그대로의 말씀으로 미망의 중생을 이끄시니, 여래의 말씀은 물에 빠진 이를 건져주는 구원자의 말이요, 길 잃고 헤매는 이를 잘 이끄는 크나큰 인도자의 말이며, 어두움을 밝히는 세간 등불의 말씀이다.

저 브라마나만 따라 기뻐할 일이 아니고, 그 말을 알아듣는 중생은 누구나 따라 기뻐하고 기뻐할 일이다.

중생이 각기 다른 이해와 자기 견해에 따라 온갖 의심 일으키는 곳에 나아가 그 의심을 깨뜨려 바른 세계관을 세워주고 해탈의 기쁨을 안겨주는 여래의 행을, 『화엄경』(「여래현상품」如來現相品)은 이렇게 표현한다.

크신 인도자 모든 붇다께서는
중생이 의심 있으면 다 끊도록 하고
넓고 큰 믿음과 앎 일으키게 해
끝없는 삶의 고통 모두 끊게 하시사
모든 붇다의 안락함을 다 얻도록 하네.

衆生有疑皆使斷　廣大信解悉令發
無邊際苦普使除　諸佛安樂咸令證

나는 이제 연기법의 바른 법의 말과 뜻의 말을 열어주겠다

이와 같이 내가 들었다.

한때 붇다께서는 쿠루(kuru) 국의 '소 치는 마을'[調牛部落]에 계셨다.

그때 세존께서는 여러 비구들에게 말씀하셨다.

"내가 이제 연기법에서 그 법의 말과 바른 뜻의 말을 말해주겠다. 자세히 듣고 잘 생각하여라. 너희들을 위해 말해주겠다.

무엇이 연기법의 법의 말인가?

'이것이 있기 때문에 저것이 있고, 이것이 일어나기 때문에 저것이 일어난다'고 하는 것이다. 곧 '무명 때문에 지어감이 있고, 지어감 때문에 앎이 있고, 앎 때문에 마음·물질이 있고, 마음·물질 때문에 여섯 들임이 있고, 나아가 애착 때문에 취함이 있고 취함 때문에 존재가 있고 존재 때문에 나고 늙고 병들어 죽음과 순전한 큰 괴로움의 무더기가 일어난다'고 함이다.

이것을 연기법의 법의 말이라고 한다."

법의 말을 보이시고 해탈에 이르는 바른 뜻의 말을 보이심

"무엇이 바른 뜻의 말인가? 곧 다음과 같이 말함이다.

'무명 때문에 지어감이 있다'고 한다면 그 어떤 것을 무명이라 하는가?

만약 앞때를 알지 못하고 뒤때를 알지 못하고 앞·뒤때를 알지 못하며, 안을 알지 못하고 밖을 알지 못하고 안팎을 알지 못하며, 업(業)을 알지 못하고 갚음[報]을 알지 못하고 업과 갚음을 알지 못하면, 이것을 무명이라 한다.

또 붇다(Buddha)를 알지 못하고 다르마(dharma)를 알지 못하고 상가(saṃgha)를 알지 못하며, 괴로움을 알지 못하고 괴로움 모아냄을 알지 못하며, 괴로움이 사라짐을 알지 못하며, 괴로움을 없애는 길을 알지 못하며, 원인[因]을 알지 못하고 원인이 일으키는 법을 알지 못하면 이것을 무명이라고 한다.

착함과 착하지 않음을 알지 못하고, 죄가 있고 죄가 없음과 번뇌를 익히고 익히지 않음과 못나고 빼어남과 더럽고 깨끗함과 연기에 대한 바른 분별을 모두 알지 못하며, 여섯 가지 닿아 들이는 곳[六觸入處]을 진실 그대로 깨달아 알지 못하고, 이러저러한 것을 알지 못하고 보지 못하여, '사이가 없이 평등한 살핌'이 없어 어리석고 컴컴하며, 밝음이 없고 크게 어두우면 이것을 무명이라고 한다.

무명 때문에 지어감이 있다 하니, 어떤 것을 지어감[行]이라고 하는가? 지어감에는 세 가지가 있으니, 몸의 행[身行]·입의 행[口行]·뜻의 행[意行]이다.

지어감 때문에 앎이 있다 하니, 어떤 것을 앎[識]이라고 하는가? 곧 여섯 가지 앎의 몸[識身]이니, 눈의 앎의 몸[眼識身]·귀의 앎의 몸[耳識身]·코의 앎의 몸[鼻識身]·혀의 앎의 몸[舌識身]·몸의 앎의 몸[身識身]·뜻의 앎의 몸[意識身]이다.

앎 때문에 마음·물질[名色]이 있다 하니, 어떤 것을 마음[名]이라 하는가? 곧 '네 가지 모습 없는 쌓임'[四無色陰]이니, 느낌의 쌓임[受

陰]·모습 취함의 쌓임[想陰]·지어감의 쌓임[行陰]·앎의 쌓임[識陰]이다.

어떤 것을 물질[色]이라고 하는가? 네 큰 요소[四大]와 네 큰 요소로 만들어진 것이 물질이다. 이 물질과 앞에서 말한 앎활동을 합해 마음·물질[名色]이라고 한다.

마음·물질 때문에 여섯 들이는 곳[六入處]이 있다 하니, 어떤 것을 여섯 들이는 곳이라고 하는가? 여섯 안의 들이는 곳[六內入處]이니, 눈의 들이는 곳[眼入處]·귀의 들이는 곳[耳入處]·코의 들이는 곳[鼻入處]·혀의 들이는 곳[舌入處]·몸의 들이는 곳[身入處]·뜻의 들이는 곳[意入處]이다.

여섯 들이는 곳 때문에 닿음[觸]이 있다 하니, 어떤 것을 닿음이라고 하는가? 곧 여섯 닿음의 몸[六觸身]이니, 눈의 닿음의 몸[眼觸身]·귀의 닿음의 몸[耳觸身]·코의 닿음의 몸[鼻觸身]·혀의 닿음의 몸[舌觸身]·몸의 닿음의 몸[身觸身]·뜻의 닿음의 몸[意觸身]이다.

닿음 때문에 느낌이 있다 하니, 어떤 것을 느낌[受]이라고 하는가? 곧 세 가지 느낌[三受]이니, 괴로운 느낌·즐거운 느낌·괴롭지도 즐겁지도 않은 느낌이다.

느낌 때문에 애착이 있다 하니, 어떤 것을 애착이라고 하는가? 곧 세 가지 애착[三愛]이니, 욕계의 애착[欲愛]·색계의 애착[色愛]·무색계의 애착[無色愛]이다.

애착 때문에 취함이 있다 하니, 어떤 것을 취함[取]이라고 하는가? 곧 네 가지 취함[四取]이니, 탐욕의 취함[欲取]·견해의 취함[見取]·그릇된 계의 취함[戒取]·나라는 취함[我取]이다.

취함 때문에 존재가 있다 하니, 어떤 것을 존재[有]라고 하는가?

곧 세 가지 존재[三有]이니, 욕계의 존재[欲有]·색계의 존재[色有]·무색계의 존재[無色有]이다.

존재 때문에 태어남이 있다 하니, 어떤 것을 태어남[生]이라고 하는가? 만약 이러저러한 중생들이 이러저러한 몸의 종류로 한 번 생겨나도, 앞의 것을 벗어나고 어울리고 합해 태어나서, 법의 쌓임[陰]을 얻고, 법의 영역[界]을 얻고, 들이는 곳[入處]을 얻고, 목숨 뿌리[命根]를 얻으면 이것을 태어남이라고 한다.

태어남을 말미암아 늙음과 죽음이 있다 하니, 어떤 것을 늙음[老]이라고 하는가? 만약 털이 하얗게 세고 정수리가 벗겨지며, 살가죽이 늘어지고 몸의 뿌리[身根]가 문드러지며, 몸의 네 활개가 약해지고 등이 굽으며, 머리를 떨어뜨리고 끙끙 앓으며, 숨이 짧아져 헐떡이고 앞으로 쏠려 지팡이를 짚고 다니며, 몸이 시커멓게 변하고 온몸에 저승꽃이 피며, 어둡고 무디어져 멍청히 있고, 앞으로 가기가 어려울 정도로 말라 약해지면 이것을 늙음이라고 한다.

어떤 것을 죽음[死]이라고 하는가? 이러저러한 중생들이 이러저러한 종류로 사라지고, 옮기며, 몸이 무너지고, 목숨[壽, jīva]이 다하며, 따뜻한 기운이 떠나고, 목숨의 틀[命, ajīva]이 사라져 법의 쌓임[陰]을 버릴 때가 이르면 이것을 죽음이라고 한다. 이 죽음과 앞에서 말한 늙음을 합해 늙음과 죽음이라고 한다.

이것을 연기법의 바른 뜻의 말이라고 한다."

붇다께서 이 경을 말씀하시자, 여러 비구들은 붇다의 말씀을 듣고 기뻐하며 받들어 행하였다.

• 잡아함 298 법설의설경(法說義說經)

법(法)은 다르마(dharma)를 옮긴 말이니 존재를 말하고, 뜻[義]은 아르타(artha)를 옮긴 말이니 주체의 의지와 의사를 말한다.

온갖 존재 온갖 법은 연기한 것이므로 공하여 자기성품이 없다[無自性]. 연기이므로 공한 존재의 진실을 밝히는 말이 곧 바른 법의 말이다. 설사 절대신성이 되었든 니르바나보다 더한 것이 되었든 존재의 실상 밖에 있는 것은 그 무엇이든 헛된 꿈의 말이 될 것이다.

바른 뜻은 연기의 진실을 모르는 중생의 무명과 얽매임의 삶을 돌이켜 해탈과 니르바나에 나아가는 것이 바른 뜻이다.

십이연기의 여러 법이 서로 조건이 되어 나므로 공하고, 공하므로 다하되 다할 것이 없으니, 조건을 돌이키면 십이연기가 해탈의 길이 된다.

여래는 십이연기의 진실한 모습을 밝혀 중생을 해탈의 땅에 이끄니, 여래가 곧 바른 법 말씀하시는 분이고 해탈을 향한 바른 뜻의 말씀 열어주시는 분이다.

『화엄경』(「세주묘엄품」世主妙嚴品)은 미혹의 세간에 출현하여 법의 말과 뜻의 말로 중생을 해탈의 바다에 이끄는 여래의 모습을 다음과 같이 찬탄한다.

모든 붇다의 경계 사의할 수 없어
온갖 중생은 헤아릴 수가 없어라.
널리 그 마음에 믿음과 앎 내도록 해
넓고 큰 마음의 기쁨과 즐거움
마쳐 다함이 없도록 해주시네.

諸佛境界不思議 一切衆生莫能測
普令其心生信解 廣大意樂無窮盡

법의 성품 걸림 없음 깨달으신 이

시방 한량없는 세계 널리 나타나
붇다의 경계 사의할 수 없음 말해
중생이 모두 같이 해탈의 바다에
함께 돌아가도록 하여주시네.

了知法性無礙者　普現十方無量刹

說佛境界不思議　令衆同歸解脫海

이처럼 붇다의 법 설하심이 중생을 여래의 땅에 세우기 위함이므로 중생
이 그 지혜를 따라 번뇌를 돌이키면 중생 또한 해탈의 바다에 들 수 있으니,
「여래현상품」은 이렇게 말한다.

지혜의 밝은 빛 끝이 없고
법 설하심 또한 한량없나니
배우는 이가 그 지혜를 따르면
해탈의 바다에 들어갈 수 있고
법을 잘 살필 수 있으리라.

光明無有邊　說法亦無量

佛子隨其智　能入能觀察

진실한 뜻의 말과 법의 말은
중도에 머물러 법을 설하오

이와 같이 내가 들었다.

한때 붇다께서는 쿠루 국의 '소 치는 마을'에 계셨다. 때에 어떤 브라마나가 붇다 계신 곳에 나아가 붇다를 뵙고 서로 기뻐하고 위로한 뒤에 한쪽에 물러앉아 붇다께 여쭈었다.

"어떻습니까. 고타마시여, 스스로 짓고 스스로 깨닫습니까."

붇다께서 브라마나에게 말씀하셨다.

"나는 이것을 '말할 것 없음'[無記]이라고 하오. 스스로 짓고 스스로 깨닫는다는 것은 곧 '말할 것 없음'이오."

"어떻습니까. 고타마시여, 그러면 남이 짓고 남이 깨닫습니까."

붇다께서 브라마나에게 말씀하셨다.

"남이 짓고 남이 깨닫는다는 것도 곧 '말할 것 없음'이오."

브라마나는 붇다께 여쭈었다.

"어떻게 제가 '스스로 짓고 스스로 깨닫는가'라고 물어도 '말할 것 없음'이라고 말씀하시고, '남이 짓고 남이 깨닫는가'라고 물어도 '말할 것 없음'이라고 말씀하십니까. 그것은 무슨 뜻입니까."

늘 있음과 끊어져 없어짐의 두 견해를 넘어서 중도를 보이심

붇다께서 브라마나에게 말씀하셨다.

"스스로 짓고 스스로 깨닫는다고 하면 곧 늘 있다는 견해[常見]에 떨어지고, 남이 짓고 남이 깨닫는다고 하면 곧 끊어져 없어진다는 견해[斷見]에 떨어지는 것이오. 뜻의 말과 법의 말은 이 두 치우침을 떠나[離此二邊] 중도에 머물러 법을 설하오.

그것은 '이것이 있기 때문에 저것이 있고, 이것이 일어나기 때문에 저것이 일어난다'고 함이오. 곧 다음과 같이 말하는 것이오.

'무명이 있으므로 지어감이 있고, 지어감이 있으므로 앎이 있으며, 앎이 있으므로 마음·물질이 있고, 마음·물질이 있으므로 여섯 들임이 있다. 여섯 들임이 있으므로 닿음이 있고, 닿음이 있으므로 느낌이 있고, 느낌이 있으므로 애착이 있고, 애착이 있으므로 취함이 있고, 취함이 있으므로 존재가 있고, 존재가 있으므로 죽음·근심과 괴로움의 큰 무더기가 일어난다.

무명이 사라지므로 지어감이 사라지고, 지어감이 사라지므로 앎이 사라지며, 앎이 사라지므로 마음·물질이 사라지고, 마음·물질이 사라지므로 여섯 들임이 사라진다. 여섯 들임이 사라지므로 닿음이 사라지고, 닿음이 사라지므로 느낌이 사라지고, 느낌이 사라지므로 애착이 사라지고, 애착이 사라지므로 취함이 사라지고, 취함이 사라지므로 존재가 사라지고, 존재가 사라지므로 죽음·근심과 괴로움의 큰 무더기가 사라진다.'"

붇다께서 이 경을 말씀하시자 그 브라마나는 말씀을 듣고 기뻐하고 따라 기뻐하면서 자리에서 일어나 떠나갔다.

• 집아함 300 타경(他經)

• 해설 •

살피는바 존재의 모습에 실로 그렇다 할 모습 없음을 통달한 이는 모습에 물든 관념과 환상을 만들지 않으며, 아는 마음에 마음 없음을 통달한 이는 헛된 관념과 견해로 모습에 모습 없는 사물의 실상을 물들이지 않는다.

여래야말로 법에 법 없음을 통달함으로 바른 뜻의 말[義說]을 쓰시는 분이며, 마음에 마음 없음을 통달함으로써 법의 진실을 깨달아 법의 말[法說]을 쓰시는 분이다.

법의 말을 쓰시는 분은 연기의 진실에 부합되지 않는 헛된 관념의 놀음놀이를 말할 것 없는 법[無記法]이라 꾸중하며, 그에 대해 응답하지 않으신다.

연기의 진실에서 보면 어떤 법도 스스로 짓거나 남이 지음이 아니고 스스로와 남의 기계적 결합으로 지음도 아니다.

곧 주체적 요인과 객관 여건의 연기적 결합 속에서 일어나는 온갖 존재는 오직 공한 요인과 공한 객관 여건의 상호의지 속에서 일어난 것이므로, 주관만도 아니고 객관만도 아니지만 주·객을 떠난 것도 아니다.

안팎의 어울림에 의해 연기된 존재의 있음은 곧 있음 아니니, 실로 있다 해도 법의 말이 아니고 없다 해도 법의 말이 아니며, 있기도 하고 없기도 하다거나 있음도 아니고 없음도 아니라고 함도 법의 말이 아니다. 연기하는 존재는 나되 남이 없으므로 항상하다 해도 안 되고, 사라지되 사라짐이 없으므로 끊어져 없어진다 해도 안 된다.

주체의 사물을 깨달아 아는 것도 마찬가지다.

여기 주체의 능동성이 없으면 저 사물을 알 수 없지만, 아는 자는 알려지는 것을 의지해서만 앎활동으로 드러나는 것이니, 스스로 깨닫는다 하거나 남이 깨닫게 한다고 함은 모든 바른 법의 말 가운데 '말할 것이 없는 법'[無記法]을 이룬다.

여래는 연기의 진실에 부합되지 않는 법은 답변하지 않으신다.

'스스로 짓고 스스로 깨닫는다'고 하면, 주체의 편에서 보면 객관 조건이 없어도 늘 스스로 짓고 스스로 운동할 수 있으니, 늘 있음의 견해[常見]에 떨어진 것이다. 또한 어떤 법도 다른 것을 의지하지 않고 스스로 알 수 있는 것은 없으므로 연기의 진실이 아니다.

'남이 짓고 남이 깨닫는다'고 하면 주체의 자기요인이 없이도 객관 여건만으로 존재가 지어지고 인식이 발생한다. 그러면 객관 여건이 바뀌면 존재는 곧 사라져 없어지니, 이는 사라져 없어짐의 견해[斷見]에 떨어진 것이다. 또한 어떤 법도 객관 여건의 힘만 있고 주체의 자발성이 없는 법도 없으니 이 또한 연기의 진실이 아니다.

여래는 주관주의와 객관주의, 절대주의와 상대주의, 이 극단의 견해 두 치우친 견해를 떠나 중도의 진실에 서서 법의 실상을 열어 보이고 바른 뜻의 길을 열어 보인다.

십이연기설은 삶 속의 소외와 고통의 원인·결과가 모두 연기임을 밝혀 삶의 장애와 고통을 돌이켜 해탈로 나아가는 길을 밝힌다.

연기의 진실을 보지 못한 무명(無明, avidyā)이 마음과 물질[名色]의 대립을 일으키고, 남과 죽음[生死]의 실체화를 일으키며, 마음·물질, 남과 죽음이 대립하고 닫힌 물든 삶 활동[行]이 다시 무명을 일으킨다.

이처럼 십이연기의 모든 법은 서로 원인이 되고 서로 결과가 되는 것이니, 무명이 고통의 제1원인처럼 십이연기를 읽어서는 안 된다.

앞의 경에서 여섯 앎[六識]과 여섯 닿음[六觸]에 모두 몸[身, kaya]이라는 말을 붙인 것은 이미 이루어진 앎과 닿음이 다시 다른 앎과 닿음의 토대가 됨을 나타내기 위함이다.

십이연기의 각 법은 연기이므로 공하고 공함도 공한 것이니, 연기의 처소를 떠나 공덕의 곳간이 없다. 여래가 십이연기의 법의 말을 보인 것은 중생에게 공의 뜻[空義]과 여래장의 뜻[如來藏義]을 밝혀 해탈에 이끌기 위함이다.

십이연기라는 법의 말을 듣고서, 그 가르침을 듣는 이가 바로 십이연기의 여러 법이 모두 연기이므로 공한 줄 알면, 마음·물질, 남과 죽음이 대립과 모순으로 주어지는 현실 속에서 남이 없고 죽음이 없는 해탈의 길을 갈 수 있는 것이니 십이연기가 깊고 깊어 진여의 법인 것이다.

저 언덕에 이르면 타고 가던 뗏목을 버려야 하니

이와 같이 들었다.

한때 붇다께서는 슈라바스티 국 제타 숲 '외로운 이 돕는 장자의 동산'에 계셨다.

그때 세존께서 여러 비구들에게 말씀하셨다.

"내가 이제 뗏목의 비유를 말하겠다. 너희들은 잘 사유하고 생각해 마음에 새겨두라."

여러 비구들이 대답했다.

"그렇게 하겠습니다, 세존이시여."

여러 비구들이 붇다에게서 가르침을 받아들이자, 세존께서 말씀하셨다.

뗏목의 비유를 보이심

"그 무엇을 뗏목의 비유라 하는가? 너희들이 길을 가다가 도적에게 사로잡히더라도 마음의 뜻을 굳게 잡아 미워하는 생각을 내지 말아야 한다. 반드시 평정한 마음[護心]을 일으켜 모든 곳에 두루 채워서, 한량없어 이루 헤아릴 수 없게 하라.

마음을 땅처럼 지니어야 하니, 마치 이 땅이 깨끗한 것도 받아들이고 더러운 것도 받아들여 똥오줌처럼 더러운 것도 모두다 받아들이지만, 땅은 늘어나거나 줄어드는 마음을 내지 않고 '이것은 좋고 이것은 더럽다'고 말하지 않는 것처럼 하라.

너희들의 지금 행하는 것 또한 이와 같아야 하니, 설사 도적에게 사로잡히더라도 나쁜 생각을 내지 말고 늘어나고 줄어드는 마음을 일으키지 말라.

땅과 같이 또한 물·불·바람이 나쁜 것도 받아들이고 좋은 것도 받아들여 늘어나거나 줄어드는 마음이 없는 것처럼 하여, 사랑의 마음·슬피 여기는 마음·기뻐하는 마음·평정한 마음을 일으켜 온갖 중생을 대해야 한다.

무슨 까닭인가? 착함을 행하는 법도 오히려 버려야 하는데 하물며 나쁜 법을 즐겨 익힐 수 있겠는가?

이는 마치 어떤 사람이 무섭고 험난한 곳을 만나 그 위험한 곳을 건너 안온한 곳에 이르려고, 뜻을 따라 이리저리 내달리며 편안한 곳을 찾는 것과 같다. 그는 큰 강이 매우 깊고 넓은 것을 보았는데 저쪽 언덕으로 건너갈 수 있는 다리나 배가 없었다. 그리고 그가 서 있는 곳은 매우 두렵고 험난하였지만 저 언덕은 함이 없이 고요하였다.

그때 그 사람은 이렇게 방법을 생각해냈다.

'이 강물은 매우 깊고 넓다. 이제 나무와 풀잎을 주워 모아 뗏목을 엮어 건너가자. 뗏목을 의지하면 이쪽 언덕에서 저쪽 언덕으로 갈 수 있을 것이다.'

그는 곧 나무와 풀잎을 모아 뗏목을 엮어 이쪽 언덕에서 저쪽 언덕으로 건너갔다. 그는 저쪽 언덕에 이르러 다시 생각하였다.

'이 뗏목은 나에게 많은 이익을 주었다. 이 뗏목으로 말미암아 액난에서 벗어날 수 있었고 두려운 곳에서 함이 없이 편안한 곳으로 이를 수 있었다. 나는 이제 이 뗏목을 버리지 않고 가지고 다니면서 쓰

리라.'

어떤가? 비구들이여, 그 사람은 이르른 곳에서 그 뗏목을 스스로 따라 쓸 수 있겠느냐?"

비구들이 말씀드렸다.

"그럴 수 없습니다. 세존이시여, 그 사람의 바라는 바가 이미 이루어졌는데 그 뗏목을 다시 스스로 어디 쓰겠습니까?"

붇다께서 비구들에게 말씀하셨다.

"좋은 법조차 버려야 하거늘 하물며 그른 법이겠는가?"

법도 버려야 함을 보이시는데 먼저 마라와의 대결을 보이심

그때 어떤 비구가 세존께 말씀드렸다.

"어찌하여 '법도 버려야 하거늘 하물며 그른 법이겠느냐?'라고 말씀하십니까? 저희들이 어찌 법으로 말미암아 도를 배우지 않습니까?"

세존께서 말씀하셨다.

"교만을 의지하여 교만(憍慢)·높은 교만[慢慢]·자만(自慢)·삿된 견해의 교만[邪見慢]·교만 가운데 교만[慢中慢]·더욱 늘어나오르는 교만[增上慢]을 없애는 것이다. 곧 교만을 없앰으로써 높은 교만을 없애고, 교만 없다는[無慢] 바로 그 교만[正慢]을 없애며, 삿된 견해의 교만과 더욱 위로 오르는 교만을 없애어 네 가지 교만을 모두 없앤다.

나는 옛날 아직 깨달음의 도를 이루기 전이었을 때 큰 나무 아래에 앉아 이렇게 생각했었다.

'이 욕계(欲界)에서 누가 가장 힘이 있고 귀한가? 내 그것을 항복

케 하겠다. 이 욕계 가운데 하늘과 사람들은 모두 항복받겠다.'

이때 나는 다시 이렇게 생각하였다.

'악한 마라(māra, 魔) 파피야스(Pāpīyas, 波旬)가 있다고 들었다. 나는 그와 싸우리라. 그 파피야스를 항복케 해 온갖 힘이 있고 귀한 교만한 하늘들과 온갖 마라들도 다 항복케 하리라.'

비구들이여, 나는 그때 그 자리 위에서 웃었다. 그리하여 악한 마라 파피야스의 경계를 모두 다 떨려 움직이게 하였더니 허공에서 게송을 읊는 소리가 들렸다.

참되고 깨끗한 왕의 법을 버리고
집을 나와 단이슬의 법을 배웠으니
이와 같이 넓은 원을 세운 자라면
이 세 갈래 악한 세계 비게 하리라.

내 이제 널리 군사들을 모아서
저 사문의 얼굴 살펴보고 있나니
만약 나의 생각 따르지 않는다면
다리 잡아 바다에다 던져버리리.

그때 악한 마라 파피야스는 성이 불꽃처럼 일어나 곧 사자 대장에게 명령하였다.

'네 무리의 군사를 빨리 모으라. 저 사문을 치러 가겠다. 그리고 어떤 힘이 있기에 나와 싸울 수 있는지 살펴보리라.'

나는 그때 생각하였다.

'보통사람이 싸우려 해도 잠자코 있을 수 없는데 하물며 욕계(欲界)에서 힘이 있고 귀한 사람이겠는가? 반드시 저자와 얼마간 싸워야겠다.'

비구들이여, 나는 그때 어짊과 사랑[仁慈]의 갑옷을 입고, 손에는 사마디의 활과 지혜의 화살을 들고 그 무리들을 기다렸다. 그때 악한 마라 대장이 거느린 군사의 수는 십팔 억이었고, 그들의 얼굴은 제각기 달라 원숭이와 사자 등의 모습으로 내가 있는 곳으로 왔다.

그때 라크샤(rakṣa, 羅刹)의 무리 가운데는 한 몸에 여러 개의 머리가 달린 자도 있었고, 수십 개의 몸에 한 개의 머리만 가진 자도 있었으며, 두 어깨에 세 개의 목이 있고 가슴에 입이 붙은 자도 있었다.

어떤 자는 손이 하나뿐이고, 어떤 자는 손이 두 개, 또 어떤 자들은 손이 네 개였다. 어떤 자는 두 손으로 머리를 받쳐 들고 입에 죽은 뱀을 문 자도 있었고, 머리에서 불이 활활 타오르고 입에서 불빛을 내는 자도 있었으며, 두 손으로 입을 벌리고는 달려와 씹어 삼키려는 자도 있었고, 배를 열어젖혀 서로 마주보며 손에는 칼을 잡고 창을 둘러멘 자도 있었다.

어떤 자는 절구를 들고 있기도 했고, 산을 매고 돌을 짊어지며 큰 나무를 둘러멘 자도 있었으며, 두 다리는 위에 있고 머리가 밑에 있는 자도 있었다. 그들은 코끼리·사자·호랑이·이리·독벌레[毒蟲] 따위를 타고 다니기도 하였고, 발로 걷기도 하며 공중을 날기도 하였다.

그때 악한 마라는 이러한 무리들을 거느리고 내가 앉아 있던 보디나무[菩提樹]를 에워쌌다. 이때 악한 마라 파피야스가 내 왼쪽에서 내게 말하였다.

'사문이여, 빨리 일어나라.'

비구들이여, 나는 그때 잠자코 대답하지 않았다. 이렇게 두 번 세 번 되풀이해 악한 마라가 나에게 말하였다.

'사문이여, 내가 두렵지 않은가?'

내가 그에게 말하였다.

'나는 지금 마음을 잘 잡아 두렵고 무서운 것이 없다.'

그러자 파피야스가 말하였다.

'사문이여, 나의 이 네 무리 군사를 보는가? 그런데도 그대는 혼자 몸으로 무기와 군사도 없이, 까까머리에 맨몸으로 세 가지 가사만 걸치고서 게다가 두려울 것이 없다고까지 말하는구나.'

그때 나는 파피야스에게 이런 게송을 말하였다.

사랑의 갑옷 입고 사마디의 활에
손에는 지혜의 화살을 잡았네.
복된 업으로 군사를 삼았으니
내 이제 너의 군대 깨부수리라.

이때 악한 마라 파피야스가 다시 내게 말하였다.

'내가 그대 사문에게 많은 이익을 주리라. 그러나 만약 내 말을 따르지 않는다면 바로 너를 잡아들여 그 몸을 가루로 만들겠다.

또 그대 사문은 얼굴이 단정하고 나이도 젊어 아름답게 가꿀 수 있으며, 태어난 곳도 크샤트리아이고, 전륜왕의 종족이다. 빨리 여기서 일어나 다섯 가지 욕망[五欲]을 누리도록 하라. 내가 반드시 그대를 전륜왕이 될 수 있게 해주겠다.'

나는 파피야스에게 대답하였다.

'네가 말한 것들은 덧없고 변해 바뀌는 것이라 오래 머무르지 못한다. 또한 반드시 버려야 할 것으로서 내가 탐내는 것이 아니다.'

악한 마라 파피야스가 다시 나에게 말하였다.

'사문이여, 오늘 구하는 것이 무엇인가? 마음으로 어떤 것을 바라는가?'

그때 내가 대답하였다.

'내가 바라는 것은 근심과 두려움이 없는 곳, 고요한 니르바나의 성에서 안온하게 지내는 것이며, 나고 죽음의 바다에 흘러 떠돌면서 괴로움에 빠져 있는 이 중생들을 바른 길로 이끄는 일이다.'

악한 마라는 나에게 말했다.

'만약 사문이 지금 빨리 자리에서 일어나지 않는다면 다리를 잡아 바다에다 던져버리겠다.'

이때 나는 파피야스에게 대답했다.

'내가 하늘과 사람 세상을 살펴보니, 악한 마라든 하늘마라이든 사람이든 사람이 아니든, 또 너의 네 무리라 할지라도 나의 털끝 하나도 움직이지 못할 것이다.' "

법으로써 법 없앰을 보이심

"악한 마라가 대꾸하였다.

'사문이여, 지금 나와 싸우려는 것인가?'

내가 말하였다.

'싸워 이길 수 있다고 생각한다.'

악한 마라가 대꾸하였다.

'그대의 원수는 누구인가?'

'교만이 원수다. 교만이란 곧 더욱 늘어나 오르는 교만[增上慢]이니, 스스로 교만함[自慢] · 삿된 교만[邪慢] · 교만 가운데 교만[慢中慢]으로 이와 같음이 더욱 늘어나 오르는 교만[增上慢]이다.'

악한 마라가 나에게 말하였다.

'그대는 무슨 방법으로 이 여러 가지 교만을 없애려고 하는가?'

그때 내가 파피야스에게 대답하였다.

'파피야스여, 알아야 한다. 사랑의 사마디[慈仁三昧] · 슬피 여김의 사마디[悲三昧] · 기쁨의 사마디[喜三昧] · 평정함의 사마디[護三昧] · 공한 사마디[空三昧] · 바람 없는 사마디[無願三昧] · 모습 없는 사마디[無相三昧]가 있다.

사랑의 사마디로 말미암아 슬피 여김의 사마디를 얻고, 슬피 여김의 사마디로 말미암아 기쁨의 사마디를 얻으며, 기쁨의 사마디로 말미암아 평정함의 사마디를 얻는다. 공한 사마디로 말미암아 바람 없는 사마디를 얻고, 바람 없는 사마디로 말미암아 모습 없는 사마디를 얻나니, 이 세 가지 사마디의 힘으로 너와 싸울 것이다.

지어감[行]이 다하면 괴로움이 다하고 괴로움이 다하면 묶임이 다하며 묶임이 다하면 니르바나에 이른다.'

악한 마라가 나에게 말하였다.

'사문이여, 법으로써 법을 없앨 수가 있는가?'

내가 대답하였다.

'법으로써 법을 없앨 수 있다.'

악한 마라가 나에게 물었다.

'어떻게 법으로써 법을 없앨 수 있는가?'

그때 내가 대답하였다.

'바른 견해가 삿된 견해를 없애고 삿된 견해가 바른 견해를 없애며, 바른 다스림이 삿된 다스림을 없애고 삿된 다스림이 바른 다스림을 없애며, 바른 말이 삿된 말을 없애고 삿된 말이 바른 말을 없애며, 바른 업이 삿된 업을 없애고 삿된 업이 바른 업을 없애며, 바른 생활이 삿된 생활을 없애고 삿된 생활이 바른 생활을 없애며, 바른 방편이 삿된 방편을 없애고 삿된 방편이 바른 방편을 없애며, 바른 생각이 삿된 생각을 없애고 삿된 생각이 바른 생각을 없애며, 바른 선정이 삿된 선정을 없애고 삿된 선정이 바른 선정을 없앤다.'

악한 마라가 나에게 말하였다.

'사문이여, 그대가 오늘 비록 이런 말은 하지만, 이런 곳은 매우 어렵다. 너는 지금 빨리 일어나 내가 너를 잡아 바다에다 던지는 일이 없게 하라.'

이때 나는 다시 파피야스에게 말하였다.

'그대가 복 지음이 오직 한 번의 베풂이었는데도 지금 욕계의 마라의 왕이 될 수 있었는데, 내가 옛날에 지은 공덕은 이루 다 헤아릴 수 없다. 그런데도 너는 이 일이 매우 어렵다고만 말하는가.'

파피야스가 대답하였다.

'지금 내가 지은 복은 그대가 지금 증명해 알고 있다. 그대는 지금 셀 수 없는 복을 지었다고 스스로 말하는데 그것을 누가 증명해 아는가?'

비구들이여, 그때 나는 곧 오른손을 펴서 손가락으로 땅을 누르며 파피야스에게 말하였다.

'내가 지은 공덕을 이 땅이 증명해 알리라.'

내가 이렇게 말하자 그때 땅의 신[地神]이 땅에서 솟아올라 두 손을 맞잡고 말씀드렸다.

'세존이시여, 제가 증명하겠습니다.'

땅의 신이 이렇게 말하자 악한 마라 파피야스는 근심하고 괴로워
하더니 곧 물러나 사라졌다."

뗏목의 비유를 다시 거두어 말씀하심

"비구들이여, 이런 방편으로 알아야 한다. 법도 오히려 없애야 하
거늘 하물며 그른 법이겠느냐? 나는 긴 밤 동안 너희들에게 '한 깨달
음을 비유로 보인 경'[一覺喩經]을 말하고 그 글을 기록하지 않았는
데, 더구나 그 뜻을 풀이함이겠는가?

왜 그런가. 이 법은 그윽하고도 깊어 이 법을 닦아 행하는 성문(聲
聞)이나 프라테카붇다[緣覺]는 큰 공덕을 얻어 단이슬 같은 함이 없
는 곳을 얻을 것이기 때문이다.

그 무엇을 뗏목의 비유라고 하는가? 곧 교만을 의지하여 교만을
없애는 것이니, 교만이 모두 없어지면 다시는 온갖 번뇌의 어지러운
생각이 없게 된다. 마치 살쾡이의 가죽을 아주 잘 다듬으면 주먹으로
치더라도 울림이 없고 뻣뻣한 데도 없는 것처럼, 만약 비구에게 교만
이 없어진다면 늘어나고 줄어듦이 전혀 없게 된다.

그러므로 나는 너희들에게 말하는 것이다.

'설사 도적에게 사로잡히더라도 나쁜 생각을 내지 말고 사랑의 마
음으로 세상 온갖 곳을 두루 채우라. 저 매우 부드러운 가죽처럼 긴
밤 동안 그렇게 하면 곧 함이 없는 곳을 얻게 되리라.'

비구들이여, 반드시 이와 같이 생각해야 한다."

이 법을 말씀하실 때 그 자리에서 삼천 하늘사람[天子]들은 모든

티끌과 때가 다해 법의 눈[法眼]이 깨끗해졌고, 육십 여 비구는 법복을 벗고 세속의 행을 익히게 되었으며, 또 육십 여 비구는 흐름이 다하고 뜻이 풀려 법의 눈이 깨끗해졌다.

그때 여러 비구들은 붇다의 말씀을 듣고 기뻐하며 받들어 행하였다.

• 증일아함 43 마혈천자문팔정품(馬血天子問政品) 五

• 해설 •

여래의 법의 말·뜻의 말은 중생을 니르바나의 안온한 곳에 건네주는 뗏목의 언어이니, 니르바나의 안온한 곳에 이르면 법의 말·뜻의 말의 자취마저 잊어야 한다. 저 언덕에 이르고자 하는 이가 뗏목을 만들어 힘차게 저어 저 언덕에 이르지 않는 이도 옳지 않지만, 저 언덕에 이르러서 뗏목을 버리지 못하는 이도 옳지 않다.

그처럼 법의 말·뜻의 말을 듣고 깊이 사유하여 해탈의 실천에 나아가지 않는 이도 옳지 않지만, 법의 말·뜻의 말의 거룩함을 집착하여 이루 말할 수 없고 사유할 수 없는 보디의 땅에 돌아가지 못하는 이도 옳지 않다.

경 가운데 악한 마라 파피야스는 무엇을 나타내는가. 파피야스는 여래의 보디의 법을 등지는 온갖 그른 법의 대명사이고, 착함을 무너뜨리는 악의 대명사이다. 여래의 법은 파피야스와 싸워 마라의 법을 깨뜨리는 법이니, 경에서 여래도 마라와 대결하고 마라의 법을 바른 법으로 깨뜨린다. 그러나 여래의 법은 다만 마라를 깨뜨려 마라를 이기기 위한 법이 아니고, 마라와 붇다의 법이 모두 공한 곳에서 마라의 법을 보디로 돌이키는 법이다.

선과 악에서도 여래는 선과 악이 공한 곳에서 악을 끊음 없이 끊게 하고 선을 지음 없이 짓는 길을 가르치시지 선으로 악을 이기도록 가르치시지 않는다. 마라의 법이 사라지면 마라를 깨뜨리는 여래의 교법도 다하는 것이니, 교법의 방편이 다해야 비로소 여래의 보디의 진실이 드러나는 것이다.

여래의 법은 방편을 세워 방편을 넘어서고 말을 세워 말을 넘어서는 길이다. 이처럼 말을 세워 해탈에 이끄는 여래의 뜻의 말씀과 달리, 그 누가 부질 없이 문자 세우지 않음[不立文字]과 가르침 밖에 따로 전함[敎外別傳]을 그릇 말해 여래의 뜻을 저버리는가.

참으로 법의 말·뜻의 말을 세움 없이 세우는 자, 말을 세우되 말로써 말을 넘어서는 자는 말과 문자를 깨뜨릴 것도 없는 것이니, 여래의 뜻의 말에서 언어의 지양은 실천을 통한 지양이어야 하며, 산 말귀[活句]의 실천은 지양을 위한 실천이 되어야 한다.

천태선사(天台禪師)는 『사념처관』(四念處觀)에서 『열반경』을 인용하여 이렇게 말한다.

> "인연으로 내고 나는 법[生生法]도 사유하고 말할 수 없고,
> 나되 남이 없는 법[生不生法]도 사유하고 말할 수 없다.
> 남이 없되 나는 법[不生生法]도 사유하고 말할 수 없고,
> 남도 아니고 나지 않음도 아닌 법[不生不生法]도 사유하고 말할 수 없다."

이 말을 어떻게 이해해야 하는가. 여래의 보디의 땅은 이루 사유할 수 없고 말할 수 없으니 저 언덕이고, 내고 나는 법과 나되 남이 없는 법은 뗏목이다. 뗏목이 아니면 저 언덕에 갈 수 없으나, 뗏목을 버리지 않으면 저 언덕에 오를 수 없다. 여래의 보디는 말에서 말을 떠나고 사유에서 사유를 떠나 이루 말로 말할 수 없고 사유로 사유할 수 없다.

여래는 그 보디의 땅에서 때로 중생이 존재에 고정된 실체가 있다고 하거나 절대적인 요인이 존재를 만들었다고 집착하면, 인연으로 생겨나는 법[生生法]으로 깨뜨려 부사의법(不思意法)에 이끈다. 인연으로 생기고 사라짐을 덧없이 흘러간다 집착하면 나되 남이 없는 법[生不生法]으로 집착을 깨뜨린다.

다시 공하여 남이 없음[無生]을 집착하면 남이 없되 나는 법[不生生法]으로 깨뜨리고, 끝내 남과 나지 않음의 집착을 모두 없애기 위해 남도 아니고

나지 않음도 아닌 법[不生不生法]을 세워 부사의법계에 이끈다. 그러므로 여래가 설한 '인연으로 나는 법'으로 존재에 실체가 있다는 병통을 깨뜨리면 인연법으로도 부사의법계에 들 수 있고, '나되 남이 없는 법'으로 덧없이 사라짐의 병통을 깨뜨리면, 나되 남이 없는 법으로 부사의법계에 들 수 있다.

그러나 설사 가장 높은 '남도 아니고 나지 않음도 아닌 법'을 듣고서 그 법을 집착하면 부사의법계에 들 수 없으니, 병을 낫기 위해 세운 약을 집착하면 병 또한 온전히 없앨 수 없기 때문이다.

세간법에서 불의와 삿됨과의 싸움에서도 마찬가지다.

삿됨이 있으면 바름이 없고 바름이 없으면 삿됨이 있으므로 옳지 못한 것 삿된 것은 바름으로 고쳐야 한다. 그러나 바름이 바름으로 있는 한 늘 바름에 마주하는 삿됨이 있으니, 바름을 행해도 바름이라는 집착이 없는 평정함에 이르러야 삿됨을 온전히 바름으로 돌이키는 바름이 될 것이다.

세간법에서 불의의 대명사, 가장 높은 교만의 상징은 악한 마라 파피야스이다. 붇다는 그 높은 교만을 깨뜨리기 위해 그보다 높은 자만의 깃발을 세워 파피야스를 깨뜨린다. 그때 붇다가 세운 높은 자만의 깃발은 사랑의 갑옷과 사마디와 지혜의 무기로 무장한 자만의 깃발이니, 그 깃발은 악한 마라를 무찌르고 모든 하늘과 모든 위력 있는 자들을 무찌른다.

그러나 무찌름은 끝내 사랑과 사마디와 지혜로 감싸 온누리에 그 평등한 마음을 넓히는 깃발이다.

여래는 바른 교만의 방편으로 삿된 교만을 꺾되 끝내 한량없는 마음으로 온갖 교만한 무리마저 거두어들이며, 바름으로 삿됨을 꺾되 바름의 자취마저 넘어서 온갖 삿됨을 바름으로 돌이킨다.

그른 법을 없애기 위해 바른 법을 세워 그른 법을 없애면 끝내 그 법마저 취할 것이 없다는 아함경의 가르침을 그대로 받아 『금강경』은 이렇게 말한다.

너희들 비구들이여, 나의 설법이
뗏목의 비유와 같음 알아야 하니
법도 오히려 버려야 하는데
하물며 그른 법을 버리지 않으리.

汝等比丘 知我說法 如筏喩者
法尙應捨 何況非法

쌍림부대사(雙林傅大士)는 『금강경』의 이 뜻을 다음과 같이 노래한다.

강을 건넘은 반드시 뗏목 필요하나
저 언덕 이르르면 배가 필요치 않네.

渡河須用筏 到岸不須船

보디는 온갖 말을 떠났으며
법왕은 원래 얻음 없는 사람이니
두 가지 공한 이치 의지해야
법왕의 몸을 반드시 얻게 되리라.
마음 있으면 모두다 허망함이고
집착 없어야 참됨이라 이름하리.
법도 버리고 법 아님도 버림 깨치면
여섯 티끌 벗어나 노닐게 되리.

菩提離言說 從來無得人
須依二空理 當證法王身
有心俱是妄 無執乃名眞
若悟非非法 逍遙出六塵

제2장

해탈을 위한 언어적 실천

"나는 괴로움[苦]과 괴로움 모아냄[集]과 괴로움 사라짐[滅]과
괴로움 없애는 길[道]을 한결같이 말한다.
무슨 까닭으로 나는 이것을 한결같이 말하는가?
이것은 바른 뜻과 서로 맞고 법과 서로 맞으며, 또 이것은
범행의 근본으로서 지혜로 나아가고, 깨달음으로 나아가며,
니르바나로 나아가기 때문이다.
이것이 바로 '말하지 않아야 할 것은 말하지 않고,
말하여야 할 것은 말한다'고 하는 것이니,
너희들은 이와 같이 받아 지녀야 하고 이와 같이 배워야 한다."

여래의 가르침이 왜 진실한 것인가. 여래의 가르침의 행 설법행은 여래의 해탈의 행 자체이다. 곧 여래의 법 설함의 행위는 나와 너에 두 모습 없는 세계의 실상을 깨친 여래의 보디의 작용이며, 깨달음의 공덕과 세계의 실상이 언어적으로 발현됨이다.

이처럼 여래의 가르침이 보디[覺]의 표현이고 지혜인 실상(實相)이 언어로 발현된 것이므로 그 가르침엔 거짓이 없고 헛것이 없다.

또한 여래의 보디가 모습에 모습 없는 실상 자체이므로 저 중생과 세계는 보디 밖의 중생과 세계가 아니니, 여래의 보디행(菩提行)은 끝내 중생의 역사와 세계를 장엄하는데 회향되지 않을 수 없다.

이를 화엄교(華嚴敎)의 법으로 살펴보자.

여래의 공덕의 세계[如來果德]를 그 공덕을 성취케 한 원인[因行]에서 살펴보면, 문수의 지혜[文殊智]로 보현의 진리[普賢理]를 깨침으로써 바이로차나(vairocana) 그 진리의 세계가 구현된 것이다.

이때 깨친바 보현의 진리는 모습에 모습 없는 세계의 실상이라 그 진리는 온전히 지혜인 진리이다. 진리인 지혜가 알되 앎이 없고 앎 없되 앎 없음도 없으므로 끝내 지혜는 한량없는 자비와 보현의 넓고 큰 행[普賢行]으로 발현된다.

그러므로 여래는 니르바나의 땅을 떠남 없이 중생을 위해 법을 설해 고통받는 중생을 해탈의 땅에 이끄는 것이니, 여래의 법신의 성취는 중생의 성취와 정토를 장엄하고 완성하는 행으로 발현되는 것이다.

여래의 말 없는 가르침의 말은 바이로차나 법계의 땅에서 일어나 중생을 법계에 이끄는 행이니, 그 말씀 따라 사유하고 따라 행하는 자 또한 바이로차나 법계의 땅에 돌아갈 것이다.

여래가 보디를 성취할 때 여래의 지혜는 온전히 법계인 지혜이므로 여래는 법계인 지혜의 한량없는 작용 그대로 중생을 위해 다함없는 설법행을 일으켜 중생을 법계의 땅에 이끄시는 것이다.『화엄경』(「세주묘엄품」)은 이 뜻을 우주론적으로 확장해 이렇게 말한다.

붇다는 허공 같아 분별이 없고
참된 법계와 평등해 의지함 없네.
변화로 나툼 온갖 곳에 두루해
이르지 않은 곳이 없으시니
도량에 앉아 바른 깨침 이루네.

佛如虛空無分別 等眞法界無所依
化現周行靡不至 悉坐道場成正覺

진여의 평등하신 모습 없는 몸이
때를 떠난 밝은 빛 깨끗한 법신이니
지혜가 고요하되 몸은 한량없어
시방에 널리 응해 법을 연설하시네.

眞如平等無相身 離垢光明淨法身
智慧寂靜身無量 普應十方而演法

1 여래의 말씀은 스스로 깨친 진리의 언어

• 이끄는 글 •

붓다의 지혜는 세계를 밖에서 기술하고 설명하는 지혜가 아니니, 붓다 지혜에 외재화되는 세계와 중생의 모습이 없다. 붓다의 지혜의 세계에서 저 중생은 내 밖의 대상이 아니라 나 아니되 나 아님도 아닌 중생이다.

여래의 보디에 내 것으로 보존해야 할 보디의 처소가 없고 저 중생이 보디 밖의 중생이 아니므로 보디의 완성자는 저 중생에 대한 자비의 실행자가 되는 것이니, 붓다의 지혜는 끝내 한량없는 언어적 실천으로 발현되어 저 중생을 해탈의 땅에 이끌어들이는 것이다.

때로 붓다의 얼굴 앞에서 몸소 가르침의 소리를 들은 이[聲聞]들은 가르침의 소리를 듣고 연기의 진리를 깨달아 해탈에 이른다. 한편 붓다의 모습을 직접 보지 못한 이들, 곧 붓다로부터 멀리 떨어져 있는 이들이나 붓다 니르바나 뒤에 그 가르침을 접한 이들은 문자나 전해들은 말을 듣고 연기의 진리를 이성적 사유를 통해 깨달아 알게 된다[獨覺, pratyeka-buddha].

또 어떤 이들은 붓다의 말씀을 직접 듣거나 듣지 않거나, 붓다의 뜻을 온몸으로 실천하여 스스로의 삶 속에서 깨달음을 구현해가니, 이런 수행자상이 보디사트바(bodhisattva)의 이름으로 기술된다.

붇다 스스로 성취한 오직 하나인 보디에서 해탈에 이르는 방편에 따라, 그 가르침의 문이 감성적 통로나 이성적 사유, 파라미타의 행으로 달라지지만, 모든 방편의 문은 한 깨달음에서 일어나 다시 니르바나의 저 언덕에 이끄는 문이다.

그러므로 방편의 문에서 방편의 자취를 집착하지 않으면 그는 이미 니르바나되어 있는 깨달음의 땅에 앉아, 법계로써 실천의 수레를 삼아 해탈의 저 언덕에 감이 없이 가는 자인 것이다.

『화엄경』(「이세간품」離世間品)은 이렇게 노래한다.

보디사트바 지혜의 빛나는 달
법계로써 바퀴를 삼아
마쳐 다함마저 공한 곳에 노닐어
세간을 보지 못함이 없네.

菩薩智光月　法界以爲輪
遊於畢竟空　世間無不見

여래는 위없는 보디를 통달하고 해탈의 법을 설하나니

이와 같이 내가 들었다.

한때 붇다께서는 슈라바스티 국 제타 숲 '외로운 이 돕는 장자의 동산'에 계시면서 여러 비구들에게 말씀하셨다.

"다섯 가지 받는 쌓임[五受陰]이 있으니, 어떤 것이 다섯인가.

곧 물질의 받는 쌓임[色受陰]이다. 비구들이여, 물질을 탐착하지 않고 욕심을 떠나 그것을 없애어 일으키지 않고 해탈하면, 이분을 여래·공양해야 할 분·바르게 깨친 이라 한다.

이와 같이 느낌·모습 취함·지어감·앎을 탐착하지 않고 욕심을 떠나 그것을 없애어 일으키지 않고 해탈하면, 이분을 여래·공양해야 할 분·바르게 깨친 이라 한다.

비구들이여, 또 물질을 탐착하지 않고 욕심을 떠나 그것을 없애면 이것을 아라한의 지혜의 해탈이라 한다.

이와 같이 느낌·모습 취함·지어감·앎을 탐착하지 않고 욕심을 떠나 그것을 없애면 이것을 아라한의 지혜의 해탈이라 한다.

비구들이여, 여래·공양해야 할 분·바르게 깨친 이와 아라한의 지혜의 해탈과는 어떠한 차별이 있는가."

비구들은 붇다께 말씀드렸다.

"여래께서는 법의 근본[法本]이시요 법의 눈[法眼]이시며, 법의 의지[法依]이십니다.

세존께서는 여러 비구들을 위하여 이 뜻을 널리 말씀해주시길 바랍니다. 여러 비구들은 그것을 듣고 반드시 받들어 행할 것입니다."

여래의 위없는 깨침과 아라한의 지혜와 해탈의 차별을 보이심

붇다께서는 비구들에 말씀하셨다.

"자세히 듣고 잘 사유하라. 너희들을 위하여 말해주겠다.

여래·공양해야 할 분·바르게 깨친 이는 일찍 법을 듣지 못하고도 스스로 법을 깨달아, 위없는 보디를 통달하시어 미래세상에서 성문들을 열어 깨우치시어 법을 설하실 수 있다.

그것은 곧 네 곳 살핌[四念處]·네 가지 바른 정진[四正勤]·네 가지 자재한 선정[四如意足]·다섯 가지 진리의 뿌리[五根]·다섯 가지 진리의 힘[五力]·일곱 갈래 깨달음 법[七覺支]·여덟 가지 바른 길[八正道]이다.

비구들이여, 이분을 여래·공양해야 할 분·바르게 깨친 이라 하니, 그는 다른 이가 아직 얻지 못한 것을 얻었고, 이롭게 하지 못한 것을 이롭게 하였다. 그리하여 바른 길[道]을 알고 바른 길을 분별하며 바른 길을 말하고 바른 길 통달하여, 모든 성문들을 성취하여 가르치고 깨우칠 수 있다.

아라한은 이와 같은 여래의 말씀을 바르게 따르고 그 좋은 법을 즐거워한다. 이것을 여래와 아라한의 차별이라 한다."

붇다께서 이 경을 말씀해 마치시자 여러 비구들은 붇다의 말씀을 듣고 기뻐하며 받들어 행하였다.

• 집아함 75 관경(觀經)

여래는 나고 죽음 벗어나는
진실한 가르침의 법을 보이니

이와 같이 내가 들었다.

한때 붇다께서는 라자그리하 성 칼란다카 대나무동산에 계셨다.

그때 세존께서 여러 비구들에게 말씀하셨다.

"여래는 열 가지 힘을 성취하고, 네 가지 두려움 없음을 얻으며, 앞 붇다들의 머물던 곳을 알아, 거룩한 법바퀴[法輪]를 굴리며 대중 가운데서 사자의 외침[師子吼]을 떨쳐 이렇게 말할 수 있다.

'이것이 있기 때문에 저것이 있고, 이것이 일어나기 때문에 저것이 일어난다.

곧 무명 때문에 지어감이 있고, 지어감 때문에 앎이 있고, 나아가 취함 때문에 존재가 있고, 존재 때문에 나고 늙고 병들어 죽는 괴로움이 있다.

다시 무명이 사라지므로 지어감이 사라지고, 지어감이 사라지므로 앎이 사라지고, 나아가 취함이 사라지므로 존재가 사라지고, 존재가 사라지므로 나고 늙고 병들어 죽는 괴로움이 사라지며, 나아가 순전한 괴로움뿐인 큰 무더기가 일어나고, 순전한 괴로움뿐인 큰 무더기가 사라진다.'"

진실한 가르침이 해탈과 크나큰 복에 이끎을 보이심

"비구들이여, 이것은 진실한 가르침의 법[眞實敎法]이 밝게 드러난 것이니, 나고 죽음의 흐름을 끊고, 나아가 그 가르침을 행하는 사람들도 다 잘 드러나게 될 것이다.

이와 같이 진실한 가르침의 법이 밝게 드러나면 나고 죽음의 흐름을 끊으며, 옳게 행하는 사람으로 하여금 바른 믿음으로 집을 나오도록 하기에 충분하다.

그러므로 방편으로 닦아 익혀, 방일하게 지내지 말고, 바른 법(法)과 율(律)에서 부지런히 힘쓰고 고행하라.

살갗과 힘줄과 뼈가 드러나고 피와 살이 마르더라도, 그 얻어야 할 것을 얻지 못했으면 은근한 정진을 버리지 말고 방편으로 굳세게 참고 견디어야 한다.

왜 그렇게 해야 하는가. 게으름 피우며 괴롭게 머무는 자들은 갖가지 악하여 착하지 않은 법을 일으켜서, 미래에 번뇌의 맺음을 두어 불꽃처럼 늘려 키우며, 미래세상에서는 나고 늙고 병들고 죽으며 그 큰 보디의 뜻을 물리게 되기 때문이다.

그러나 정진하며 홀로 머물기를 즐기는 자들은, 갖가지 악하여 착하지 않은 법과 미래에 맺음을 두지 않음으로 불꽃 같은 괴로움의 과보를 내지 않기 때문이다. 그리하여 정진하는 이들은 미래세상에 나고 늙고 병들어 죽음을 늘려 키우지 않고, 큰 뜻을 가득 채워 으뜸가는 가르침의 도량[第一教法之場]을 이룰 수 있을 것이다. 곧 그는 큰 스승 앞에서 고요한 니르바나와 보디의 법 설해주심을 받아 '잘 가신 이'[善逝]와 '바르게 깨친 분'[正覺者]께 바르게 향하게 된다.

그러므로 비구들이여, 스스로를 이롭게 하고 남을 이롭게 하며, 스스로와 남을 함께 이롭게 할 것을 살피고, 부지런히 힘써 이렇게 닦아 배워야 한다.

곧 '나는 지금 집을 나와 어리석지도 않고 미혹하지도 않으니 큰 과보가 있고 즐거움이 있을 것이다.

옷가지와 먹을거리·자리끼·의약 등 모든 것을 공양한 사람들도 큰 과보와 큰 복과 큰 이익을 얻을 것이니, 반드시 이렇게 배워야 한다.'"

붇다께서 이 경을 말씀하시자, 여러 비구들은 붇다의 말씀을 듣고 기뻐하며 받들어 행하였다.

• 잡아함 348 십력경(十力經)

• 해설 •

여래는 저 기성 교단인 브라마나 집단을 교화하기 위해, 여래의 가르침을 따르는 아라한이 바로 '브라마나 가운데 브라마나'라고 말씀하고, 또 여러 사문집단의 수행자들을 교화하기 위해 여래의 제자가 바로 '사문 가운데 사문'이라 가르친다.

그러나 여래의 교설 가운데 한 구절도 세계를 전변하는 브라흐만이라는 절대신성의 존재를 인정하는 구절은 없으며, 적취설(積聚說)처럼 존재를 구성하는 원자적 요소를 인정하는 말이 없다.

붇다는 기성 철학과 기성 수행관을 반성하여 오직 홀로 연기의 진리를 깨달아 해탈의 길을 보이신 분이니, 그는 비록 기성 수행자와 스승들을 만났으나 실로 '스승 없이 스스로 깨친 분'[無師自悟]이고, 이 세간에 더할 나위 없이 '위없는 스승'[無上師]이다.

붇다의 제자들인 성문·아라한의 지혜는 바로 이 위없는 스승이 깨친 연기의 가르침을 받아 스승에 의지해서 번뇌를 떠나고 탐욕을 떠나 성취한 지혜이니, 그들은 붇다를 따라 진리의 깃발, 해탈의 깃발을 세운 분들이다.

그러나 붇다에게 스승 없다 말하지 않아야 하니, 붇다는 그 누구도 스승 삼지 않고 홀로 위없는 보디를 완성했지만, 붇다가 성취한 보디는 바로 세계의 실상이고 중생의 진실이므로 붇다는 스승 없지만 중생과 세계가 곧 붇다의 스승이고, 지난 세상 한량없는 붇다가 그 스승이다.

붇다의 보디가 바로 세계와 중생의 진실이니, 붇다의 지혜와 자비의 삶이 그 보디의 진리성을 검증해주고 가르침 듣고 따르는 아라한과 제자들의 해탈이 가르침의 진리성을 확인해준다.

그 가르침이 진실의 가르침이라면 그 가르침을 믿는 자 그 누구라도 그 말씀대로 닦아 행하면[如說修行] 스스로와 남을 함께 해탈케 하고 이 세간을 풍요에 이끌 큰 복[大福]과 큰 이익[大利]의 세계에 돌아갈 것이다.

그러므로 붇다는 수행자들에게 스스로의 이익만을 위해 닦지 말고 스스로와 남을 함께 이롭게 할 것을 살피고 부지런히 닦아 배우라고 당부하시는 것이니, 그것은 연기법의 실천이 스스로와 남을 함께 니르바나의 땅에 이끄는 행이기 때문이다.

2 여래의 가르침은 온갖 부질없는 견해와 세간 논쟁 뛰어넘은 진리의 길

• **이끄는 글** •

　세간의 이런 일 저런 일은 인연으로 일어난 어떤 일이다. 인연으로 일어난 일[果]은 그 원인[因]과 조건[緣]의 변화로 사라지는 일이다. 사라지므로 실로 있다고 해서는 안 된다. 그러나 원인과 조건의 새로운 변화로 다시 생겨나는 어떤 일이므로 실로 없다고 해서도 안 된다. 실로 있지 않으므로 취하지 않아야 하며, 실로 없지 않으므로 버리지 않아야 한다.

　여래는 세간의 큰 의사와 같아 중생의 번뇌의 병 따라 법의 약[法藥]을 쓰고 중생의 알맞음과 근기에 따라 다스림의 언어를 쓴다. 중생이 실로 있다고 하면 붇다는 '실로 있지 않으므로 취하지 말라'[非有故不取]고 가르치며, 실로 없다고 하면 붇다는 '실로 없지 않으므로 버리지 말라'[非無故不捨]고 가르친다.

　실로 생겨남을 집착하면 여래는 덧없으므로 공하다고 가르치고, 실로 생겨나지 않음을 집착하면 여래는 공하므로 덧없이 연기한다고 가르친다.

　붇다는 늘 실로 있음과 실로 없음의 두 치우침 두 극단을 떠나 중도에 서서 법을 가르치고, 중도에 서서 인연으로 나고 사라지는 이 세간법의 물결 속에서 나고 죽음을 따르지 않는 자유와 자재의 길을 보이신다.

니르바나에 이끌지 못하고 자유와 자재로 이끌지 못하는 법에 대해 이러쿵저러쿵 따지며, 범행으로 이끌지 못하는 부질없는 논쟁으로 세월을 보낸다면 여래가 늘 꾸중하시는 바다.

여래께서 성취하신 큰 자비는 중생으로 하여금 망상과 집착을 없애도록 하는 것이니, 『화엄경』(「여래출현품」)은 이렇게 말한다.

모든 붇다의 크신 자비는
중생이 망상 없애도록 하심이니
이와 같이 세간에 오시사
모든 보디사트바 요익케 하네.

諸佛大慈悲　令其除妄想
如是乃出現　饒益諸菩薩

세간법에 대한 부질없는 견해와 논쟁은
니르바나에 이르지 못하니

이와 같이 내가 들었다.

한때 붇다께서는 라자그리하 성의 칼란다카 대나무동산에 계셨다. 이때 많은 비구들은 식당에 모여 이와 같은 일을 논하였다.

곧 왕의 일·도적의 일·전쟁의 일·재물의 일·의복의 일·음식의 일·남녀의 일·세간 온갖 언어의 일·마을의 일·사업의 일·모든 바닷속의 일이었다.

그때에 세존께서는 선정 가운데서 하늘귀로써, 여러 비구들이 논하는 소리를 들으셨다. 곧 자리에서 일어나 식당으로 나아가 대중 앞에 앉을 자리를 펴고 앉으시어 여러 비구들에게 말씀하셨다.

"너희 비구들은 여럿이 모여 무슨 일을 이야기하고 있는가."

비구들은 붇다께 말씀드렸다.

"세존이시여, 저희들은 여기 모여 왕의 일을 이야기하고, 도적과 전쟁·재물·의복·음식·남녀·세간 언어·사업·모든 바닷속 일들을 말하고 있었습니다."

붇다께서 비구들에게 말씀하셨다.

"너희들은 그런 논의를 하지 마라. 왕의 일을 말하고 도적·전쟁·재물·남녀 등의 일을 논의하는 것은 뜻의 요익(饒益)됨이 아니고, 법의 요익됨이 아니며, 바른 지혜와 깨달음이 아니며, 니르바나로 향하지 않기 때문이다. 만약 논하여 말하려면 다음 같음을 말하라.

곧 '이것은 괴로움의 진리다. 이것은 괴로움 모아냄의 진리다. 이것은 괴로움 사라짐의 진리다. 이것은 괴로움을 없애는 길의 진리다.'

왜 그런가. 이 네 가지 진리는 뜻으로 요익됨이요 법으로 요익됨이며, 범행으로 요익됨이며, 바른 지혜이고, 바른 깨달음이며 바르게 니르바나로 향하기 때문이다."

붇다께서 이 경을 말씀하시자, 여러 비구들은 붇다의 말씀을 듣고 기뻐하며 받들어 행하였다.

• 잡아함 411 논설경(論說經)

• 해설 •

비구들이 모여 논의한 일들은 요즈음 말로 하면 국내외 정치·경제동향, 주가의 상승과 하락, 성에 관한 담론, 온갖 사업에 관한 일들이다. 이런 일들은 세간의 삶을 사는 보통사람들의 일상대화의 내용이다. 붇다께서 왜 수행자들에게 '이런 세간의 법들에 대한 논의를 하지 말라' 하셨는가.

세간의 일들은 이렇다고 함[是]에 꼭맞는[當] 실로 그러함이 없다. 실로 꼭 그러함이 없는 일을 꼭 그러함으로 붙들어쥐고 세간법을 이야기하고 세간 정치와 경제적 입장을 토론하면, 그것은 세간법의 진실에 맞지 않고 꼭 그러함의 닫힌 틀에서 자유로울 수 없기 때문이다.

'실로 그렇다'[實然] 할 것이 없되 '그렇지 않다'[不然] 할 것도 없음을 알 때 온갖 상대적 주장과 관점의 절대화에서 자유롭게 상황에 맞는 옳음과 상황의 그러해야 함을 잘 말할 수 있게 된다. 그러함이 없는 크나큰 그러함[不然之大然]의 길에 나아가지 못하면 온갖 세간법의 규정과 관념에 갇혀 새로운 세간법의 창조적인 규정에 나아갈 수 없다.

오직 뜻에 맞고 법에 맞아, 뜻과 법으로 요익되게 하는 길에 나아갈 수 있을 때, 온갖 주의주장 관점에 바른 방향을 줄 수 있으며, 말하는 이와 듣는 이가 끝내 깨달음과 니르바나에 나아갈 것이다.

세간의 모습에 대한 부질없는 사유는
뜻과 범행으로 도움줌이 아니니

이와 같이 내가 들었다.

한때 붇다께서는 라자그리하 성 칼란다카 대나무동산에 계셨다.

이때 많은 비구들이 식당에 모여 세간을 사유하고 또 사유하고 있었다.

그때 세존께서 여러 비구들이 마음속으로 생각하고 있는 것을 아시고 식당으로 가서서 자리를 펴고 앉아 비구들에게 말씀하셨다.

"너희 비구들이여, 부디 세간을 사유하지 말라. 왜냐하면 세간에 대한 사유는 뜻으로 요익됨이 아니고, 법으로 요익됨이 아니며, 범행으로 요익됨이 아니며, 지혜도 아니고 바른 깨달음도 아니고 바르게 니르바나로 향하는 것이 아니기 때문이다.

너희 비구들은 이렇게 사유해야 한다.

'이것은 괴로움의 거룩한 진리다. 이것은 괴로움 모아냄의 거룩한 진리다. 이것은 괴로움이 사라짐의 거룩한 진리다. 이것은 괴로움 없애는 길의 거룩한 진리다.'

왜냐하면 이와 같은 사유는 뜻으로 요익됨이요, 법으로 요익됨이며, 범행으로 요익됨이며, 바른 지혜이고 바른 깨달음이며 바르게 니르바나로 향하기 때문이다."

부질없는 사유에 대해 보기를 들어 보이심

"과거세상 어느 땐가, 어떤 수행자가 라자그리하 성을 나와 카우스틸라(kauṣṭhila)라는 못가에서 바르게 앉아 세간을 사유하였다.

바로 그렇게 사유할 때 코끼리부대·기마부대·전차부대·보병부대, 한량없이 많은 수의 네 종류의 군사들이 하나의 연뿌리 구멍으로 모두 들어가는 것을 보았다.

그는 그것을 보고 이렇게 생각하였다.

'나는 미쳐 실성하였다. 세간에 없는 일을 지금 보았다.'

그때 그 못으로 가기 그리 멀지 않은 곳에는 다시 다른 대중들이 한곳에 모여 있었다. 그때 그 수행자는 대중들이 있는 곳으로 가 말했다.

'여러분, 저는 미쳤습니다. 저는 실성하여 세상에 없는 일을 지금 보았습니다.'

그렇게 하여 위와 같이 널리 설명하였다.

이때 그 대중들은 모두 말했다.

'저 사람은 미치고 실성하였다. 세상에 없는 일인데 저 사람은 보았다고 말한다.'"

붇다께서 비구들에게 말씀하셨다.

"그러나 그 사람은 미치거나 실성하지 않았었다. 그가 본 것은 진실이었다. 왜냐하면 그때 카우스틸라라는 못으로 가기 그리 멀지 않은 곳에서 여러 하늘과 아수라들이 네 종류의 군사를 일으켜 허공 가운데서 싸웠다.

이때 여러 하늘이 이겼고, 아수라 군사들은 패해 물러나 못에 있던 어떤 연뿌리 구멍으로 모두 들어갔다.

그러므로 비구들이여, 너희들은 부디 세간을 사유하지 말라. 왜냐하면 세간에 대한 사유는 뜻으로 요익됨이 아니고, 법으로 요익됨이 아니며, 범행으로 요익됨이 아니며, 지혜도 아니고 바른 깨달음도 아니며 바르게 니르바나로 향하는 것도 아니기 때문이다.

네 가지 거룩한 진리에 대해 사유하라. 어떤 것이 그 네 가지인가? 괴로움의 거룩한 진리·괴로움 모아냄의 거룩한 진리·괴로움 사라짐의 거룩한 진리·괴로움 없애는 길의 거룩한 진리이다."

붇다께서 이 경을 말씀하시자, 여러 비구들은 붇다의 말씀을 듣고 기뻐하며 받들어 행하였다.

• 잡아함 407 사유경(思惟經) ①

• 해설 •

'세간을 사유하지 말라'는 여래의 말씀은 세간법을 보지도 말고 듣지도 말고 생각하지 말라는 것인가.

그렇지 않다. 보이고 들리고 사유되는 세간법은 실로 있는 세간법이 아니라 있되 실로 있지 않은 법이다. 그러므로 세간법은 보되 실로 볼 것이 없고 알되 실로 알 것이 없으니, 세간법을 알되 알려지는 모습에 실로 알 것을 두어, 아는 바에 물든 앎을 짓지 말라는 말씀이다.

아는 바에 실로 알 것이 없는 줄 알면 큰 것을 보아도 크지 않은 큰인 줄 알고, 작은 것을 보아도 작지 않은 작음인 줄 알아 큰 것을 두려워하거나 부러워하지 않으며 작은 것을 깔보거나 얕잡아보지 않게 된다.

세간법은 인연으로 있다 인연으로 사라진다. 그러므로 신비능력의 성취로 하늘땅 밖의 일을 보거나 남이 보지 못한 것을 보아도 본 것은 인연을 따라 사라진다.

경에서 어떤 수행자가 못가에서 세간을 사유하다 하늘대중과 아수라 군대가 싸우다 연뿌리 속으로 들어가는 것을 보았다 해도, 그 봄에 실로 볼 것이 있다 하면 그렇게 보는 것은 해탈의 길이 되지 못한다.

나아가 그 본 것이 하늘의 높은 권능이나 하늘세계의 장엄한 모습이라 해도 볼 것이 있고 들을 것이 있는 세계는 끝내 허물어지는 세계이니, 그것을 뒤쫓아간다 해도 삶의 참된 이익과 안락은 보장되지 않는다.

세간법의 생겨남에 생겨남 없고 사라짐에 사라짐 없음을 잘 볼 때, 비로소 생각에 생각 없는 뜻의 요익됨이 있고 모습에 모습 없는 법의 요익됨이 있으며 세간법에 물듦 없는 범행의 요익됨이 있다.

사제법(四諦法)은 중생의 고통과 번뇌가 연기해 일어난 고통과 번뇌임을 밝혀 해탈의 길을 보이고 중생을 니르바나의 문에 이끄는 가르침이니, 사제법을 사유하는 자, 그가 온갖 존재가 연기된 것이라 보되 볼 것이 없는 진실을 본 자이다.

사제의 진리를 말하고 사유하는 자, 그가 스스로 깨달음에 나아가며 세간에 법다운 말을 세울 수 있다.

사제의 법은 중생과 중생의 번뇌와 니르바나가 공해 허깨비 같음을 바로 가르치는 법이니, 사제의 진리를 말하고 사유하는 자가 스스로 깨달음에 나아가며 세간에 법다운 말을 세울 수 있는 것이다.

지혜의 방편으로 세간법이 허깨비 같은 줄 본 자가 허깨비의 방편을 일으켜 중생을 건네줄 수 있으니, 『화엄경』(「이세간품」)은 가르친다.

지혜의 교묘한 방편으로
세간이 다 허깨비 같음 깨달으면
끝없는 모든 허깨비의 법을
세간에 나타낼 수 있으리라.

智慧巧方便　了世皆如幻
而能現世間　無邊諸幻法

3 여래의 교설은 해탈케 하는 진리의 언어

• 이끄는 글 •

여래는 세간의 연기적 실상을 깨달아 아신 분이므로 '세간을 아시는 분'[世間解]이라고 하고, 탐냄·성냄·어리석음의 불에 타는 중생을 잘 길들여 저 언덕에 건네주므로 '잘 길들이는 장부'[調御丈夫], '크나큰 인도자'[大導師]라 한다.

하늘의 태양이 따뜻하고 밝은 빛으로 만물을 기르듯, 여래의 지혜의 해가 연기의 진리를 등지고 사는 중생의 미망의 구름[迷雲]을 깨뜨려 지혜의 밝은 빛을 드러내준다.

그리하여 여래의 자비의 말씀은 하늘의 비가 만물을 적셔 키우듯 중생의 보디의 씨앗을 키워 해탈의 나무로 가꾸니, 여래의 자비의 설법이 곧 단이슬의 법비[甘露法雨]이다.

여래의 말씀은 삶의 진실을 열어주는 보디의 말씀이라 중생의 법의 몸[法身]을 길러주는 법의 젖[法乳]이요, 지혜의 생명[慧命]을 키워주는 법의 맛[法味]이다.

여래의 말씀은 거짓과 환상의 말이 아니라 여래장 진리의 샘물에서 용솟음치는 법의 물[法水]이니, 그 법의 젖을 먹고 법의 맛을 맛보며 법의 물에 목을 적시는 자는 여래장 보디의 세계에 들어갈 것이다.

여래의 가르침이 법의 맛, 법의 물로 중생을 먹이고 목마른 중생을 적셔줄 수 있는 것은 왜인가.

여래의 가르침은 사유와 세계의 모습이 있되 공한 실상을 깨친 지혜의 언어이다. 그러므로 그 가르침은 규정된 모습에 닫힌 견해, 주관적 관념으로 세계와 존재를 재단하고 세계의 실상을 관념의 틀에 가두는 것이 아니라, 견해와 관념의 틀을 깨뜨려 세계의 다함없는 실상의 공덕을 온전히 드러내기 때문이다.

여래의 연기의 가르침 따라 사유에서 사유를 벗어날 수 있는 자[於念離念], 그는 곧 여래가 보인 다함없는 진여(眞如)의 세계에 따라 들어갈 것이니, 그 뜻을 『화엄경』(「여래출현품」)은 이렇게 가르친다.

크나 큰 경전이 있어서
크기가 삼천계와 같아
한 티끌 안에 있는 것처럼
온갖 티끌도 다 그러하네.

如有大經卷　量等三千界
在於一塵內　一切塵悉然

한 밝은 지혜의 사람이 있어
깨끗한 눈으로 다 밝게 보아
티끌을 깨서 경권을 꺼내
중생을 널리 요익되게 하네.

有一聰慧人　淨眼悉明見

破塵出經卷　普饒益衆生

　경전의 가르침처럼 관념의 티끌을 깰 수 있는 자, 그가 시방에 가득한 여래의 경을 볼 수 있는 자이니, 그 경은 어디 있는가.

　그 경은 종이와 먹으로 이루어지지 않았지만 종이와 먹을 떠나지 않고, 컴퓨터와 자판에 있지 않지만 또한 컴퓨터와 자판을 떠나지 않으니, 끝내 이 경은 무엇인가.

　옛 선사[崇寧琪]는 『반야경』의 경 제목을 들어 이렇게 말한다.

프라즈냐파라미타의 이 경은
빛깔도 아니요 소리도 아니네.
중국말로 부질없이 경을 옮겼고
범어로 억지로 이름 두었네.
발을 말아올리니 가을빛 차갑고
창을 여니 새벽기운 맑고 맑네.
만약 이와 같이 알아들으면
경의 제목이 매우 분명하리라.

般若波羅蜜　此經非色聲
唐言謾翻譯　梵語强安名
卷箔秋光冷　開窓曙氣清
若能如是會　題目甚分明

내가 받아 지니는 여래의 법은
번뇌를 벗어나는 깨달음의 길

이와 같이 내가 들었다.

한때 붇다께서는 슈라바스티 국 제타 숲 '외로운 이 돕는 장자의 동산'에 계셨다.

그때 존자 사리푸트라가 붇다 계신 곳으로 찾아가서 붇다의 발에 머리를 대 절하고 한쪽에 물러나 앉았다.

그때 세존께서 존자 사리푸트라를 위해 갖가지로 설법해 가르쳐 보이시어 기쁘게 해주셨고, 가르쳐보이시어 기쁘게 해주신 뒤에는 잠자코 계셨다.

존자 사리푸트라는 붇다의 말씀을 듣고 기뻐하면서 붇다의 발에 머리를 대 절하고 나서 떠나갔다.

그때 '부루디카'[補縷低迦]라고 하는 집을 나온 바깥길 수행자가 길을 따라 오다가 존자 사리푸트라에게 물었다.

"어디에서 오는 길이십니까?"

사리푸트라가 대답하였다.

"불을 섬기는 이여, 나는 세존 계신 곳에서 큰 스승[大師]께서 가르치는 법을 듣고 오는 길이오."

부루디카가 존자 사리푸트라에게 물었다.

"아직도 젖을 떼지 못해 스승으로부터 가르쳐주는 법을 듣고 오는 길입니까?"

법의 젖을 오래 먹고 가르치신 법 오래 듣는 까닭을 말함

사리푸트라가 대답하였다.

"불을 섬기는 이여, 나는 아직 젖을 떼지 않아 큰 스승 계신 곳에서 가르쳐주시는 법을 듣는 것이오."

부루디카가 존자 사리푸트라에게 말했다.

"나는 이미 오래도록 젖을 떼서 스승이 가르치는 법을 버렸습니다."

사리푸트라가 말하였다.

"그대의 법은 나쁘게 설명한 법과 율이고, 나쁜 깨달음이오. 그것은 번뇌를 벗어나는 법도 아니고, 또한 바른 깨달음의 길도 아니오. 그것은 무너지는 법으로서 찬탄할 만한 법이 아니고 의지할 만한 법이 아니오.

게다가 그 스승은 바르게 깨친 분[等正覺]도 아니오. 그러므로 그대들은 너무 빨리 젖을 떼어버리고 스승이 가르치는 법을 떠난 것이오.

비유하면 마치 젖소가 사납고 거칠어 미친 듯 날뛸 뿐만 아니라, 또 젖이 적게 나오면 그 송아지들이 젖을 빨다가도 빨리 버리고 가는 것처럼, 그대의 법은 나쁘게 설명된 법과 율이고 나쁜 깨달음이오.

그 법은 번뇌를 벗어나는 법도 아니고, 바른 깨달음의 길이 아니오. 그것은 무너지는 법으로서 칭찬할 만한 법이 아니고 의지할 만한 법이 아니오. 또 그 스승은 바르게 깨친 분도 아니오. 그러므로 스승이 가르치는 법을 빨리 버린 것이오.

그러나 내가 지닌 법은 바른 법과 율이요 좋은 깨달음이며, 번뇌를 벗어나는 법이고, 바른 깨달음의 길이오. 그것은 무너지지 않는 법으로서 찬탄할 만하고 의지할 만하오.

또 그 스승께선 바르게 깨친 분이시오. 그러므로 우리는 그 젖을 오래도록 먹고 큰 스승께서 가르치는 법을 듣는 것이오.

비유하면 젖소가 거칠지 않아 미친 듯 날뛰지 않고, 또 젖이 많으면 송아지가 그 젖을 오래도록 먹어도 싫증을 내지 않는 것처럼, 우리의 법도 이와 같아서 이것은 바른 법과 율이요 좋은 깨달음이며, 번뇌를 벗어나는 법이고, 바른 깨달음의 길이오.

그것은 무너지지 않는 법으로서 찬탄할 만하고 의지할 만하오.

또 그 스승께선 바르게 깨친 분이시오. 그러므로 우리는 그 젖을 오래도록 먹고 큰 스승께서 가르치는 법을 오래도록 듣는 것이오."

부루디카가 마음을 돌이킴

그때 부루디카가 사리푸트라에게 말하였다.

"그대들은 시원스럽게 바른 법과 율에 의해서 좋은 이익을 얻었소. 그 법은 바른 깨달음의 길이며 그 스승은 바르게 깨친 분이라 그 젖을 오래도록 먹고 큰 스승께서 가르치시는 법을 오래도록 듣는 것이오."

그때 집을 나온 바깥길 수행자 부루디카는 사리푸트라의 말을 듣고 기뻐하면서 가던 길로 떠나갔다.

• 잡아함 974 보루저가경(補縷低迦經) ①

• 해설 •

'부루디카' 바깥길 수행자가 사리푸트라를 나이 들어서도 스승의 주변을 맴돌며 스승의 가르침을 듣고 따르는 것이 젖 떼지 못한 어린아이 같다고 헐뜯자, 사리푸트라는 여래의 법의 뜻은 오래도록 먹고 오래도록 받아 지녀야 할 법의 맛이라고 하였으니, 이렇게 말한 사리푸트라의 뜻은 무엇인가.

여래의 말씀은 말에 말 없는 말이며, 여래의 가르침은 중생의 온갖 맛들임[味]에 실로 맛들일 것 없음을 가르치는 법이다. 맛에 맛 없는 여래의 법맛[法味]은 도리어 맛 없음[無味] 가운데 다함없고 한량없는 법의 맛[無量法味]을 갖추고, 여래의 법의 젖[法乳]은 미망의 어린 중생을 보디의 대장부로 기르는 진리의 생명수[法水]가 된다.

여래의 가르침의 법맛은 온갖 모습 있는 존재에 맛들일 것 없음을 가르치는 법의 맛이므로 한없이 맛보되 물리거나 질리지 않고 지혜의 생명[慧命], 진리의 몸[法身]을 성숙시킨다.

그러나 부루디카 바깥길 수행자의 스승처럼 불을 섬기도록 가르치는 교설은 중생에게 해탈의 원인이 아닌 것을 해탈의 원인으로 가르쳐 관념의 병과 삿된 생각의 독을 심어주니, 도리어 받아들이게 되면 진리의 생명을 해치는 그릇된 교설의 맛이다.

이처럼 견해의 맛을 가르치는 바깥길 수행자의 가르침과 중생의 견해와 탐욕의 맛들임을 떠나 해탈의 법맛[法味]이 넘치는 여래장의 진리곳간에 이끄는 여래의 가르침이 어찌 같을 것인가.

여래의 가르침은 오직 관념과 집착의 맛들임을 깨, 깨달음과 해탈의 법맛에 이끌 뿐이니, 스스로 그 맛 없는 맛을 맛보고 중생을 그 맛으로 성숙시키면, 그가 여래의 제자로서 사트바(sattva, 衆生)이되 보디인 사트바[bodhisattva, 覺衆生]가 되는 것이다.

여래의 방편은 빈집과 같이 공허하지 않고 해탈에 이끄는 법이니

이와 같이 내가 들었다.

한때 붇다께서는 슈라바스티 국 제타 숲 '외로운 이 돕는 장자의 동산'에 계셨다.

그때 집을 나온 부루디카 바깥길 수행자가 붇다 계신 곳으로 찾아와서 세존과 서로 문안 인사하고 위로한 뒤에 한쪽에 물러나 앉아서 붇다께 말씀드렸다.

"고타마시여, 전날 길을 달리하는 많은 사문, 브라마나의 집을 나온 이들이 '일찍이 없었던 곳'[未曾有]이라는 강당에 모여 이런 논의를 하였습니다.

'사문 고타마의 지혜는 마치 빈집과 같아서, 대중들 가운데에서 〈이것은 따라야 하는가 따르지 않아야 하는가, 이것은 맞는가 맞지 않는가〉 하는 논의를 세울 수가 없소.

비유하면 마치 눈먼 소가 밭 가로만 다니고 밭 가운데는 들어가지 못하는 것처럼, 사문 고타마 또한 이와 같아서 따라야 하는지 따르지 않아야 하는지, 맞는지 맞지 않는지 논의할 수 없소.'"

붇다께서 부루디카에게 말씀하셨다.

"이 여러 바깥길 수행자들이 '따라야 하는지 따르지 않아야 하는지, 맞는지 맞지 않는지' 논의하는 것은 거룩한 법과 율 안에서는 어린아이의 놀이와 같다.

비유하면 나이 여든 아흔이 되어 머리가 세고 이가 빠진 어떤 사람이 소꿉놀이를 하며, 진흙을 뭉쳐 코끼리나 말 따위의 갖가지 형상을 만들면 여러 사람들은 그것을 보고 모두들 '저 늙은 어린이'라고 말하는 것과 같다.

이와 같이 불을 섬기는 이여, '따라야 하는가 따르지 않아야 하는가, 맞는가 맞지 않는가' 갖가지로 논의하는 것은 거룩한 법과 율 안에서는 소꿉놀이와 같은 일이다. 그리고 그 가운데는 비구의 맞는 방편이 없다."

해탈의 과덕에 이르려 하는 비구의 맞는 방편을 널리 보이심

부루디카가 붇다께 말씀드렸다.

"고타마시여, 어느 곳에 비구의 맞는 방편이 있습니까?"

붇다께서 바깥길 수행자에게 말씀하셨다.

"청정하지 못한 자를 청정하게 하면, 이것을 비구의 맞는 방편이라 하고, 길들여지지 않은 것을 길들이면 이것을 비구의 맞는 방편이라 하고, 모든 안정되지 않은 자를 사마디를 얻게 하면 이것을 비구의 맞는 방편이라 한다.

해탈하지 못한 자를 해탈케 하는 것을 비구의 맞는 방편이라 하며, 끊지 못한 것을 끊게 하고, 알지 못하는 것을 알게 하고, 닦지 못한 것을 닦게 하고, 얻지 못한 것을 얻게 하는 것, 이것을 비구의 맞는 방편이라 한다.

어떤 것이 청정하지 못한 자를 청정하게 하는 것인가?

계율이 청정하지 못한 자를 청정하게 하는 것이다.

어떤 것이 길들지 않은 것을 길들이는 것이라고 하는가?

눈의 아는 뿌리[眼根]·귀의 아는 뿌리[耳根]·코의 아는 뿌리[鼻根]·혀의 아는 뿌리[舌根]·몸의 아는 뿌리[身根]·뜻의 아는 뿌리[意根]로서 길들여지지 않은 것을 길들이는 것이니, 이것을 길들지 않은 것을 길들이는 것이라고 한다.

어떤 것이 안정하지 않은 것을 사마디에 들게 하는 것인가?

마음이 바로 안정되지 못한 자를 사마디를 얻게 하는 것이다.

어떤 것이 해탈하지 못한 자를 해탈하게 하는 것인가? 마음이 탐냄·성냄·어리석음에서 해탈하지 못한 자를 해탈하게 하는 것이다.

어떤 끊지 못한 것을 끊게 하는 것인가? 무명(無明)·존재·애착 따위가 끊어지지 않은 것을 끊어지게 하는 것이다.

어떤 알지 못하는 것을 알게 하는 것인가? 마음·물질[名色]에 대해 알지 못하는 것을 알게 하는 것이다.

어떤 닦지 못한 것을 닦게 하는 것인가? 곧 그침[止, śamatha]과 살핌[觀, vipaśyanā] 닦지 못한 것을 닦게 하는 것이다.

어떤 얻지 못한 것을 얻게 하는 것인가? 곧 파리니르바나(parinir-vāṇa, 般涅槃) 얻지 못한 것을 얻게 하는 것이다.

이것을 비구의 맞는 방편이라고 한다."

부루디카가 붇다게 말씀드렸다.

"고타마시여, 이 뜻이야말로 비구의 맞는 방편입니다. 이것이 굳센 비구의 맞는 방편이니, 곧 모든 있음의 흐름[諸有漏]을 다하게 되는 것입니다."

그때 집을 나온 바깥길 수행자 부루디카는 붇다의 말씀을 듣고 기뻐하며 자리에서 일어나 떠나갔다.

• 잡아함 975 보루저가경 ②

부루디카 수행자들은 불을 섬기는 수행자들이다. 앞 경에 이어 다시 다른 부루디카 바깥길 수행자가 여래를 찾아와 여러 바깥길 수행자들이 '고타마의 법은 빈집[空舍]과 같아서 따를지 따르지 않아야 할지 논의할 수 없는 법이다'라고 한 말로 따진다.

그에 대해 여래께서는 여래의 법은 깨끗하지 못한 중생을 청정하게 함과 길들이지 못한 중생을 길들임과 니르바나 얻지 못한 중생을 니르바나 얻게 하는 법이라 답하신다.

이처럼 니르바나에 이끄는 여래의 법을 '빈집' 같다는 따짐은 무엇 때문인가. 그것은 여래의 공함[空]과 나 없음[無我]의 교설의 뜻을 바로 알지 못하고, 그 가르침이 사람을 허무에 빠지게 하여 사람이 의지할 수 없음이 마치 텅 빈 집과 같다고 한 것이다.

곧 온갖 존재의 생성에 제1원인을 설정하여 절대신성이 만들었다고 하거나 원자적 요소가 모여서 이루어졌다고 주장하는 다른 사상가들이, 존재에 나 없음[無我]과 존재를 이루어내는 법에 실체 없음[法空]을 주장하는 붇다의 가르침에 대해 빈집 같다고 비방한 것이다.

그러나 붇다의 가르침에서 공함과 나 없음은 있음의 실체를 부정할 뿐 아니라 없음의 실체까지 부정하므로, 그 공함은 존재를 있음 아닌 있음으로 이루어내는 공한 뜻이다. 공하므로 연기의 뜻이 이루어지는 것이니, 공하지 않은데 어찌 창조적인 생성이 가능하겠는가.

비유로 말해보자.

한 송이 꽃은 씨앗의 원인[因]과 땅·햇빛·물·바람의 조건[緣]이 어우러져 꽃이 꽃으로 피어났다. 그러므로 꽃이라는 존재는 원인과 조건에 의해 생겼으므로 꽃이라 할 실체가 없다[人無我, 我空]. 다시 씨앗이 실체로서의 씨앗이고 땅·햇빛·물·바람이 실체로서의 조건이라면, 그 원인과 조건은 꽃이라는 결과 속에 담겨 있어야 한다. 그러나 꽃에는 씨앗도 없고 땅도 없고 햇빛도 없고 물 자체도 없다. 그러므로 결과를 내는 원인과 조건, 곧 꽃이라는 존재를 내는 여러 가지 법들[諸法]도 공한 것이다.

이때 공함을 다만 없는 것으로 보아서는 안 되니, 꽃이 공함[非有]을 통해 씨앗·햇빛·물·바람의 없지 않음[非無]을 보아야 하고, 씨앗·햇빛·물·바람이 실로 있지 않음[非有]을 통해 꽃이 없지 않음[非無]을 보아야 한다.

이처럼 붇다의 무아설(無我說)은 참으로 존재생성의 뜻을 밝혀주는 세계관이다.

또한 실천론에서도 검증되지 않은 초월적 신성이나 내적 영혼을 관념 속에 설정해서 그 제1원인을 지향하는 실천의 방편을 세워서 닦아가게 하면, 그 실천의 방편은 그 목표가 헛되어 진실이 아니므로 목표를 지향하는 방편 또한 삶의 진실에 맞지 않는 방편이 된다.

붇다의 해탈의 방편은 온갖 존재가 연기이므로 공한 실상에서 연기하여 해탈을 지향하는 방편이다. 그러므로 여래의 방편의 수레는 깨끗하지 못한 자를 깨끗하게 하고, 길들이지 못한 자를 길들이며, 고요하지 못한 자를 고요하게 하고, 얻지 못한 것을 얻게 하는 바른 방편의 수레이다.

연기법의 인과설로 보면 해탈의 결과에 이르게 하지 못하는 원인이 바른 원인 방편이 되지 못하니, 이루어야 할 결과의 땅 존재의 본래적인 진실의 땅에서 일어난 원인이 아니면 존재의 진실에 맞는 해탈의 결과를 낼 수 없다.

원인 속에 이미 결과를 안고 있는 원인이 해탈에 나아가는 바른 방편이 되고, 원인 속에 미리 결과가 언약된 바른 수행만이 삶의 본래적인 진실에 돌아가는 바른 실천이 된다.

여래의 가르침은 말로 말할 수 없고 보일 것 없는 삶의 진실처에 앉아 말 없는 말을 일으켜 존재의 실체에 가린 중생에게 모습에 모습 없는 실상[無相實相]을 깨우쳐준다. 그리하여 중생으로 하여금 모습에 갇힌 미망을 버리고 그 실상에 돌아가 끝내 모든 있음의 흐름[諸有漏]을 다하게 한다.

여래의 가르침은 그 원인이 진실하므로 그 결과가 진실하고, 그 과덕이 진실하므로 그 원인의 실천 또한 진실한 것이다.

독 묻은 화살을 먼저 빼내야 하듯

나는 들었다, 이와 같이.

한때 붓다께서는 슈라바스티 국에 노니시면서 제타 숲 '외로운 이 돕는 장자의 동산'에 계셨다.

그때에 존자 말룽카푸트라(Māluṅkyaputra)는 편안하고 고요한 곳에서 홀로 머물러 좌선하면서 이렇게 생각하였다.

'세존께서는 이런 견해들은 제쳐두고 모두 말씀해주지 않으신다. 곧 〈세상은 항상한가, 항상하지 않은가. 세상은 끝이 있는가, 끝이 없는가. 목숨이 곧 몸인가, 목숨과 몸은 다른가. 여래는 마침이 있는가, 마침이 없는가. 여래는 마침이 있기도 하고 없기도 하는가, 여래는 마침이 있지도 않고 없지도 않은가.〉

그러나 나는 이렇게 말씀하지 않는 것을 원하지 않고, 나는 그것을 참을 수 없으며, 또 그것을 옳게 여기지도 않는다.

만약 세존께서 나에게 한결같이 세상은 항상하다고 말씀하신다면 나는 그분을 따라 범행을 배우겠다.

그러나 만약 세존께서 나에게 한결같이 세상은 항상하다고 말씀하시지 않으신다면 나는 그에게 따진 뒤에 그를 버리고 가겠다.

이와 같이 세상은 항상한가, 항상하지 않은가. 세상은 끝이 있는가, 끝이 없는가. 목숨은 곧 몸인가, 목숨과 몸은 다른가. 여래는 마침이 있는가, 마침이 없는가. 여래는 마침이 있기도 하고 없기도 하는가, 여래는 마침이 있지도 않고 없지도 않은가 하는 이러한 견해에 대해서도, 만약 세존께서 나에게 한결같이 이것은 진실이요 다른 것은 다 허망한 말이라고 말씀하신다면 나는 그분을 따라 범행을 배우겠다.

그러나 만약 세존께서 나에게 한결같이 이것은 진실이요 다른 것은 다 허망한 말이라고 말씀하시지 않으신다면, 나는 그에게 따진 뒤에 그를 버리고 가겠다.'

말룽카푸트라가 세존께 세계에 대해 확실한 답 주시기를 요구함

존자 말룽카푸트라는 해질녘 좌선하는 자리에서 일어나 붇다 계신 곳에 나아가 머리를 대 절하고 물러나 한쪽에 앉아 말씀드렸다.

"세존이시여, 저는 지금 편하고 고요한 곳에 홀로 앉아 좌선하면서 이와 같이 깊이 생각했습니다.

'세존께서는 이런 견해들은 제쳐두고 모두 말씀해주지 않으신다. 곧 〈세상은 항상한가, 항상하지 않은가. 세상은 끝이 있는가, 끝이 없는가. 목숨이 곧 몸인가, 목숨과 몸은 다른가. 여래는 마침이 있는가, 마침이 없는가. 여래는 마침이 있기도 하고 없기도 하는가, 여래는 마침이 있지도 않고 없지도 않은가.〉

그러나 나는 이렇게 말씀하지 않는 것을 원하지 않고, 나는 그것을 참을 수 없으며, 또 그것을 옳게 여기지도 않는다.'

세존이시여, 만약 세존께서 한결같이 세상은 항상하다고 아시거든 저를 위하여 말씀해주십시오.

그러나 만약 세존께서 한결같이 세상은 항상하다고 알지 못하시거든 '나는 알지 못한다'라고 바로 말씀해주십시오.

이와 같이 '세상은 항상한가, 항상하지 않은가. 세상은 끝이 있는가, 끝이 없는가. 목숨은 곧 몸인가, 목숨과 몸은 다른가. 여래는 마침이 있는가, 마침이 없는가. 여래는 마침이 있기도 하고 없기도 하는가, 여래는 마침이 있지도 않고 없지도 않은가' 하는 이러한 견해에 대해서도 만약 세존께서 한결같이 이것은 진실이요 다른 것은 다 허망한 말이라고 아시거든, 세존이시여, 저를 위하여 말씀해주십시오.

그러나 만약 세존께서 한결같이 이것은 진실이요 다른 것은 다 허망한 말이라고 알지 못하시거든 '나는 알지 못한다'라고 바로 말씀해주십시오."

세계에 대한 확정된 답을 구하는 말룽카푸트라를 꾸짖으심

세존께서 물으셨다.

"말룽카푸트라여, 내가 언제 이전에 너에게 세상은 항상하다고 말하였기 때문에 네가 나한테 와 범행을 배우고 있는가?"

"아닙니다, 세존이시여."

"이와 같이 '세상은 항상하지 않다, 세상은 끝이 있다, 세상은 끝이 없다, 목숨은 곧 몸이다, 목숨은 몸과 다르다, 여래는 마침이 있다, 여래는 마침이 없다, 여래는 마침이 있기도 하고 없기도 하다, 여래는 마침이 있지도 않고 없지도 않다'라는 이런 견해에 대해서도 내가 이전에 너에게 이것은 진실이요 다른 것은 다 허망한 말이라고 말하였기 때문에 네가 나한테 와 범행을 배우고 있는가?"

"아닙니다, 세존이시여."

"말룽카푸트라여, 너는 이전에 내게 '만약 세존께서 나를 위하여 세상은 항상하다고 말씀하신다면 나는 세존을 좇아 범행을 배우겠다'고 말한 적이 있는가?"

"아닙니다, 세존이시여."

"이와 같이 '세상은 항상하지 않다, 세상은 끝이 있다, 세상은 끝이 없다, 목숨은 곧 몸이다, 목숨은 몸과 다르다, 여래는 마침이 있다, 여래는 마침이 없다, 여래는 마침이 있기도 하고 없기도 하다, 여래는 마침이 있지도 않고 없지도 않다'라는 이런 견해에 대해서도 말룽카푸트라여, 너는 이전에 내게 '만약 세존께서 나를 위하여 한결같이 이것은 진실이요 다른 것은 다 허망한 말이라고 말씀하신다면, 나는 세존을 좇아 범행을 배우겠다'고 말한 적이 있는가?"

"아닙니다, 세존이시여."

"말룽카푸트라여, 나도 본래 너에게 말한 일이 없고 너도 본래 내게 말한 일이 없는데, 너 어리석은 사람아, 왜 너는 허망하게 나를 모함해 비방하느냐?"

이에 존자 말룽카푸트라는 세존께 몸소 꾸지람을 듣고 마음으로 근심하고 슬퍼하여 머리를 떨어뜨리고 잠자코 말이 없었으나, 무엇인가 물을 것이 있는 것 같았다.

이에 세존께서는 말룽카푸트라를 몸소 꾸짖으신 뒤 여러 비구들에게 말씀하셨다.

"만약 어떤 어리석은 사람이 이렇게 생각한다 하자.

'만약 세존께서 나에게 한결같이 세상은 항상하다고 말씀하시지 않으신다면, 나는 세존을 좇아 범행을 배우지 않겠다.'

그렇게 하면 그 어리석은 사람은 끝내 그것을 알지 못한 채 그 중간에 목숨을 마치고 말 것이다.

이와 같이 '세상은 항상하지 않다, 세상은 끝이 있다, 세상은 끝이 없다, 목숨은 곧 몸이다, 목숨은 몸과 다르다, 여래는 마침이 있다, 여래는 마침이 없다, 여래는 마침이 있기도 하고 없기도 하다, 여래는 마침이 있지도 않고 없지도 않다'라는 이런 견해에 대해서도 만약 어떤 어리석은 사람이 이렇게 생각한다 하자.

'만약 세존께서 나를 위하여 한결같이 이것은 진실이요 다른 것은 다 허망한 말이라고 말씀하시지 않으신다면, 나는 세존을 좇아 범행을 배우지 않겠다.'

그렇게 하면 그 어리석은 사람은 끝내 그것을 알지 못하고 그 중간에 목숨을 마치고 말 것이다."

세계에 대한 견해의 길이 해탈이 아님을 독화살의 비유로 보이심

"이것을 비유로 말하겠다.

어떤 사람이 몸에 독화살을 맞아 그 독화살 때문에 아주 심한 고통을 받을 때에 그 친족들이 그를 가엾이 생각하고 불쌍히 여기며 그의 이익과 안온을 위해 곧 의사를 청하였다.

그러나 그 사람이 이렇게 생각했다 하자.

'아직 화살을 뽑아서는 안 된다. 나는 먼저 화살을 쏜 그 사람은 어떤 성·어떤 이름·어떤 신분이며, 키는 큰가 작은가, 살결은 거친가 고운가, 얼굴빛은 검은가 흰가, 검지도 않고 희지도 않은가. 크샤트리아족인가 브라마나·거사·기술자의 종족인가, 동방·남방·서방·북방 어느 곳 출신인가를 알아야 하겠다.'

또 이렇게 생각했다 하자.

'아직 이 화살을 뽑아서는 안 된다. 나는 먼저 그 활이 산뽕나무로 되었는가, 뽕나무로 되었는가. 물푸레나무로 되었는가, 뿔로 되었는가를 알아야 하겠다.'

또 '아직 이 화살을 뽑아서는 안 된다. 나는 먼저 그 활패[弓札]가 소 힘줄로 되었는가, 노루나 사슴 힘줄로 되었는가, 실로 되었는가를 알아야 하겠다.'

또 '아직 이 화살을 뽑아서는 안 된다. 나는 그 활빛이 검은가, 흰가, 붉은가, 누른가를 알아야 하겠다.'

또 '아직 이 화살을 뽑아서는 안 된다. 나는 먼저 그 활줄이 힘줄로 되었는가, 실로 되었는가, 모시로 되었는가, 삼으로 되었는가를 알아야 하겠다.'

또 '아직 이 화살을 뽑아서는 안 된다. 나는 먼저 그 화살이 나무로 되었는가, 대로 되었는가를 알아야 하겠다.'

또 '아직 이 화살을 뽑아서는 안 된다. 나는 그 화살통이 소 힘줄로 되었는가, 노루나 사슴 힘줄로 되었는가, 실로 되었는가를 알아야 하겠다.'

또 '아직 이 화살을 뽑아서는 안 된다. 나는 먼저 그 화살깃이 매털로 되었는가, 보라매나 독수리털로 되었는가, 고니나 닭털로 되었는가, 학털로 되었는가를 알아야 하겠다.'

또 '아직 이 화살을 뽑아서는 안 된다. 나는 먼저 그 화살촉이 살촉으로 되었는가, 창으로 되었는가, 창칼로 되었는가를 알아야 하겠다.'

또 '아직 이 화살을 뽑아서는 안 된다. 나는 먼저 화살촉을 만든 사람은 어떤 성·어떤 이름·어떤 신분이며, 키는 큰가 작은가, 살결은 거친가 고운가, 얼굴빛은 흰가 검은가, 검지도 않고 희지도 않은가, 동방·남방·서방·북방 어느 곳 출신인가를 알아야 한다.'

이와 같이 생각한다면, 그 사람은 끝내 그것을 알지 못한 채 그 중간에 목숨을 마치고 말 것이다."

세계에 대한 치우친 견해의 길이 해탈이 아님을 다시 보이심

"이와 같이 만약 어떤 어리석은 사람이 이렇게 생각했다 하자.

'만약 세존께서 나를 위하여 한결같이 세상은 항상하다고 말씀하시지 않으시면 나는 세존을 좇아 범행을 배우지 않겠다.'

이렇게 하면, 그 어리석은 사람은 끝내 그것을 알지 못한 채 그 중간에 목숨을 마치고 말 것이다.

이와 같이 '세상은 항상하지 않다, 세상은 끝이 있다, 세상은 끝이 없다, 목숨은 곧 몸이다, 목숨은 몸과 다르다, 여래는 마침이 있다, 여래는 마침이 없다, 여래는 마침이 있기도 하고 없기도 하다, 여래는 마침이 있지도 않고 없지도 않다'라는 이런 견해들에 대해서도 만약 어떤 어리석은 사람이 이렇게 생각했다 하자.

'만약 세존께서 나를 위하여 한결같이 이것은 진실이요 다른 것은 다 허망한 말이라고 말씀하시지 않는다면, 나는 세존을 좇아 범행을 배우지 않겠다.'

이렇게 하면, 그 어리석은 사람은 끝내 그것을 알지 못한 채 그 중간에 목숨을 마치고 말 것이다.

세상은 항상하다는 이런 견해 때문에 나를 따라 범행을 배운다면 그것은 옳지 못하다. 이와 같이 '세상은 항상하지 않다, 세상은 끝이 있다, 세상은 끝이 없다, 목숨은 곧 몸이다, 목숨과 몸은 다르다, 여래는 마침이 있다, 여래는 마침이 없다, 여래는 마침이 있기도 하고 없기도 하다, 여래는 마침이 있지도 않고 없지도 않다'라는 이런 견해 때문에 나를 따라 범행을 배운다면 그것은 옳지 못하다.

세상은 항상하다는 이런 견해 때문에 나를 따라 범행을 배우지 않는다면 이것도 옳지 못하다. 이와 같이 '세상은 항상하지 않다, 세상은 끝이 있다, 세상은 끝이 없다, 나아가 여래는 마침이 있지도 않고 없지도 않다'라는 이런 견해 때문에 나를 따라 범행을 배우지 않는 다면 이것도 옳지 못하다.

세상은 항상하다는 이런 견해가 없기 때문에 나를 따라 범행을 배운다면 그것은 옳지 못하다. 이와 같이 '세상은 항상하지 않다, 세상은 끝이 있다, 세상은 끝이 없다, 목숨은 곧 몸이다, 목숨은 몸과 다르다, 여래는 마침이 있다, 여래는 마침이 없다, 여래는 마침이 있기도 하고 없기도 하다. 여래는 마침이 있지도 않고 없지도 않다'라는 이런 견해가 없기 때문에 나를 따라 범행을 배운다면 그것도 옳지 못하다.

세상은 항상하다는 이런 견해가 없기 때문에 나를 따라 범행을 배우지 않는다면 이것도 옳지 못하다. 이와 같이 '세상은 항상하지 않다, 세상은 끝이 있다, 세상은 끝이 없다, 나아가 여래는 마침이 있지도 않고 없지도 않다'라는 이런 견해가 없기 때문에 나를 따라 범행을 배우지 않는다면 이것도 옳지 못하다.

세상은 항상하다고 말하는 사람도 남[生]이 있고 늙음이 있으며, 병이 있고 죽음이 있으며, 슬픔과 울음·근심·괴로움·번민이 있으니, 이렇게 하여 온전한 큰 괴로움의 무더기가 생긴다.

이와 같이 '세상은 항상하지 않다, 세상은 끝이 있다, 세상은 끝이 없다, 나아가 여래는 마침이 있지도 않고 없지도 않다'라고 말하는 사람도 남이 있고 늙음이 있으며, 병이 있고 죽음이 있으며, 슬픔과 울음·근심·괴로움·번민이 있으니, 이렇게 하여 온전한 큰 괴로움의 무더기가 생긴다."

뜻에 맞고 법에 맞으며 해탈에 이끄는 진리의 말씀을 보이심

"나는 세상이 항상하다고 한결같이 말하지 않는다.

무슨 까닭으로 한결같이 그렇게 말하지 않는가? 그것은 바른 뜻과 서로 맞지 않고[非義相應] 법과 서로 맞지 않으며[非法相應], 또 범행의 근본이 아니어서 지혜로 나아가지 않고 깨달음으로 나아가지 않으며, 니르바나로 나아가지 않기 때문이다.

그러므로 나는 한결같이 그렇게 말하지 않는다.

이와 같이 '세상은 항상하지 않다, 세상은 끝이 있다, 세상은 끝이 없다, 목숨은 곧 몸이다, 목숨은 몸과 다르다, 여래는 마침이 있다, 여래는 마침이 없다, 여래는 마침이 있기도 하고 없기도 하다, 여래는 마침이 있지도 않고 없지도 않다'라고 나는 한결같이 그렇게 말하지 않는다.

무슨 까닭으로 한결같이 그렇게 말하지 않는가? 그것은 바른 뜻과 서로 맞지 않고 법과 서로 맞지 않으며, 또 범행의 근본이 아니어서 지혜로 나아가지 않고, 깨달음으로 나아가지 않으며, 니르바나로 나아가지 않기 때문이다.

그러므로 나는 한결같이 그렇게 말하지 않는 것이다.

그러면 나는 어떠한 법을 한결같이 말하는가? 나는 괴로움[苦]과 괴로움 모아냄[集]과 괴로움 사라짐[滅]과 괴로움 없애는 길[道]을 한결같이 말한다. 무슨 까닭으로 나는 이것을 한결같이 말하는가? 이것은 바른 뜻과 서로 맞고 법과 서로 맞으며, 또 이것은 범행의 근본으로서 지혜로 나아가고, 깨달음으로 나아가며, 니르바나로 나아가기 때문이다.

이것이 바로 '말하지 않아야 할 것은 말하지 않고, 말하여야 할 것은 말한다'고 하는 것이니, 너희들은 이와 같이 받아 지녀야 하고 이와 같이 배워야 한다."

붇다께서 이와 같이 말씀하시자, 그 비구들은 붇다의 말씀을 듣고 기뻐하며 받들어 행하였다.

• 중아함 221 전유경(箭喩經)

• 해설 •

이 '독화살의 비유로 말한 경'은 초기 불교 교설 가운데 널리 알려진 경 가운데 하나이다. 존자 말룽카푸트라가 붇다께 여쭌 물음은 붇다의 가르침을 따르지 않던 바깥길 수행자들이 붇다를 시험하기 위해 붇다를 향해 던진 물음들이다. 이 물음들에 붇다께서는 응답하지 않고서, 이 물음들은 응답해야 할 필요성이 없다는 뜻으로 '열네 가지 말할 것 없는 법'[十四無記, Caturdaśa-avyākṛta vastuni)이라고 말씀하고 있다.

열네 가지 물음은 다음과 같다.

① 세계는 항상한가. ② 세계는 덧없는가.

③ 세계는 항상하기도 하고 덧없기도 하는가.

④ 세계는 항상함도 아니고 덧없음도 아닌가.

⑤ 세계는 끝이 있는가. ⑥ 세계는 끝이 없는가.

⑦ 세계는 끝이 있기도 하고 없기도 하는가.

⑧ 세계는 끝이 있음도 아니고 없음도 아닌가.

⑨ 여래는 죽은 뒤에 존재하는가. ⑩ 여래는 죽은 뒤에 존재하지 않는가.

⑪ 여래는 죽은 뒤에 존재하기도 하고 존재하지 않기도 하는가.

⑫ 여래는 죽은 뒤에 존재함도 아니고 존재하지 않음도 아닌가.

⑬ 나의 목숨과 몸은 서로 같은가. ⑭ 나의 목숨과 몸은 서로 다른가.

위의 열네 가지 물음에 확정적인 답을 구하려 하는 것은 마치 독화살 맞은 이가 화살을 빼내 몸의 독을 치료하지 않고 독화살을 쏜 자와 활의 크기

화살의 종류를 묻는 것과 같다. 그는 물음의 답을 구하기 전에 독이 퍼져 죽게 될 것이다.

위의 열네 가지 물음에 깔린 기본적인 관점을 살펴보자.

①~④는 세계의 시간적 지속에 관한 물음이고 ⑤~⑧은 세계의 공간적 연장에 관한 물음이다. ⑨~⑫는 죽은 뒤 존재에 관한 물음이고, ⑬⑭의 두 물음은 자아의 존재와 육체의 같음과 다름을 묻는 것이다.

존재를 구성하는 확정적 기반과 실체적 요인을 설정하는 여러 브라마나와 사문들은 위의 열네 가지 물음을 붇다의 지혜를 시험하는 물음으로 붇다께 제시했다.

위와 같은 물음을 던지는 이들의 시각은 무엇인가.

세계가 항상한가 덧없는가를 묻는 것은 지금 나고 사라지는 세계의 변화를 변화라고 생각하고서 세계가 변화인가 변화 너머에 변화 아닌 영원한 것이 있는가를 묻는 것이다.

그리고 '항상하기도 하고 덧없기도 함'과 '항상함도 아니고 덧없음도 아님'인가를 묻는 것 또한 변화가 변화라는 사고가 토대가 되어 변화와 영원을 겸한 모습인가 그 두 가지가 아닌 어떤 모습인가를 묻는 것이다.

그러므로 이 모든 물음은 존재의 연기적 진실을 기성의 견해와 관념의 전제가 없이 반성하는 물음이 아니라, 정해진 개념의 틀로 세계의 역동성을 규정하고 제약하는 관점이다.

세계에 관한 유한과 무한의 물음도 마찬가지다. 눈에 보이는 세계의 끝을 끝이라고 하면 끝 너머에 새로운 시작이 있게 된다. 무한이라고 하면 지금 있다가 없어지고, 자기 모습의 끝을 가지고 있는 존재를 설명할 수 없다.

여래가 죽은 뒤에 지속한다고 하면 이는 존재의 영속적 실체를 인정하는 것이고, 죽은 뒤에 존재하지 않는다 하면 이는 존재의 허무적 단절을 인정하는 견해이니, 모두 연기적 진실에 부합되지 않는다.

몸과 목숨의 연기적 의지관계 또한 같고 다름으로 분별할 수 없는 것이다.

이 열네 가지 물음은 존재의 연기적 진실을 등지는 사고일 뿐만 아니라 묻는 주체를 관념의 틀에 가두는 관점이다.

여래는 말할 것이 없는 법에 대해서는 오직 침묵하셨으니, 여래의 답하지 않음은 물음에 대한 무책임한 회피가 아니라 응답하지 않음으로 참된 답을 보이신 것이다.

세계에 관한 견해와 관념의 고정화는 세계의 연기적 진실에 대한 등짐일 뿐 아니라 부자유와 속박의 길인 것이다.

그러므로 여래는 연기적 진실에 맞지 않는 물음, 말할 것 없는 물음에 대해서는 입을 다무시고, 오직 속박과 부자유로부터 니르바나에 이르는 해탈의 길만을 말씀하실 뿐이다.

고통으로부터 니르바나를 지향하는 여래의 보디의 길은, 사유에서 사유를 넘어서고 언어에서 언어를 넘어서며 모습에서 모습을 넘어서 사유 아닌 사유, 말 아닌 말, 모습 아닌 모습을 자재하게 쓰는 길이다.

그러므로 여래는 열네 가지 말할 것 없는 법에 응답하지 않으시지만, 때로 세계를 덧없다고 말하는 이들에게 '덧없음도 없다'고 가르치고, 세계를 영원하다고 말하는 이들에게 '세계가 덧없다'고 가르치며, 세계의 무한을 집착하는 이들에게 '모습의 나고 사라짐'을 가르치고, 세계의 유한을 집착하는 이들에게 '모습에 모습 없음'을 가르친다.

여래는 때로 병통의 물음에 응답하지 않음으로써 그 물음의 병을 말 없음으로 치유하기도 하고, 때로 병을 치유의 법약으로 다스리기 위해 말 없는 말로써 병을 낫게 해주시니, 여래야말로 병 따라 약을 쓰는 크나큰 의왕[大醫王]인 것이다.

제3장

많이 들은 이는 지혜에 나아가고
니르바나에 나아감

"저 많이 들은 거룩한 제자는 이렇게 안다.
이것이 있기 때문에 저것이 있고, 이것이 일어나기 때문에
저것이 일어난다. 곧 무명 때문에 지어감이 있고,
지어감 때문에 앎이 있으며, 나아가 취함 때문에 존재가 있고,
존재 때문에 나고 늙고 병들어 죽음과 순수한 큰 괴로움의
무더기가 모인다. 무명이 사라지기 때문에 지어감이 사라지고,
나아가 순수한 큰 괴로움의 무더기가 사라진다."

여래의 가르침과 해탈의 실천과 니르바나의 과덕은 어떤 관계인가. 실천의 첫걸음은 여래의 가르침을 바르게 받아들임에 있으니, 연기적 세계관에 발을 대고 그 첫걸음을 뗄 때만 그 걸음걸이가 크고 넓은 보디의 길을 바르고 곧게 걸어 해탈의 저 언덕에 이를 수 있는 것이다.

가르침을 바르게 이해하지 않고 실천의 걸음을 옮기는 것은 마치 인천으로 가려는 사람이 부산으로 방향을 잡아 가는 것과 같고, 가르침을 이해하되 옳게 실천하지 않는 자는 인천으로 갈 표를 사놓고 가지 않는 것과 같다.

지욱선사(智旭禪師)의 『교관강종』(敎觀綱宗)은 가르침을 받아들임과 가르침대로의 행함을 가르침[敎]과 살핌[觀]으로 구분하고서 이렇게 말한다.

> 살핌은 가르침이 아니면 바르게 되지 못하고
> 가르침은 살핌이 아니면 전해지지 못한다.
> 가르침만 있고 살핌이 없으면 내용이 없고
> 살핌만 있고 가르침이 없으면 위태롭다.
>
> 觀非敎不正　敎非觀不傳
> 有敎無觀則罔　有觀無敎則殆

가르침[敎]은 그냥 문자가 아니고 법계의 진리를 깨친 지혜의 언어적 표현이니, 가르침을 의지하지 않고 선정을 닦는 것은 연기적 세계관에 기초하지 않고 닦아감이므로 위태롭다 말한 것이다. 곧 이정표 없이 길 떠나는 나그네, 갈 방향을 모르고 발을 내딛는 이와 같이 그의 발걸음은 위태로워 그 이르러야 할 곳에 이르름을 보장할 수 없는 것이다.

다시 가르침을 듣고 기억하되 스스로 사유하고 살펴 주체화하지 않는 이는 자기화된 내용이 공허하므로 스스로의 삶에 이익되지 못하고 남에게 전할 수 없는 것이다.

위 『교관강종』의 사상적 뿌리라 할 수 있는 천태선사의 『지관법문』(止觀法門)에서는 교(敎) 없이 선정만을 닦아가는 선사를 '어둡게 깨치는 선사'[暗證禪師]라 비판하고, 선(禪) 없이 문자만을 따지는 법사를 문자법사(文字法師)라 비판한다.

암중선사의 어리석은 선정[癡禪]과 문자법사의 미친 지혜[狂慧]를 넘어선 곳에, 나루[津]를 알고 발을 내미는 지혜로운 발걸음이 있고, 가르침을 통한 진리의 자기주체화가 다시 그 가르침을 통해 실천의 객관적 검증을 얻고, 주체화된 진리를 가르침을 통해 대중과 역사에 회향할 수 있는 것이다.

가르침과 선정이 하나되는 곳에 문자를 집착하지 않는 바른 문자행이 있고, 지혜가 이끄는 바른 선정의 수행과 대중 교화의 길이 있다. 그 뜻을 아함경은 '많이 들은 제자는 듣고서 사마디와 지혜에 나아가야 하고, 스스로 받아 지녀 외우고 남을 위해 설해야 세상을 안락케 할 수 있다'고 말한다.

곧 교 없는 선과 선 없는 교를 함께 넘어설 때, 가르침의 말씀을 잘 받아 듣는 문자행이 말에서 말을 떠난 사마디의 행이 되고, 스스로 깨치는 지혜의 행이 세상을 안락케 하는 대중 교화의 행이 될 수 있는 것이다.

선을 말하면 교를 등지고 자기 깨침을 말하면 대중을 등지는 치우친 수행자들은 깊이 돌이켜 살펴야 할 것이다.

『화엄경』(「광명각품」光明覺品)은 가르침을 많이 듣기만 하고 바른 사유와 살핌의 행에 나아가지 못하는 이들을 다음과 같이 경책한다.

묻는바 여래의 진실한 뜻을
배우는 이들은 자세히 잘 들으라.
가르침을 많이 듣는 것만으로는
여래의 법에 들어갈 수 없도다.

佛子善諦聽　所問如實義
非但以多聞　能入如來法

어떤 사람이 물에 떠내려가며
물에 빠져 목말라 죽음 두려워하듯
여래의 법에 닦아 행하지 않고
많이 듣기만 하는 이 또한 이와 같네.

如人水所漂　懼溺而渴死
於法不修行　多聞亦如是

어떤 사람이 좋은 음식 차려놓고
스스로 굶주려 먹지 못하듯
여래의 법에 닦아 행하지 않고
많이 듣기만 하는 이 또한 이와 같네.

如人設美膳　自餓而不食
於法不修行　多聞亦如是

어떤 사람이 약방문을 잘 알면서도
스스로의 병을 건지지 못하듯
여래의 법에 닦아 행하지 않고
많이 듣기만 하는 이 또한 그러네.

如人善方藥　自疾不能救
於法不修行　多聞亦如是

귀 먹은 이가 음악을 연주하면
남을 즐겁게 하되 스스로 듣지 못하듯
여래의 법에 닦아 행하지 않고
많이 듣기만 하는 이 또한 그러네.

如聾奏音樂　悅彼不自聞
於法不修行　多聞亦如是

1 듣고서 지혜와 사마디에 나아가야

여래의 깨달음의 언어는 번뇌의 병에 시달리는 중생을 병 없고 고통 없는 해탈의 땅에 이끄는 나아줌[治癒]의 언어이고 건네줌[濟度]의 언어이다. 그렇다면 그 가르침을 듣고 해탈의 길에 나아가는 수행자는 어떻게 여래의 깨달음의 언어를 받아들이고 어떻게 해탈의 저 언덕에 나아가야 하는가.

붇다께서 세상에 머무시던 때 가르침이 아직 문자로 표기되기 전에 가르침을 받아들인 대중은 여래의 말씀을 직접 듣거나 다른 이의 전해주는 말을 듣고 교법의 내용을 사유하고, 지혜와 사마디에 나아갔다.

그래서 처음 여래의 법을 받아들여 수행하는 사문을, 소리를 듣고 닦아가는 이라는 뜻으로 성문(聲聞)이라 말하고, 붇다 또한 잘 가르침 받아듣는 제자를 '많이 들은 거룩한 제자'[多聞聖弟子]라고 말씀한다.

많이 들은 제자는 먼저 소리로 붇다의 가르침을 듣고[聽聞佛法] 가르치신 진리 그대로 사유하며[如理思惟] 사유를 통해 법 그대로 닦아 익힌다[如法修習].

이때 소리 들음이 가르치는 스승과 가르치는 교법을 의지함이라면, 사유하여 닦음은 스스로 닦아감이다. 그리고 들음과 사유함이 바른 이해에 나아감이라면, 닦음은 바른 이해에 기초한 실천이다.

들음[聞]·사유함[思]·닦음[修]은 바로 이론과 실천, 앎과 행이 서로 맞아 하나됨[解行相應]을 뜻한다.

위에서 풀이한 들음·사유함·닦아감은 이해와 실천을 인과적 차제로 설명한 것이다.

그러나 바로 근기 높은 수행자라면 여래와 스승의 가르침을 들을 때 저 가르침의 언어가 실로 일어남이 없음을 알고, 지금 내가 스승의 가르침을 들을 때 듣되 실로 들음 없음을 알면, 소리 듣는 그 자리에서 듣되 들음 없음을 깨달아 수랑가마사마디(śūraṃgama-samādhi, 健勝三昧)를 얻을 수 있다.

그 뜻을 아함경은 '많이 들음[多聞]이란 다섯 쌓임이 공적함을 아는 것이다'라고 한다. 그러므로 가르침을 소리로 듣고 문자로 읽을 때 보고 듣는 마음에 마음이 없고 보고 듣는 소리와 문자에 보고 들을 것이 없는 줄 알면, 그가 보고 듣는 자리에서 사마디를 이루고 '많이 들음'의 뜻을 이루는 것이다.

경의 문자가 일어남이 없고 사라짐이 없으며 여래가 설함 없이 법을 설해 중생을 해탈의 땅에 이끎을 『화엄경』(「여래출현품」)은 다음과 같이 보인다.

글자가 널리 들되 이르름 없듯
바르게 깨치신 이의 법바퀴 굴림도

또한 다시 그렇게 굴림이 없어
모든 음성에 들되 들어간 바 없이
중생을 다 기쁘게 하여주시네.

如字普入而無至　正覺法輪亦復然
入諸言音無所入　能令衆生悉歡喜

　위 게송처럼 설함 없이 설한 여래의 법이 미망의 세간에 으뜸가는
법재가 되므로 받아 지녀 가르침대로 닦아 행해야 하니, 「여래출현
품」은 다음과 같이 또 깨우친다.

이 법이 세간 벗어난 으뜸의 재물로
여러 중생 건져 저 언덕에 건네며
청정한 도를 이 세간에 낼 수 있으니
그대들은 반드시 지녀 방일치 마라.

此爲超世第一財　此能救度諸群品
此能出生淸淨道　汝等當持莫放逸

여래의 수트라를 의지해 계율·선정·지혜를
닦아야 연기의 실상 따르게 되니

이와 같이 내가 들었다.

한때 붇다께서는 바라나시 국 '선인이 머물렀던 사슴동산'에 계셨다.

그때 세존께서 여러 비구들에게 말씀하셨다.

"지난 세상에 어떤 사람이 있었는데 이름이 다사라하(Dasārahas)였다. 저 다사라하에게는 북이 있었는데 아나카(Aṇaka)라고 하였다. 그 북은 좋은 소리, 아름다운 소리, 깊은 소리를 내어 사십 리 밖에까지 들렸다. 그러나 그 북은 이미 오래 되어 곳곳이 찢어지고 부서졌다.

그때 '북 만드는 이'[鼓丈]가 쇠가죽을 벗겨 두루 감아 얽어맸다. 이처럼 비록 다시 감아 얽어매었지만 북은 다시는 높은 소리, 아름다운 소리, 깊은 소리를 내지 못했다. 그러더니 그 북은 뒤에 더욱 낡고 무너져서 가죽은 다 떨어져나가고 다만 나무통만 남았다."

북의 비유로 가르침을 듣고 법의 실상 바로 받아들이게 하심

"이와 같이 비구들이여, 몸을 닦고 계(戒)를 닦고 마음을 닦고 지혜를 닦으면, 그는 몸을 닦고 계를 닦고 마음을 닦고 지혜를 닦았기 때문에 여래가 말씀하신 수트라(sūtra, 經)에 의해 아주 깊고 밝게 비추게 될 것이다.

그리하여 보기 어렵고 깨닫기 어려우며 헤아려 생각할 수 없는 깊고 미묘한 뜻을 뚜렷이 해 밝은 지혜로 알게 될 것이다.

그는 단박 받아들이고[頓受] 두루 갖추어 받아, 그 말을 듣고는 기뻐하고 우러러 익혀서 벗어나 떠나고 이익을 얻을 것이다.

그러나 앞으로 올 비구들은 몸을 닦지 않고 계도 닦지 않으며, 마음도 닦지 않고 지혜도 닦지 않아서, 여래가 말씀하신 수트라를 듣고서도 아주 깊고 밝게 비춤과, 공함과 서로 맞게 연기법 따름[空相應隨順緣起法]을, 그는 단박 받아 지니지 못하고 받아들임에 이르지 못하고, 말씀하심을 듣고서도 기뻐해 우러러 익히지도 않을 것이다.

그러면서 세상의 잡다한 여러 논[異論]들과 잘 꾸민 문장과 세속의 잡스러운 글귀들은 마음을 오롯이 해 받들어 모시고, 그 말을 듣고는 기뻐하고 우러러 익히지만 벗어나 떠나서 이익됨을 얻지 못할 것이다. 그래서 여래께서 말씀하신 법에 의해 '공한 모습의 진리'[空相要法]를 아주 깊고 밝게 비추어[甚深明照] 연기법 따름[隨順緣起]은 이 때문에 사라지게 될 것이니, 마치 저 북이 낡아 부서지고 오직 나무통만 남은 것처럼 되고 말 것이다.

그러므로 여러 비구들이여, 방편을 부지런히 하여 몸을 닦고 계를 닦으며 마음을 닦고 지혜를 닦아, 여래께서 설하신 법에 의해 공한 모습의 진리[空相要法]를 아주 깊고 밝게 비춤과 연기법 따름을 단박 받아들이고 두루 받아들여야 한다. 또 그 말을 듣고서는 기뻐하며 우러러 익히면, 벗어나 떠나서 이익을 얻을 것이다."

붇다께서 이 경을 말씀하시자, 여러 비구들은 붇다의 말씀을 듣고 기뻐하며 받들어 행하였다.

• 잡아함 1258 고경(鼓經)

• 해설 •

아무리 좋은 북도 소리를 내는 가죽이 닳고 떨어지며 곳곳이 찢어지면 좋은 소리를 내지 못한다. 나중에 북통만 남게 되면 북으로서의 구실이 사라지게 된다. 여래의 가르침을 들은 수행자도 듣고서는 연기의 바른 뜻을 사유해 인연으로 나므로 공함을 살피고 공하므로 연기함을 살피면 연기의 깊은 뜻을 밝은 지혜로 알게 될 것이다.

그러나 비록 가르침을 소리로 듣고 그 문자를 기억하지만 몸을 닦지 않고 계를 닦지 않으며 지혜와 선정에 나아가지 않으면, 마치 가죽이 다 떨어지고 북통만 남은 쓸모없는 북과 같이 될 것이다.

공함에 서로 맞게 연기법 따르는 일을 단박 받아들이라[頓受]고 가르치니, 이 뜻은 공한 모습의 진리[空相要法]를 비추는 것은 지금 있는 것을 차츰 덜어서 공함에 이르는 것이 아님을 보인 것이다.

지금 있는 것이 실로 있음 아님을 바로 보는 데서 공함에 이르기 때문이고, 그 공함 또한 공하므로 온갖 법이 새로 연기하기 때문이다.

또한 연기이므로 공한 존재의 모습은 온갖 법 가운데 어떤 법은 그렇고 어떤 법은 그렇지 않은 진리가 아니다. 온갖 법, 그 어느 법 하나라도 공한 모습이 아님이 없으므로 여래는 다시 이 공함과 서로 맞는 연기의 진리를 '두루 갖추어 받아야 한다'고 가르친다.

경의 이 뜻을 대혜선사(大慧禪師) 또한 천태대사의 오도(悟道)를 표현하면서 다음과 같이 말한다.

"천태지자대사(天台智者大師)께서 법화삼매(法華三昧)를 깨닫고 공함과 거짓 있음과 중도의 세 살핌[空假中三觀]으로 여래의 일대장교를 모두 거두니, 모자람도 없었고 남음도 없었소.

공(空)을 말하면 거짓 있음[假有]과 중도가 공 아님이 없고, 거짓 있음을 말하면 공과 중도가 거짓 있음 아님이 없으며, 중도[中]를 말하면 공과 거짓 있음이 중도 아님이 없소.

이 뜻을 얻으면 선다라니(旋陀羅尼)를 얻게 되오.

이로써 위로부터의 모든 붇다와 여러 조사들이 이 문[此門]을 좇아 깨달아 들지 않음이 없음을 알아야 하오."

공과 서로 맞는 연기의 진실밖에 수행자가 살펴야 할 법이 없다. 그러나 뒷세상 비구들은 연기의 진리를 살피지 않고 세간의 논문과 화려하게 꾸민 문장, 세속의 글귀를 숭상하여 법의 북이 끝내 사라지리라 경책하시니, 지금 이 꾸짖음이 오늘 이 시대 수행자들의 병폐를 어찌 이리도 잘 지적해 보이는 것인가.

그렇다면 그 누가 이 오탁의 세간[五濁世間]에 법의 깃대[法幢]를 높이 세우고 법의 북[法鼓]을 크게 울릴 수 있는 사람인가. 공함과 연기를 같이 비춘다는 이 한 마디 속에 값할 것 없는 참된 보배[無價眞寶]가 갖추어져 있으니, 지혜의 눈을 떠 이 다함없는 보배로 궁핍과 고통의 세간을 풍요와 안락으로 장엄하는 크나큰 장부가 바로 그 사람이라 하리라.

받아 지녀 읽고 외우며 남을 위해 설하면
세상을 안락케 하리

이와 같이 내가 들었다.

한때 세존께서는 사카족의 세상을 노닐어 다니시다가 카필라 국에 이르러 니그로다 동산에 계셨다.

그때 카필라 국에 사는 사카족 사람들이 새로 강당을 지었는데, 사문이나 브라마나나 사카 성을 지닌 젊은이나 온 나라 사람들 가운데 어느 누구도 그 안에 머무른 이가 없었다.

그들은 세존께서 사카족의 나라인 카필라에 이르러 사람 사이에 노닐어 다니시다가, 니그로다 동산에 계시면서 괴로움과 즐거움의 뜻을 연설하신다는 말을 들었다.

'이 강당은 새로 지어서 아직 아무도 머무른 이가 없다. 세존과 그 대중들을 청해 이곳에서 공양하는 것이 좋겠다. 그러면 공덕과 복의 과보를 얻어 기나긴 밤 동안 편안할 것이다. 그런 뒤에 우리들도 따라서 받아쓰도록 하자.'

이렇게 의논한 뒤에 그들은 모두 성을 나와 세존 계신 곳으로 찾아가 머리를 대 그 발에 절하고 한쪽에 물러나 앉았다. 그때 세존께서는 여러 사카족 사람들을 위해 요점이 되는 법을 설하고 가르쳐보여 그들을 기쁘게 하신 뒤에 잠자코 계셨다.

사카족들이 새로 지은 강당에 세존과 대중을 청함

그때 사카족 사람들은 자리에서 일어나 옷을 바로 여미고 절한 뒤에, 오른 무릎을 땅에 붙이고 두 손을 맞잡고 말씀드렸다.

"세존이시여, 저희 사카족이 새로 강당을 지었는데, 머문 사람이 아직 아무도 없습니다. 그래서 지금 세존과 여러 대중들을 초청하여 그곳에 모시고 공양을 올려서 공덕과 복된 이익을 얻는다면, 기나긴 밤 동안 편안할 것입니다.

그런 뒤에 저희들도 따라서 받아쓰려 합니다."

그때 세존께서 잠자코 청을 받아들이셨다.

여러 사카족 사람들은 세존께서 잠자코 청을 받으신 것을 알고, 붇다의 발에 머리를 대 절하고 각기 제집으로 돌아갔다. 그날로 곧 수레와 가마를 갖추어 온갖 도구들을 운반하여 새 강당을 장엄하고, 앉을 자리를 펴고 땅에 부드러운 풀을 깔고 향과 등불을 마련하여 모든 일을 갖추어놓았다. 그리고 그들은 붇다 계신 곳에 나아가 머리를 대 절하고 말씀드렸다.

"모든 일을 다 갖추었습니다. 성인께서는 때를 아십시오."

그때 세존께서는 대중들에게 앞뒤로 둘러싸여 새 강당 밖에 이르셨고, 발을 씻으신 뒤에 강당으로 올라가, 가운데 기둥 아래 동쪽을 향해 앉으셨다. 그때 비구들도 발을 씻은 뒤에 세존을 따라 강당에 들어가 세존의 뒤쪽인 서쪽에서 동쪽을 향해 차례로 앉았다.

그리고 여러 사카족 사람들은 동쪽에서 서쪽을 향해 앉았다.

그때 세존께서는 모든 사카족 사람들을 위해 요점이 되는 법을 널리 설하고 가르쳐보여 그들을 기쁘게 하신 뒤에 사카족 사람들에게 말씀하셨다.

"고타마들이여, 이미 초저녁이 지났으니, 이제는 카필라 성으로 돌아가야 할 때이다."

여러 사카족 사람들은 붇다의 말씀을 듣고 기뻐하면서 절하고 떠나갔다.

그때 세존께서는 사카족 사람들이 떠나간 줄 아시고, 마하목갈라야나에게 말씀하셨다.

"그대가 비구들을 위해 설법하라. 나는 지금 등이 아파서 조금 쉬어야겠다."

그때 마하목갈라야나는 잠자코 분부를 받았다. 세존께서는 웃타라상가(uttarāsaṅga)를 네 겹으로 접어 옆구리 밑에 깔고, 상가티(saṃghāṭī)를 접어 머리 밑에 베고 오른쪽으로 누워 무릎을 구부리고 발을 포개고, 생각을 밝은 모양에 매어두고, 일어날 생각을 하시며 사유하셨다.

세존의 분부로 마하목갈라야나 존자가
번뇌와 번뇌 없는 법을 설함

그때 마하목갈라야나가 비구들에게 말하였다.

"붇다께서 말씀하신 법은 처음이나 가운데나 뒤가 다 좋으며, 좋은 뜻 좋은 맛으로, 순일(純一)하고 원만하고 청정하여 깨끗한 범행이오. 나는 이제 번뇌와 번뇌 아닌 법에 대하여 말하겠으니 그대들은 자세히 들으시오.

어떤 것이 번뇌법[漏法]이냐 하면 다음과 같소. 어리석어 들음이 없는 범부는 눈으로 빛깔을 보고는 생각에 맞는 빛깔에 대해서는 좋아하는 마음을 내고, 생각에 맞지 않는 빛깔에 대해서는 싫어하는 마음을 내어 몸 살핌[身念處]에 머무르지 않소.

마음의 해탈[心解脫]과 지혜의 해탈[慧解脫]에 대해서는 조그마한 지혜도 없어, 갖가지 악하여 착하지 않은 법을 일으켜서, 남김없이 없애지도 못하고 남김없이 길이 다하지도 못하오.

귀·코·혀·몸·뜻에 있어서도 또한 그러하오.

비구들이여, 그렇게 하면 하늘의 마라 파피야스가 그가 있는 곳으로 가서 틈을 엿보고 있다가 그의 눈이 빛깔에 집착하면, 곧 그 빠뜨린 틈을 얻게 되오. 귀로 소리를 듣고, 코로 냄새를 맡으며, 혀로 맛을 보고, 몸으로 닿음을 느끼고, 뜻으로 법을 알 때에도 또한 그와 같이 곧 그 빠뜨린 틈을 얻게 되오.

비유하면, 마른 풀을 쌓아둔 곳에 사방에서 불이 일어나면 잠깐 사이에 다 타버리는 것과 같소. 비구들이여, 그 눈이 빛깔에 대해 집착하면 하늘의 마라 파피야스가 그 틈을 얻게 되니, 그렇게 되면 그 비구는 빛깔을 이기지 못하오.

귀로 소리를 듣고, 코로 냄새를 맡으며, 혀로 맛을 보고, 몸이 닿음을 느끼고, 뜻이 법을 알 때에도 그 법 등에 눌림을 받아 그 법을 이기지 못하오.

빛깔을 이기지 못하고, 소리·냄새·맛·닿음·법을 이기지 못하며, 또한 뜻을 이기지 못하면, 착하지 않은 법과 온갖 번뇌의 불꽃 같은 괴로운 과보와, 미래세상에서 나고 늙고 병들고 죽음이 있을 것이오.

여러 존자들이여, 나는 세존에게서 몸소 이 모든 번뇌법에 대하여 가르침을 받았소. 이것을 '번뇌법에 대해 설한 경'[有漏法經]이라고 하오.

어떤 것이 '번뇌의 흐름이 없는 법을 설한 경'[無漏法經]이냐 하면 다음과 같소.

많이 들은 거룩한 제자는 눈으로 빛깔을 보면, 생각에 맞는 빛깔에 대해서도 좋아하는 마음을 내지 않고, 생각에 맞지 않는 빛깔에 대해서도 미워하는 마음을 내지 않으며, 생각을 매어 머무르오.

그래서 한량없이 마음이 해탈하고 지혜가 해탈하여, 진실 그대로 알고는 악하여 착하지 않은 법이 일어나더라도 남김없이 다 없애버리오. 귀·코·혀·몸·뜻에 있어서도 그와 같이 하오.

이와 같은 모습의 비구들은 악한 마라 파피야스가 그 있는 곳을 찾아가 그 눈이 빛깔 봄에 대해 빈틈을 엿보지만 그 허물을 잡아내지 못하오. 귀로 소리를 듣고, 코로 냄새를 맡으며, 혀로 맛을 보고, 몸으로 닿음을 느끼고, 뜻이 법을 알 때에도 그 빈틈을 엿보지만 그 허물을 잡아내지 못하오. 이를 비유하면 누각을 지을 적에 담을 단단하게 쌓고 창문을 겹겹이 닫고 진흙으로 두껍게 바르면, 사방에서 불이 일어나더라도 태울 수 없는 것과 같소.

이와 같은 비구들도 그와 같아서, 악한 마라 파피야스가 그들이 있는 곳을 찾아가 그 빈틈을 엿보더라도 그 허물을 잡아내지 못하오.

이와 같은 비구는 그 빛깔을 이길 수 있어 그 빛깔에 휘말려 지지 않소. 소리·냄새·맛·닿음과 법을 이기고 그 법 등에 휘말려 지지 않소.

만약 빛깔을 이기고, 소리·냄새·맛·닿음·법을 이미 이기면, 악하여 착하지 않은 법과 번뇌로 인해 일어나는 불꽃 같은 괴로운 과보와, 미래세상에서 태어나고 늙고 병들고 죽음도 다 이겨낼 것이오.

나는 세존으로부터 몸소 이 법을 받았으니, 이것을 '번뇌의 흐름 없는 법을 설한 경'이라고 하오."

세존께서 마하목갈라야나의 설법을 찬탄하시고
널리 펴기를 당부하심

그때 세존께서는 마하목갈라야나의 설법이 끝난 줄을 아시고, 몸을 바로 일으켜 앉으시어 생각을 매어 앞에 두고 마하목갈라야나에게 말씀하셨다.

"아주 잘 말했다, 목갈라야나여. 사람들을 위해 이 수트라의 법을 잘 연설하였다. 많이 이익될 것이요, 많이 건널 것이며, 기나긴 밤에 모든 하늘과 세상 사람들을 안락하게 할 것이다."

그때 세존께서 여러 비구들에게 말씀하셨다.

"너희들은 이 '번뇌와 번뇌의 흐름 없는 법 설한 경'을 받아 지니어 널리 사람들을 위해 말해주라.

왜냐하면 이 법은 뜻이 갖춰지고 법이 갖춰지고 범행이 갖춰 있어서, 신통을 열어 니르바나로 바로 향할 수 있는 법이기 때문이다.

그러므로 믿음 있고 잘 행하는 사람은 집에 있거나 집을 나오거나 이 경을 받들어 지니어 읽고 외우고 또 널리 사람들을 위해 말해주어야 할 것이다."

붇다께서 이 경을 말씀하시자, 여러 비구들은 붇다의 말씀을 듣고 기뻐하며 받들어 행하였다.

• 잡아함 1176 누법경(漏法經)

• 해설 •

사카족 사람들이 새로 강당을 지어 스스로 강당에 먼저 머물지 않고 세존과 그 대중을 청해 공양을 올리고 함께 모여 세존의 설법을 들으니, 이 얼마나 따뜻하고 아름다운 모습인가. 이는 여래의 넓고 넓은 법계의 방[法界室]에 붇다와 중생, 스승과 제자, 재가와 출가가 함께 모여 진리의 은택을 함께 누리는 아름다운 광경이다.

밤이 깊어가자 재가대중을 보내고 여래는 휴식하시고 제자 목갈라야나를 시켜 여래의 처음과 가운데와 끝이 좋은 한맛의 법을 설하게 하시니, 여래의 보디의 길에서는 스승의 뜻이 제자의 뜻이고, 가르침의 뜻이 듣는 이의 삶의 진실이기 때문이다.

여래께서 누워 쉬시고 목갈라야나가 여래의 법을 설한 이 장면이 어찌 법회에 뒤늦게 온 카샤파에게 설법의 반 자리를 나누어주신[分半座] 소식과 다를 것인가.

여래의 보디는 중생의 본래 갖춘 자기 얼굴[本來面目]이고, 세계의 진실이다. 다만 여래는 눈이 빛깔을 보고 귀가 소리 듣고 나아가 뜻이 법을 알 때 탐욕과 집착이 없고, 중생은 눈이 빛깔을 볼 때 탐욕과 집착을 일으킬 뿐이다.

그러므로 여래의 연기의 가르침을 듣고 보는 나와 보이는 것과 보는 앎에 취할 것이 없는 줄 알면, 듣는 이가 듣는 그 자리에서 여래의 보디의 방 법계의 처소[法界處]에 들어선 것이다.

바로 알아들은 이는 법계의 진리의 방에 들어 여래의 보디의 자리에 앉아 아직 여래의 방에 들지 못한 이를 위해 뭇 사람들에게 다함없이 해탈의 법비[法雨]를 내리게 될 것이다.

참으로 잘 받아 지니는 자, 그는 곧 남을 위해 잘 말하는 자인 것이니, 『법화경』(「법사품」法師品)은 다음과 같이 말한다.

여러 가지 게으름
버리려고 한다면
이 경의 가르침을
반드시 들을지니
이 경 받아 듣기
참으로 어려웁고
믿어 받아 지니는 것

또한 매우 어려웁네.

欲捨諸懈怠 應當聽此經
是經難得聞 信受者亦難

비유하면 어떤 사람
목이 말라 물을 찾아
높은 언덕 그 위에서
샘을 뚫어 파게 될 때
마른 땅을 보게 되면
물길 아직 먼 줄 알고
젖은 땅 차츰 보게 되면
물 가까움 앎과 같네.

如人渴須水 穿鑿於高原
猶見乾燥土 知去水尙遠
漸見濕土泥 決定知近水

이 경 누가 설하려면
여래의 방에 들어가서
여래의 옷을 입고
여래의 자리에 바로 앉아
대중 속에 있어도
두려울 바 전혀 없이
널리 중생을 위하여
분별하여 설법하라.

若人說此經 應入如來室
著於如來衣 而坐如來座
處衆無所畏 廣爲分別說

큰 자비가 방이 되고
부드럽게 어울리고
잘 참음은 옷이 되며
모든 법이 공함은
여래의 자리가 되니
여기 앉아 법 설하라.

大慈悲爲室 柔和忍辱衣
諸法空爲座 處此爲說法

설법의 실천적인 뜻이 법을 말하는 자와 듣는 자가 함께 여래의 해탈의
방에 들어감이듯, 「십회향품」(十迴向品) 또한 그 뜻을 다음과 같이 말한다.

이와 같이 법을 중생에 회향하여
해탈의 저 언덕에 이르게 되면
널리 중생이 뭇 번뇌의 때를 떠나
길이 온갖 의지할 것 떠나게 해
마쳐 다해 의지함 없는 곳 들게 하네.

如是迴向到彼岸 普使群生離衆垢
永離一切諸所依 得入究竟無依處

2 많이 들은 거룩한 제자의 길

여래 보디의 언어는 법계진리에서 일어나 법계진리를 밝히는 언어이다. 그렇다면 이제 그 해탈의 가르침을 듣는 중생은 가르침을 듣고 어떻게 나아가야 하는가.

큰 스승의 가르침을 듣는 제자는 많이 듣되 가르침의 소리와 문자만을 기억하지 않고, 가르침을 통해 바른 살핌에 나아가므로 많이 들은 거룩한 제자가 된다.

크신 스승 여래가 열두 가지 인연[十二因緣]을 말하고 다섯 쌓임[五蘊]을 말한 것은 그 연기된 있음이 서로 다른 것을 의지해 나는 있음이므로, 있음을 통해 그 있음이 있되 공함[有而空]을 보이신 것이다.

그러므로 열두 가지 인연법이나 다섯 쌓임의 법을 들으면 듣는 제자는 가르침의 말씀을 통해 있음이 있되 공하고, 공하므로 연기로 있게 됨[空而有]을 바로 살펴야 한다.

다섯 쌓임의 가르침을 듣고서 잘 받아 듣는 제자는 연기의 진실을 바로 살펴 세계를 아는 앎활동[名]과 빛깔·소리 등 알려지는 것[色]

에 취할 것이 없음을 깨달아 안다. 그리하여 보이고 들리는 것에 탐욕 떠나 사물을 보고 알되 앎 없이 알면 이것이 가르침을 듣고 사유해 바르게 행함이다.

이를 천태선사의 '여섯 가지 같으면서 다른 실천의 지위'[六卽位]로 살펴보자.

곧 '육즉위'란 미혹과 번뇌에 빠져 있는 중생의 지위로부터 위없는 붇다의 지위까지, 그 실천의 인과를 잡아 여섯 가지 지위를 나누어 보인 교설이다.

그 처음은 전혀 바른 가르침을 듣지 못한 범부 중생의 지위이고 차츰 가르침을 듣고 실천하여 보디를 성취한 지위까지 위로 향상하는 차제를 보이고 있다. 그러나 첫 지위인 중생의 번뇌가 본래 공하므로 여섯 가지 지위의 차별은 다름 아닌 다름이다.

여섯 가지 지위를 간략히 보이면 다음과 같다.

먼저, 중생이 진리 떠나지 않는 지위[理卽位]이니, 이는 아직 가르침을 접하지 못한 번뇌에 쌓인 중생의 지위이다.

둘째, 문자로 이해하는 지위[文字卽位]이니, 많이 들어 연기법을 이해하는 제자의 지위이다.

셋째, 살펴 행하는 지위[觀行卽位]이니, 문자로 이해하여 가르침을 생활 속에 뿌리내리고 지혜로 연기법을 살펴 행하는 지위이다.

넷째, 진리에 가까워진 지위[相似卽位]이니, 살펴 행해 차츰 집착을 떠나는 지위이다.

다섯째, 온전하지 못한 청정함의 지위[分證卽位]이니, 집착 떠나 청정함을 얻었으나 아직 청정함의 자취가 남아 있는 지위이다.

여섯째, 마쳐 다한 지위[究竟卽位]이니, 실상을 온전히 구현한 보디의 지위이다.

이때 가까워진 지위[相似卽位]가 닦아감에 닦아감의 자취가 있는 지위라면, 온전치 못한 청정함의 지위[分證卽位]는 얻음에 얻음의 자취가 있는 지위이다.

여래의 마쳐 다한 지위가 중생의 진실상을 온전히 실현한 지위이므로 중생에서 여래까지 여섯 가지 지위의 차별은 다르되 같은 것이니, 여섯의 차별된 이름이 있지만 여섯 가지 지위를 모두 같다[卽]고 하는 것이다.

그러므로 여섯의 차별된 지위의 이름[六位]이 물결에 비유된다면 같음[卽]은 물에 비유된다.

가르침을 듣고 믿음을 일으킨 제자를 위의 '여섯 가지 같으면서 다른 지위의 뜻'으로 보더라도, 그는 비록 아직 연기법의 실상을 열어 보이는 소리와 문자를 듣고 실천의 첫걸음을 떼는 제자이지만, 믿음을 내는 그때 그는 이미 스승이 가르치신 진리의 땅에 서서 진리의 길을 걸어가는 자이다.

그러므로 처음 배우는 이라고 물러서려는 못난 마음[退屈心]을 내서도 안 되고, 오래 배워 깨달은 이라고 교만한 마음[增上慢]을 내서도 안 된다.

『화엄경』(「여래출현품」)은 아직 배우지 못한 미혹의 중생이라도 여래의 모습 보고 가르침을 듣고서 기쁨의 마음을 내기만 해도 붓다의 지혜의 땅, 해탈의 땅에 이르게 됨을 다음과 같이 말한다.

설산에 아주 좋은 약이 있어서
잘 나타남이라고 이름하나니
보고 듣고 냄새 맡고 닿기만 해도
뭇 병이 모두다 나아버리네.
만약 열 가지 힘 모두 갖추신 여래
만나 뵙고 그 가르침 듣게 되면
빼어난 공덕을 모두다 얻고
붇다의 지혜의 땅 이르게 되리.

雪山有藥名善見　見聞嗅觸消衆疾

若有見聞於十力　得勝功德到佛智

붇다께 있는 사마디 잘 깨우침이라 하니
보디의 나무 아래서 이 선정 드셨네.
중생과 평등한 한량없는 빛을 놓으사
뭇 중생에게 깨달음을 열어주시니
마치 연꽃이 활짝 열려 피어남 같네.

佛有三昧名善覺　菩提樹下入此定

放衆生等無量光　開悟群品如蓮敷

많이 들은 거룩한 제자는
연기의 진실을 바르게 살피는 자이니

이와 같이 내가 들었다.

한때 붇다께서는 라자그리하 성 칼란다카 대나무동산에 계셨다.

그때에 세존께서는 여러 비구들에게 말씀하셨다.

"많이 들은 거룩한 제자[多聞聖弟子]는 이렇게 따져 생각하지 않는다.

'어떤 것이 있기 때문에 이것이 있고, 어떤 것이 일어나기 때문에 이것이 일어나는가. 어떤 것이 없기 때문에 이것이 없고, 어떤 것이 사라지기 때문에 이것이 사라지는가.'

그러나 저 많이 들은 거룩한 제자는 이렇게 안다.

'이것이 있기 때문에 저것이 있고, 이것이 일어나기 때문에 저것이 일어난다.

곧 무명 때문에 지어감이 있고, 지어감 때문에 앎이 있으며, 나아가 취함 때문에 존재가 있고, 존재 때문에 나고 늙고 병들어 죽음과 순수한 큰 괴로움의 무더기가 모인다.

무명이 사라지기 때문에 지어감이 사라지고, 나아가 순수한 큰 괴로움의 무더기가 사라진다.'"

붇다께서 이 경을 말씀하시자, 여러 비구들은 붇다의 말씀을 듣고 기뻐하며 받들어 행하였다.

• 잡아함 350 성제자경(聖第子經)

여래는 듣는 사람에 따라 여러 가지 언어형식을 빌려 법을 설한다. 여래는 듣는 중생의 집착에 따라 있음을 들어서 없음을 보이시고, 공을 보여 공하므로 있음을 가르치시며, 보는 마음을 들어 보이는 세계를 가르치시고, 보이는 세계를 들어 보는 마음을 가르치신다.

말만 취하는 이들은 그 가르침을 듣고 그 가르치는 형식에 갇혀 여래가 보이고자 하는 뜻을 알지 못한다. 들음을 통해 여래의 뜻을 사유하고 삶의 진실에 복귀하는 거룩한 제자는 여래의 연기의 가르침을 듣고 말씀을 통해 삶과 세계의 진실을 살피고 세계의 진실을 주체화한다.

말씀을 듣고 뜻에 나아가고 진실에 복귀하는 자를 여래는 '많이 들은 거룩한 제자'라 이름하신다.

경에서 '많이 들은 제자는 어떤 것이 있기 때문에 이것이 있고, 어떤 것이 일어나기 때문에 이것이 일어나는가'라고 생각지 않는다는 것은 무엇을 말하는가.

여래께서 어떤 것이 다른 것을 의지해 있다고 하신 것은 그 어떤 것의 있음이 있음 아닌 있음을 보이신 것이다. 그러므로 바로 듣는 이는 어떤 것에 의해 이것이 있다고 할 때, 그 말을 듣고도 어떤 실체적인 요인이 있어 존재가 있고 실체적인 요인으로 존재가 생성된다고 생각하지 않는다.

그는 무명 때문에 행이 있다고 해도 그 무명을 고통의 제1원인이라 생각하지 않는다. 무명 또한 스스로 있는 무엇이 아니라 다른 것을 의지해서 나는 무명이기 때문이다.

무명으로 인해 물든 삶의 행이 움직일 뿐 아니라 물든 삶의 움직임으로 무명이 있는 것이며, 무명으로 인해 나고 죽음이 있을 뿐 아니라 남[生]에 실로 남이 없는 곳에서 실로 남을 보고, 죽음[死]에 실로 죽음 없는 곳에서 죽음을 보는 망집의 뿌리를 무명이라 이름하였기 때문이다.

십이연기설에서 원인과 조건과 결과는 모두 서로 따라오는 것[相隨來]이다.

여래의 가르침에서 '이것이 있기 때문에 저것이 있다'는 것은 이것이 이것 아니므로 이것을 의지하여 저것이 있는 것이고, 이것을 의지해 저것이 있으므로 저것은 저것 아닌 저것인 것이다.

원인[因]과 조건[緣]이 모두 공한 원인과 조건이므로 원인과 조건을 통해 공한 결과가 있는 것이니, 이것과 저것을 실체적인 덩어리로 보아서는 안 된다.

많이 듣되 들음을 통해 지혜에 나아가는 거룩한 제자는 인연으로 있다 함을 듣고 곧 공함을 알고, 공하다는 가르침을 듣고 곧 공하므로 연기의 뜻이 있음을 알아, 있음에서 있음을 벗어나고 없음에서 없음을 벗어난다.

이렇게 듣고서 사유할 때 그가 바로 많이 들은 거룩한 제자이고 많이 듣고서 바르게 살펴 괴로움의 끝을 다하는 제자이다.

많이 들은 제자는 다섯 쌓임의 실상을
바르게 살펴 해탈하는 자이니

이와 같이 내가 들었다.

한때 붇다께서는 체디(Cedi) 국의 대나무동산 정사에 계셨다.

그때 세존께서 여러 비구들에게 말씀하셨다.

"많이 들은 거룩한 제자들은 어떤 곳에서 덧없음과 괴로움을 보는가?"

여러 비구들은 붇다께 말씀드렸다.

"세존께서는 법의 근본이요, 법의 눈이며, 법의 의지처이십니다. 말씀해주시길 바랍니다.

여러 비구들은 듣고 나서 그 말씀대로 받들어 행하겠습니다."

앎과 알려지는 것에서 덧없음을 바로 보아
집착 떠나 해탈하도록 가르치심

붇다께서는 비구들에게 말씀하셨다.

"자세히 듣고 잘 사유하라. 너희들을 위하여 말해주겠다. 많이 들은 거룩한 제자들은 물질에서 덧없음과 괴로움을 보고, 느낌 · 모습 취함 · 지어감 · 앎에서 덧없음과 괴로움을 본다.

비구들이여, 물질은 항상한가, 덧없는가?"

"덧없습니다, 세존이시여."

"비구들이여, 덧없는 것은 괴로운 것인가?"

"그것은 괴로운 것입니다, 세존이시여."

"비구들이여, 만약 덧없고 괴로운 것이라면 그것은 변하고 바뀌는 법이다.

많이 들은 거룩한 제자들이 과연 그런 것에 대해 '이것은 나다, 나와 다르다, 나와 나와 다름이 함께 있는 것이다'라고 보겠는가?"

"아닙니다, 세존이시여."

"느낌·모습 취함·지어감·앎 또한 그와 같다.

그러므로 비구들이여, 있는 모든 물질[色]은 과거든 미래든 현재든, 안이든 밖이든, 거칠든 가늘든, 곱든 밉든, 멀든 가깝든, 그 온갖 것은 모두 나[我]가 아니요, 나와 다름[異我]도 아니며, 나와 나와 다름이 함께 있음[相在]도 아니다.

느낌·모습 취함·지어감·앎에 있어서도 또한 그와 같다.

많이 들은 거룩한 제자들은 이렇게 살펴 물질을 집착하지 않고, 느낌·모습 취함·지어감·앎을 집착하지 않는다. 집착하지 않기 때문에 즐기지 않고, 즐기지 않기 때문에 해탈하며, 해탈하기 때문에 '나의 태어남은 이미 다하고 범행은 이미 서고, 지을 바를 이미 지어 다시는 뒤의 있음을 받지 않는다'라고 스스로 안다."

이때 여러 비구들은 붇다의 말씀을 듣고 기뻐하며 받들어 행하였다.

• 잡아함 82 죽원경(竹園經)

• 해설 •

다섯 쌓임[五蘊]의 가르침은 주체의 앎활동[受·想·行·識]과 알려지는 것[色]이 서로 의지해 있음을 보이는 교설이다.

앎활동은 알려지는 것을 통해 일어나는 것이고, 알려지는 것 또한 앎활동밖에 어떤 것이 아니다. 알려지는 것은 앎활동의 물질적 터전이자 앎활동으로 주어지는 어떤 것이다.

모든 법이 덧없고 괴롭다는 가르침은 무엇을 덧없고 괴로운 것으로 살피는 것인가. 지금 알려지는 것을 의지해 나는 앎활동이 찰나찰나 남이 없이 나므로 덧없는 것이다. 덧없으므로 취할 것이 없는데, 취함이 있으면 곧 얽매임이 되고 괴로움이 되는 것이다.

그러므로 가르침을 잘 들은 제자는 연기의 가르침을 듣고 주체의 앎활동과 알려지는 것에서 취할 실체를 떠나 온갖 얽매임을 바로 벗어나 해탈한다. 해탈하기 때문에 스스로 삶의 청정에 나아가고 지금 있음에 머물지 않고 가리지 않으므로, 늘 새로운 상황 새로운 있음에 막히거나 이미 있던 것의 사라짐에 좌절하지 않고 지어야 할 것을 지음 없이 지어간다.

이처럼 바른 들음은 끝내 실상에 복귀하고 해탈에 나아가니, 해탈에 나아가지 못한 들음은 '거룩한 제자의 많이 들음[多聞]'이라는 이름을 얻지 못한다.

제 2 부
교설의 기본 방향

이루 말할 수 없고 사유할 수 없는[不思議]
연기의 진리가, 다시 세간의 인연으로 중생의
언어와 문자로 가시화되는 것은 근본[本]과
자취[迹]로 다시 말해볼 수 있다.
자취란 사람이 장소를 의지해 서면 발자취가
있는 것과 같음이고, 근본이란 발자취를 남긴 사람과
같다. 붇다의 갖가지 언어적 가르침[言辭]이 자취라면
붇다의 말에서 말이 없고 사유에서 사유가 공한
지혜는 근본이다. 근본의 지혜는 생동하는
해탈의 지혜이므로 중생을 위해 언어적 가르침의
자취를 나타낸 것이니, 중생이 가르침의
자취를 통해 지혜에 돌아가면 중생 스스로
여래와 다름없는 법의 몸[法身]과
지혜의 생명[慧命]을 이룰 수 있는 것이다.

법의 말과 뜻의 말

교설(敎說)이 연기법의 진리를 나타내는[能詮] 언어형식이라면, 연기법의 진리는 교설로 보이는[所詮] 법 자체이다. 연기의 진리를 깨달아 쓰는 곳에 해탈의 삶이 있으므로 여래의 교설은 해탈의 뜻을 갖춘 뜻의 말[義說]이고 연기의 진리를 열어내는 법의 말[法說]이다.

여래의 '법의 말'은 존재가 연기이므로 공하여 실로 있음과 없음을 떠난 중도의 진리를 보이기 위해 때로 중생의 집착을 따라 '연기하여 있음'을 보이고 '연기이므로 있되 공함'을 보인다. 또 때로 공도 공하여 거짓 있음을 보이고, 때로 방편을 세우지 않고 '으뜸가는 진리의 뜻'[第一義]을 단박 보이기도 한다.

여래의 실상을 여는 법의 말은 니르바나에 이끄는 뜻의 말이니, 여래는 실상 자체인 한맛[一味]의 진리를 중생의 병통에 따라 갖가지 방편의 문을 열어, 온갖 삶들을 해탈의 땅 니르바나의 저 언덕에 이끈다.

여래는 중생이 온갖 견해와 관념으로 다투는 '견해가 흐린 세간'[見濁]에서 관념과 견해를 떠난 뜻의 말로 중생을 해탈에 이끄신다.

이처럼 여래의 법의 말, 뜻의 말은 중생 자신의 진실과 세계의 실상을 열어 보이지만, 가르치는 여래와 듣는 대중의 인연이 서로 어울리지 않으면 그 가림 없는 법의 말은 설해질 수 없다.

설사 단이슬의 법비[法雨]가 저 중생에게 쏟아 부어져도 듣는 중생이 귀 막고 등 돌리고 마음의 문을 열지 않으면 보디의 씨앗이 싹틀 수 있겠는가. 듣는 이의 믿음과 받아들임에 의해 여래의 뜻의 말,

법의 말이 보디의 씨앗을 틔우는 법의 비가 되는 것이다.

여래의 법은 누구에게나 열려 있지만 스스로 믿어 마음을 열고 정진하여 스스로를 조복하지 않으면 알아듣지 못하니, 『화엄경』(「여래출현품」)은 이렇게 말한다.

온갖 여래께서 지어 보이신 것은
세간의 비유로는 미칠 수 없지만
중생이 깨달아 알도록 하려고
비유할 수 없는 것을 비유하여
중생에게 드러내 보여주시네.

一切如來諸所作　世間譬諭無能及
爲令衆生得悟解　非諭爲諭而顯示

이와 같이 미묘하고 깊고 깊은 법
백천만 겁에도 듣기 어렵나니
정진하여 지혜로 조복한 자만
이 그윽하고 깊은 뜻 들을 수 있네.

如是微密甚深法　百千萬劫難可聞
精進智慧調伏者　乃得聞此祕奧義

제1장

진리실현의 언어적 가르침

"나는 이미 사람과 하늘의 모든 얽매임의 밧줄을 벗어났다.
너희들도 사람과 하늘의 밧줄을 벗어났다. 너희들은 사람 사이에
나아가 많은 사람들을 건네주고 많은 사람들을 이익되게 하여
사람과 하늘을 안락하게 해야 한다.
둘이 짝 지어 다니지 말고 한 사람 한 사람씩 홀로 가라.
나도 이제 우루빌라 마을로 가서 사람 사이에 노닐어 다니겠다."

니르바나의 실상에 이르는 한맛[一味]의 법을 중생의 마땅함에 따라 갖가지 방편을 열어 보이고, 인연 따라 가르침의 문을 열되 중생의 보편적 해탈을 지향하는 여래의 가르침은 실상(實相)과 방편(方便) 두 가지 뜻으로 다시 보일 수 있다.

본 아함전서의 편집으로 보면, 일미성(一味性) · 보편성(普遍性) · 무쟁성(無諍性)이 실상에 해당한다면, 인연성(因緣性) · 수의성(隨宜性)은 방편에 해당한다.

세간의 여러 강물이 바다에 들어가면 강의 차별된 이름이 사라지고 한맛의 바닷물이 되듯, 여래의 갖가지 다른 교설도 한맛인 삶의 진실을 열어 보이므로 한맛의 교설이 실상의 뜻이 된다.

또 여래의 가르침의 내용은 온갖 중생의 실상이라 가르침을 통해 온갖 중생을 해탈의 땅에 이끌므로 실상의 가르침은 치우침 없고[無偏] 가림이 없는[無遮] 가르침이 되는 것이다.

세간은 견해로 다투나 여래의 보디에는 견해의 다툼이 없으니 다툼 없음[無諍]이 실상의 뜻이 된다.

말로 설할 것 없는 곳에서 교화할 중생의 인연 따라 말 없는 말을 일으키고 중생의 병통에 따라 병에 맞는 법의 약을 쓰므로 인연성과 수의성이 방편의 뜻이 된다.

실상의 땅에 앉아 방편의 문을 열고, 방편의 문을 열어 실상에 돌아가는 교설의 뜻은 천태선사의 '연꽃의 세 가지 비유'[蓮華三喩]가 그 뜻을 가장 분명히 드러낸다.

천태선사의 『법화현의』(法華玄義) 가운데 경의 제목을 풀이하면서 연꽃의 비유가 등장한다.

연꽃은 꽃이 있으면 반드시 열매가 있어서 꽃과 열매가 때를 같이 하고[華果同時], 여래가 열어 보이는 묘한 진리[妙法]는 방편과 실상이 한몸이다[權實一體]. 그러므로 연꽃이 꽃과 열매를 같이하는 것으로써 방편과 실상의 법이 하나됨을 비유한 것이다.

연은 꽃이 있으면 반드시 열매가 있어서 연꽃은 연실이 되기 위한 꽃[爲蓮故華]이니, 이는 두 가지를 비유한다.

첫째, 실상을 열기 위해 방편 베풀어냄[爲實施權]을 비유하니, 일승(一乘)의 실상은 연실이고 삼승(三乘)의 방편은 꽃이다.

둘째, 진리의 바탕에서 교화의 자취 보임[從本垂迹]을 비유하니, 본래 니르바나되어 있는 실상에 앉아 방편의 자취를 나툼이다.

연꽃은 꽃이 피면서 연실이 드러나니[花開蓮現], 이는 두 가지를 비유한다.

첫째, 방편을 열어서 실상 드러냄[開權顯實]을 비유함이니, 방편의 문을 열어서 일승의 실상을 드러냄이다.

둘째, 자취를 열어서 진리의 바탕 나타냄[開迹顯本]을 비유함이니, 지금 교화의 자취를 열어서 옴이 없고 감이 없는 진리의 바탕을 드러냄이다.

연꽃은 꽃이 지면서 연실이 드러나니[花落蓮成], 이는 두 가지를 비유한다.

첫째, 방편을 없애고 실상 세움[廢權立實]을 비유하니, 실상을 열기 위한 방편의 자취를 잊어야 실상이 온전히 드러남이다.

둘째, 교화의 자취를 없애 진리의 근본 세움[廢迹立本]을 비유하니, 지금 교화의 자취가 공함으로 자취를 없애, 온전히 자취가 바로 진리의 근본임을 드러내주고 세워줌이다.

『화엄경』(「여래현상품」)은 큰 보디사트바와 붇다의 갖가지 방편의 설법이 다 바이로차나(Vairocana) 진리바다에서 일어나 고통 속 중생을 다시 진리바다에 돌아가게 함을 밝혀, 방편과 실상의 뜻을 다시 보인다.

밝은 빛 가운데서 묘한 음성 내사
시방 온갖 국토에 널리 두루하네.
배우는 이의 모든 공덕 연설해주니
보디의 묘한 도에 들어가도다.

諸光明中出妙音　普遍十方一切國
演說佛子諸功德　能入菩提之妙道

길고 먼 겁의 바다 닦아 행하여
싫증냄이 전혀 없고 지침이 없이
고통받는 중생이 해탈케 하되
마음에 낮춰봄과 지침 없으니
배우는 이들 이 방편에 잘 들어가네.

劫海修行無厭倦　令苦衆生得解脫
心無下劣及勞疲　佛子善入斯方便

겁의 바다 다하도록 방편을 닦아
한량없고 끝없으며 남음이 없이
온갖 법문 들어가지 않음이 없이
중생 성품 적멸함을 말해주도다.

盡諸劫海修方便　無量無邊無有餘

一切法門無不入　而恒說彼性寂滅

「입법계품」(入法界品) 또한 여래의 설법이 지혜인 법계의 처소에서 한량없는 방편과 교화행을 일으켜 중생을 다시 보디의 땅에 이끄는 행임을 다음과 같이 찬탄한다.

여래의 한 털구멍에서
다함없는 변화를 내면
법계에 두루 가득하여서
중생의 괴로움 없애주시네.

如來一毛孔　出生無盡化

充遍於法界　除滅眾生苦

붇다께선 한 묘한 음성 연설해
중생 무리 따라서 다 알게 하시고
널리 넓고 큰 법을 비처럼 내려
보디의 마음 내도록 하네.

佛演一妙音　隨類皆令解

普雨廣大法　使發菩提意

1 이루 말할 수 없는 법을 인연으로 설함[因緣性]

연기의 진리는 붇다가 세간에 오시든 오시지 않든 법계에 늘 머물러 있는 세계와 중생의 실상 자체이다.

그러나 우리가 보고 듣는 여래의 가르침은 붇다가 세간 중생을 위해 세간 언어로 설한 중생을 위한 가르침이다. 그 가르침은 붇다가 세간에 출현하여 갖가지 실천의 인행(因行)으로 진리를 깨달아, 중생을 건질 적극적인 의지를 일으켜 중생이 알아듣는 언어로 알맞은 때와 곳을 따라 믿음을 지닌 중생을 위해 설해진 것이다.

여래가 설한 가르침에 대해 중생은 다시 그 가르침을 받아 듣고 스스로 사유하여 해탈의 길에 나아간다.

이루 말할 수 없고 사유할 수 없는[不思議] 연기의 진리가, 다시 세간의 인연으로 중생의 언어와 문자로 가시화되는 것은 근본[本]과 자취[迹]로 다시 말해볼 수 있다.

자취란 사람이 장소를 의지해 서면 발자취가 있는 것과 같음이고, 근본이란 발자취를 남긴 사람과 같다. 붇다의 갖가지 언어적 가르침[言辭]이 자취라면 붇다의 말에서 말이 없고 사유에서 사유가 공한 지혜는 근본이다.

근본의 지혜는 생동하는 해탈의 지혜이므로 중생을 위해 언어적 가르침의 자취를 나타낸 것이니, 중생이 가르침의 자취를 통해 지혜에 돌아가면 중생 스스로 여래와 다름없는 법의 몸[法身]과 지혜의 생명[慧命]을 이룰 수 있는 것이다.

『중론』(中論)의 표현대로 하면 언어적 가르침을 포함하여 인연으로 일어나는 세간의 온갖 법은 '세속의 진리'[俗諦, 事]이고, 속제의 있되 공한 모습은 '빼어난 뜻의 진리' 곧 승의제(勝義諦, 理)이다.

'세속의 진리'와 '빼어난 뜻의 진리'로 보면 빼어난 뜻의 진리가 근본이 되고 세속의 진리가 자취가 된다. 그러나 속제의 있되 있음 아님이 승의제라면 속제는 승의제를 따라 있음이니, 인연이 공한 근본과 인연이 없지 않은 자취는 서로 다르지 않다[本迹不異].

'으뜸가는 뜻의 진리, 곧 진제(眞諦)는 말·사유·모습이 일어나는 속제를 떠난 것이 아니라, 사유에서 사유를 떠나고 언어에서 언어를 떠나고 모습에서 모습을 떠난 속제의 공한 진실이다. 그러므로 비록 말하되 말함과 말할 것이 없고, 비록 사유하되 생각함과 생각할 것이 없는 말과 사유의 진실을 근본[本]이라 하고 진리[理]라 한다.

이처럼 진제는 속제인 진리이니 세간의 모습이 아니되 모습 떠나지 않고 말이 아니되 말을 떠나지 않는다. 그러므로 이루 말할 수 없고 사유할 수 없는 진리를 중생의 근기와 인연을 따라 말로 말하고 문자로 표현하는 것이니, 이것이 자취[迹]이고 가르침[教]이다.

인연으로 설한 가르침을 따라 진리에 들어가지만, 가르침을 말하고 들음에서 말함과 들음의 자취가 공한 것이니, 인연으로 말하고 듣되 실로 말함과 들음이 없는 줄 알면, 지금 말하고 들음이 바로 근본의 진리인 것이다. 그러나 말의 자취를 집착해 관념의 틀에 갇히면 여래의 뜻에 나아갈 수 없으니, 『화엄경』(「수미정상게찬품」須彌頂上偈讚品)은 이렇게 가르친다.

언어로 설한바 갖가지 법을
작은 지혜는 허망하게 분별하네.
그러므로 막힘과 걸림을 내어서
자기 마음의 진실 알지 못하네.

言辭所說法　小智妄分別
是故生障礙　不了於自心

세간 모든 언어의 법을
중생은 허망하게 분별하나
세간이 다 남이 없음을 보아야
이것이 세간을 보는 것이네.

世間言語法　衆生妄分別
知世皆無生　乃是見世間

한량없는 저 중생을 다 거두어 꿸 수 없나니

이와 같이 내가 들었다.

한때 붇다께서는 슈라바스티 국 제타 숲 '외로운 이 돕는 장자의 동산'에 계시면서 여러 비구들에게 말씀하셨다.

"비유하면 큰 땅의 풀과 나무를 가지고 창을 만들어 큰 바닷속을 꿰뚫는 것과 같으니, 바닷속 온갖 물벌레를 다 꿸 수 있겠느냐."

비구들은 붇다께 말씀드렸다.

"그럴 수 없습니다, 세존이시여. 왜냐하면 큰 바다의 온갖 벌레들은 갖가지 종류이어서 어떤 것은 작아서 꿸 수가 없고, 어떤 것은 아주 커서 꿸 수가 없습니다."

붇다께서는 비구들에게 말씀하셨다.

"이와 같고 이와 같아서 중생 세계도 셀 수가 없고 한량이 없다. 그러므로 비구들이여, 네 가지 진리[四諦]에 대하여 아직 '사이 없는 평등한 살핌'[無間等]이 없으면 방편에 부지런히 힘써서, 더욱 하고자 하는 뜻을 일으켜 '사이 없는 평등함'을 배워야 한다."

붇다께서 이 경을 말씀하시자, 여러 비구들은 붇다의 말씀을 듣고 기뻐하며 받들어 행하였다.

• 잡아함 438 중생계경(衆生界經)

여래라고 어찌 온갖 중생을 다 만나고 온갖 중생에게 다 법을 설할 수 있겠는가. 그러나 인연으로 만난 한 중생의 모습이 중생 아닌 줄 가르치면, 온갖 중생이 중생 아닌 중생인 줄 가르치심이다.

지금 인연으로 봄에 실로 봄이 없는 줄 알면 온갖 것을 보지 않음이 없으니, 사제의 진리법을 듣고 사이 없는 평등한 지혜의 등불을 밝히면 온갖 법의 진실을 밝히게 되리라.

여래의 자비의 법비는 치우침 없고 가림 없이 세간을 적셔준다. 그러나 받아듣고 받아 행하는 인연이 없으면 붇다를 따라 해탈의 바다에 나아갈 수 없으니, 『화엄경』(「수미정상게찬품」)은 이렇게 말한다.

비유하면 어두움 가운데 보배가
등이 없으면 볼 수 없듯이
붇다의 법도 말해주는 사람 없으면
비록 지혜로워도 깨칠 수 없네.

譬如闇中寶　無燈不可見
佛法無人說　雖慧莫能了

만약 어떤 사람이 큰 스승 붇다와
붇다가 설하신 법 깨쳐 안다면
저 노사나 공덕의 붇다와 같이
세간의 어두움 비출 수 있으리라.

若人了知佛　及佛所說法
如佛盧舍那　則能照世間

내가 설하지 않은 법은 저 숲의 나무와 같고
내가 설한 법은 손안의 나뭇잎과 같으니

이와 같이 내가 들었다.

한때 붇다께서는 마가다 국에 계시면서 세간에 노니셨다.

라자그리하 성과 파탈리푸트라(Pāṭaliputra) 가운데 있는 대숲마을에 대왕은 복덕사(福德舍)를 지었다. 그때 세존께서는 여러 대중들과 함께 그 안에서 쉬셨다.

때에 세존께서는 여러 비구들에게 말씀하셨다.

"너희들은 함께 심사파(Siṃsapā) 동산으로 가자."

그때에 세존께서는 여러 대중들과 함께 심사파 동산으로 가시어 나무 밑에 앉으셨다. 그때에 세존께서는 손에 나뭇잎을 쥐시고 여러 비구들에게 말씀하셨다.

"이 손안의 나뭇잎이 많은가. 저 큰 숲의 나뭇잎이 많은가."

비구들은 붇다께 여쭈었다.

"세존이시여, 손안의 나뭇잎은 매우 적으며, 저 숲속의 나뭇잎은 한량이 없어 백천억만 곱이나 되며 나아가 수(數)를 셈이나 비유로 견줄 수 없습니다."

나뭇잎의 비유로 여래가 설한 법과 설하지 않은 법을 분별하심

"그와 같이 여러 비구들이여, 내가 '바른 깨달음'[等正覺]을 이루고 스스로 본 법을 남을 위해 말한 것은 이 손안의 나뭇잎과 같다.

무슨 까닭인가. 그 법은 뜻으로 이익됨이고, 법으로 이익됨이며, 범행으로 이익됨이고, 밝은 지혜와 바른 깨달음으로 니르바나로 향하기 때문이다.

저 큰 숲의 나뭇잎과 같이, 내가 바른 깨달음을 이루고 스스로 바른 법을 알면서 말하지 않은 것 또한 저와 같다.

무슨 까닭인가. 그 법은 뜻으로 이익됨이 아니고 법으로 이익됨이 아니며, 범행으로 이익됨이 아니고 밝은 지혜와 바른 깨달음으로 바로 니르바나로 향하지 않기 때문이다.

그러므로 여러 비구들이여, 네 가지 진리에 대하여 아직 '사이 없는 평등한 살핌'[無間等]을 이루지 못했으면 반드시 방편에 부지런히 힘써서 더욱 하고자 하는 뜻을 일으켜 '사이가 없는 평등한 지혜'[無間等]를 배워야 한다."

붇다께서 이 경을 말씀하시자, 여러 비구들은 붇다의 말씀을 듣고 기뻐하며 받들어 행하였다.

• 잡아함 404 신서림경(申恕林經)

• 해설 •

중생의 마음이 한량없으므로 그 짓는 행위[業]가 한량없고, 짓는 행위가 한량없으므로 중생 세계가 한량없다.

연기하여 있는 모습으로 살피면 한량없는 중생은 그 수로 셀 수 없고 그 무엇으로 꿰어 거둘 수 없다. 그러므로 모습 있는 낱낱 중생을 따라 법을 설해 거두어준다 해도 그 중생을 모두 건져 다할 수 없다. 오직 저 중생의 모습 있음이 모습 아닌 줄 알면 중생은 바로 여래의 자비의 마음밖에 따로 있는 중생이 아니다.

모습 취함 없는 마음으로 인연 따라 한 중생에게 모습에서 모습 떠나 괴로움의 바다를 건너 해탈의 저 언덕에 이르게 하면, 한 중생에게 설해줌이 온갖 중생세계 중생이 곧 여래장인 중생임을 모두 일깨워줌이 된다.

인연을 따라 저 중생에게 법을 설해 니르바나에 들어가게 해도 실로 한 중생도 니르바나 얻음이 없는 줄 알면 곧 온갖 중생을 니르바나의 땅에 이미 세워줌이니, 이것이 곧 '사이 없는 평등한 지혜'[無間等]이다.

모습 있음으로 보면 한량없고 다함없는 중생과 세계의 모습을 어찌 다 말로 할 수 있겠는가. 그리고 여래가 아무리 걷고 걸어 많은 대중을 만났다 해도 어찌 인연을 따라 만난 중생을 한량없는 중생의 수와 세간의 다함없는 세계에 견줄 수 있겠는가. 오직 여래가 중생에게 인연을 좇아 말함에 실로 말함이 없고 세계를 봄에 실로 봄이 없는 줄 알 때, 여래는 지금 말함이 없고 봄이 없되 보지 않음도 없고 말하지 않음도 없이 온갖 법을 모두 보고 온갖 중생에게 말하는 뜻을 알게 될 것이다.

그리고 지금 인연을 따라 중생을 만남에 실로 만남이 없는 줄 알 때 지금 만나는 중생을 떠남이 없이 온갖 중생과 함께 만나는 뜻을 알게 될 것이다.

지금 사람과 중생을 만나되 실로 만남이 없는 진여의 바다[眞如海], 말에 말 없는 언어의 곳간, 쓰되 다함없는 존재의 곳간[法界藏]에서 보면 지금 여래가 말씀하고 가르쳐 보인 것은 손안의 나뭇잎과 같고, 말하지 않은 것은 심사파 숲의 나뭇잎보다 많다.

그러나 지금 여래가 말함에 말함이 없고 가르쳐 보임에 실로 보임이 없는 줄 알면, 지금 보고 듣는 것이 다함없는 존재의 곳간을 떠나지 않는다. 여래는 지금 봄[見]에서 봄을 떠나고 앎[知]에서 앎을 떠나[無知] 보고 들음에 갇힌 중생이 니르바나의 길에 나아가도록 가르칠 뿐, 여래께서 신통으로 보고 들은 어떤 것, 경험된 어떤 것을 가르쳐 보이지 않는다.

그러므로 지금 여래의 가르침을 듣는 자가 여래의 말씀과 가르쳐 보임에 실로 말함과 보임이 없는 줄 알면, 그 사람은 여래를 따라 뜻과 법으로 이익되는 해탈의 길에 나아갈 것이다.

여래가 인연으로 만난 사람에게 인연으로 설하는 가르침을 통해 지금 보고 듣는 것에 실로 볼 것이 없고 들을 것이 없음을 아는 자는, 봄에서 봄을 떠나[於見離見] 봄이 없되 보지 않음도 없이 온갖 법의 진실을 남음 없이 보게 될 것이다.

또한 더불어 살고 함께 대화하는 삶들과의 관계를 통해 한량없는 중생에게 다함없는 사랑의 마음 자비의 사마디[慈悲三昧]를 행하게 될 것이다.

지금 인연으로 설하는 여래의 가르침을 듣는 자가 가르침의 말에 실로 설함이 없고 가르침의 문자가 있되 공함을 알면, 언어나 문자로 보이는 인연의 설법을 통해 진여의 바다에 들어갈 수 있다.

『화엄경』(「여래출현품」)은 다음과 같이 보인다.

문자는 안과 밖을 좇아 나옴 아니고
또한 잃음과 무너짐도 아니며
어떤 것이 실로 쌓여 모임이 없으나
중생 위해 법바퀴를 굴려주시니
이와 같이 자재하심 빼어나시네.

文字不從內外出 亦不失壞無積聚
而爲衆生轉法輪 如是自在甚奇特

여래 설법의 뿌리는 법계의 진실처라 지금 인연 따라 설하는 가르침에서 들음 없이 그 법을 받아 듣는 이가 법계에 가득한 여래의 법의 비[法雨]를 볼 수 있을 것이니, 여래의 손안의 나뭇잎에 갇히지 않을 때 숲의 끝없는 나뭇잎을 보는 것과 같다.

법을 설하고 들음의 인연을 떠나서도, 인연에 갇혀서도 진여의 법바다에 들 수 없음을 「여래출현품」은 이렇게 말한다.

마음의 경계가 헤아릴 수 없듯이
모든 붇다의 경계 또한 그러하네.

마음의 경계가 뜻을 좇아 나듯이
붇다의 경계도 이와 같음을
반드시 잘 살펴보아야 한다.

如心境界無有量　諸佛境界亦復然
如心境界從意生　佛境如是應觀察

비유하면 허공 가운데 큰비 퍼붓지만
좇아온 곳이 없고 가는 곳도 없으며
짓는 자도 없고 받는 자도 모두 없지만
저절로 이와 같이 널리 적셔줌 같네.

譬如空中澍大雨　無所從來無所去
作者受者悉亦無　自然如是普充洽

열 가지 힘 갖춘 분 법의 비도 이 같아
감도 없고 옴도 없으며 짓는 자 없되
본래 행함이 씨앗된 보디사트바의 힘으로
이 세간의 온갖 큰 마음 갖춘 이가
여래의 가르침을 모두 받아 듣도다.

十力法雨亦如是　無去無來無造作
本行爲因菩薩力　一切大心咸聽受

2 한맛인 진리의 언어[一味性]

• 이끄는 글 •

여래는 중생의 집착 따라 이런 말씀 저런 말씀을 일으키지만, 그 말은 곧 연기의 실상을 열어주고 집착을 깨뜨려 해탈의 법맛[法味]을 안겨준다. 그러므로 그 말은 처음도 좋고 가운데도 좋고 끝도 좋은 한맛의 법이다.

그 가르침에 담긴 법맛은 중생 고통의 몸을 돌이켜 진리의 몸[法身]을 이루고, 번뇌의 몸을 돌이켜 반야(般若)에 나아가고, 번뇌의 업에 묶인 몸을 해탈의 몸[解脫]을 이루게 하므로, 순일하고 원만하며 범행이 맑고 깨끗한 것이다. 이런 뜻을 『법화경』(「방편품」)은 '여래가 비록 갖가지 길을 보이지만 그것이 실로는 붓다의 진리의 수레를 보이기 위함이다'[雖示種種道 其實爲佛乘也]라고 말한다.

『법화경』에서 중생 따라 갖가지로 열어 보이는 방편의 문은 삼승의 가르침[三乘敎]으로 표현되고, 삼승의 방편으로 이끌어들이는 실상의 세계는 '하나인 붓다의 수레'[一佛乘]라 표현된다.

비록 말씀에 삼승의 방편이 세워져도 그 방편의 문은 끝내 일승(一乘)의 길에 나아감이라 여래의 말씀에 두 길이 없고 다름이 없으니,

경은 이렇게 보인다.

사리푸트라여 반드시 알아야 한다.
모든 붇다의 말씀에 다름없으니
붇다께서 말씀한 가르침의 법에
반드시 큰 믿음의 힘 내야 한다.

舍利佛當知　諸佛語無異
於佛所說法　當生大信力

시방 붇다의 국토 가운데는
오직 일승의 법만 있는 것이고
둘도 없고 또한 셋이 없지만
붇다의 방편의 말씀만은 내놓네.

十方佛土中　唯有一乘法
無二亦無三　除佛方便說

여래의 갖가지 설법이 하나인 연기의 실상[一實相]을 열어 보이기
위한 여러 가지 법의 말[法說]이므로, 시방 국토 가운데는 오직 일승
의 법만이 있어서 모든 붇다의 말씀에 다름없는 것이다. 그 가운데
여래의 온갖 방편 세움은 하나인 해탈[一解脫]에 이끌기 위한 뜻의
말[義說]을 일으킨 것이다.

곧 여래의 법의 말 뜻의 말인 이승(二乘)·삼승(三乘)의 법은, 일
승의 진리 하나인 해탈의 땅에 이끌기 위한 방편 때문에 세워진 것이
다. 방편의 배를 타고 실상의 땅에 이르므로 방편의 언교를 의지하되

방편의 말씀에 집착할 것이 없다.

그러나 방편의 배를 타고 이르를 하나인 실상에도 머물 모습이 없고 하나인 해탈에도 머물 니르바나의 고요함이 없는 것이니, 이와 같이 실상의 뜻을 아는 이가 여래의 갖가지 법의 말 뜻의 말을 참으로 안다고 할 것이다.

여래의 온갖 차별된 방편의 가르침이 오직 하나인 해탈의 문에 돌아감을, 『화엄경』(「여래출현품」)은 허공의 비로 이렇게 비유한다.

비유하면 허공 가운데 비가 한맛이나
내리는 곳 따라 각기 같지 않지만
어찌 저 비의 성질에 분별 있겠는가.
그렇듯이 여래께서 법을 설함에
중생 따라 달라지는 법도 이와 같도다.

譬如空中雨一味　隨其所雨各不同
豈彼雨性有分別　然隨物異法如是

여래의 법의 비는 같고 다름 아니라
평등하고 고요하여 분별 떠났네.
교화할 바 중생의 갖가지 다름 따라
저절로 이와 같이 끝없는 모습 있네.

如來法雨非一異　平等寂靜離分別
然隨所化種種殊　自然如是無邊相

처음도 좋고 가운데도 좋고 끝도 좋으며
좋은 뜻과 좋은 말을 갖춘 법을 설하리니

이와 같이 내가 들었다.

한때 붇다께서는 쿠루 국의 '소 치는 마을'에 계셨다.

그때 세존께서 여러 비구들에게 말씀하셨다.

"나는 이제 너희들을 위해 법을 말해주겠다. 이 법은 처음 말도 좋고 가운데 말도 좋으며 뒤의 말 또한 다 좋다. 또 좋은 뜻과 좋은 맛이 순일하고 원만하며, 깨끗하고 맑은 범행이니, 이것을 '네 가지 단계 법을 보인 경'[四品法經]이라고 한다.

자세히 듣고 잘 생각하라. 너희들을 위해 말해주겠다.

어떤 것을 네 가지 단계 법을 보인 경이라고 하는가?

눈이 빛깔을 알면서 사랑할 만하고 생각에 맞으며 즐거워할 만하고 집착할 만하면, 어떤 비구는 보고서 기뻐하고 찬탄하며 좋아하고 집착하여 굳게 머무른다.

눈이 빛깔을 알면서 사랑할 만하지 않고 생각에 맞지 않으며, 즐거워하고 집착할 만하지 않고 괴로워서 싫어할 것이면, 어떤 비구는 보고서 성내고 꺼려한다.

이와 같은 비구는 마라(māra, 魔)에 자재하지 못하고, 나아가 마라의 얽매임에서 벗어나지 못한다.

귀·코·혀·몸·뜻에 있어서도 또한 이와 같다.

눈이 빛깔을 알면서 사랑할 만하고 생각에 맞으며 즐거워할 만하고 집착할 만하더라도, 어떤 비구는 보고서 기뻐할 줄 알면서도 찬탄하지 않고 굳게 좋아하여 집착하지 않는다.

눈이 빛깔을 알면서 사랑해 생각할 만하지 않고 즐거워하고 집착할 만하지 않아도, 어떤 비구는 보고서는 성내거나 싫어하지 않는다.

이와 같이 하는 비구는 마라를 따르지 않고, 나아가 마라의 얽매임에서 벗어난다.

귀·코·혀·몸·뜻에 있어서도 또한 이와 같다.

이것을 비구의 네 가지 단계 법을 말하는 경이라고 한다."

• 잡아함 245 사품법경(四品法經)

• 해설 •

세계관과 실천관은 하나이다. 만약 절대신성이 온갖 존재의 뿌리라면 절대신성과의 합일이나 절대신성에의 복귀가 곧 해탈이 될 것이다. 육체는 죽어도 죽지 않는 영혼이 있어 영겁으로 윤회의 주체가 된다면 죽지 않는 영혼을 드러내는 것이 해탈이 된다.

연기법에서 해탈은 존재의 연기적 진실을 깨닫는 데 있다. 처음 말과 가운데 말과 뒤의 말이 모두 연기법을 밝혀 해탈의 땅에 이끌므로 앞의 말과 뒤의 말이 모두 한맛이고, 모든 말씀이 해탈의 법맛이 되므로 처음과 가운데와 끝이 모두 좋으며 처음과 끝이 원만한 것이다.

연기법에서 아는 주체는, 저 세계를 의지해서 세계를 아는 자로 늘 일어나는 것이며, 세계는 아는 주체밖에 실로 있는 세계가 아니라 주체에 의해 알려지는 세계 아닌 세계이다.

아는 자도 공하고 알려지는 것도 공하며 아는 자와 알려지는 것이 어울리는 앎활동도 공하니, 눈이 빛깔을 보되 봄이 없어 집착하지 않으면, 마라에서 자재하고 마라에서 벗어나 해탈한다.

눈이 빛깔에 걸리고, 귀가 소리에 걸리며, 나아가 뜻이 법에 걸리면 곧 마라의 얽매임이 일어나지만, 저 빛깔에 실로 볼 것이 없고 나아가 법에 실로 알 것이 없어서 마음이 마음에 머물지 않고 법이 법에 머물지 않으면, 마라의 길이 해탈의 길이 되고, 보고 듣고 아는 경험의 장이 해탈의 법계가 된다.

여래의 천 경(千經)과 여러 보디사트바의 만 가지 아비다르마[萬論], 여러 조사들[諸祖]의 백천(百千)의 공안(公案)이 한맛인 이 법을 밝혀 중생을 해탈의 땅에 세워주기 위함이니, 이 한맛을 떠나면 여래의 법이 아니고 진실의 가르침이 아니다.

『화엄경』(「입법계품」)은 말한다.

> 위없는 스승 여래께서
> 여러 중생 깨닫게 하심은
> 한량없어 사의할 수 없으나
> 지혜의 문에 들도록 하여
> 보디의 언약을 주시네.
>
> 曉悟諸衆生　無量不思議
> 令入智慧門　授以菩提記

좋은 뜻과 좋은 맛으로 순일하고 원만하며
맑고 깨끗한 법을 설하나니

이와 같이 내가 들었다.

한때 붇다께서는 쿠루 국의 '소 치는 마을'에 계셨다.

그때 세존께서 여러 비구들에게 말씀하셨다.

"내가 이제 너희들을 위하여 법을 말해주겠다.

이 법은 처음과 가운데와 뒤가 모두 좋으며, 좋은 뜻과 좋은 맛으로서 순일하고 원만하여 범행이 맑고 깨끗한 것이다. 자세히 듣고 잘 생각하도록 하라. 이것은 '원인이 있고 조건이 있고 얽맴이 있음을 말한 경'이라 한다.

무엇을 '원인이 있고 조건이 있고 얽맴이 있음을 말한 경'이라 하는가?

눈에는 원인[因]이 있고 조건[緣]이 있으며 얽맴[縛]이 있다는 것이다. 어떤 것을 눈의 원인 · 조건 · 얽맴이라고 하는가? 곧 눈은 업(業)이 그 원인이고 업이 조건이며 업이 얽맴인 것이다.

업에도 원인이 있고 조건이 있으며 얽맴이 있다. 어떤 것을 업의 원인 · 조건 · 얽맴이라고 하는가? 곧 업에는 애착[愛]이 그 원인이고 애착이 조건이며 애착이 얽맴이다.

애착에도 원인이 있고 조건이 있으며 얽맴이 있다. 어떤 것을 애착의 원인 · 조건 · 얽맴이라고 하는가? 곧 애착에는 무명이 그 원인이고 무명이 조건이며 무명이 얽맴이다."

애착의 원인이 되는 무명 또한 원인과 조건이 있음을 보이심

"무명에도 원인이 있고 조건이 있으며 얽맴이 있다. 어떤 것을 무명의 원인·조건·얽맴이라고 하는가?

곧 무명에는 바르지 않은 사유[不正思惟]가 원인이고 바르지 않은 사유가 조건이며 바르지 않은 사유가 얽맴이다.

바르지 않은 사유에도 원인이 있고 조건이 있으며 얽맴이 있다. 어떤 것을 바르지 않은 사유의 원인·조건·얽맴이라고 하는가?

곧 눈과 빛깔을 말미암아 바르지 않은 사유가 생기고 어리석음이 생기나니, 눈과 빛깔을 말미암아 바르지 않은 사유를 일으키고 어리석음을 일으키면 그 어리석음이 곧 무명이다.

어리석음으로 구하고 욕심내는 것을 애착이라 하며, 애착이 짓는 것을 업이라고 한다.

이와 같이 비구들이여, 바르지 않은 사유의 원인으로 무명과 애착이 되니, 무명의 원인으로 애착이 되고, 애착의 원인으로 업이 되며, 업의 원인으로 눈이 된다.

귀·코·혀·몸·뜻 또한 이와 같이 말하니, 이것을 '원인이 있고 조건이 있고 얽맴이 있음을 말한 경'이라 한다."

붇다께서 이 경을 말씀하시자, 여러 비구들은 붇다의 말씀을 듣고 기뻐하며 받들어 행하였다.

• 잡아함 334 유인유연유박법경(有因有緣有縛法經)

• 해설 •

연기법에서 온갖 법은 스스로 있는 온갖 법이 아니고 원인과 조건이 어울려 결과로 있게 되는 온갖 법이니, 원인도 공하고 조건도 공하고 결과도 공하다.

눈[眼]은 눈인 눈이 아니라 행위를 일으키는 눈이자 행위로 주어지는 눈이니, 행위가 눈을 눈이게 하고 눈을 얽매이게 하는 것이다.

그 뜻을 경은 눈은 업(業)이 그 원인이고 업이 조건이며 업이 얽맴이 된다고 가르치니, 눈으로 표시된 자아[我]가 업을 일으키지만 자아는 다시 업이 일으키고 업이 물들이는 자아이다.

눈을 눈이게 하는 업 또한 스스로 자아 안에 있는 것이 아니라, 주체가 공하고 객체가 공하므로 주체와 객체가 어울려 업이 나는 것이니, 주체의 대상을 향한 애착으로 인해 업은 물든 업으로 발동하고 업이 주체와 객체를 물들인다.

업 또한 주체의 대상을 향한 왜곡된 욕구, 곧 애착이 업을 발동시키고, 애착은 다시 무명이 그 원인이 되고 조건이 되고 얽맴이 있다.

그러나 저 무명을 업과 애욕을 일으키는 제1원인이라 말해서는 안 되니, 무명이 업을 일으키고 업이 고통에 얽매인 주체의 삶을 일으키지만, 주체의 닫히고 고통스런 삶이 다시 무명을 일으키는 것이다.

중생의 고제(苦諦)의 삶은 무명이 뿌리이지만 고제의 결과가 무명의 원인을 떠나지 않아[果不離因] 고통의 삶이 무명을 다시 연기하는 것이다. 곧 무명은 눈[眼]이 빛깔[色]을 보고 뜻[意]이 법(法)을 아는 인식활동이 물들어 다시 무명을 늘리어 키우는 것[增長無明]이니, 저 무명에도 뿌리가 없다[無明不覺無自性].

이처럼 여래께서 설한 모든 법이 다 연기인 줄 알면, 무명의 한복판에 해탈의 법맛[解脫法味]이 갖추어져 있어 여래의 법은 처음과 끝이 모두 하나인 좋은 맛 좋은 뜻이 되는 것이다.

기이하십니다, 스승과 제자가
뜻과 뜻이 같고 맛과 맛이 같은 법 설하시니

이와 같이 내가 들었다.

한때 붇다께서는 라자그리하 성 칼란다카 대나무동산에 계셨다.

그때 집을 나온 어떤 브릿지족 수행자가 붇다 계신 곳에 찾아와 두 손을 맞잡고 문안 인사를 드렸다. 문안 인사를 다 드리고 나서 한쪽에 물러나 앉아서 붇다께 여쭈었다.

"고타마시여, 여쭐 말씀이 있는데 한가하시면 말씀해주시겠습니까?"

붇다께서 집을 나온 브릿지족 수행자에게 말씀하셨다.

"묻고 싶은 대로 물어보아라. 너를 위해 말해주겠다."

집을 나온 브릿지족 수행자가 붇다께 여쭈었다.

"고타마시여, 무슨 원인으로 어떤 사람이 와서 '여래는 뒤의 죽음이 있습니까, 뒤의 죽음이 없습니까, 뒤의 죽음이 있기도 하고 없기도 합니까, 뒤의 죽음이 있지도 않고 없지도 않습니까?'라고 물어도 대답해주시지 않으십니까?"

연기의 진실 아닌 법에 답하지 않는 뜻을 보이심

붇다께서 집을 나온 브릿지족 수행자에게 말씀하셨다.

"브릿지여, 다른 사문이나 브라마니들은 물질과 물질의 일어남, 물질의 사라짐, 물질의 맛들임과 근심, 물질에서 벗어남을 참다이 알지 못한다.

그러므로 여래는 뒤의 죽음이 있다고 하면 곧 거기에 집착하고, 여래는 뒤의 죽음이 없다, 뒤의 죽음이 있기도 하고 없기도 하다, 뒤의 죽음이 있지도 않고 없지도 않다고 하면 거기에 집착한다.

그러나 세존은 물질과 물질의 일어남, 물질의 사라짐, 물질의 맛들임과 근심, 물질에서 벗어남을 진실 그대로 아신다.

진실 그대로 아시므로 여래는 뒤의 죽음이 있다고 해도 집착하지 않으시고, 뒤의 죽음이 없다, 뒤의 죽음이 있기도 없기도 하다, 뒤의 죽음이 있지도 없지도 않다고 해도 집착하지 않으신다.

또 느낌·모습 취함·지어감·앎에 대해서도 진실 그대로 알아 앎 등의 일어남과 사라짐, 앎 등의 맛들임과 근심, 앎 등에서 벗어남을 진실 그대로 아신다.

진실 그대로 아시므로 여래는 뒤의 죽음이 있다고 해도 그렇지 않다 하고, 여래는 뒤의 죽음이 없다, 있기도 하고 없기도 하다, 있지도 않고 없지도 않다고 해도 그렇지 않다 한다.

그것들은 깊고 깊으며 넓고 커서 헤아릴 수 없고 셈할 수 없어 모두 고요한 것이다.

브릿지여, 이와 같은 인연 때문에 여래는 누가 와서 '여래는 뒤의 죽음이 있는가, 뒤의 죽음이 없는가, 뒤의 죽음이 있기도 하고 없기도 한가, 뒤의 죽음이 있지도 않고 없지도 않은가'라고 물으면 그렇다고 말하지 않는 것이다."

말할 것 없는 법 말하지 않는 것이
스승과 제자가 서로 같음을 찬탄함

집을 나온 브릿지족 수행자가 붇다께 말씀드렸다.

"기이한 일입니다. 고타마시여, 스승과 제자는 뜻과 뜻이 같고 문구와 문구가 같으며, 맛과 맛이 같고 그 이치가 다 같습니다. 곧 그 말씀은 첫째 구절의 말씀이십니다.

고타마시여, 저는 조그마한 일이 있어서 나다칸타(Nāḍakantha)라는 마을로 가서 일을 마치고 나서, 잠깐 사문 카타야나(Kātyāyana)에게 들러 이와 같은 뜻·이와 같은 문구·이와 같은 맛으로 사문 카타야나에게 물어본 적이 있었는데, 그 또한 이와 같은 뜻·이와 같은 문구·이와 같은 맛으로 저에게 대답하였습니다.

그때 그 대답이 지금 사문 고타마께서 말씀하신 것과 같았습니다. 그러므로 스승과 제자 사이에 뜻과 문구와 맛과 이치가 똑같아 참으로 기이한 줄 알게 되었습니다."

그때 집을 나온 브릿지족 수행자는 붇다의 말씀을 듣고 기뻐하면서 자리에서 일어나 물러갔다.

• 잡아함 960 기특경(奇特經)

• 해설 •

여래께 뒤의 죽음이 있는가를 묻는 것은 여래의 죽음 뒤의 존재가 있는가 없는가를 묻는 것과 같다.

뒤의 죽음이 있는가 없는가, 있기도 하고 없기도 한가, 있음도 아니고 없음도 아닌가 따지는 것은 지금 있음을 있음으로 보는 견해가 토대가 되어 있음의 사라져 없어짐을 따지는 생각이다.

이 네 가지 견해는 여래의 진실이 아니므로 여래는 답하지 않으시고 그

네 가지 따짐에 모두 그렇지 않다고 답하신다. 그렇다면 무엇이 진실인가.

다섯 쌓임[五蘊]의 지금 일어나는 모습이 연기이므로 공하여 취할 것이 없음을 알아 다섯 쌓임에서 해탈하는 것이 진실 그대로 아는 것이다.

연기의 진실을 알면 지금 연기되어 있는 다섯 쌓임이 그대로 깊고 깊으며 넓고 커서 헤아릴 수 없는 해탈의 법계가 되는 것이다.

바르게 여래의 가르침을 따라 연기법을 사유하고 연기의 진실을 깨달은 제자가 어찌 다른 말 다른 뜻을 말하겠는가.

이 법은 스승의 법이 제자의 법이고 여래의 법이 중생의 법이니, 크신 스승과 법왕의 제자에게 두 가지 뜻, 두 가지 맛, 두 가지 말이 있을 수 없는 것이다.

여래의 법은 처음과 끝이 한맛이라 그 법의 맛에 젖는 이 모두 해탈의 이익을 얻으니, 『화엄경』(「여래출현품」)은 다음과 같이 말한다.

바다에 진기한 보배 한량없고
중생의 큰 땅 또한 다시 그러하며
물의 성품 한맛이라 차별이 없어서
그 가운데 나는 자 각기 이익 받음 같네.

如海珍奇無有量　衆生大地亦復然
水性一味等無別　於中生者各蒙利

여래의 지혜바다 또한 이같아
지니신 온갖 공덕 다 한량이 없으니
배워감이 있거나 배울 것 없는 이
모든 닦아감의 지위에 머문 이들은
다 그 가운데 있으며 이익을 얻네.

如來智海亦如是　一切所有皆無量
有學無學住地人　悉在其中得饒益

비유하면 바닷속에 보배왕 있어
한량없이 밝은 빛을 널리 보이면
중생으로 닿는 자는 그 빛깔에 같이하고
보는 자는 눈이 청정해짐과 같네.

譬如海中有寶王　普出無量諸光明
衆生觸者同其色　若有見者眼淸淨

가장 빼어난 여래 보배의 왕도
바닷속 보배왕과 또한 같아서
그 빛에 닿는 이 빛깔에 같이하고
만약 보게 되면 다섯 눈이 열리어
모든 티끌 어두움을 깨뜨리고서
붇다의 해탈의 땅에 같이 머물리.

最勝寶王亦如是　觸其光者悉同色
若有得見五眼開　破諸塵闇住佛地

3 중생의 마땅함을 따라
여러 방편 세워 가르치시니[隨宜性]

여래의 가르침은 모든 법의 실상[諸法實相]을 열어내 니르바나의
성[涅槃城]에 돌아가게 하는 단이슬의 법맛[甘露法味]이라 처음도
좋고 가운데도 좋고 끝도 좋다.

가르침이 하나인 법맛인 뜻은 우리가 일상에 쓰는 말로 표현하면
'머리를 사무치고 꼬리를 사무친다'[徹頭徹尾]고 말할 수 있다. 옛
조사들은 이를 '호랑이 머리와 호랑이 꼬리를 한때에 거둔다'[虎頭
虎尾一時收]고 말한다.

이런 가르침의 뜻으로 보면 아함이 낮지 않고 화엄이 높지 않으며,
팔만장교가 말 안에 있지 않고, 가르침 밖에 따로 전한[敎外別傳] 비
밀한 뜻[密旨]이 말 밖이 아니다.

그러나 온전히 해탈의 법향(法香)인 법맛을 중생에게 주기 위해서
는 중생의 하고자 함, 중생의 마땅함, 중생이 길들여져옴, 중생의 아
파함에 따라 가르침의 약은 달리 처방되고 다른 문호를 열어야 하고
다른 방편이 제시되어야 하는 것이다. 그것은 아무리 좋은 먹을거리
도 먹는 이가 잘 먹고 소화시키지 않으면 먹는 이에게 피와 살이 되

지 못하기 때문이다.

『법화경』은 이런 뜻을 '방편의 문을 열어 진실한 모습을 보인다'[開方便門 示眞實相]고 하고, '하나인 붇다의 진리의 수레에서 삼승의 방편을 분별해 말한다'[於一佛乘 分別說三乘]고 한다.

중생을 위한 방편의 설법에 대해서는 『법화경』(「비유품」)의 이야기가 여기에 가장 합당하다.

불난 집에 놀고 있는 아이들을 구하기 위해 아버지인 장자는 짐짓 방편을 세워 아이들이 평소 갖고 싶어했던 양 수레·사슴 수레·소 수레가 있다고 하여 아이들을 불타는 집 밖으로 이끌어낸다. 아이들은 각기 좋아하는 수레가 있다는 말을 듣고 불타는 집 밖으로 뛰어나온다. 그러나 집 밖 빈 마당에는 아이들이 찾던 양·사슴·소가 끄는 세 수레는 없고 그보다 크고 화려한 흰 소 수레가 있었다.

세 수레는 중생에 맞는 방편의 가르침을 비유하고, 흰 소 수레는 하나인 붇다의 수레를 비유한다. 세 수레가 흰 소 수레에 이끌기 위한 방편이듯, 여래의 방편의 문은 실상에 이끌기 위함이다.

뗏목을 타고 저 언덕에 이르른 이가 뗏목을 붙들고 있으면 저 언덕에 오르지 못하듯, 방편은 끝내 실상의 진리 안에 지양되어야 실상에 이끄는 방편이 되는 것이다.

또 방편이 실상에서 일어난 방편 아닌 방편인 줄 알아 방편 안에서 방편을 취하지 않으면 방편이 온전히 실상이 되는 것이니, 『법화경』은 이런 뜻을 '바로 곧장 방편을 버리고 다만 위없는 보디의 도만을 말한다'[正直捨方便 但說無上道]고 한다.

여래의 진리의 문 그 마지막 이르름에는 이승과 삼승이 없지만, 세 수레의 방편이 없으면 흰 소 수레에 이를 수 없다.

흰 소 수레 없는 세 수레는 진실성이 없고, 세 수레 없는 흰 소 수레는 고통바다에 빠져 있는 중생의 삶, 불난 집에 사는 아이들에게 고통의 집을 벗어나게 할 수 있는 방편의 실효성이 없다.

셋과 하나가 공한 곳에서, 하나의 진리에서 셋을 열고 셋을 세워 하나에 돌아가게 하는 여래의 길이 진실성과 실효성을 함께 거두어 쓰는 삶의 길이다.

『화엄경』(「여래출현품」)은 중생의 근기에 맞는 방편의 문을 열어 한 음성에서 한량없는 음성을 나투는 여래의 교화를 다음과 같이 보인다.

자재하늘왕에게 보배의 딸 있어
입 가운데서 여러 음악 잘 연주하여
한 소리에서 백천 소리를 내고
낱낱 소리에 다시 백천 소리 있네.

自在天王有寶女　口中善奏諸音樂
一聲能出百千音　一一音中復百千

잘 가신 이의 음성 또한 이와 같아
한 소리가 온갖 여러 소리 내시사
중생 성품 욕망 따라 차별 있으나
듣고서는 각기 번뇌를 끊게 하시네.

善逝音聲亦如是　一聲而出一切音
隨其性欲有差別　各令聞已斷煩惱

말 다루는 이가 세 가지로 말 다루듯

이와 같이 내가 들었다.

한때 붇다께서는 라자그리하 성 칼란다카 대나무동산에 계셨다.

그때 '말 길들이는 이'가 있었는데, 케시(Kesi)라고 하였다. 그가 붇다 계신 곳으로 찾아가서 붇다의 발에 머리를 대 절하고는 한쪽에 물러나 앉아서 붇다께 말씀드렸다.

"세존이시여, 제가 세간을 살펴보니 매우 가볍고 천하기가 마치 양떼와 같습니다. 세존이시여, 오직 저만이 미쳐 날뛰는 나쁜 말을 다룰 수 있습니다. 저는 방편을 쓰면 잠깐 동안에 그 병의 증상을 다 나타나게 하고, 그 증상에 따라 방편으로 길들입니다."

마을주인에게 말 길들이는 세 가지 법을 물으심

붇다께서 말 길들이는 사람인 마을의 주인에게 말씀하셨다.

"그대는 몇 가지 방편으로 말을 길들이는가?"

말 길들이는 이가 붇다께 말씀드렸다.

"세 가지 법으로 나쁜 말을 길들입니다. 어떤 것이 그 세 가지인가 하면, 첫째는 부드러움[柔軟]이요, 둘째는 거침[麤澁]이며, 셋째는 부드러우면서 거침입니다."

붇다께서 마을의 주인에게 말씀하셨다.

"그대가 그 세 가지 방편으로 말을 길들이다가 그래도 그 말이 길들여지지 않으면 어떻게 하는가?"

말 길들이는 이가 붇다께 말씀드렸다.

"끝내 길들여지지 않으면 곧 죽여버립니다. 왜냐하면 저를 부끄럽게 하지 않기 위해서입니다."

말 길들이는 이가 다시 붇다께 말씀드렸다.

"세존께서는 위없이 잘 길들이는 장부[調御丈夫]이시니, 몇 가지 방편으로 장부들을 길들이십니까?"

세존이 사람 길들이는 세 법을 말씀하심

붇다께서 마을의 주인에게 말씀하셨다.

"나 또한 세 가지 방편으로 장부들을 길들인다. 어떤 것이 그 세 가지인가? 첫째는 한결같이 부드러움이요, 둘째는 한결같이 거침이요, 셋째는 부드러우면서도 거침이다."

붇다께서 마을의 주인에게 말씀하셨다.

"한결같이 부드러움이란 다음과 같이 말해주는 것과 같다.

곧 '이것은 몸으로 짓는 착한 행(行)이요, 이것은 몸으로 지은 착한 행의 과보(果報)이다. 이것은 입과 뜻으로 짓는 착한 행이요, 이것은 입과 뜻으로 지은 착한 행의 과보이다. 이것은 하늘이라 이름하고, 이것은 사람이라 이름한다. 이것은 좋은 곳[善趣]에 변화해 나는 것이라고 이름하고, 이것은 니르바나라고 이름하는 것이다.'

이렇게 가르쳐주는 것을 부드러움이라고 한다.

한결같이 거침이란 다음과 같이 말해주는 것과 같다.

'이것은 몸으로 짓는 나쁜 행이요, 이것은 몸으로 지은 나쁜 행의 과보이다. 이것은 입과 뜻으로 짓는 나쁜 행이요, 이것은 입과 뜻으로 지은 나쁜 행의 과보이다. 이것을 지옥이라고 이름하고, 이것을 축생이라고 이름하며, 이것을 아귀라고 이름한다. 이것을 나쁜 세계[惡趣]라고 이름하고, 이것을 나쁜 세계에 떨어지는 것이라고 이름하는 것이다.'

이렇게 가르쳐주는 것을 여래의 거친 가르침이라고 말한다.

저 부드러우면서도 거침이란 다음과 같이 말해주는 것과 같다.

'여래는 어떤 때는 몸으로 짓는 착한 행과 몸으로 지은 착한 행의 과보와 입과 뜻으로 짓는 착한 행과 입과 뜻으로 지은 착한 행의 과보를 말해주고, 어떤 때는 몸으로 짓는 나쁜 행과 몸으로 지은 나쁜 행의 과보와 입과 뜻으로 짓는 나쁜 행과 입과 뜻으로 지은 나쁜 행의 과보에 대하여 말해준다.

그리하여 이와 같음을 하늘이라고 이름하고, 이와 같음을 사람의 세계라고 이름하며, 이와 같음을 좋은 세계라고 이름하고, 이와 같음을 니르바나라고 이름한다고 말해준다. 또 이와 같음을 지옥이라 이름하고, 이와 같음을 축생이라 이름하며, 이와 같음을 아귀라고 이름하고, 이와 같음을 나쁜 세계라고 이름하며, 이와 같음을 나쁜 세계에 떨어지는 것이라고 이름한다고 말해준다.'

이렇게 가르쳐주는 것을 여래의 부드러우면서도 거친 가르침이라고 한다."

말 길들이는 이가 붇다께 말씀드렸다.

"세존이시여, 만약 그 세 가지 방편으로 중생들을 다루어도 길들여지지 않는 사람이 있으면 어떻게 하십니까?"

붇다께서 마을의 주인에게 말씀하셨다.

"나도 또 죽여버린다. 왜냐하면 나를 부끄럽게 하지 않기 위해서이다."

말 길들이는 이가 붇다께 말씀드렸다.

"만약 산목숨 죽이면 세존의 법에서는 청정하지 못함이 되고, 세존의 법 가운데서는 또한 산목숨을 죽이지 않습니다. 그런데 지금 죽인다고 말씀하시니 그 뜻이 어떻습니까?"

여래의 법에서 죽임의 뜻을 보이심

붇다께서 마을의 주인에게 말씀하셨다.

"그렇다, 그렇다. 여래의 법에서는 산목숨 죽이는 것은 청정하지 못한 것이고, 여래의 법 가운데서는 또한 산목숨을 죽이지 않는다. 그러나 여래의 법에서는 세 가지를 가르쳐서, 길들여지지 않는 사람은 더불어 말하지 않고 가르치지도 않으며 깨우치지도 않는다.

마을의 주인이여, 그대의 뜻에는 어떠한가? 만약 여래의 법에서 더불어 말하지 않고 가르치지도 않으며 깨우치지도 않으면, 그것이 어찌 죽임이 아니겠는가?"

말 길들이는 이가 붇다께 말씀드렸다.

"실로 그렇습니다. 세존이시여, 더불어 말하지 않고 길이 가르치거나 깨우쳐주지 않는다면 그것은 참으로 죽임이 됩니다.

세존이시여, 그러한 까닭에 저는 오늘부터 모든 악하여 착하지 않은 법을 여의겠습니다."

붇다께서 마을의 주인에게 말씀하셨다.

"그 말은 참으로 옳다."

그때 '말 길들이는 이'인 마을의 주인 케시는 붇다의 말씀을 듣고 기뻐하면서, 붇다의 발에 절하고 물러갔다.

• 잡아함 923 지시경(只尸經)

여래를 중생의 병 낫게 해주시는 큰 의왕[大醫王]이라 하고 삼계 중생의 크신 인도자[大導師]라 하니, 병 따라 처방을 내려 병 낫게 해주시고 근기와 성질과 처지에 맞춰 중생을 해탈의 언덕에 이끄시기 때문이다.

그러므로 여래의 자비는 지옥업의 과보로 지옥의 고통을 겪는 중생에게 는 지옥업을 쉬게 하여 지옥불에서 건져내며, 선근의 씨앗 있는 중생에게 선 업으로 가르쳐 보다 나은 번영의 미래를 만들도록 하며, 끝내 선악의 업이 공한 줄 가르쳐 선을 짓되 지음 없이 짓게 해 니르바나에 이끄신다.

여래의 법 안에서 길들여지지 않은 자는 말하지 않고 가르쳐주지 않음으로 크게 깨우쳐주시니, 윤회의 쳇바퀴 속에서 스스로 발심할 시절인연을 기다리시기 위함이다.

그러므로 여래의 자비는 한 중생도 버리지 않으시니, 이 뜻을 경은 여래의 자비는 시방에 두루하여 온갖 것에 평등하다 한 것이다.

여래의 평등한 자비의 법비[法雨]는 때로 끊어 없애고 때로 일으켜 세우기도 하지만, 끊어 없애도 지혜의 땅에 다시 살리고 일으켜 세워도 늘고 줆이 없는 법의 곳간에 이끌어 참된 풍요를 누리게 하시니, 여래께는 죽이고 살림이 오직 크게 살림의 한길인 것이다.

다루는 말에 네 가지 차별이 있듯
여래의 법과 율 안에도 네 가지 중생 있으니

이와 같이 내가 들었다.

한때 붇다께서는 라자그리하 성 칼란다카 대나무동산에 계셨다.

그때 세존께서 여러 비구들에게 말씀하셨다.

"세상에는 네 가지 좋은 말이 있다. 어떤 좋은 말은 편안한 안장에다 채찍 그림자만 보아도 곧 빠르게 달린다. 그리하여 말을 모는 사람의 형세를 잘 살펴, 느리게 가고 빠르게 가며 왼쪽으로 가고 오른쪽으로 가되 말을 모는 사람의 뜻을 따른다.

비구들이여, 이것을 세간의 좋은 말의 첫 번째 덕목이라고 한다.

다시 비구들이여, 세상의 어떤 좋은 말은 채찍 그림자를 보면 스스로 놀라 살피지는 못한다. 그러나 채찍이 그 털끝을 스치기만 하면 곧 놀라서 말 모는 이의 마음을 어느새 살피고는 느리게 가고 빠르게 가며 왼쪽으로 가고 오른쪽으로 간다.

비구들이여, 이것을 세간에 좋은 말의 두 번째 덕목이라고 한다.

다시 비구들이여, 세상의 어떤 좋은 말은 채찍 그림자를 돌아보지 못하고 털끝에 스쳐도 사람의 마음을 따르지는 못한다. 그러나 채찍으로 살갗을 조금 때리면 곧 놀라서 말 모는 이의 마음을 살피고는 느리게 가고 빠르게 가며 왼쪽으로 가고 오른쪽으로 간다.

비구들이여, 이것을 세간의 좋은 말의 세 번째 덕목이라고 한다.

다시 비구들이여, 세상의 어떤 좋은 말은 채찍 그림자를 돌아보지 못하고 털을 스치고 지나가거나 살갗을 조금 맞는 정도로는 움직일 줄 모른다. 그러나 송곳에 몸을 찔려 살갗을 뚫고 뼈를 다친 뒤에야 비로소 놀라 수레를 끌고 길에 나서서, 말 모는 이의 마음을 따라 느리게 가고 빠르게 가며 왼쪽으로 가고 오른쪽으로 간다.

이것을 세간의 좋은 말의 네 번째 덕목이라 한다.”

네 말의 비유로 수행자의 차별을 말씀하심

“이와 같이 바른 법과 율에도 네 가지의 ‘바르게 나아가는 이’[善男子]들이 있다. 어떤 것이 그 네 가지인가?

어떤 ‘바르게 나아가는 이’는 다른 마을의 어떤 남자나 여자가 질병이 들어 고통을 받거나 죽기까지 했다는 말을 듣고 나서는 곧 두려움을 내고 바른 사유[正思惟]에 의지한다.

마치 저 좋은 말이 채찍의 그림자만 보고도 곧 길들여진 것과 같다. 이것을 바른 법과 율에서 스스로 잘 길든 첫 번째 ‘바르게 나아가는 이’라고 한다.

다시 어떤 ‘바르게 나아가는 이’는 다른 마을의 어떤 남자나 여자가 늙고 병들고 죽는 고통을 받는다는 말을 듣는 것으로는 두려움을 내 바른 사유에 의지하지는 못하지만, 다른 마을의 어떤 남자나 여자가 늙고 병들고 죽는 고통을 겪는 것을 보고는 곧 두려움을 내 바른 사유에 의지한다.

비유하면 마치 저 좋은 말이 털끝을 스치기만 해도 어느새 길들여져서 말 모는 이의 마음을 따르는 것과 같다. 이것을 바른 법과 율에서 스스로 잘 길든 두 번째 ‘바르게 나아가는 이’라고 한다.

다시 어떤 ‘바르게 나아가는 이’는 다른 마을의 어떤 남자나 여자가 늙고 병들고 죽는 고통을 보거나 듣는 것으로는 두려움을 내 바른 사유에 의지하지는 못한다. 그러나 마을이나 성읍에서 어떤 좋은 벗[善知識]이나 가까이 지내는 사람이 늙고 병들고 죽는 고통을 당하는 것을 보고는 곧 두려움을 내 바른 사유에 의지한다.

비유하면 마치 저 좋은 말이 살갗을 조금 맞고 나서 비로소 길들여져서 말 모는 이의 마음을 따르는 것과 같다. 이것을 거룩하고 바른 법과 율에서 스스로 잘 길든 세 번째 '바르게 나아가는 이'라고 한다.

다시 어떤 '바르게 나아가는 이'는 다른 마을의 어떤 남자나 여자가 가까운 사람이 늙고 병들고 죽는 고통받는 것을 보거나 듣는 것으로는, 두려움을 내 바른 사유에 의지하지는 못한다. 그러나 제 자신이 늙고 병들고 죽는 고통받는 것에 대해서는 싫어함과 두려움을 내 바른 사유에 의지한다.

비유하면 마치 저 좋은 말이 살을 찔리고 뼈까지 다치고 나서야 비로소 길들여져 말 모는 이의 마음을 따르는 것과 같다. 이것을 바른 법과 율에서 스스로 잘 길든 네 번째 '바르게 나아가는 이'라고 한다."

붓다께서 이 경을 말씀하시자, 여러 비구들은 붓다의 말씀을 듣고 기뻐하며 받들어 행하였다.

• 잡아함 922 편영경(鞭影經)

• 해설 •

경의 뒷부분이 가르쳐야 할 중생의 근기와 병통을 네 가지 말로 비유해 보인 것이라면, 경의 앞부분은 근기 따라 가르치는 교사의 교수방법을 말 다루는 이의 네 가지 말 길들이는 법에 비유한 것이다.

세상의 좋은 말[良馬] 가운데 어떤 말은 채찍 그림자만 보아도 주인의 뜻을 알아 달리고, 어떤 말은 채찍으로 내리쳐야 주인의 뜻을 알아 달리듯, 중생의 근기 또한 날카롭고 빠른 이도 있고 무디고 느린 이도 있으며 들떠 날리는 이도 있고 가라앉아 무거운 이도 있다.

말 주인이 말의 성질 따라 말을 어루만져 길들이기도 하고 말을 내몰아쳐 길들이기도 하는 것처럼 여래 '위없는 스승'[無上師] 또한 중생 따라 꺾어 누를 이는 꺾어 누르고, 거두어 받아들일 이는 거두어 받아들이어 교화하며, 그침[止, śamatha]으로 쉬게 할 이는 그침으로 쉬게 하고, 살핌[觀, vipaśyanā]으로 밝게 할 이는 살핌으로 밝게 한다.

착한 일에 이끌어들일 때는 착한 일의 과보를 부드럽게 설해 이끌어들이고, 악한 일을 꺾어 누를 때는 악한 일의 나쁜 과보를 거칠게 설해 나쁜 행을 막아내며, 말해야 할 것은 잘 말해 이끌어들이고 말하지 않아야 할 법은 말하지 않음으로 삶의 진실을 밝혀낸다.

여래의 교수방식처럼 조사선(祖師禪)의 종사[師家]들도 그 가풍 따라 몽둥이질[棒]과 큰 외침[喝]으로 배우는 이[學者]의 망집을 때려부수기도 하고, 부드럽게 이끌고 감싸서 번뇌를 쉬게 하여 지혜를 드러내기도 한다.

많은 간화(看話)의 종장들은 '산 말귀 한 생각[話頭一念]'으로 곧장 나아가고 나아가라' 가르치고, 많은 묵조(默照)의 종장들은 '쉬고 쉬어가면 얼음 가운데 꽃이 피는 소식을 보리라' 가르친다.

어떤 종장은 배우는 이를 사납게 몰아쳐 천 길 낭떠러지에서 내밀어버리는 교수방법을 쓰거나, 막다른 골목에 내몰아 스스로 '머리 돌린 돌말[回頭石馬]이 울 벗어난' 소식을 보게 하고, 어떤 종장은 어머니의 따뜻함으로 보살피고 보살펴서 큰 그릇을 느리게 이루도록[大器晚成] 한다.

그러나 그침[止]의 약은 들뜸의 병을 다스리기 위함이고 살핌[觀]의 약은 가라앉음의 병을 다스리기 위함이니, 그침에서 그침에 머물지 않고 살핌에서 살핌에 머물지 않아야 스승의 법약을 통해 해탈의 법맛에 나아갈 수 있는 것이다.

몽둥이질하고 '악' 외치는 종사의 수단과 답해주시지 않는 여래의 방편

속에 봄바람 같은 따뜻한 법의 은혜가 있고, 타이르고 어루만지는 여래의 자비한 말씀 가운데 번갯빛 돌 불[電光石火] 같은 지혜의 빠름이 있는 줄 알아야 붇다이신 크신 스승과 여러 선지식의 은혜를 갚을 수 있을 것이다.

채찍만 보아도 뛰는 좋은 말의 비유는 『선문염송집』(禪門拈頌集)의 공안(公案)에 이렇게 인용된다.

세존께 어떤 바깥길 수행자가 이렇게 물었다.

"말 있음[有言]도 묻지 않고 말 없음[無言]도 묻지 않습니다."

세존께서 말없이 잠자코 있으니[良久] 바깥길 수행자가 이렇게 찬탄했다.

"세존께서는 크게 자비하시어 저의 미혹의 구름을 열어 제가 깨달아 들어가도록 하셨습니다."

그 바깥길 수행자가 떠난 뒤 아난다가 붇다께 여쭈었다.

"저 바깥길 수행자에게 어떤 깨달은 곳이 있어서 들어갔다고 했습니까."

붇다께서 말씀했다.

"세상의 좋은 말이 채찍 그림자만 보아도 달리는 것과 같다."

위의 공안에서 바깥길 수행자가 말 있음과 말 없음의 두 갈랫길 너머의 뜻을 물으니, 세존께서는 말 없음으로 말과 침묵의 두 갈래 치우침을 한꺼번에 깨부셨다. 이에 바깥길 수행자는 세존의 잠자코 말 없음을 보고 그 자리에서 중도의 바른 눈[中道正眼]을 바로 열었다.

먼저 이 공안에 붙인 본연거사(本然居士)의 다음 노래를 들어보자.

바깥길 사람 말과 침묵 함께 뚫어왔는데
세존께서 한 번 밀쳐 정수리문 열렸네.
애달프다, 보통 말들 헛되이 살만 쪄서
빠른 우레처럼 채찍소리 다해야 하리.
뒷사람은 깊은 구렁 가운데 앉지 마라.

깊은 굴 닥치는 대로 쳐부숴야 하리.

外道雙穿語默來　世尊一拶頂門開

可憐凡馬空多肉　費盡鞭聲如疾雷

後人莫向深坑坐　任是窟穴須打破

　말과 침묵의 깊은 구덩이에 빠져 있었던 저 바깥길 수행자가, 채찍 그림자만 보아도 달리는 말처럼, 세존의 말 없음의 방편으로 깊은 구렁을 깨뜨리고 지혜의 법의 눈을 열었다.

　공연히 살만 쪄서 채찍 기다리는 어리석은 말들은 빠른 우레처럼 채찍소리 듣는 것 다해야 하리라.

　그러나 좋은 말[良馬]과 채찍 그림자 또한 병과 약의 이름이고 삿됨과 바름의 자취가 남아 있는 것이니, 바름으로 삿됨을 치유한 뒤에는 삿됨과 바름의 자취마저 없어야 할 것이다.

　중생의 업의 거울이 깨져버리면 세존의 교화의 발자취가 어디 쓸 데 있을 것인가. 대혜고선사(大慧杲禪師)는 다음과 같이 노래한다.

　　두 곳의 굳센 빗장 쳐서 열지 못하면
　　설사 가는 티끌 움직이지 않는다 해도
　　스스로 종지에 어긋나리라.
　　홀연히 업의 거울 조각조각 부서지니
　　노란 얼굴 고타마도 발자취 잃어버렸네.

兩處牢關擊不通　纖塵不動自乖宗

忽然業鏡百雜碎　黃面瞿曇失却蹤

수를 세는 브라마나에게
셈법으로 가르침을 말씀하시니

나는 들었다, 이와 같이.

한때 붇다께서 슈라바스티 국을 노닐어 다니실 적에 동쪽동산 므리가라마트리(Mṛgāra-mātṛ, 鹿子母) 강당에 머무셨다.

그때 '셈법하는 브라마나'[算數梵志] 목갈라야나는 오후에 천천히 거닐어 붇다 계신 곳에 나아가 문안드리고, 한쪽에 물러나 앉아 말씀드렸다.

"고타마시여, 제가 여쭈어보고 싶은 것이 있는데 들어주신다면 말씀드리겠습니다."

세존께서 말씀하셨다.

"목갈라야나여, 그대 마음대로 물어 스스로 의심해 따지지 말라."

셈법하는 브라마나 목갈라야나가 곧 말씀드렸다.

"고타마시여, 이 므리가라마트리 강당은 차츰 만들어 더욱 뒤에 이루어졌습니다. 고타마시여, 그래서 므리가라마트리 강당의 사다리는 처음에 일층을 오른 뒤에야 이·삼·사층으로 오르는 것입니다. 고타마시여, 이와 같이 므리가라마트리 강당은 층을 따라 차츰 오르게 되어 있습니다.

고타마시여, 코끼리를 다루는 사람 또한 차츰 다룬 뒤에야 이루어지는 것이니, 갈고리를 쓰기 때문입니다.

고타마시여, 말을 다루는 사람도 차츰 다룬 뒤에야 이루어지는 것이니, 채찍을 쓰기 때문입니다.

고타마시여, 크샤트리아도 차츰 다룬 뒤에야 이루어지는 것이니, 화살을 잡기 때문입니다.

고타마시여, 여러 브라마나들 또한 차츰 배운 뒤에야 이루어지는 것이니, 경서를 배우기 때문입니다.

고타마시여, 우리들이 셈법을 배우고, 셈법으로 살아가는 것 또한 차츰 이루어진 것입니다. 만약 제자로 남자와 여자가 있으면 처음에는 하나하나의 숫자를 가르친 뒤에 둘, 둘에서 셋, 셋으로 열 · 백 · 천 · 만으로 차츰 올라가는 것입니다.

고타마시여, 이와 같이 우리들이 셈법을 배우고, 셈법으로 살아가는 것 또한 차츰 이루어지는 것입니다. 사문 고타마시여, 이 법과 율 가운데에서는 어떻게 차츰 이루어지는 것입니까?”

차츰 이루어지는 세간법의 성취처럼
해탈의 법도 사람 따라 차츰 이루게 됨을 보이심

세존께서 말씀하셨다.

“목갈라야나여, 무릇 바른 주장[正說]이 있으면 그것은 차츰 지어 이루어진다. 목갈라야나여, 나의 법(法)과 율(律)을 바른 주장이라 한다. 왜냐하면 목갈라야나여, 나도 이 법과 율 가운데서 차츰 지어 이루어졌기 때문이다.

목갈라야나여, 만약 젊은 비구가 처음으로 와서 도를 배우고, 처음으로 법과 율에 들어오면, 여래는 먼저 이렇게 가르친다.

‘비구여, 너는 와서 몸으로 목숨을 청정하게 보살피고, 입과 뜻으로 목숨을 청정하게 보살피라.’

목갈라야나여, 만약 비구가 몸으로 목숨을 청정하게 보살피고, 입과 뜻으로 목숨을 청정하게 보살피면, 여래는 다시 그 위의 것을 이렇게 가르칠 것이다.

곧 '비구여, 너는 와서 안의 몸[內身]을 몸 그대로 살피고, 느낌[覺]과 마음[心]과 법(法)을 법 그대로 살피라.'

목갈라야나여, 만약 비구가 안의 몸을 몸 그대로 살피고, 느낌과 마음과 법을 법 그대로 살피게 되면, 여래는 더 위의 것을 이렇게 가르칠 것이다.

'비구여, 너는 와서 안의 몸을 몸 그대로 살펴〈탐욕과 서로 응하는 생각〉[欲相應念]을 생각하지 말고, 느낌과 마음과 법을 법 그대로 살펴〈그른 법과 서로 응하는 생각〉[非法相應念]을 생각하지 말라.'

목갈라야나여, 만약 비구가 안의 몸을 몸 그대로 살펴 '탐욕과 서로 응하는 생각'을 생각하지 않고, 느낌과 마음과 법을 법 그대로 살펴 '그른 법과 서로 응하는 생각'을 생각하지 않게 되면, 여래는 다시 그 위의 것을 이렇게 가르칠 것이다.

'비구여, 너는 와서 모든 아는 뿌리[根]를 지켜 보살펴 닫아 막기를 늘 생각하고, 밝게 통달하기를 생각하며, 생각하는 마음을 지켜 보살펴 이루게 되면, 늘 바른 지혜를 일으키라.

만약 눈이 빛깔을 보더라도 그 모습[相]을 받아들이지 않고, 또한 빛깔에 맛들이지 않아야 하니, 그것은 분함과 다툼을 일으키기 때문이다. 눈의 아는 뿌리[眼根]를 지켜 보살펴 마음속에 탐욕과 근심과 슬픔과 악하고 착하지 않은 법을 내지 말아야 한다. 마음이 그쪽으로 향하기 때문에 눈을 지켜 보살펴야 한다.

이와 같이 귀·코·혀·몸·뜻에서도 만약 뜻이 법 등을 알더라도 그 모습을 받아들이지 않고, 또한 법에 맞들이지 않아야 하니, 그것은 분함과 다툼을 일으키기 때문이다. 뜻의 아는 뿌리[意根]를 지켜 보살펴 마음속에 탐욕과 근심과 슬픔과 악하고 착하지 않은 법을 내지 말아야 한다. 마음이 그쪽으로 향하기 때문에 뜻을 지켜 보살펴야 한다.'

목갈라야나여, 만약 비구가 모든 아는 뿌리를 지켜 보살펴 닫아 막기를 늘 생각하고, 밝게 통달하기를 생각하며, 생각하는 마음을 지켜 보살펴 이루게 되면, 늘 바른 지혜를 일으켜라.

그래서 만약 눈이 빛깔을 보더라도 그 모습을 받아들이지 않고, 또한 빛깔에 맞들이지 않아야 하니, 그것은 분함과 다툼을 일으키기 때문이다. 눈을 지켜 보살펴, 마음속에 탐욕과 근심과 슬픔과 악하여 착하지 않은 법을 내지 말아야 한다. 마음이 그쪽으로 향하기 때문에 눈을 지켜 보살펴야 한다.

이와 같이 귀·코·혀·몸·뜻에서도 만약 뜻이 법 등을 알더라도 그 모습을 받아들이지 않고, 또한 법에 맞들이지 않아야 하니, 그것은 분함과 다툼을 일으키기 때문이다. 뜻을 지켜 보살펴 마음속에 탐욕과 근심과 슬픔과 악하고 착하지 않은 법을 내지 말아야 하니 마음이 그쪽으로 향하기 때문이다."

여섯 아는 뿌리[六根]를 잘 보살피는 이에게 바른 몸가짐, 아란야에 머묾, 다섯 덮음 떠남, 선정의 법 가르침을 보이심

"뜻을 지켜 보살피면 여래는 더 위의 것을 이렇게 가르칠 것이다.

'비구여, 너는 와서 들고 남[出入]을 바로 알고, 굽히고 펴며 구부리고 우러름과 몸가짐의 질서를 잘 살피고 분별하며, 상가티와 모든 옷과 발우를 바로 가지며, 다니고 서며 앉고 누움과, 잠자고 깨며 말하고 침묵하기를 다 바로 알아야 한다.'

목갈라야나여, 만약 비구가 들고 남을 바로 알고, 굽히고 펴며 구부리고 우러름과 몸가짐의 질서를 잘 살피고 분별하며, 상가티와 모든 옷과 발우를 바로 가지며, 다니고 서고 앉고 누움과, 잠자고 깨며 말하고 침묵하기를 다 바로 알면, 여래는 더 위의 것을 이렇게 가르칠 것이다.

'비구여, 너는 와서 멀리 떨어진 곳에 홀로 머물고, 일 없는 곳에 살거나 나무 밑이나 비어 편안하고 고요한 곳, 산의 바위 돌집 한데 짚가리에 머물거나, 숲속이나 무덤 사이에서 머물러라.

그리고 네가 이미 일 없는 곳에 있으면서 나무 밑이나 비어 편하고 고요한 곳에 가거든, 니시다나를 펴고 발을 맺고 앉아서 몸을 바로 하고 서원을 바로 하여, 생각이 다른 데로 향하지 않게 하라.

그리고 탐욕을 끊어 없애 마음에 다툼이 없게 하라. 남의 재물과 여러 살림도구를 보더라도 탐욕을 일으켜 내 것으로 만들려 말라. 너는 탐욕에서 그 마음을 깨끗이 없애고, 이와 같이 성냄·졸음에서 그렇게 하여 뉘우침을 고루고 의심을 끊고 의혹을 건너, 모든 착한 법에 대해 망설이지 말고, 너는 의혹에서 그 마음을 깨끗이 없애라.

너는 이 다섯 덮음[五蓋]과 마음의 더러움[心穢]과 지혜의 약함[慧羸]을 끊고, 탐욕을 여의고, 악하여 착하지 않은 법을 여의며 나아가 넷째 선정을 성취하여 노닐 수 있도록 하라'

목갈라야나여, 만약 비구가 탐욕을 떠나고, 악하여 착하지 않은 법을 떠나 넷째 선정을 성취하여 노닐게 되면, 여래는 모든 젊은 비구들을 위하여 많은 이익을 줄 것이니, 곧 깨우쳐주고 가르쳐 꾸짖음이다.

목갈라야나여, 만약 비구로서 장로(長老)와 높은 존자와 오래 배운 브라마나가 있으면, 여래는 더 위의 것을 이렇게 가르칠 것이다. 곧 '마쳐 다하면 온갖 번뇌의 흐름이 다할 것이다.'"

여래는 다만 니르바나에 이르는 길 보이시는 분임을 말함

셈법하는 목갈라야나가 곧 다시 여쭈었다.

"사문 고타마시여, 온갖 제자들을 이와 같이 깨우쳐주고 이와 같이 가르쳐 꾸짖으면, 모두들 마쳐 다한 지혜를 얻어 반드시 니르바나를 얻게 됩니까?"

세존께서 대답하셨다.

"목갈라야나여, 한결같이 다 얻지는 못한다. 얻는 자도 있고, 얻지 못하는 자도 있다."

셈법하는 목갈라야나가 다시 여쭈었다.

"고타마시여, 니르바나가 있고 니르바나로 가는 길이 있으며, 사문 고타마께서 현재의 길잡이[導師]로서 비구에게 이와 같이 깨우쳐주고 이와 같이 가르쳐 꾸짖는데, 이 가운데에는 무슨 인연이 있어서 마쳐 다한 니르바나를 얻기도 하고, 다시 니르바나를 얻지 못하기도 하는 것입니까?"

세존께서 말씀하셨다.

"목갈라야나여, 내가 도리어 그대에게 묻겠으니, 아는 대로 답하라. 목갈라야나여, 어떻게 생각하는가? 그대는 라자그리하 성이 있는 곳을 알고, 또한 그 길을 아는가?"

"그렇습니다. 저는 라자그리하 성이 있는 곳을 알고, 또한 그 길도 알고 있습니다."

세존께서 물으셨다.

"목갈라야나여, 만약 어떤 사람이 와서 저 왕을 뵈려고 라자그리하 성으로 가는데, 그 사람이 그대에게 이렇게 물었다 하자.

'나는 왕을 뵙기 위해 라자그리하 성으로 갑니다. 셈법하는 목갈라야나여, 라자그리하 성이 있는 곳을 알고 그 지름길을 알고 있다면 내게 말해줄 수 있습니까?'

그대는 그 사람에게 이렇게 말할 것이다.

'여기서 동쪽으로 가면 어느 마을에 이르고, 그 마을에서 더 가면 어느 읍에 이를 것이며, 이렇게 더욱 가면 라자그리하 성에 이를 것이오. 또 라자그리하 성 밖에는 좋은 동산숲이 있고, 그 땅은 평평하며, 누각과 목욕못과 몇 그루 꽃나무가 있고, 긴 강을 끼고 있으며, 또 맑은 샘물이 있는 것을 다 보고, 다 알 수 있을 것이오.'

그러나 그 사람이 그대 말을 듣고 그대가 가르쳐준 것을 받아들인 뒤에 여기서 동쪽으로 가다 잠깐 오래되지 않아 곧 바른 길을 버리고 나쁜 길을 따라 돈다 하자. 그러면 라자그리하 성 밖에 좋은 동산숲이 있고, 그 땅은 평평하며, 누각과 목욕못과 몇 그루 꽃나무가 있고, 긴 강을 끼고 있으며, 또 맑은 샘물이 있는 것도 그는 다 볼 수 없고, 또한 알 수도 없을 것이다.

다시 어떤 사람이 와서, 저 왕을 뵈려고 라자그리하 성으로 가는데, 그 사람이 그대에게 이렇게 물었다 하자.

'나는 왕을 뵙기 위해 라자그리하 성으로 갑니다. 셈법하는 목갈라야나여, 라자그리하 성이 있는 곳을 알고 그 지름길을 알고 있다면, 내게 말해줄 수 있습니까?'

그대는 그 사람에게 이렇게 말할 것이다.

'여기서 동쪽으로 가면 어느 마을에 이르고, 그 마을에서 더 가면 어느 읍에 이를 것이며, 이렇게 더욱 가면 라자그리하 성에 이를 것이오. 또 라자그리하 성 밖에는 좋은 동산숲이 있고, 그 땅은 평평하며, 누각과 목욕못과 몇 그루 꽃나무가 있고, 긴 강을 끼고 있으며, 또 맑은 샘물이 있는 것을 너는 다 보고, 다 알 수 있을 것이오.'

그러면 그 사람이 그대 말을 듣고 그대가 가르쳐준 것을 받아들인 뒤에 여기서 동쪽으로 가서 어느 마을에 이르고, 그 마을에서 더 가서 어느 읍에 이르게 되고, 이렇게 더욱 가서 라자그리하 성에 이른다 하자.

그러면 그는 라자그리하 성 밖에 좋은 동산숲이 있고, 그 땅은 평평하며, 누각과 목욕못과 몇 그루 꽃나무가 있고, 긴 강을 끼고 있으며, 또 맑은 샘물이 있는 것을 그는 다 보고, 다 알 수 있을 것이다."

해탈의 길과 인도자로서 여래의 가르침을 보이심

"목갈라야나여, 저 라자그리하 성이 있고, 라자그리하 성으로 가는 길이 있으며, 그대는 현재의 길잡이인데, 이 가운데 무슨 인연으로 그 첫째 사람은 그대가 가르쳐준 것을 받아들인 뒤 오래되지 않아 곧 평평하고 바른 길을 버리고 나쁜 길로 돌아간 것인가?

그래서 라자그리하 성 밖에 좋은 동산숲이 있고, 그 땅은 평평하며, 누각과 목욕못과 몇 그루 꽃나무가 있고, 긴 강을 끼고 있으며, 또 맑은 샘물이 있는 것을 그는 다 보지도 못하고, 또한 알지도 못하는 것인가?

또 둘째 사람은 무슨 인연으로 그대가 가르쳐준 것을 받아들인 뒤에 평평하고 바른 길을 따라 더욱 가서 라자그리하 성에 이른 것인가? 그래서 라자그리하 성 밖에는 좋은 동산숲이 있고, 그 땅은 평평하며, 누각과 목욕못과 몇 그루 꽃나무가 있고, 긴 강을 끼고 있으며, 또 맑은 샘물이 있는 것을 그는 다 보고, 다 아는 것인가?"

셈법하는 목갈라야나가 말씀드렸다.

"고타마시여, 저는 다음과 같음에는 전혀 관계할 일이 없습니다.

'저 라자그리하 성이 있고, 라자그리하 성으로 가는 길이 있으며, 제가 현재의 길잡이긴 하지만, 그 첫째 사람은 왜 제가 가르쳐준 것을 따르지 않고 평평하고 바른 길을 버리고서 나쁜 길로 돌아갔는가.

그래서 라자그리하 성 밖에 좋은 동산숲이 있고, 그 땅은 평평하며, 누각과 목욕못과 몇 그루 꽃나무가 있고, 긴 강을 끼고 있으며, 또 맑은 샘물이 있는 것을 그는 다 보지 못하고, 다 알지 못했는가.

저 둘째 사람은 왜 제가 가르쳐준 것을 따라 평평하고 바른 길을 좇아 더욱 가서 라자그리하 성에 이르게 되었는가.

그래서 라자그리하 성 밖에 좋은 동산숲이 있고, 그 땅은 평평하며, 누각과 목욕탕과 몇몇의 꽃나무가 있고, 긴 강을 끼고 있으며, 또 맑은 샘물이 있는 것을 그는 다 보고, 다 알았는가.'"

세존께서 말씀하셨다.

"이와 같이 목갈라야나여, 나 또한 다음과 같음에는 관계할 일이 없다.

저 니르바나가 있고 니르바나로 가는 길이 있으며, 내가 길잡이가 되어 여러 비구들을 위하여 이와 같이 깨우쳐주고 이와 같이 가르쳐 꾸짖지만, 마쳐 다한 니르바나를 얻기도 하고 얻지 못하기도 한다.

목갈라야나여, 다만 각기 스스로 비구의 행하는 바를 따를 뿐이다.

그때 세존은 곧 그 행하는 것을 언약하여 '끝내 마쳐 다해 번뇌의 흐름이 다했다'고 말할 뿐이다."

법의 눈을 얻은 브라마나가 세존께 귀의하여 세존을 찬탄함

셈법하는 목갈라야나가 말씀드렸다.

"고타마시여, 저는 이미 알았습니다. 고타마시여, 저는 이미 풀렸습니다.

고타마시여, 마치 좋은 땅에 사라 나무숲이 있는 것과 같습니다. 그곳에 사라 나무숲을 지키는 사람이 있어 밝고 건강하고 게으르지 않아서, 때를 보아 모든 사라 나무뿌리 주위를 호미로 파서, 높은 데는 편편하게 하고 낮은 데는 메우며, 거름 주고 물 대기에 그 때를 잃지 않습니다.

그리고 만약 그 주변에 더럽고 나쁜 풀이 있으면 다 뽑아버리고, 만약 굽어서 곧지 않은 것이 있으면 다 가지 쳐 추리며, 만약 아주 좋고 곧은 나무가 있으면 곧 보살피고 길러 때를 따라 호미로 파고, 거름 주고 물을 대주어 그 때를 잃지 않습니다.

그렇게 하면 이와 같이 좋은 땅에 사라 나무숲은 더욱 우거지고 좋아질 것입니다.

고타마시여, 이와 같이 어떤 사람이 아첨하고 속여 믿을 만하지 못하며, 게으르고 바른 생각이 없고 안정됨이 없으며, 나쁜 지혜로 마음이 미쳐 모든 아는 뿌리[諸根]가 들떠 어지러우며, 계를 지키는 것이 풀어져 느슨해 사문의 도를 널리 닦지 않는다 합시다.

고타마시여, 이와 같은 사람과는 일을 같이 할 수 없습니다. 왜냐하면 고타마시여, 이러한 사람은 범행을 더럽히기 때문입니다.

고타마시여, 만약 다시 어떤 사람이 아첨하지도 않고 또한 속이지도 않으며, 믿을 만하여 게으르지 않고, 바른 생각이 있고 안정되며 또한 지혜가 있고 계율을 지극히 공경하며 널리 사문의 도를 닦는다 합시다.

사문 고타마시여, 이와 같은 사람과는 일을 같이 할 수 있습니다. 왜냐하면 고타마시여, 이러한 사람은 범행을 청정하게 하기 때문입니다.

고타마시여, 마치 모든 뿌리의 향 가운데 침향(沈香)을 으뜸으로 치는 것과 같습니다. 왜냐하면 고타마시여, 저 침향은 모든 뿌리의 향 가운데서 가장 높기 때문입니다.

고타마시여, 마치 모든 사라 나무 향 가운데 붉은 찬다나(candana)를 으뜸으로 치는 것과 같습니다. 왜냐하면 고타마시여, 붉은 찬다나는 모든 사라 나무 향 가운데 가장 높기 때문입니다.

고타마시여, 마치 모든 물꽃 가운데 푸른 연꽃을 으뜸으로 치는 것과 같습니다. 왜냐하면 고타마시여, 푸른 연꽃은 모든 물꽃 가운데 가장 높기 때문입니다.

고타마시여, 마치 모든 뭍의 꽃 가운데 수마나(sumanas)를 으뜸으로 치는 것과 같습니다. 왜냐하면 고타마시여, 수마나 꽃은 모든 뭍의 꽃 가운데 가장 높기 때문입니다.

고타마시여, 이는 마치 세상의 모든 논사(論師) 가운데 사문 고타마를 가장 으뜸으로 치는 것과 같습니다. 왜냐하면 사문 고타마 논사께서는 온갖 바깥길 걷는 무리와 배움 다른 이들을 항복받으시기 때문입니다.

세존이시여, 저는 지금부터 붇다와 법과 비구상가에 귀의하겠습니다. 세존이시여, 저를 이제 우파사카가 되도록 받아주시길 바랍니다.

저는 오늘부터 몸을 마치도록 스스로 귀의하여 목숨 다하도록 그렇게 하겠습니다."

• 중아함 144 산수목건련경(算數目揵連經)

• 해설 •

번뇌의 병을 다스리는 세간의 가장 위대한 의사이신 여래는 중생의 병에 따라 법의 약을 주며[應病與藥] 근기를 상대해 법을 설한다[對機說法]. 역법(曆法)과 수리(數理)에 밝은 브라마나에게는 여래 또한 셈법을 들어 법을 설하고, 때로 불을 섬기는 브라마나에게는 불의 비유로 그들을 깨우친다.

수리에 밝은 브라마나에 의하면 세간법은 인과적 차제를 밟아서 성취되니, 마치 사층 강당의 꼭대기에 오르려면 이층에 오른 뒤에 삼층·사층을 오르는 것과 같다.

브라마나의 셈법에서는 하나의 수로부터 둘이 되고 둘이 셋이 되어 차제를 밟아서만 셋이 한량없는 수가 되는 것이다.

이러한 브라마나의 주장에 대해 붇다 또한 차제를 통해 해탈의 법 설함을 보이신다. 첫 계단을 밟아 이층에 오르고 삼층에 오르듯, 여래도 제자가 오면 처음 몸과 마음 깨끗이 하기를 가르치고, 다음 몸과 마음의 실상 살피도록 가르치고, 다음 지혜 일으켜 사마디 닦도록 가르쳐 니르바나에 이르게 한다.

그러나 알고 보면 사층 강당에 오르는 일 층의 계단이 사층에 오르는 바른 통로라면 첫 층이 이층·삼층이 되고 끝내 사층이 되므로, 사층에 오르려면 첫 층에 올라야 하지만 첫 층을 떠나 사층이 없으므로, 첫 층에 오를 때 이미 사층이 첫 층에 있는 것이다.

몸과 마음을 깨끗이 하고서 몸과 마음의 실상을 살펴 니르바나에 든다고 가르치지만, 참으로 몸에 몸이 없고 마음에 마음이 없는 청정을 바로 본 사람이라면, 몸과 마음 깨끗이 할 때 니르바나의 끝자리가 이미 믿음의 첫 자리에 있는 것이다.

여래의 이러한 뜻을 받아 하택신회선사(荷澤神會禪師)는 구층의 누각을 차례로 오름과 돈오(頓悟)의 뜻이 배치되지 않음을 이렇게 말한다.

지덕법사(志德法師)가 물었다.

"선사는 지금 중생을 가르쳐 오직 단박 깨치도록[頓悟] 합니다. 왜 소승으로부터 점차 닦음[漸修]을 이끌어가지 않습니까. 구층의 누대에 오르지 못하는 것은 계단으로 점차 오르지 않기 때문입니다."

답했다.

"다만 오르는 것에 걱정하고 두려워하는 것은 구층의 누대이기 때문이 아니오. 느리게 오름을 걱정하고 두려워하는 것은 흙더미 무덤이기 때문이오. 만약 이것이 실로 구층의 누대라면 이것은 곧 단박 깨침의 뜻이오. 지금 단박 깨침 가운데 그 점차를 세우는 것은 마치 구층의 누대를 오름에 반드시 계단을 의지해 점차 오름과 같소. 그러나 끝내 점차 가운데 점차 세우는 뜻을 향하지는 않소.

구층의 계단이 점차지만 점차에 떨어지지 않는 것처럼 여래의 방편이 연기의 진실에서 일어나 연기의 실상에 돌아가는 것이라면 차제의 방편에 곧 니르바나의 뜻이 있다.

여래는 이와 같이 중생 속에 이미 있는 니르바나의 진실을 들어 니르바나에 이르는 길을 차례로 보이지만, 믿지 않고 행하지 않아 니르바나에 이르지 못하는 것은 배우는 중생의 허물일 뿐 여래의 책임은 아니다.

여래가 저 중생이 중생 아니라 진리인 중생이고 보디의 중생임을 여래 스스로의 해탈의 삶으로 증험해보이지만, 중생 스스로 못난 중생의 모습[衆生相] 붙들고 앉아 니르바나의 실상을 등지고 니르바나의 땅에 돌아가지 않는 것이다.

셈법하는 브라마나가 여래의 가르침을 듣고 삼보에 귀의하니, 그는 바로 셈법으로 보인 니르바나의 가르침을 듣고 브라마나의 법을 버리고 여래를 따라 곧장 자기 속에 이미 갖추어진 니르바나의 성에 들어간 것이다. 셈법하는 브라마나가 말씀에 믿음을 낸 그때 바로 넓고 넓은 여래의 집에 들어가 법왕의 자식[法王子]이 된 것이니, 단박 믿어 받아[頓受] 단박 깨침[頓悟]이 멀리 있는 것이 아니다.

여래는 비록 차제의 행을 보여 중생을 차츰 니르바나의 언덕에 끌어올리지만, 여래의 차제행은 중생의 번뇌가 본래 적멸되어 있는 곳에서 해탈의 땅에 이끄는 차제행이라 차제 가운데 이미 완성이 있다.

『화엄경』(「여래출현품」)은 이렇게 노래한다.

비유하면 해가 잠부드비파에 나서
밝은 빛이 어두움을 모두다 깨뜨리면
산의 나무 못의 연꽃 땅위 모든 것
갖가지 종류들이 다 이익 받음과 같네.

譬如日出閻浮提　光明破闇悉無餘
山樹池蓮地衆物　種種品類皆蒙益

모든 붇다의 해가 나옴 또한 이 같아
사람 하늘 못 착한 행 내고 키워서
어리석음의 어두움을 길이 없애고
지혜의 밝음을 모두 얻게 되니
높이 우거지는 온갖 해탈의 즐거움
삶들의 무리 언제나 받아 쓰도다.

諸佛日出亦如是　生長人天衆善行
永除癡闇得智明　恒受尊榮一切樂

비구가 사람의 성질을 살피지 못하면 그는 비구가 아니니

이와 같이 들었다.

한때 붇다께서는 슈라바스티 국 제타 숲 '외로운 이 돕는 장자의 동산'에 계셨다.

그때 세존께서 여러 비구들에게 말씀하셨다.

"만약 비구가 일곱 가지 법을 성취하면 현재의 법에서 즐거움 받음이 끝없을 것이고, 번뇌 다함을 얻으려 하면 곧 얻을 수 있을 것이다.

어떤 것이 일곱 가지 법인가? 곧 비구가 법을 알고, 뜻을 알며, 때를 아는 것이며, 또한 스스로를 아는 것이다. 다시 만족할 줄을 알고, 대중 가운데 들어갈 줄을 알며, 뭇 사람들을 살피는 것이다.

이것을 일곱 가지 법이라 한다."

번뇌 다해 해탈의 즐거움 얻게 하는 일곱 가지 법을 널리 보이심

"비구가 법을 안다는 것은 무엇인가?

비구가 법을 안다는 것은 곧 수트라(Sūtra, 契經) · 게야(Geya, 重頌), 비야카라나(Vyākaraṇa, 授記) · 가타(Gāthā, 孤起頌) · 우다나(Udāna, 無問自說) · 이티브리타카(Itivṛttaka, 本事) · 자타카(Jātaka, 本生譚) · 바이풀야(Vaipulya, 方廣) · 아부타다르마(Adbhuta-dharma, 未曾有法) · 니다나(Nidāna, 因緣) · 아바다나(Avadāna, 譬喩) · 우파데사(Upadeśa, 論議)를 아는 것이다.

만약 비구가 법을 모른다면 그것은 십이부경(十二部經)을 모르는 것이니, 그는 비구가 아니다.

그 비구가 법을 깊이 이해할 수 있기 때문에 법을 아는 것이라 한다. 이와 같이 비구는 법을 알아야 한다.

비구가 뜻을 안다는 것은 무엇인가?

이 법에서 비구는 여래께서 보이고자 하는 것을 알고 깊은 뜻을 사무쳐 알아 의심해 따짐이 없어야 한다.

만약 비구가 깊은 뜻을 이해하지 못한다면 그는 비구가 아니다. 그 비구가 깊은 뜻을 이해할 수 있으므로 뜻을 아는 것이라 한다. 이와 같이 비구는 뜻을 잘 분별할 수 있어야 한다.

비구가 '때의 알맞음을 안다'는 것은 무엇인가?

비구는 그 때를 잘 알아, 살핌[觀, vipaśaynā]을 닦아야 할 때에는 곧 살핌을 닦고, 그침[止, śamatha]을 닦아야 할 때에는 곧 그침을 닦는다.

침묵해야 할 때에는 침묵할 줄 알고, 가야 할 때에는 갈 줄 알며, 외워야 할 때에는 외울 줄 알고, 남을 가르쳐야 할 때에는 가르칠 줄 알며, 말해야 할 때에는 말할 줄 알아야 한다.

만약 비구가 이것을 모르는 자는 그침과 살핌, 나아가고 머묾의 알맞음을 모르는 것이니, 이 사람은 비구가 아니다.

만약 비구로서 그 때를 알아 때의 알맞음을 잃지 않는다면 이것을 알맞은 방편을 따름이라 한다. 이와 같이 비구는 그 때의 알맞음을 알아야 한다.

비구가 스스로를 알아 스스로를 닦는다는 것은 무엇인가?

비구는 스스로에 대해 이렇게 알 수 있어야 한다.

'나는 지금 이런 견해와 들음, 생각과 앎을 가지고 있고, 이와 같은 지혜가 있어서, 걸음걸이와 나아가고 멈춤을 늘 바른 법을 따라야 한다.'

만약 비구가 스스로 지혜의 마땅함을 알지 못하고 드나들고 가고 온다면, 그는 비구가 아니다.

그 비구가 스스로를 닦아, 나아가고 멈춤의 알맞음을 알면 이것을 스스로의 행[己行]을 닦음이라 하고, 이와 같은 비구를 '스스로를 안다'고 하는 것이다.

비구가 만족할 줄 안다는 것은 무엇인가?

비구는 잠자고 깸, 앉고 누움과 거닐어 다님, 나아가고 멈춤에 그 마땅함을 스스로 잘 헤아려 만족할 줄을 알아야 한다.

만약 비구가 이것을 알지 못한다면 그는 비구가 아니다. 그 비구가 이것을 알 수 있기 때문에 만족할 줄을 안다고 하는 것이다. 이와 같음을 '비구가 만족할 줄 안다'고 하는 것이다.

비구가 대중 가운데 들어갈 줄을 안다는 것은 무엇인가?

비구는 대중에 대해 이렇게 분별해야 한다.

'이들은 크샤트리아 종족이고, 이들은 브라마나들이며, 이들은 장자들이고, 이들은 사문들이다.'

나는 반드시 이 법으로써 저 대중에게 알맞으면 저 무리 가운데로 들어가 말해야 할 것인가 침묵해야 할 것인가를 모두 잘 살펴 안다.

만약 비구가 대중 가운데 들어갈 줄 모른다면 그는 비구가 아니다. 비구가 대중 가운데 들어갈 줄 알기 때문에 대중 가운데 들어감을 안다고 한다. 이와 같은 비구를 '대중 가운데 들어갈 줄 안다'고 하는 것이다."

일곱 가지 법 가운데서 뭇 사람의 근성 살피는데
두 가지 사람을 분별해 보이심

"비구가 사람들의 근성을 안다는 것은 무엇인가?

비구들은 알아야 한다. 두 종류의 사람이 있으니 어떤 것이 두 종류인가? 어떤 한 사람은 동산 가운데 가서 비구를 몸소 만나보려 하지만, 두 번째 사람은 동산으로 가 비구 만나는 것을 좋아하지 않는다. 이때 동산으로 가서 비구를 몸소 만나보려는 그 사람이 그렇지 않은 사람보다 더 뛰어난 사람이다.

비구들이여, 다시 두 종류의 사람이 있으니 어떤 것이 두 종류인가? 어떤 한 사람은 비록 비구가 있는 곳으로 찾아가기는 하더라도 안부를 묻지 않고, 두 번째 사람은 절에 가서 비구를 보려고도 하지 않는다. 이때 절에 가는 사람이 그렇지 않은 사람보다 더 빼어나 으뜸이 된다.

비구들이여, 다시 두 종류의 사람이 있으니 어떤 것이 두 종류인가? 어떤 한 사람은 비록 비구 있는 곳에 찾아가 때에 알맞은 인사를 묻지만, 두 번째 사람은 비구에게 찾아가지도 때에 알맞은 인사를 묻지도 않는다. 이때 절에 가는 사람이 가지 않는 사람보다 훨씬 더 빼어나 으뜸이 된다.

비구들이여, 다시 두 종류의 사람이 있으니 어떤 것이 두 종류인가? 어떤 한 사람은 비구 있는 곳에 찾아가 지극한 마음으로 법을 듣지만, 두 번째 사람은 비구에게 찾아가지도 지극한 마음으로 법을 듣지도 않는다. 이때 지극한 마음으로 법을 듣는 사람이 듣지 않는 사람보다 더 빼어나 으뜸이 된다.

비구들이여, 다시 두 종류의 사람이 있으니 어떤 것이 두 종류인가? 어떤 한 사람은 법을 잘 살필 수 있어 받아 지니며 외우지만, 두 번째 사람은 법을 받아 지니고 외우지 못한다. 이때 법을 받아 지니고 외우는 사람이 그렇지 않은 사람보다 더 빼어나 으뜸이 된다.

비구들이여, 다시 두 종류의 사람이 있으니 어떤 것이 두 종류인가? 어떤 한 사람은 법을 들으면 그 뜻을 이해하지만, 두 번째 사람은 법을 듣고도 그 뜻을 이해하지 못한다. 이때 법을 들으면 이해하는 사람이 그렇지 않은 사람보다 높아 으뜸이 된다.

비구들이여, 또 두 종류의 사람이 있으니 어떤 것이 두 종류인가? 어떤 한 사람은 법을 듣고 그 법을 성취하지만, 다른 한 사람은 법을 듣지도 않고 법을 성취하지도 못한다. 이때 법을 듣고 법을 성취하는 사람이 그렇지 못하는 사람보다 더 빼어나 으뜸이 된다.

비구들이여, 또 두 종류의 사람이 있으니 어떤 것이 두 종류인가? 어떤 한 사람은 법을 들으면 그 닦아 행함을 잘 견디어내 바른 법을 분별하고 보살펴 지니지만, 두 번째 사람은 그 법을 닦아 행함을 견디어내지 못한다. 이때 법을 닦아 행할 수 있는 사람이 그 여러 종류의 사람들보다 가장 빼어나 으뜸이 된다.

마치 소젖에서 삭힌 젖[酪]이 생기고, 삭힌 젖에서 버터[酥]가 생기며, 버터에서 제호(醍醐)가 생기면 제호가 으뜸이어서 어느 것도 따르지 못하는 것처럼, 이것 또한 이와 같아 만약 어떤 사람이 잘 닦아 행할 수 있으면 그가 으뜸이어서 아무도 따르지 못한다.

이것을 비구가 사람의 근성을 살핀다고 하는 것이다. 만약 어떤 사람이 이것을 알지 못한다면 그는 비구가 아니다.

그 비구가 법을 듣고 그 뜻을 분별한다면 그가 가장 높으니, 이와 같음이 비구가 사람들의 근성을 살피는 것이라 한다."

일곱 가지 법 성취의 공덕을 보이심

"만약 비구가 이 일곱 가지 법을 성취한다면 현재의 법 가운데 늘 즐거워서 함이 없을 것[無爲]이요, 뜻의 하고자 함에서 번뇌의 흐름이 끊어지고 또한 의심이 없게 될 것이다.

그러므로 비구들이여, 방편을 구해 이 일곱 가지 법을 성취해야 한다.

이와 같이 비구들이여, 반드시 이렇게 배워야 한다."

그때 여러 비구들은 붇다의 말씀을 듣고 기뻐하며 받들어 행하였다.

• 증일아함 39 등법품(等法品) -

• 해설 •

여래의 가르침을 따라 행하며 이 세간에 여래의 법의 깃발 세워 대중에게 가르침 전하는 이는 먼저 가르침대로 지혜를 성취하여 연기의 진실을 살펴야 한다. 그런 뒤에 이 세간과 대중을 살펴 그들의 근기와 취향, 병통에 맞춰 가르침을 설해야 한다.

안으로 연기법을 깨달아 지혜를 성취하는 것이 여래의 진리의 방에 들어감이라면, 밖으로 세간과 중생을 살피며 중생에 맞는 방편을 세우고 수단을 선택하여 세간 중생을 니르바나에 이끄는 것은 여래의 자리에 앉아 여래의 옷을 입고 중생을 위해 법을 설하는 것이다.

비구가 살펴야 할 일곱 가지 법에서 법을 알고 뜻을 아는 것은 여래가 가르치신 십이부경의 법과 뜻을 아는 것이니, 스스로 깨달아 여래의 가르침과 연기법의 진리를 아는 것이다.

때의 알맞음을 아는 것은 스스로 닦아감의 방편을 아는 것이고, 때를 아는 것은 세간 중생을 이해하고 그에 맞는 방편을 세우는 것이다.

스스로를 알고 만족함을 아는 것이란 지혜와 선정으로 스스로의 해탈에 나아감이다.

그에 비해 대중 가운데 들어갈 줄 알고 뭇 사람들을 살피는 것은 중생을 살피는 방편의 지혜를 갖추고, 시대를 이해하며 대중 속에 들어가 자비의 행을 나투어 고통받는 뭇 삶들을 해탈의 땅에 이끄는 것이다. 특히 중생의 근성을 안다는 것은 중생에게 믿음이 있는 이와 없는 이, 지혜의 바탕이 무르익은 이와 그렇지 못한 이가 있음을 알아 교화해야 함을 말하고, 설한 법 받아들여 행하는 이와 그렇지 못한 이가 있음을 살펴서 가르쳐야 함을 말한다.

연기법을 깨친 참된 수행자는 이처럼 스스로를 알고 만족할 줄 알지만 머물러야 할 내면의 고요함이 없고 붙들어야 할 자아가 없으므로 스스로를 아는 그 지혜는 끝내 역사와 사회 중생에 회향된다. 중생에 회향되는 자비는 지혜의 발현이고 지혜의 땅에는 저 중생이 실체로서의 중생이 아니므로 중생을 건지되 실로 건진다는 집착이 없고 나와 너라는 모습의 걸림이 없다.

그러므로 지혜로 연기의 실상을 살펴 모습 없는 사마디[無相三昧] 속에서 자비를 행하는 그가 바로 현재법 가운데 늘 행하되 함이 없는[無爲] 이요, 다시 진리의 땅에 망설임과 의심이 없는 이며, 번뇌의 흐름이 끊어져 다한 이이다.

붇다를 따르는 비구의 법은 늘 이처럼 차별로 주어진 온갖 존재가 공한 줄 알아 평등한 한맛[一味]의 선정과 지혜로 여래의 니르바나의 방에 들어가 여래의 방을 떠남이 없어야 한다.

그러나 평등한 니르바나의 방을 떠남이 없되, 남이 없이 일어나는[無生而生] 온갖 법의 차별된 모습을 잘 분별하고, 시대의 변화와 중생의 알맞음을 살펴 중생을 해탈의 땅에 이끌어야 하니, 『화엄경』(「여래출현품」)은 다음과 같이 말한다.

비유하면 뭇 물이 한 성품 같이해
여덟 가지 공덕의 맛 차별 없지만
땅에 그릇을 두면 각기 같지 않으므로
그 맛을 갖가지로 다르게 함 같네.

譬如衆水同一性　八功德味無差別
因地在器各不同　是故令其種種異

온갖 지혜로운 이 음성 또한 이 같아
법의 성품 한맛이라 분별 없지만
여러 중생 지어감이 다름 따라서
듣는 이들 각기 달리 알도록 하네.

一切智音亦如是　法性一味無分別
隨諸衆生行不同　故使聽聞種種異

4 다툼 없는 삶을 위해 법을 설하리[無諍性]

• 이끄는 글 •

갖가지 주의와 주장, 견해가 난무하는 것이 세간이다. 세간 중생은 그 견해에 물들고 견해에 휘둘리며 미망의 삶을 살아간다. 그래서 『법화경』은 오염된 역사, 억압된 문명을 '다섯 가지가 흐린 악한 세상'[五濁惡世]이라 말하고, 그 가운데 견해의 흐림[見濁]을 말한다.

붓다의 가르침은 견해에서 견해를 떠나, 견해 아닌 견해를 존재의 연기적 현실에 맞게 능동적으로 세워가는 세계관이다.

우리가 '그렇다'고 규정하는 저 세계에는 꼭 그렇다 할 닫힌 모습이 없으니, 세계의 객관적 이치는 이치 없는 이치이다. 주체의 그렇다 함은 말함에 실로 말함이 없으니, 주체의 대상을 향해 그렇다고 말함은 꼭 그렇다 함이 없는 그러함이다.

견해에서 견해를 떠나 견해에 물듦 없이 세계를 주체화하는 참사람은, 원효스님의 표현으로 하면 '이치 없는 큰 이치'[無理之大理]에 서 있고, '그렇다 함이 없는 크게 그러함'[不然之大然]에 서 있는 이이다.

그는 이치 없고 그렇다 함이 없으므로 주어진 세계의 모습에 막힘

없고 기성의 세계관과 견해 관념에 물듦 없다. 그는 모습에 모습 없는 크나큰 이치와 하되 함이 없는 크게 그러함에 서 있으므로 생성되어가는 세계의 역동성을 새롭게 주체화하고, 온갖 견해와 관념에 담긴 상대적 타당성을 타당성대로 읽어낸다.

그는 견해를 떠나 견해를 견해 아닌 견해로 새롭게 세워낸다.

참사람은 주의와 주장, 견해가 서로 충돌하는 현실세간에서 '그렇되 실로 그렇지 않음'[然而不然]을 말함으로써 주의와 주장이 서로 자기주장의 절대성을 부정하고 서로 소통할 수 있는 화해의 공간을 마련한다.

다시 '그렇지 않되 그러함'[不然而然]을 말함으로써 주의와 주장 속의 실로 그름 없는 상대적 그름과 실로 옳음 없는 상대적 옳음을 밝혀내 그름을 돌이켜 옳음에 나아가도록 한다.

붇다의 연기적 세계관을 따르는 참사람은, 그르다고 하는 것이 옳음과 상대적인 그름이라 공한 그름인 줄 알아 그름을 깨뜨리되 깨뜨림 없고[破而不破], 옳다고 하는 것이 그름과 상대적인 옳음이라 공한 옳음인 줄 알아 옳음을 세우되 세움 없이 옳음을 세워가므로[立而不立] 늘 니르바나의 고요함과 함이 없음을 떠나지 않는다.

그는 하되 함이 없고[爲而不爲] 함이 없되 하지 않음도 없이[無爲而無不爲] 보디의 삶을 사는 자이다.

그는 온갖 함에 함이 없으므로 함이 있음을 다하지 않고[不盡有爲] 함이 없음에 머물지 않으니[不住無爲], 함이 있음과 함이 없음이 둘이 아닌 크나큰 자재의 삶을 사는 자이다.

나는 세상과 다투지 않는데 세상이 나와 다투는구나

이와 같이 내가 들었다.

한때 붇다께서는 슈라바스티 국 제타 숲 '외로운 이 돕는 장자의 동산'에 계셨다.

그때 세존께서 여러 비구들에게 말씀하셨다.

"나는 세상과 다투지 않는데 세상이 나와 다투는구나.

무슨 까닭인가? 비구들이여, 만약 법답게 말하는 사람이라면 세상과 다투지 않기 때문이다.

세상의 지혜로운 사람들이 '그렇다'고 말하는 것에 대해 나 또한 '그렇다'고 말한다.

'세상의 지혜로운 사람들이 그렇다고 말하는 것에 대해 나 또한 그렇다고 말한다'는 것은 어떤 것인가?

비구들이여, 물질은 덧없고 괴로우며 변하고 바뀌는 법이라는 주장에 대해 세상의 지혜로운 사람들도 '그렇다'고 말하고, 나 또한 '그렇다'고 말한다.

이와 같이 느낌·모습 취함·지어감·앎은 덧없고 괴로우며 변하고 바뀌는 법이라는 주장에 대해 세상의 지혜로운 사람들도 '그렇다'고 말하고, 나 또한 '그렇다'고 말한다.

세상의 지혜로운 사람들이 '그렇지 않다'고 말하는 것에 대해 나 또한 '그렇지 않다'고 말한다.

곧 물질은 항상하고 변하거나 바뀌지 않으며 바르게 머무른다는 주장에 대해 세상의 지혜로운 사람들도 '그렇지 않다'고 말하고, 나 또한 '그렇지 않다'고 말한다.

이와 같이 느낌·모습 취함·지어감·앎은 항상하고 변하거나 바뀌지 않으며 바르게 머무른다는 주장에 대해 세상의 지혜로운 사람들은 '그렇지 않다'고 말하고, 나 또한 '그렇지 않다'고 말한다.

이것이 '세상의 지혜로운 사람들이 그렇지 않다고 말하는 것에 대해 나 또한 그렇지 않다'고 함이다."

여래는 세간법의 진실 말하는 분임을 보이심

"비구들이여, 세간에는 세간법이 있어, 나는 그것을 스스로 알고 스스로 깨달아 사람들을 위해 분별하고 연설하고 나타내 보이지만, 세간의 눈먼 장님들은 그것을 알지도 못하고 보지도 못한다.

그러나 그것은 내 허물이 아니다.

비구들이여, '세간의 세간법을 나는 스스로 알고 스스로 깨달아 사람들을 위해 연설하고 분별하고 나타내 보이지만, 저 세간의 눈먼 장님들은 그것을 알지도 못하고 보지도 못한다'는 것은 무엇인가?

비구들이여, 물질은 덧없고 괴로우며 변하고 바뀌는 법이니, 이것이 세간의 세간법이다.

이와 같이 느낌·모습 취함·지어감·앎도 덧없고 괴로운 것이니, 이것이 세간의 세간법이다.

비구들이여, 세간의 세간법을 나는 스스로 알고 스스로 깨달아 사람들을 위해 분별하고 연설하고 나타내 보이지만, 저 세간의 눈먼 장님들은 그것을 알지도 못하고 보지도 못한다.

내가 저 눈먼 장님들이 알지도 못하고 보지도 못하는 것을 어떻게 하겠는가?"

붇다께서 이 경을 말씀하시자, 여러 비구들은 붇다의 말씀을 듣고 기뻐하며 받들어 행하였다.

• 잡아함 37 아경(我經)

• 해설 •

세계의 연기적 진실 그대로 사는 삶을 깨달음[bodhi]이라 정의하고 있으므로 깨달음의 세계는 불교만의 고유한 삶의 영역을 말하지 않는다. 불교를 불교라고 말하면 이미 불교를 등지는 것이다. 세간법의 참모습이 붇다의 법이므로 붇다의 법은 곧 붇다의 법이 아니다.

그러므로 붇다의 가르침은 세간의 온갖 주의주장, 갖가지 견해의 길 가운데 또 하나의 견해를 보이는 길이 아니다.

붇다는 세계를 보는 견해와 보여지는 세계가 연기이므로 공한 진실을 밝히므로 온갖 견해와 주의에서 주의주장을 떠나, 사유와 견해를 생각 아닌 생각으로 밝혀내고 저 세계의 모습을 모습 아닌 모습으로 드러낸다.

붇다의 길이 또 하나의 고정화된 주의주장이 아니므로 붇다는 세간의 견해를 주장하는 무리들과 다투지 않는다. 오히려 자기 주의주장의 절대성을 고집하는 이들이 절대적으로 고집해야 할 주의주장의 공성(空性)을 밝히는 여래의 보디의 길[菩提路]에 스스로 다투고 대립할 뿐이다.

세계의 진실 자체가 붇다의 법이므로 붇다의 법은 붇다의 법이 아니다. 그러므로 진실대로 세계를 보는 이가 그렇다고 말하거나 그렇지 않다고 말하면 여래 또한 '그렇다'고 하고 '그렇지 않다'고 한다.

붇다는 스스로 삶의 연기적 진실을 깨달아 환상이 없고 그릇됨이 없는 보디의 길을 보여, 환상과 미망의 세계관을 말하는 이들을 비판하고 장님처럼 보지 못하는 이들을 깨우친다. 그러므로 붇다의 법은 붇다의 법 아님도 아니다.

붇다의 법이 붇다의 법이 아니되 붇다의 법 아님도 아닌 곳에 여래의 보디의 길이 있고 보디의 길을 따르는 '보디사트바(bodhisattva)의 다함없는 실천'[菩薩行]이 있다.

또한 보디사트바에도 보디사트바라 할 정해진 모습이 없고, 세계의 진실을 보는 지혜와 지혜의 삶이 보디사트바에 보디사트바의 이름을 주는 것이니, 지금 이 환상과 미혹의 역사 속에서 누가 보디사트바이며 누구를 보디사트바라 이름하는가.

옛 선사[冶父川]의 다음 노래를 살펴보자.

한 손을 들고 한 손은 내리니
왼쪽에서 불고 오른쪽에서 손뼉친다.
줄 없는 거문고로 남이 없는 음악 튕겨내니
궁상의 음계에 속하지 않고 그 가락 새롭다.
아무리 소리를 잘 아는 이라도
소리가 일어난 뒤만 아는 것이라
헛되이 그 이름이 멀리 들려 퍼짐이네.

一手擡一手搦　左邊吹右邊拍

無絃彈出無生樂　不屬宮商格調新

知音知後徒名邈

다툼 그치는 법을 칭찬하지 않으면
해탈의 법이 아니니

나는 들었다, 이와 같이.

한때 붇다께서 슈라바스티 국을 노닐어 다니실 적에 동쪽동산의 므리가라마트리 강당에 머무셨다.

이때 '검은 비구'는 사슴 성씨 어머니의 아들이었고, 늘 다툼을 좋아하였는데, 그가 붇다 계신 곳으로 나아갔다.

세존께서는 멀리서 검은 비구가 오는 것을 보시고, 검은 비구를 말미암아 여러 비구들에게 말씀하셨다.

다툼 좋아하는 법과 범행이 아닌 여러 법들을 경계하심

"어떤 사람은 늘 다툼을 좋아하고, 다툼 그치는 것을 칭찬하지 않는다. 만약 어떤 사람이 늘 다툼을 좋아하고 다툼 그치는 것을 칭찬하지 않으면, 이 법은 즐겨할 것이 못 되고 사랑하고 기뻐할 것이 못된다.

이 법은 사랑스럽게 생각하게 할 수 없고 공경하고 존중하게 할 수 없으며, 닦아 익히게 할 수 없고 거두어 지니게 할 수 없으며, 사문의 도를 얻게 할 수 없고 한뜻[一意]을 얻게 할 수 없으며, 니르바나를 얻게 할 수 없다.

어떤 사람은 나쁜 욕심을 지니고, 나쁜 욕심 그치는 것을 칭찬하지 않는다. 만약 어떤 사람이 나쁜 욕심을 지니고 나쁜 욕심 그치는 것을 칭찬하지 않으면, 이 법은 즐겨할 것이 못 되고 사랑하고 기뻐할 것이 못 된다.

이 법은 사랑스럽게 생각하게 할 수 없고 공경하고 존중하게 할 수 없으며, 닦아 익히게 할 수 없고 거두어 지니게 할 수 없으며, 사문의 도를 얻게 할 수 없고 한뜻을 얻게 할 수 없으며, 니르바나를 얻게 할 수 없다.

또 어떤 사람은 계율[戒]을 범하고 계율을 벗어나며, 계율을 빠뜨리고 계율을 허물며, 계율을 더럽히고 계율 지니는 것을 칭찬하지 않는다. 만약 어떤 사람이 계율을 범하고 계율을 벗어나며, 계율을 빠뜨리고 계율을 허물며, 계율을 더럽히고 계율 지니는 것을 칭찬하지 않으면, 이 법은 즐겨할 것이 못 되고 사랑하고 기뻐할 것이 못 된다.

이 법은 사랑스럽게 생각하게 할 수 없고 공경하고 존중하게 할 수 없으며, 닦아 익히게 할 수 없고 거두어 지니게 할 수 없으며, 사문의 도를 얻게 할 수 없고 한뜻을 얻게 할 수 없으며, 니르바나를 얻게 할 수 없다.

또 어떤 사람은 성냄에 얽매여 말하지 않는 맺음이 있고, 아끼고 미워함, 아첨과 속임이 있으며, 스스로 부끄러워함과 남에 대한 부끄러움이 없고, 스스로 부끄러워함과 남에 대한 부끄러움을 칭찬하지 않는다. 만약 어떤 사람이 성냄에 얽매여 말하지 않는 맺음이 있고, 아끼고 미워함, 아첨과 속임이 있으며, 스스로 부끄러워함과 남에 대한 부끄러움이 없고, 스스로 부끄러워함과 남에 대한 부끄러움을 칭찬하지 않으면, 이 법은 즐겨할 것이 못 되고 사랑하고 기뻐할 것이 못 된다.

이 법은 사랑스럽게 생각하게 할 수 없고 공경하고 존중하게 할 수 없으며, 닦아 익히게 할 수 없고 거두어 지니게 할 수 없으며, 사문의 도를 얻게 할 수 없고 한뜻을 얻게 할 수 없으며, 니르바나를 얻게 할 수 없다.

또 어떤 사람은 모든 범행자(梵行者)를 위로하지 않고 모든 범행자 위로하는 것을 칭찬하지 않는다. 만약 어떤 사람이 모든 범행자를 위로하지 않고 모든 범행자를 위로하는 것을 칭찬하지 않으면, 이 법은 즐겨할 것이 못 되고 사랑하고 기뻐할 것이 못 된다.

이 법은 사랑스럽게 생각하게 할 수 없고 공경하고 존중하게 할 수 없으며, 닦아 익히게 할 수 없고 거두어 지니게 할 수 없으며, 사문의 도를 얻게 할 수 없고 한뜻을 얻게 할 수 없으며, 니르바나를 얻게 할 수 없다.

또 어떤 사람은 모든 법을 살피지 않고 모든 법 살피는 것을 칭찬하지 않는다. 만약 어떤 사람이 모든 법을 살피지 않고 모든 법 살피는 것을 칭찬하지 않으면, 이 법은 즐겨할 것이 못 되고 사랑하고 기뻐할 것이 못 된다.

이 법은 사랑스럽게 생각하게 할 수 없고 공경하고 존중하게 할 수 없으며, 닦아 익히게 할 수 없고 거두어 지니게 할 수 없으며, 사문의 도를 얻게 할 수 없고 한뜻을 얻게 할 수 없으며, 니르바나를 얻게 할 수 없다.

또 어떤 사람은 고요히 앉아[宴坐] 좌선하지 않고 고요히 앉아 좌선하는 것을 칭찬하지 않는다. 만약 어떤 사람이 고요히 앉아 좌선하지 않고 고요히 앉아 좌선하는 것을 칭찬하지 않으면, 이 법은 즐겨할 것이 못 되고 사랑하고 기뻐할 것이 못 된다.

이 법은 사랑스럽게 생각하게 할 수 없고 공경하고 존중하게 할 수 없으며, 닦아 익히게 할 수 없고 거두어 지니게 할 수 없으며, 사문의 도를 얻게 할 수 없고 한뜻을 얻게 할 수 없으며, 니르바나를 얻게 할 수 없다.

이런 사람은 비록 '모든 범행자들이 나를 공양하고 공경하며, 예로써 섬기게 하자'고 이렇게 생각하더라도 모든 범행자들은 그를 공양하고 공경하거나 예로써 섬기지 않을 것이다.

무슨 까닭인가? 그에게는 이런 한량없이 악한 법이 있기 때문이다. 그에게 있는 이런 한량없이 악한 법이 모든 범행자들로 하여금 그를 공양하고 공경하거나 예로써 섬기지 못하게 한다.

마치 못된 말이 마판에 매여 길러지는 것과 같아서 비록 그 말이 '사람들이 나를 안온한 곳에 매어두게 하고 내게 좋은 음식을 주며, 잘 보살피게 하자'고 이렇게 생각하더라도 사람들은 안온한 곳에 매어두지도 않고 좋은 음식을 주지도 않으며, 잘 보살피지도 않을 것이다. 무슨 까닭인가? 그 말에는 나쁜 법이 있기 때문이니, 곧 아주 거칠고 더러우며 온순하지 않아서, 그 법들이 사람으로 하여금 안온한 곳에 매어두게 하지 않고 좋은 음식을 주지도 않으며, 잘 보살피지 않게 하는 것이다.

이와 같이 비록 이 사람이 '모든 범행자들이 나를 공양하고 공경하며, 예로써 섬기게 하자'고 생각하더라도 모든 범행자들은 그를 공양하고 공경하거나 예로써 섬기지 않을 것이다.

무슨 까닭인가? 그에게는 이런 한량없이 악한 법이 있기 때문이다. 그에게 있는 이런 한량없이 악한 법이 모든 범행자들로 하여금 그를 공양하고 공경하거나 예로써 섬기지 못하게 한다.”

다툼 그치는 해탈의 법과 여러 범행의 법을 찬탄하심

"또 어떤 사람은 다툼을 좋아하지 않고 다툼 그치는 것을 칭찬한다. 만약 어떤 사람이 다툼을 좋아하지 않고 다툼 그치는 것을 칭찬하면, 이 법은 즐거할 만하고 사랑할 만하고 기뻐할 만하다.

이 법은 사랑스럽게 생각하게 하고 공경하고 존중하게 하며, 닦아 익히게 하고 거두어 지니게 하며, 사문의 도를 얻게 하고 한뜻을 얻게 하며, 니르바나를 얻게 한다.

또 어떤 사람은 나쁜 욕심이 없고 나쁜 욕심 그치는 것을 칭찬한다. 만약 어떤 사람이 나쁜 욕심이 없고 나쁜 욕심 그치는 것을 칭찬하면, 이 법은 즐거할 만하고 사랑할 만하고 기뻐할 만하다.

이 법은 사랑스럽게 생각하게 하고 공경하고 존중하게 하며, 닦아 익히게 하고 거두어 지니게 하며, 사문의 도를 얻게 하고 한뜻을 얻게 하며, 니르바나를 얻게 한다.

또 어떤 사람은 계율을 범하지 않고 계율을 벗어나지 않으며, 계율을 빠뜨리지 않고 계율을 허물지 않으며, 계율을 더럽히지 않고 계 지니는 것을 칭찬한다. 만약 어떤 사람이 계율을 범하지 않고 계율을 벗어나지 않으며, 계율을 빠뜨리지 않고 계율을 허물지 않으며, 계율을 더럽히지 않고 계 지니는 것을 칭찬하면, 이 법은 즐거할 만하고 사랑할 만하고 기뻐할 만하다.

이 법은 사랑스럽게 생각하게 하고 공경하고 존중하게 하며, 닦아 익히게 하고 거두어 지니게 하며, 사문의 도를 얻게 하고 한뜻을 얻게 하며, 니르바나를 얻게 한다.

또 어떤 사람은 성냄에 얽매여 말하지 않는 맺음도 없으며, 아끼고 미워함도 없고 아첨과 속임이 없으며, 스스로 부끄러워함과 남에 대한 부끄러움이 있고, 스스로 부끄러워함과 남에 대한 부끄러움을 칭찬한다. 만약 어떤 사람이 성냄에 얽매여 말하지 않는 맺음도 없으며, 아끼고 미워함도 없고 아첨과 속임이 없으며, 스스로 부끄러워함과 남에 대한 부끄러움이 있고, 스스로 부끄러워함과 남에 대한 부끄러움을 칭찬하면, 이 법은 즐거할 만하고 사랑할 만하고 기뻐할 만하다.

이 법은 사랑스럽게 생각하게 하고 공경하고 존중하게 하며, 닦아 익히게 하고 거두어 지니게 하며, 사문의 도를 얻게 하고 한뜻을 얻게 하며, 니르바나를 얻게 한다.

또 어떤 사람은 모든 범행자들을 위로하고 모든 범행자 위로하는 것을 칭찬한다. 만약 어떤 사람이 모든 범행자들을 위로하고 모든 범행자 위로하는 것을 칭찬하면, 이 법은 즐거할 만하고 사랑할 만하고 기뻐할 만하다.

이 법은 사랑스럽게 생각하게 하고 공경하고 존중하게 하며, 닦아 익히게 하고 거두어 지니게 하며, 사문의 도를 얻게 하고 한뜻을 얻게 하며, 니르바나를 얻게 한다.

또 어떤 사람은 모든 법을 살피고 모든 법 살피는 것을 칭찬한다. 만약 어떤 사람이 모든 법을 살피고 모든 법 살피는 것을 칭찬하면, 이 법은 즐거할 만하고 사랑할 만하고 기뻐할 만하다.

이 법은 사랑스럽게 생각하게 하고 공경하고 존중하게 하며, 닦아 익히게 하고 거두어 지니게 하며, 사문의 도를 얻게 하고 한뜻을 얻게 하며, 니르바나를 얻게 한다.

또 어떤 사람은 고요히 앉아 좌선하고 고요히 앉아 좌선하는 것을 칭찬한다. 만약 어떤 사람이 고요히 앉아 좌선하고 고요히 앉아 좌선하는 것을 칭찬하면, 이 법은 즐거할 만하고 사랑할 만하고 기뻐할 만하다.

이 법은 사랑스럽게 생각하게 하고 공경하고 존중하게 하며, 닦아 익히게 하고 거두어 지니게 하며, 사문의 도를 얻게 하고 한뜻을 얻게 하며, 니르바나를 얻게 한다."

바른 법 칭찬하고 공경하는 이를 대중 또한 섬김을 보이심

"이런 사람은 비록 '모든 범행자들이 나를 공양하고 공경하며, 예로써 섬기게 하자'고 이렇게 생각하지 않더라도 모든 범행자들은 그를 공양하고 공경하며 예로써 섬길 것이다.

무슨 까닭인가? 그에게는 이런 한량없이 착한 법이 있기 때문이다. 그에게 있는 이런 한량없이 착한 법이 모든 범행자들로 하여금 그를 공양하고 공경하며 예로써 섬기게 하는 것이다.

마치 좋은 말이 마판에 매여 길러지는 것과 같아서 비록 그 말이 비록 '사람들이 나를 안온한 곳에 매어두게 하고 내게 좋은 음식을 주며, 잘 보살피게 하자'고 이렇게 생각하지 않더라도 사람들은 그를 안온한 곳에 매어두고 좋은 음식을 주며 잘 보살필 것이다.

무슨 까닭인가? 그 말에는 착한 법이 있기 때문이니, 곧 부드럽고 잘 길들여지고 아주 온순하여 사람들로 하여금 안온한 곳에 매어두게 하고 좋은 음식을 주며, 잘 보살피게 하는 것이다.

이와 같이 비록 이 사람이 '모든 범행자들이 나를 공양하고 공경하며, 예로써 섬기게 하자'고 이렇게 생각하지 않더라도 모든 범행자들은 그를 공양하고 공경하며, 예로써 섬길 것이다."

붇다께서 이렇게 말씀하시자, 여러 비구들은 붇다의 말씀을 듣고 기뻐하며 받들어 행하였다.

• 중아함 94 흑비구경(黑比丘經)

• 해설 •

붇다의 가르침은 견해에서 견해를 벗어나도록 하고 세간의 옳음을 옳음 아닌 옳음으로 세워낸다. 그러므로 자기 견해를 가지고 다른 이의 견해와 끝 없이 충돌하거나, 자기의 옳음을 절대적인 옳음으로 주장하는 것은 붇다의 가르침을 등지는 것이다.

붇다는 번뇌가 사라진 니르바나에서 번뇌를 벗어나는 해탈의 길을 가르 치고, 환상이 끊어진 보디에서 온갖 망상을 벗어나는 지혜의 길을 보이신다. 그러므로 여래가 보이는 니르바나와 보디에 이르는 해탈의 길을 온전히 따 라야만 해탈의 저 언덕에 이를 수 있다.

저 검은 비구는 사슴 성씨를 가진 어머니의 아들이니, 그 어머니가 상가 에 공양한 것이 므리가라마트리 강당[鹿子母堂]이다.

붇다는 비록 그 어머니가 상가에 강의실을 공양했지만, 그 아들인 검은 비구가 자기 견해를 내세워 다툼 좋아하는 것과 여래가 보이신 해탈의 실천 에 부지런히 힘쓰지 않는 것을 크게 꾸중하신다.

왜 견해로 다투는 이를 꾸중하시는가. 견해를 견해로 내세우는 것은 앎에 실로 아는 것을 두고 봄에 실로 보는 것을 두어, 앎에 앎 없어 알지 못함이 없는 중도의 한뜻[一意]이 아니기 때문이고, 앎이 아는 것에 물들어 니르바 나에 이르게 할 수 없기 때문이다.

견해에서 견해 떠나지 못하면 생각 다한 보디와 모습 공한 니르바나의 바 른 원인[正因]에 나아가지 못하고, 니르바나의 바른 원인을 칭찬하지 않고 따라 행하지 않으면 끝내 해탈의 저 언덕에 이르지 못한다.

보디와 니르바나에 이르게 하는 바른 법 곧 계행과 좌선과 다투지 않음과 성내지 않음은 온갖 중생의 휴식처가 되고 안락처에 이끄는 법이 되므로 바 른 법 칭찬하고 공경하는 이를 대중 또한 칭찬하고 공경할 것이다.

그러므로 붇다는 바른 법 칭찬하고 공경하는 이는, 억지로 공경하게 하지 않더라도 모든 범행자가 스스로 법 공경하는 이를 공경하고 예로써 섬기며 갖가지 공양거리로 공양한다 가르치신다.

『화엄경』(「세주묘엄품」)은 세간이 가장 높이고 공양하는 세존이 지난 옛날 한량없는 붇다와 중생 섬김으로 오늘날 세간의 공양 받는 자 되었음을, 이렇게 말한다.

여래는 지난 겁에 세간 계시며
바다처럼 끝없는 붇다 모셔 섬겼네.
그러므로 온갖 이들 내달리는 냇물처럼
모두 와서 세간의 높으신 이 공양하네.

如來往劫在世間 承事無邊諸佛海
是故一切如川騖 咸來供養世所尊

붇다는 지난 겁에 중생 위하여
끝없는 자비 바다 닦아 익히며
중생 따라 나고 죽음에 들어가
여러 무리 널리 교화해 청정케 했네.

佛於曩劫爲衆生 修習無邊大悲海
隨諸衆生入生死 普化衆會令清淨

바른 지혜로 말하면 말이 달라도
그 돌아감은 하나가 된다

이와 같이 내가 들었다.

한때 붓다께서는 바라나시 국 선인이 살았던 사슴동산에 계셨다.

그때 많은 비구들이 강당에 모여서 이와 같이 논의하였다.

"여러 존자들이여, 세존께서 파라야나(Pārāyana)의 물음에 대답하신 것은 이 게송이었소.

> 만약 두 끝을 아는 사람이라면
> 가운데에도 깊이 집착함이 없으리.
> 그를 크나큰 장부라 이름하나니
> 다섯 가지 탐욕을 돌아보지 않네.
> 거기엔 번뇌의 쇠사슬 없어서
> 얽매임의 근심을 멀리 벗어났네.

여러 존자들이여, 여기에는 어떤 뜻이 있소?

어떤 것을 끝이라고 하오? 어떤 것이 두 끝이며 어떤 것이 가운데이며 어떤 것이 얽매임이오?

어떻게 생각해야 지혜로써 아는 것이고, 밝게 사무침으로 알아[以了了] 지혜로 아는 것이 되며[智所知], 밝게 알 것을 알아[了所了] 괴로움의 끝에 이르러 괴로움에서 벗어날 수 있는 것이오?"

세존께서 밝힌 중도에 대해 여러 비구들이 각기 뜻을 밝힘

어떤 이는 이렇게 대답하였다.

"여섯 안의 들이는 곳[六內入處]이 한 끝이 되고, 여섯 밖의 들이는 곳[六外入處]이 다른 하나의 끝이 되며, 느낌이 가운데가 되고, 애욕이 얽매임이 된다.

느낌을 익히는 사람은 이러저러한 원인[因]을 얻어 몸이 차츰 더욱 자라나 세상에 태어나게 된다.

여기서 이 법을 지혜로 알고 밝게 사무침으로 알아 지혜로 아는 것이 되면, 밝게 알아야 할 것을 알아 괴로움의 끝에 이르러 괴로움에서 벗어나게 된다."

또 어떤 이는 이렇게 말하였다.

"과거세상이 한 끝이 되고, 미래세상이 또 다른 하나의 끝이 되며, 현재세상이 가운데가 되고, 애욕이 얽매임이 된다.

애욕을 익히면 이러저러한 원인으로 몸이 차츰 닿게 되고 세상에 태어나게 된다.

여기서 이 법을 지혜로 알고 밝게 사무침으로 알아 지혜로 아는 것이 되면, 밝게 알아야 할 것을 알아 괴로움의 끝에 이르러 괴로움에서 벗어나게 된다."

또 어떤 이는 이렇게 말하였다.

"즐거운 느낌이 한 끝이 되고, 괴로운 느낌이 또 다른 하나의 끝이 되며, 괴롭지도 않고 즐겁지도 않은 느낌이 가운데가 되고, 애욕이 얽매임이 된다.

그 애욕을 익혀 가까이하면 이러저러한 얻는 바에 몸이 닿아, 차츰 자라나 세상에 태어나게 된다.

여기서 이 법을 지혜로 알고 밝게 사무침으로 알아 지혜로 아는 것이 되면, 밝게 알아야 할 것을 알아 괴로움의 끝에 이르러 괴로움에서 벗어나게 된다."

또 어떤 이는 이렇게 말하였다.

"있음이 한 끝이 되고, 모아냄이 또 다른 하나의 끝이 되며, 느낌이 가운데가 되고, 애욕이 얽매임이 된다.

그 애욕을 익히면 이러저러한 얻는 바에 제 몸이 차츰 닿게 되고 차츰 자라나 세상에 태어나게 된다.

여기서 이 법을 지혜로 알고 밝게 사무침으로 알아 지혜로 아는 것이 되면, 밝게 알아야 할 것을 알아 괴로움의 끝에 이르러 괴로움에서 벗어나게 된다."

또 어떤 이는 이렇게 말하였다.

"몸이 한 끝이 되고, 몸의 모아냄이 또 다른 하나의 끝이 되며, 애욕이 얽매임이 된다.

그 애욕을 익히면 이러저러한 얻는 바에 제 몸이 차츰 닿게 되고 차츰 자라나 세상에 태어나게 된다.

여기서 이 법을 지혜로 알고 밝게 사무침으로 알아 지혜로 아는 것이 되면, 밝게 알아야 할 것을 알아 괴로움의 끝에 이르러 괴로움에서 벗어나게 된다."

또 어떤 이는 이렇게 말하였다.

"우리들 여러 사람이 말한 내용은 같지 않다. 아까부터 갖가지로 달리 말한 것들이 그 참뜻 알기 어렵다.

세존께서는 어떻게 달리 말씀하시는지 파라야나가 물은 경에 대해서 우리는 세존께 나아가 갖추어 여쭈어보자.

그리하여 세존께서 말씀하신 대로 우리는 받들어 지니도록 하자."

연기의 뜻을 바로 알면 여러 뜻 세움이 다 옳은 말이 됨을 보이심

그래서 여러 비구들은 세존 계신 곳으로 나아가 머리를 대 발에 절하고 한쪽에 물러나 앉아서 말씀드렸다.

"세존이시여, 아까 여러 비구들이 강당에 모여 이렇게 이야기하였습니다.

'세존께서 파라야나의 물음에 답하신 경에 대하여, 곧 두 끝과 가운데, 나아가 괴로움에서 벗어남을 이야기하면서 다음과 같이 달리 말하였습니다.

어떤 이는 여섯 안의 들임으로 한 끝을 삼고, 여섯 밖의 들임으로 또 한 끝을 삼고, 느낌으로 가운데를 삼으며, 애욕은 얽매임이 된다고 하고, 어떤 이는 괴로운 느낌으로 한 끝을 삼고, 즐거운 느낌으로 또 한 끝을 삼고, 괴롭지도 않고 즐겁지도 않음으로 가운데를 삼아서 애욕은 얽매임이 된다고 하여, 또렷이 결정하지 못하였습니다.

그래서 지금 일부러 세존께 찾아와서 그 뜻을 갖추어 여쭙는 것입니다. 저희들의 말 가운데 누가 그 뜻을 얻었습니까?"

붇다께서 여러 비구들에게 말씀하셨다.

"너희들이 한 말은 다 옳다.

나는 이제 너희들을 위해 또 다른 경을 말하겠다.

나는 파라야나를 위해 또 다른 경을 말해주겠다. 곧 닿음이 한 끝이 되고, 닿음의 모아냄이 또 다른 하나의 끝이 되며, 느낌은 가운데가 되고, 애착은 얽매임이 된다.

애착을 익혀 가까이하면 이러저러한 얻은 바에 몸이 닿아, 차츰 자라나 세상에 태어나게 된다.

이 법을 지혜로 알고 밝게 사무침으로 알아 지혜로 아는 것이 되면, 밝게 알아야 할 것을 알아 괴로움의 끝에 이르러 괴로움에서 벗어나게 된다."

붇다께서 이 경을 말씀하시자, 여러 비구들은 붇다의 말씀을 듣고 기뻐하며 받들어 행하였다.

• 잡아함 1164 바라연경(婆羅延經)

• 해설 •

여래께서 삶 속에 모순으로 주어지는 두 끝[二邊]과 가운데 법에 집착 없어 얽매임이 없는 해탈을 게송으로 보이시자 여러 비구들이 두 끝과 가운데 법에 갖가지 법을 대입한다.

어떤 이는 주체[六根]와 객체[六境]가 두 끝이 되고 주·객이 어울려 내는 느낌[受]이 가운데가 된다고 하고, 어떤 이는 즐거운 느낌과 괴로운 느낌이 두 끝이 되고 괴롭지도 않고 즐겁지도 않은 느낌이 가운데가 된다고 한다.

또 어떤 이는 있음[有]과 있음을 모아내는 법[集]이 두 끝이 되고 두 끝에 의해 나는 느낌[受]이 가운데가 된다고 한다.

어떤 것이 옳은가. 서로 다른 것을 의지해 일어나므로 실로 그것만의 자기실체가 없어 집착할 것이 없는 줄 알아 얽매임을 벗어나면, 서로 다른 법을 말해도 그 돌아가는 해탈의 법계는 둘이 아니므로 모두다 옳다. 그러나 연기의 뜻을 바르게 보지 못하면 비록 같은 말 같은 법을 말해도 그 뜻의 돌아감[旨趣]이 같지 않다.

가르치는 붇다의 편에서도 때로 중생이 실로 있음을 집착하면 붇다는 없음을 말해 법이 있지 않음을 밝히고[明法非有], 때로 중생이 실로 없음을 집착하면 있음을 말해 법이 없지 않음을 밝힌다[顯法非無].

이처럼 붇다가 있음을 말하고 없음을 말해도 실상과 해탈법계에는 두 법이 없는데, 중생이 말꼬리를 붙들고 다툼을 일으키는 것이다.

붇다와 붇다의 법을 바르게 깨친 선지식들의 법에 두 길이 없는데, 중생이 스스로 경전에서 보인 연기(緣起)와 선종(禪宗)의 무념(無念)이 다른 줄 알고, 중관(中觀)의 공(空)과 유식(唯識)의 앎[識]이 다른 줄 알며, 선종의 정법안장(正法眼藏)과 화엄(華嚴)의 일심법계(一心法界)가 다른 줄 안다.

임제(臨濟)의 세 가지 현묘함 세 가지 요점[三玄三要]과 천태(天台)의 세 가지 그침 세 가지 살핌[三止三觀]이 또한 두 법 아닌데, 언구(言句)에 떨어지고 문정(門庭)에 가린 이들은 그 법이 서로 다른 줄 안다.

오직 문자반야를 통해 지혜에 돌아가고 실상에 돌아가는 자만이 말의 다름에서 다툼을 일으키지 않고 오직 하나인 붇다의 진리의 수레[一佛乘]에 돌아갈 것이다.

『법화경』은 이렇게 말한다.

　　지금 여기 모인 여러 대중은
　　모두다 의혹을 없애야 하니
　　모든 붇다 말씀에는 다름이 없어
　　오직 일승일 뿐 이승이 없는 것이네.

　　今次諸大衆　皆應除疑惑
　　諸佛語無異　唯一無二乘

　　이 모든 여러 세존들께서는
　　다 일승의 법을 말씀해주어
　　한량없는 중생을 널리 교화해
　　붇다의 도에 들어가게 하여주시네.

　　是諸世尊等　皆說一乘法
　　化無量衆生　令入於佛道

『화엄경』(「세주묘엄품」) 또한 법계의 땅에서 일으킨 여래의 광대한 방편이, 중생을 다시 보디에 이끌고 법계에 들게 하기 위함임을 다음과 같이 노래한다.

실로 오고 감이 없는 붇다의 참된 몸
티끌 수 변화의 붇다 나타내시사
중생 마음 하고자 함에 널리 응해
깊은 법계 들게 하는 방편의 문을
넓고 크게 끝없이 열어 연설하시네.

出生化佛如塵數 普應群生心所欲
入深法界方便門 廣大無邊悉開演

법왕의 모든 힘은 다 청정하고
지혜는 허공 같아 끝이 없으나
중생 위해 모두다 열어 보이사
한 법도 남김 없고 숨김이 없이
널리 중생이 같이 깨쳐 들게 하시네.

法王諸力皆清淨 智慧如空無有邊
悉爲開示無遺隱 普使衆生同悟入

5 한 중생도 빠짐없이 해탈의 길에
   이끌기 위해 법을 설하니[普遍性]

• 이끄는 글 •

여래가 설한 가르침은 세계의 실상을 밝히는 가르침이고 중생의
진실을 밝히는 가르침이므로 중생이 알아듣든 못 알아듣든 세계 속
에 온전히 드러나 있는 진리이고 중생이 나날이 쓰고 있는 법이다.

그리고 여래가 깨친 연기의 진리에서 보면 여기 내가 있고 내 밖에
세계와 중생이 있는 것이 아니다. 나는 세계를 통해 '나'가 되므로 나
에 나가 없되 나 없음도 없음[無我無無我]을 깨닫고 보면 저 세계와
중생은 온전히 나의 삶활동인 세계와 중생이다.

여래가 깨친 진리가 온갖 중생의 자기진실이며 세계의 실상이므
로, 여래는 가르친 법을 믿지 않는다고 진리의 문밖에 내치지 않으며
알아듣지 못한다고 그를 가볍게 대하지 않는다.

여래의 법은 곧 중생의 법이다. 그러므로 여래는 진리를 브라흐만
의 자손이라고 믿는 특정 계급끼리 비밀하게 그 법을 주고받는 밀전
주의(密傳主義)에 가두지 않으며, 바깥길 사문들처럼 진리를 유아론
적 선정의 깊은 골방 안에 가두지 않는다.

여래는 '눈 있는 자는 누구나 와 보라'고 말씀하시며 법의 깃대를

광야에 높이 내걸어 보이고, '귀 있는 자는 누구나 와서 들으라'고 외치시며 법의 북을 저자의 네거리와 광장에서 두드린다.

가르침의 내용을 주먹손 안에 비밀하게 감추는 것은 여래의 진리관에 맞지 않는다. 보디에 나아가고 보디를 완성한 자가 고통받는 중생에게 법을 설해 그들을 해탈의 저 언덕에 이끄는 것이야말로 세계를 나 아닌 나로 보는 연기론적 세계관과 실천관의 삶인 것이다.

여래 진리의 방은 넓고 넓어 밖이 없으며[無外], 여래의 지혜의 바다는 깊고 깊어 밑이 없다[無低].

그 뉘라서 여래의 진리의 방 밖에 따돌림받는 자이고, 그 뉘라서 여래의 지혜와 자비의 은택을 입지 않는 자인가. 중생 스스로 귀 막고 눈 가리며 스스로 마음의 문을 닫고 등지고 돌아앉을 따름이다.

그렇다면 왜 붇다의 보디의 길에서는 홀로만의 해탈을 추구하지 않고 내면에 보존할 진리의 내용이 없이 온통 역사와 중생 속에 그 보디의 행이 발현되는가.

그것은 보디 가운데 머물러야 할 보디의 처소가 없고 외적 대상으로 취할 중생과 역사의 모습이 없기 때문이니, 『화엄경』(「십회향품」)은 말한다.

> 모든 법에 머물 바가 있지 않아서
> 중생과 보디의 모습 보지 않으니
> 시방 국토 삼세 속 모습 마쳐 다해
> 구하되 그 모습을 얻을 수 없네.
>
> 不於諸法有所住　不見衆生及菩提
> 十方國土三世中　畢竟求之無可得

모든 법의 성품 온갖 곳 두루함같이
보디사트바의 회향 또한 그러해
이와 같이 중생에게 회향하여서
늘 세간에서 물러나 구름이 없네.

如諸法性遍一切　菩薩迴向亦復然
如是迴向諸衆生　常於世間無退轉

　이처럼 밖으로 대상화해서 건질 중생과 장엄할 세간을 보지 않는
여래의 보디의 경계에서는 시방 법계가 중생 교화의 장이며 보디의
공덕 실현의 장이니, 「세주묘엄품」은 또한 이렇게 노래한다.

여래의 이름은 세간과 평등해
시방 국토에 널리 가득하도다.
온갖 방편 헛되이 지나침 없이
중생을 조복해 때를 떠나게 하네.

如來名號等世間　十方國土悉充遍
一切方便無空過　調伏衆生皆離垢

한 사람씩 홀로 가 세상에 법을 설하라

이와 같이 내가 들었다.

한때 붇다께서는 바라나시 국의 선인이 살던 사슴동산에 계시면서 여러 비구들에게 말씀하셨다.

"나는 이미 사람과 하늘의 모든 얽매임의 밧줄을 벗어났다. 너희들도 사람과 하늘의 밧줄을 벗어났다.

너희들은 사람 사이에 나아가 많은 사람들을 건네주고 많은 사람들을 이익되게 하여 사람과 하늘을 안락하게 해야 한다.

둘이 짝 지어 다니지 말고 한 사람 한 사람씩 홀로 가라. 나도 이제 우루빌라 마을로 가서 사람 사이에 노닐어 다니겠다."

세간 교화의 뜻을 어지럽히는 파피야스를 항복하심

그때에 악한 마라 파피야스는 생각하였다.

'사문 고타마는 바라나시 국의 선인이 살던 사슴동산에 있으면서 성문들을 위해 이렇게 설법한다.

〈나는 이미 사람과 하늘의 모든 얽매임의 밧줄을 벗어났다. 너희들도 사람과 하늘의 밧줄을 벗어났다.

너희들은 사람 사이에 나아가 많은 사람들을 건네주고 많은 사람들을 이익되게 하여 사람과 하늘을 안락하게 해야 한다.

둘이 짝 지어 다니지 말고 한 사람씩 홀로 가라. 나도 이제

우루빌라 마을로 가서 사람 사이에 노닐어 다니겠다.〉

　나는 지금 반드시 가서 어려움을 끼쳐주리라.'

　그는 곧 젊은이로 변해 붇다 앞에 서서 게송으로 말하였다.

　　벗어나지 못하고 벗어났다 하며

　　스스로 해탈했다 일컫는다면

　　보다 큰 묶음에 얽매이리니

　　나는 이제 끝내 놓아주지 않으리.

　그때 세존께서는 '이것은 악한 마라 파피야스의 어지럽힘이다'라
고 생각하시고 말씀하셨다.

　　나는 이미 사람 하늘 온갖 묶는 줄

　　모두 벗어 걸림 없이 뛰어났도다.

　　그대 파피야스임을 이미 아노니

　　어서 빨리 여기서 사라져 가라.

　그때에 악한 마라 파피야스는 '사문 고타마는 이미 내 마음을 알았
구나!' 생각하고, 근심과 슬픔을 안고 이내 사라져 나타나지 않았다.

• 잡아함 1096 승색경(繩索經)

• 해설 •

　제자들을 세간 전법의 길에 떠나보내면서 온 세간 사람과 하늘을 이익되
게 하고 안락하게 하도록 당부하는 이 경은 붇다의 전도선언(傳道宣言)으로

널리 알려졌다.

연기법의 진리와 보디의 길을 온 세상 사람뿐 아니라 저 하늘에까지 전파하도록 당부하는 이 경으로 인해, 지혜와 창조적 지식의 사적 소유와 특정 계급의 소유를 부정하는 붇다의 실천정신은 역사 속에 분명히 드러나게 되었다. 또한 사람뿐 아니라 하늘신까지 교화의 대상으로 삼으라는 붇다의 가르침으로 인해 보디를 추구하는 불교와, 하늘신을 섬기는 다른 가르침과의 차별성이 극명하게 밝혀졌다.

그리고 안으로 치열하게 보디를 추구하고 밖으로 적극적으로 세간에 나가 여래의 보디의 가르침을 전하는 상가의 출현은 바로 인류역사 최초 대중적 교육운동 집단의 출현이자 체계적 전도집단의 출현을 의미한다.

이 경의 시대적 배경은 붇다가 맨 처음 카시(Kāśi)의 사슴동산에서 카운디냐와 아쓰바짓 등 다섯 비구에게 사제법을 설해 그들을 아라한이 되게 한 다음 그들을 다시 세간 교화에 내보내는 때이니, 성도(成道) 이후 라자그리하로 복귀하여 빔비사라 왕을 만나기 이전의 일이다.

이때 붇다 또한 다섯 비구를 세간에 내보낸 뒤 홀로 우루빌라 마을에 가시어 우루빌라 카샤파 삼형제와 그 제자 천 명을 교화하셨다. 이 바라나시에서 전도의 선언과 세간 교화의 결단으로 붇다의 상가는 다섯 비구를 뛰어넘어 단번에 천 명이 넘는 제자를 거느리는 크나큰 상가집단으로 성장한다.

가르침을 전해 사람과 하늘의 대중을 모두 이익되게 하고 안락하게 하라는 여래의 당부는, 바로 밑바닥 천민에서부터 하늘신을 섬기는 브라마나까지 계급의 귀천을 가리지 않고 모두 교화하라는 당부이다. 또 여래의 법이 관념적 자유의 길이 아니라 삶의 총체적 행복의 증진이며 괴로움과 속박의 굴레에서 해탈하는 길임을 나타낸다.

이런 뜻을 『반야경』은, '보디사트바는 세간 중생의 이익과 안락을 위해 그리고 세간 중생의 섬이 되고 집이 되고 건져줌[救]이 되기 위해 보디의 마음을 일으킨다'고 가르친다.

『화엄경』(「범행품」梵行品) 또한 여래의 가르침을 받아들여 법의 눈을 뜬

자는 널리 세간에 들어가 세간 중생을 위해 법의 소리 들려주어야 함을 이렇게 말한다.

> 온갖 법이 공하고 나 없음 깨쳐 알면
> 중생을 자비로 생각해 늘 버리지 않고
> 한 큰 자비의 미묘한 음성으로
> 널리 세간에 들어가 연설하도다.

> 了知一切空無我 慈念衆生恒不捨
> 以一大悲微妙音 普入世間而演說

이에 반해 전법의 길을 떠나는 여래를 방해하는 저 파피야스는 바로 진리와 깨달음을 내면의 것으로 보존케 하려는 보이지 않는 유혹의 손길과 진리의 밀전주의를 반대하는 여래에 대한 시대의 장애가 마라(māra, 魔)로써 표현되었을 것이다.

여래의 가르침의 법[敎法]은 실은 가르침 받는 중생의 자기진실이니, 가르치는 자가 가르친다는 교만을 내어 가르침 받는 자를 내려다보고 얕잡아 보거나, 가르침 받는 자가 가르침 받는다는 집착을 내면, 그것이 곧 마라의 손길에 붙잡힌 것이다.

그렇다면 지금 서로 설하고 들을 것이 없이 이미 드러나 있는 진리의 터전에서 말함 없이 보디의 법을 말해 마라의 그물에서 벗어나는 자는 누구이고, 들음 없이 그 법을 받아들여 진리의 주체가 되는 자는 누구인가.

설하고 설하지만, 설하기 전에 중생 스스로 끝없는 바람과 빛[無限風光]을 이미 받아쓰고 있는 것인가.

옛 선사[佛鑑勤]는 다음과 같이 노래한다.

> 한 바퀴 밝은 달 하늘 복판 비치니
> 네 바다 뭇 삶들 그 빛을 모두 받네.

어찌 꼭 하늬바람 붉은 계수 흔들어
푸른 하늘에 거듭 가을소식 보내리.

一輪明月暎天心　四海生靈荷照臨
何必西風撼丹桂　碧霄重送九秋音

그러나 세간 중생의 미혹의 구름이 어둡고 어두우니, 가르침의 말씀 이전
과 이후를 한꺼번에 깨뜨려야 참으로 말씀 잘 지녀 가는 자라 하리라.
옛 선사[介庵朋]는 노래한다.

소리 앞을 향해 찾지 말고
말귀 뒤를 논해 미혹치 말라.
한 망치로 모두 깨뜨려 부수면
천고에 온전히 끌어감이라 하리.

莫向聲前討　休論句後迷
一槌齊擊碎　千古稱全提

고타마의 집은 매우 크고 넓고 넓으니

이와 같이 내가 들었다.

한때 붓다께서는 마쿨라(Makula) 산에 머물러 계셨는데, 존자 나가파라(nāgāpara)가 몸소 모시고 있었다.

그때 세존께서는 밤이 어두운 때 하늘에서는 보슬비 내리고 번갯불이 번쩍이는데 방 밖으로 나와 한데서 거닐고 계셨다.

그때 인드라하늘은 이렇게 생각하였다.

'오늘 세존께서 마쿨라 산에 머물고 계시는데 존자 나가파라가 몸소 모시고 공양하고 있다. 그 밤이 어두운데 하늘에선 때로 보슬비가 내리며 번갯불이 번쩍이는데 세존께서는 방 밖으로 나와 한데를 거닐고 계신다.

나는 지금 청색 보배로 된 이층집을 변화로 만들어 그 집을 가지고 붓다를 따라 거닐리라.'

이렇게 생각하고는 곧 청색 보배로 이층집을 변화로 만들어, 그 집을 가지고 붓다 계신 곳에 나아가 붓다의 발에 머리를 대 절하고 붓다를 따라 거닐었다.

그때 마가다 국의 사람들은 남자거나 여자거나 밤에 우는 아이가 있으면 마쿨라 귀신으로 두렵게 하여 곧 그치게 하였다.

몸소 모시고 공양하는 제자의 법에서는 스승이 선정에서 깨기를 기다렸다가 스승이 깨어나면 잠을 잔다. 그때 세존께서는 인드라하늘을 위해 오랫동안 밤에 거니셨다. 그때 존자 나가파라는 이렇게 생각하였다.

'세존께서 오늘밤 거니심이 너무 오래되었다. 나는 지금 마구라 귀신의 형상을 만들어 두렵게 해보겠다.'

그러고는 나가파라 비구는 곧 주쉬[倶執]라는 옷을 뒤집어쓰니 긴 털이 밖으로 드리웠다. 세존께서 거니시는 길목에 가서 붇다께 말씀드렸다.

"마쿨라 귀신이 왔습니다. 마쿨라 귀신이 왔습니다."

그때 세존께서 나가파라 비구에게 말씀하셨다.

"너 나가파라, 참으로 어리석은 사람아. 마쿨라 귀신의 모습으로 붇다를 두렵게 하느냐. 여래·공양해야 할 분·바르게 깨친 분의 털 하나도 움직일 수 없을 것이다.

여래·공양해야 할 분·바르게 깨친 분은 두려움을 여읜 지 오래되었다."

카우시카하늘왕에게 여래의 법이 넓고 넓음을 보이심

그때 인드라하늘이 붇다께 말씀드렸다.

"세존이시여, 세존의 바른 법과 율 안에 또한 이런 사람이 있습니까?"

붇다께서 말씀하셨다.

"카우시카(Kauśika)여, 고타마의 집은 매우 크고 넓고 넓다. 이런 무리도 오는 세상에서는 반드시 청정한 법을 얻게 해야 한다."

그때 세존께서는 곧 게송으로 말씀하셨다.

만약 다시 브라마나라면
스스로 얻은 그 법으로써
저 언덕에 이를 수 있네.
어떤 피사카 신이거나
저 마쿨라 귀신까지라도
모두다 넘어 지나가도다.

만약 다시 브라마나라면
스스로 행한 그 법으로써
온갖 모든 느낌과 감각을
바로 살펴 이미 다 없앴도다.

만약 다시 브라마나라면
스스로 얻은 그 법으로써
이미 저 언덕에 건너가
여러 가지 온갖 인연들
모두다 없애 다했도다.

만약 다시 브라마나라면
스스로 얻은 그 법으로써
이미 저 언덕에 건너가
온갖 모든 나와 남의 집착
모두다 없애 다했도다.

만약 다시 브라마나라면
스스로 얻은 그 법으로써
이미 저 언덕에 건너가
나고 늙고 병들어 죽음
모두다 이미 벗어났도다.

붇다께서 이 경을 말씀하시자, 인드라하늘왕은 붇다의 말씀을 듣고 기뻐하면서, 붇다의 발에 머리를 대 절하고 이내 사라져서는 나타나지 않았다.

• 잡아함 1320 마구라산경(摩鳩羅山經)

• 해설 •

넓고 커서 모든 무리 거두어 청정한 법을 얻게 하는 여래의 자비의 방은 어느 곳인가.

자비란 지혜의 발현이고 여래의 지혜는 자아와 세계가 공한 곳에서 자아와 세계의 온갖 것 그 연기적 자립성을 살펴 드러낸다. 그러므로 자비의 방은 시방에 두루하여 한량할 길 없는 마음의 방이다.

여래의 자비의 방은 설사 여래를 비방하고 여래를 해코지하는 이라도 거두어 해탈의 바다에 이끄는 고요한 진리의 방이니, 그 누구인들 내치고 그 누구인들 물리쳐 돌보지 않겠는가.

『법화경』은 여래의 방을 이렇게 말한다.

"여래의 방이란 온갖 중생 가운데 크게 자비한 마음이고,
여래의 옷이란 부드럽게 욕됨을 잘 참는 마음이며,
여래의 자리란 온갖 법이 공한 것이다."

이 경에서도 저 나가파라 비구가 귀신의 형상으로 여래를 시험했으나 모습 없는 사마디[無相三昧] 속 여래의 한 털끝도 움직일 수 없었고, 여래의 자비의 사마디[慈悲三昧]는 시험하고 비방하는 그 중생마저 진리의 품안에 거두어 싸안아주었다.

이처럼 여래의 방은 크고 넓고 막힘없어 하늘땅을 거둘 뿐 아니라 아득한 뒷세상 동요하고 회의하는 우리 중생까지 거두어주니, 그 누가 여래의 방 밖에 있는 자인가.

고타마의 집은 매우 크고 넓고 넓다는 말씀의 뜻은 끝내 어떤 것인가. 『화엄경』(「여래출현품」)의 찬탄의 노래를 살펴보아야 하리라.

비유하면 법계가 온갖 곳에 두루하되
보아 취함으로 온갖 것 삼을 수 없듯
열 가지 힘 갖추신 이 경계 또한 그러해
온갖 것에 널리 두루하되 온갖 것 아니네.

譬如法界遍一切　不可見取爲一切
十力境界亦復然　遍於一切非一切

법을 잘 연설하는 것이 큰 선인의 깃발이니

이와 같이 내가 들었다.

한때 붓다께서는 슈라바스티 국 제타 숲 '외로운 이 돕는 장자의 동산'에 계셨다.

그때 비사카 판찰리푸트라(Viśākhā Pañcāliputra)는 공양당(供養堂, 講堂)에서 많은 비구들을 모아놓고 설법하고 있었다. 그의 말씨는 원만하고 묘한 음성은 맑게 트였으며, 문구[句]와 뜻[味]은 분명하고 올바르며, 지혜를 따라 설명하였다.

그리하여 듣는 사람들마다 즐겁게 들었고, 의지하는 바가 없는 말은 깊은 뜻을 드러내어 여러 비구들로 하여금 한결같은 마음으로 오롯이 듣게 하였다.

그때 세존께서는 낮 선정에 들어 사람 귀보다 뛰어난 청정한 하늘 귀[天耳]로써 그가 설법하는 소리를 들으시고, 사마디에서 일어나 그 강당으로 가시어 대중 앞에 앉아 비사카 판찰리푸트라에게 말씀하셨다.

비사카 존자의 설법을 세존께서 찬탄함

"아주 뛰어나고 뛰어나다. 비사카야, 너는 여러 비구들을 위해 이 공양당에서 많은 비구대중들에게 설법하였구나. 그 말씨는 원만하고 묘한 음성은 맑게 트였으며, 문구와 뜻은 분명하고 올바르며, 지혜를 따라 설명하였다.

그리하여 듣는 사람들마다 즐겁게 들었고, 의지하는 바가 없는 말은 깊은 뜻을 드러내어 여러 비구들로 하여금 오롯이 정진하고 공경하여 한결같은 마음으로 즐거이 듣게 하였구나.

너는 반드시 자주자주 여러 비구들을 위해 이와 같이 설법해주어서 여러 비구들이 오롯이 정진하고 공경하여, 한마음으로 즐거이 듣게 하여라. 그렇게 하면 기나긴 밤 동안 뜻으로 요익되게 하여 안온하고 즐겁게 머물 수 있게 될 것이다.”

게송으로 잘 법 설함의 뜻을 보이심

그때 세존께서 곧 게송을 설하셨다.

만약 바르게 법을 설하지 않으면
어리석음과 지혜로움 뒤섞여서
설한 법 어리석은가 지혜로운가
스스로 드러내 밝힐 수가 없다.
맑고 시원한 법 잘 연설하여야
그 설함으로 지혜가 드러나리라.

법을 설함이 밝은 비춤이 되어
큰 선인의 깃발 비추어 드러내니
잘 법 설함이 신선의 깃발이 되고
설하는 법 아라한의 깃발이로다.

붇다께서 이 경을 말씀하시자, 존자 비사카 판찰리푸트라는 붇다의 말씀을 듣고 기뻐하면서 절하고 떠나갔다.

• 잡아함 1069 비사가경(毘舍佉經)

• 해설 •

설법은 여래의 교법을 말로 전하는 것이 아니다. 법사란 가르침을 듣고 온갖 법이 공함을 깨달아 여래의 자비의 방에 들어가 온갖 법이 공한 진리의 자리에 앉아 인욕의 옷을 입은 이이다. 그러므로 여래를 따라 여래의 방에 들어간 법사만이 여래의 심부름꾼[如來使]이 되어 중생을 위해 두려움 없이 법을 설할 수 있다.

저 비사카 판찰리푸트라는 스스로 지혜를 깨달아 지혜 따라 여래의 가르침을 대중에게 전하니, 여래는 그가 바로 여래의 참된 심부름꾼이며 여래의 진리의 깃발 잘 세운 이임을 찬탄하신다.

지혜로운 이가 법 설하는 언어적 실천을 일으키면 연기법을 살피는 그의 지혜는 더욱 밝게 드러나고, 그의 지혜는 자비의 원력과 공덕을 갖추며 상황에 맞는 문구와 뜻으로 방편을 갖추게 된다. 곧 세계의 실상을 통찰하는 근본의 지혜와 중생의 차별된 처지를 살피는 방편의 지혜가 없으면 법을 설할 수 없으니, 잘 법 설함밖에 반야가 없고 사마디가 없으며 아라한의 지을 바 지어감이 없고 보디사트바의 광대한 행이 따로 없는 것이다.

그러나 지금 세간에는 '가르침 안에 참으로 전한 것'[敎內眞傳]이 바로 '말 밖에 따로 전한 것'[敎外別傳]인 줄 모르고, 문자 세우지 않는다[不立文字]는 말로 여래의 언교를 무너뜨리는 이들이 넘쳐나고 있다. 이는 말에 말 없는 선의 종지[禪宗]를 무너뜨릴 뿐 아니라 말 없음에 말 없음도 없는 법의 깃발[法幢]을 꺾는 일이니, 괴롭고 괴로우며 위태롭고 위태로운 일이다.

남을 위해 설법하지 않고 침묵만 하는 것은 여래의 도가 아니니

이와 같이 들었다.

한때 붇다께서는 라자그리하 성 그리드라쿠타(Gṛdhrakūṭa) 산[靈鷲山]에서 큰 비구대중 오백 명과 함께 계셨다.

그때 존자 바쿨라(Vakkula)는 어떤 산모퉁이에서 헌 옷을 깁고 있었다.

그때 인드라하늘왕이 멀리서 존자 바쿨라가 어떤 산모퉁이에서 헌 옷을 깁고 있는 것을 보고는 이렇게 생각하였다.

'이 존자 바쿨라는 이미 아라한을 이루어 모든 묶임이 이미 풀렸고 긴 목숨이 한량없으며, 늘 스스로를 조복하여 덧없음[非常, 無常]·괴로움[苦]·공함[空]·나 없음[非身, 無我]을 생각하여 세상일에 집착하지 않으며, 또한 다른 사람에게 설법하지 않고 잠자코 스스로만 닦아감이 마치 저 바깥길 걷는 자들의 수행과 같다.

저 존자가 과연 다른 사람에게 설법하는 일을 감당해낼 수가 있을지 알 수 없다. 내가 지금 그를 시험해보아야겠다.'

그때 인드라하늘은 곧 서른세하늘[三十三天]에서 사라져 보이지 않더니, 그리드라쿠타 산에 내려와 존자 바쿨라 앞에 나타나 그의 발에 머리를 대 절하고 한쪽에 서 있었다.

인드라하늘왕이 남을 위해 설법하지 않는 까닭을 물음

그때 인드라하늘왕이 곧 이 게송을 설하였다.

지혜로운 이 찬탄해 말씀한 바인데
어찌하여 설법하지 아니합니까.
묶음 끊고 거룩한 행 이루었는데
왜 고요히 머물러 계십니까.

그때 존자 바쿠라 또한 이런 게송으로 인드라하늘왕에게 대답하였다.

붇다와 또 사리푸트라 존자와
아난다 존자와 쿤티 존자
또한 다시 여러 크신 존자들 계셔
묘한 법 잘 연설하고 있기 때문이오.

그때 인드라하늘왕이 존자 바쿠라에게 말씀드렸다.

"중생들의 근기는 여러 가지입니다. 그러니 존자께서는 아셔야만 합니다. 세존께서도 중생들의 종류는 이 땅덩이의 흙보다 더 많다고 말씀하셨습니다. 그런데 왜 존자 바쿠라께서는 다른 사람들에게 설법하지 않습니까?"

바쿠라가 대답하였다.

"중생들의 종류는 다 깨달아 알기 어렵고 세계는 여러 가지고 온갖 나라들도 같지 않습니다. 그들은 다 내 것[我所]과 내 것 아님[非

我所]에 집착하고 있습니다.

나는 지금 이 뜻을 다 살폈습니다. 그러므로 다른 사람들에게 설법하지 않는 것입니다."

인드라하늘왕이 말하였다.

"존자께서는 나를 위해 내 것과 내 것 아님의 뜻을 말씀해주시길 바랍니다."

존자 바쿠라가 말하였다.

"나[我, ātman]와 사람[人, pudgala], 목숨[命, jīva]에 대해 남자든 여자든 모든 사람들은 다 이 목숨 등을 의지해서 존재할 수 있습니다. 그런데 또 카우시카여, 세존께서 또 이렇게 말씀하셨습니다.

'비구들이여, 알아야만 한다. 늘 스스로 불꽃처럼 뜻을 내어 삿된 법을 일으키지 말고, 또 거룩한 침묵[默然]을 지켜야 한다.'

나는 이 뜻을 살피었기 때문에 침묵할 뿐입니다."

인드라하늘왕이 세간 중생 위해 법 설하시는 세존을 찬탄함

그때 인드라하늘왕은 멀리서 세존 계신 곳을 향해 두 손을 맞잡고 곧 이런 게송을 말하였다.

열 가지 힘 갖춘 세존께 귀의하오니
두렷한 빛 티끌과 가림 없도다.
널리 온갖 사람들을 위해주시니
이는 매우 기이하고 빼어나시네.

존자 바쿠라가 대답하였다.

"어찌하여 인드라하늘왕께서는 세존에 대해 '이는 매우 기이하고 빼어나시네'라고 말씀하십니까."

인드라하늘왕이 대답하였다.

"저는 다음과 같은 옛일을 기억합니다. 옛날에 저는 세존 계신 곳에 나아가 그 발에 절하고 이 뜻을 물었습니다.

'하늘이나 사람의 무리들은 어떤 생각을 가지고 있습니까?'

그때 세존께서 저에게 말씀하셨습니다.

'이 세계의 많은 종류들은 각기 달라서 그 근원이 똑같지 않다.'

저는 그 말을 듣고 조금 있다가 대답하였습니다.

'그렇습니다. 세존께서 말씀하신 것과 같습니다. 세계의 많은 종류들은 각기 똑같지 않습니다. 그러나 만약 저 중생들을 위해 설법해 주시면 모두 같이 받아 지니어 좋은 해탈의 과덕 이루는 이가 있을 것입니다.'

그러므로 저는 이 때문에 '이는 매우 기이하고 빼어나시네'라고 말하였던 것입니다. 그런데 존자 바쿠라께서 말씀한 바 또한 이와 같아 세계의 많은 종류들은 각기 똑같지 않다고 말하셨습니다."

그때 인드라하늘왕은 곧 이렇게 생각하였다.

'이 존자는 다른 사람들에게 설법할 수 있는 분이다. 설법할 수 없음이 아니다.'

그리고 인드라하늘왕은 곧 자리에서 일어나 떠나갔다.

그때 인드라하늘왕은 존자 바쿠라의 말을 듣고 기뻐하며 받들어 행하였다.

• 증일아함 23 지주품(地主品) 二

• 해설 •

이 경은 여래의 법을 듣고 법의 눈을 열었지만 스스로 입을 열어 법을 설하지 않는 바쿠라 존자와 하늘왕의 문답을 통해 연기법을 깨달아 여래의 진리의 방에 들어간 이는 반드시 남을 위해 해탈의 법 설해야 함을 가르친다.

여래의 법을 잘 설한다는 것은 다만 솜씨좋은 말재간으로 경전의 언구만을 남에게 전함이 아니다. 법을 잘 설한다는 것은 가르침을 통해 인연이므로 적멸한 만법의 실상을 통달해 다시 중생에게 법의 진실을 열어주는 것이다.

그러므로 잘 법 설하는 이는 법을 말하되 말함이 없고 말하지 않음에 말하지 않음이 없음을 안다. 그래서 때로 말하기도 하고 때로 거룩한 침묵을 지키지만 그는 늘 말에 말이 없고 말 없음에 말 없음도 없다.

다만 말로써 말하기만 하거나, 방편(方便)과 원력(願力) 차별의 지혜[智]가 없이 다만 말하지 않은 이는 참된 법사가 아니며 지혜와 사마디를 갖춘 이가 아니다.

그래서 인드라하늘왕은 산모퉁이에서 헌 옷이나 기우며 말없이 지내는 바쿠라 존자가 어두운 선정[暗證禪]에 빠져서 법을 말하지 않는가 따져 묻는다. 하늘왕에게 답한 바쿠라 존자의 법의 요점은 무엇인가. 법을 설함이란 신묘한 도리를 말함이 아니다.

중생이 의지해 살고 있는 나[我, ātman]와 사람[人, pudgala], 목숨의 틀[命, ajīva]에 실체 없음을 깨달아 중생에게 그 망집을 깨뜨려주는 것이 설법이다. 중생이 일으키는 삿된 마음을 깨뜨려주고 그밖에는 오직 거룩한 침묵을 지키는 것이니, 바쿠라 존자에게는 삿된 법 깨뜨림의 말을 일으킬 때도 말이 없고 거룩한 침묵의 때에도 다만 말 없지 않다.

하늘왕이 바쿠라 존자를 시험해보고서는 그가 여래의 법을 깨달아 잘 설할 수 있되 짐짓 거룩한 침묵을 지키는 이임을 알고 그를 찬탄하였다.

요즈음 지혜가 없고 사마디가 없이도 아무런 부끄러움이 없이 말귀만을 떠들어대며 성인의 법을 다 깨달아 아는 것처럼 설하는 이들은 깊이 살펴보아야 할 것이다.

연기의 진실 깨달아 말함 없이 잘 법을 말할 수 있는 이, 그가 여래의 위없는 보디를 짊어지고 미망의 세간에 해탈의 깃발을 세운 자이니, 그 사람이 마하야나(mahāyāna)의 선사이고 법사이다.

말재간에 능숙하다고 법사가 아니고 말을 끊고 고요함을 지킨다고 선사가 아니니, 『화엄경』(「범행품」)은 보디사트바의 길을 다음과 같이 가르친다.

> 여래를 따라 잘 행하는 보디사트바는
> 언어의 법이 다 적멸한 줄 알아서
> 다만 진여에 들어 다른 앎을 끊도다.
> 모든 붇다의 경계 다 따라 살피어
> 삼세를 통달해 마음에 걸림이 없네.
>
> 知語言法皆寂滅　但入眞如絶異解
> 諸佛境界悉順觀　達於三世心無礙

제2장

네 가지 문으로 중도의
진실을 열어 보임

"라훌라야, 있는바 모든 물질[色]을 이렇게 살펴야 한다.
모든 물질은 과거든 미래든 현재든,
안이든 밖이든, 거칠든 가늘든, 곱든 밉든,
멀든 가깝든, 그 온갖 것은 모두 나[我]가 아니요,
나와 다름[異我]도 아니며,
나와 나와 다름이 함께 있음[相在]도 아니다."

있음[有]이 실로 있다는 집착을 토대로 없음[無, 空]을 헤아리고, 있기도 하고 없기도 함[亦有亦空], 있음도 아니고 없음도 아님[非有非空]을 헤아리면, 네 가지 문[四門]이 모두 여래의 법에서는 말할 것이 없는 법[無記法]이 되고, 부질없이 따지는 법[戲論法]이 된다.

그러므로 이 네 가지 집착된 헤아림의 말[四句說]로 여래에게 '세계가 끝이 있는가 없는가' '여래에게 죽은 뒤의 존재가 있는가 없는가'를 물으면, 여래는 늘 답하지 않음으로 그들의 집착을 깨뜨리고 말 없음으로 연기의 실상을 보인다.

그러나 있음이 실로 있음이 아니므로 공에도 취할 공이 없는 중도의 실상[中道實相], 이루 사유할 수 없고 말할 수 없는 법계[不思議法界]에 서서 중생의 사유와 집착을 따라 있음[有]을 말하면, 그 있음은 부사의실상에 이끄는 있음이 된다. 또한 공(空)을 말해도 부사의실상에 이끄는 공이 되고, 있기도 하고 공하기도 함을 말해도 부사의실상에 이끄는 거짓 있음[假有]이 되고, 있음이 아니고 공함도 아님을 말해도 부사의실상에 이끄는 중도가 된다.

이루 사유로 사유할 수 없고 말로 말할 수 없는 진실처에 서서 중생의 집착 떠나 네 가지 법의 약을 쓰면, 네 가지 법의 약이 법계의 진실처에 드는 해탈의 문이 되는 것이다.

곧 중도인 진실상에서 있음의 방편을 열어내면[從本垂迹] 그 있음은 '실로 있음'[實有]이 되는 것이 아니고, 없음의 방편을 열어도 그 없음은 '다만 없음'[但空]이 되는 것이 아니다.

이런 뜻으로 천태가(天台家)의 대거사 송(宋)나라 충숙공(忠肅公) 진관(陳瓘)의 『삼천유문송』(三千有門頌)은 여래가 설한 있음의 문[有

門]이 곧 '부사의한 있음'[不思議有]이 됨을 다음과 같이 노래한다.

이루 생각할 수 없고 말할 수 없는
거짓 있음은 치우친 있음 아니니
이 거짓 있음은 본래 온갖 법 갖추었네.
참된 공 공하지 않아 치우친 공 아니고
치우침 없이 두렷한 중도는 원만하여
다만 있고 없음의 가운데 아니네.

그러므로 있음의 문과 공함의 문
또한 공하고 또한 있는 문,
공도 아니고 있음도 아닌 문
이 네 가지 문의 첫 문은 곧바로
생각할 수 없고 말할 수 없는
거짓 있음의 문이 되는 것이네.
첫 있음의 문이 곧 세 문이 되고
세 문이 곧 있음의 한 문이나
하나도 아니고 셋도 아니며
또한 네 문도 아닌 것이네.

不思議假非偏假　此假本具一切法
眞空不空非但空　圓中圓滿非但中
是故四門之初門　即是不可思議假
初門即三三即一　非一非三又非四
初門即三三即一　非一非三又非四

이 한 편의 게송은 비록 짧은 노래이지만 중국 명말 천태가의 큰 조사 진각존자(眞覺尊者)가 이 노래에 풀이를 짓고, 그 풀이에 대해 지욱선사(智旭禪師)가 교정한 뒤,『삼천유문송』의 풀이가 곧『마하지관』과『법화현의』의 요약이라고 크게 찬탄한 바 있다.

연기법에서 있음[有]은 다만 있음이 아니라 실로 있음도 아니고 공함도 아닌 부사의한 있음[不思議有]이라는 이 게송의 관점이, 필자의 실천적 경험과 일치한 관점으로 본 아함 해석의 토대가 되고 있다.

게송의 제목을 '삼천유문의 노래'라 한 것은 무엇인가.

연기적인 있음[緣起有]의 세계에서 마음[心]은 물질[色]을 떠나지 않고 물질은 마음을 떠나지 않으니, 이 뜻이 대승가에서 중생세간(衆生世間, 心)·기세간(器世間, 物)·오온세간(五蘊世間, 名色)으로 정리된다.

연기법에서 하나는 온갖 것에 통하고 온갖 것은 다시 온갖 것에 통한다. 그러므로 한 생각이 열 법계[十法界]에 통하고 열 법계가 열 법계를 거두고 낱낱 법계에 열 가지 모습과 성품의 인과 등이 갖추어져 있고, 그 낱낱에 세 가지 세간이 있으나 그 법은 모두 지금 한 생각을 떠나지 않는다.

그러므로 '삼천계의 있음의 문'[三千有門]이 지금 한 생각에 있으니, 한 생각이 있음이 있음 아닌 있음인 줄 살피면 삼천계 존재의 진실을 모두 깨치게 된다.

『삼천유문송』에서처럼 존재론적으로 연기의 진실을 있음과 공함을 잡아 네 문을 보인 것은 다시 인식론적으로 돌이켜 살펴보자.

귀가 소리를 들을 때 듣고 들림[聞聞]은 있음의 문[有門]이 되고, 들되 듣지 않음[聞不聞]은 공의 문[空門]이 되며, 듣지 않되 들음[不

聞聞]은 있기도 하고 공하기도 한 문[亦有亦空門]이 되고, 들음도 아니고 듣지 않음도 아님[不聞不聞]은 있음도 아니고 공함도 아닌 문[非有非空門]이 된다. 있음[有]의 문이 네 문을 모두 거두듯, 여래가 십이처설에 밝힌바 귀가 소리 듣고 눈이 빛깔 봄을 떠나 반야가 없고 보디가 없다.

듣고 들림[聞聞]과 듣되 듣지 않음[聞不聞]의 네 문은 비록 네 문을 보이나, 네 문은 모두 '눈이 빛깔 보고 귀가 소리 듣는 연기의 진실'을 주석한 것이라 네 문의 자취도 실로 세울 것이 없으니, 천태덕소선사(天台德韶禪師)는 다음과 같이 말한다.

"듣지 않고 들음[不聞聞]은 참됨을 좇아 응함을 일으킴[從眞起應]이요, 듣되 듣지 않음[聞不聞]은 응함을 거두어 참됨에 돌아감[攝應歸眞]이다.

듣고 들림[聞聞]은 다만 응함[但應]이요, 들음도 아니고 듣지 않음도 아님[不聞不聞]은 법신이 고요하여 과거·미래·현재가 아니며 일찍이 달라짐이 있지 않은 것이다.

여러 수행자들이여, 이것이 여래의 열반회상(涅槃會上)에서 사람들이 도를 깨닫게 하려 한 것이니, 모든 성인이 이 방편문을 드리워서 네 구절로 간추려 보임[四句料揀]이다.

그러므로 이와 같이 말해주는 것이니 어떻게 따져 아는가.

알고자 하는가. 아직 조짐이 나기 전에 현묘한 기미를 거두고[戢玄機於未兆], 변화하는 자리에서 그윽한 움직임을 감추는 것[藏冥運於卽化]이다.

여섯 가지 합하는 경계[六合]를 모아 마음을 비추고[鏡心], 가고 옴을 하나로 해 바탕을 이룬다. 만약 이와 같이 지어가면 한 법도 숨지 않으며 또한 한 법도 드러나지 않는다.

왜 이와 같은가. 숨고 드러남이 근원을 같이하고 범부와 성인이 근원을 같이해 다시 다른 이치가 없기 때문이다. 모든 붓다가 세상에 오시어 방편을 열어 실상을 드러내시나[開權現實] 끝내 마쳐 다해 열 방편이 없는 것이다.

만약 이와 같이 밝게 사무쳐 가면 어느 곳이 안락한 곳이 아니겠는가.

만약 마음 땅을 밝히지 못하면 비록 일대장교(一大藏敎)를 외울지라도 이익되는 바가 없어서 사람들이 따져 물으면 어찌할 줄 모르게 된다.

다만 이는 발부리[根脚]를 밝히지 못하고 보고 들음[見聞]을 깨뜨리지 못하기 때문이다.

여러 수행자들이여, 많은 헛됨이 적은 진실만 같지 못한 것이다."

덕소선사(德韶禪師)의 풀이를 보면 지금 눈과 빛깔이 마주해 보고 보임[見見]의 연기성을 밝힌 것이 보되 봄 없음이고 봄 없이 봄이다. 그러므로 연기와 공이 다른 뜻이 아니라 온갖 법은 움직일 때 움직임 없는 고요함이 있고 고요함 속에서 온갖 움직임의 조짐이 있어 숨고 드러남이 두 법이 아닌 것이니, 움직임에서 움직임의 모습을 취해서도 안 되고 고요함에서 고요함의 모습을 취해서도 안 된다.

이와 같이 덕소선사가 여러 경전 가운데 네 문의 방편과 네 구절의 법을 친절히 풀이해주었으니, 어떤 것이 밝혀야 할 발부리인가.

인연으로 법이 나는 그 자리이며, 눈이 빛깔을 보고 귀가 소리 들는 이 자리이다.

『화엄경』(「현수품」賢首品)은 이 뜻을 어떻게 가르치고 있는가. 경은 말한다.

만약 온갖 중생의 마음에 대해
한 생각에 모두 알아 남음 없으면
곧 번뇌에 일어남 없음 아는 것이니
길이 나고 죽음에 빠지지 않으리라.

若於一切衆生心　一念悉知無有餘
則知煩惱無所起　永不沒溺於生死

만약 번뇌가 일어남 없음을 알아
길이 나고 죽음에 빠지지 않으면
공덕 갖춘 법성의 몸을 얻어서
법의 위력으로 세간에 나투리라.

若知煩惱無所起　永不沒溺於生死
則獲功德法性身　以法威力現世間

1 온갖 법이 인연으로 일어나 있는
   것임을 보임[有門]

• 이끄는 글 •

온갖 존재가 절대신성의 전변(轉變)이라거나 절대관념의 자기운동이라면 절대신성이 온갖 존재의 출발점이고 제1원인이다. 그에 비해 온갖 존재가 존재 자체에 원자적 요인이 있다면 온갖 존재의 뿌리는 원자적 요소가 그 뿌리가 된다.

붇다의 연기법에서 온갖 존재는 자기 요인[因]과 밖의 여건[緣]에 의해서 일어난 법이지만[所生法], 결과로서 일어난 법이 다시 다른 법의 요인과 여건이 되어 다른 법을 일으킨다[能生法].

곧 인연으로 난 결과가 다른 법의 인연이 되어 원인·조건·결과에 모두 자기실체가 없어, 어떤 존재가 결과로 생겨난다 해도 실로 남이 없다[實無生]. 그러므로 연기법에서 있음[有]을 말하면, 그것은 실로 있음을 보인 것이 아니라 있되 있지 않음[有而非有]을 보인 것이며, 공하되 있는 거짓 있음[假有]이자, 있음과 없음을 떠난 중도의 있음[中道有]을 보인 것이다.

『삼천유문송』의 뜻으로 보면 '부사의한 있음의 문'[不思議有門]이 곧 세 문을 갖추어 한 문이 세 문이 되는 것이다.

십이연기설을 들어 살펴보자. 무명으로 인해 지어감[行]이 있고 나아가 나고 죽음[生死]이 있다고 해도 십이연기의 법이 모두 다른 것을 의지해 있는 것이므로, 이는 있음을 통해 실로 있지 않음을 보인 것이다.

무명 또한 나고 죽음을 실로 있는 나고 죽음으로 보아 무명이 일어났으므로 무명도 공한 것이니, 여래의 법에서 '있다'[有]고 한 것은 인연으로 일어난 것이므로 있되 실로 있지 않은 것이다.

여래의 가르침에서 십이연기가 서로 의지해 있다고 말하면, 듣는 이는 곧 있되 공함을 보고, 공하되 거짓 있음을 보며, 다시 있되 있지 않고 없되 없지 않는 중도의 뜻을 보아야 하는 것이다.

십이연기가 있되 있지 않음을 공하다고 말한 것이니, 공함 속에 십이연기가 있다고 하거나 십이연기가 실로 다할 것이 있다고 하면 연기의 뜻[緣起義]을 모르고 공의 뜻[空義]을 모르는 것이다.

있음이 있음이 아니므로 공 또한 공이 아니고 사라짐이 사라짐이 아닌 것이니, '있음의 문'[有門]에서 바로 '중도의 문'[中道門]을 보는 자가 연기의 진실한 뜻[因緣眞實理]을 알고 여래의 뜻을 바로 아는 것이다.

온갖 아는 법과 앎의 법이 있나니

이와 같이 내가 들었다.

한때 붇다께서는 슈라바스티 국 제타 숲 '외로운 이 돕는 장자의 동산'에 계셨다. 그때 세존께서 여러 비구들에게 말씀하셨다.

"반드시 온갖 아는 법[一切知法]과 온갖 앎의 법[一切識法]을 알아야 한다. 자세히 듣고 잘 사유하라. 너희들을 위하여 말해주겠다.

어떤 것이 온갖 아는 법이며 온갖 앎의 법인가.

여러 비구들이여, 눈이 곧 아는 법이요 앎의 법이다.

만약 빛깔[色]이나 눈의 앎[眼識], 눈의 닿음[眼觸], 눈의 닿음의 인연으로 나는 느낌[受]으로, 안의 느낌인 '괴롭거나 즐겁거나, 괴롭지도 않고 즐겁지도 않은 느낌들' 저 온갖 것이 바로 아는 법이고 앎의 법이다.

귀 · 코 · 혀 · 몸 · 뜻 또한 다시 이와 같다."

붇다께서 이 경을 말씀하시자 여러 비구들은 붇다의 말씀을 듣고 기뻐하며 받들어 행하였다.

• 잡아함 222 지식경(知識經)

• 해설 •

이 경에서 아는 법은 인식주체를 말하고, 앎의 법이란 인식활동을 말한다. 주체의 대상을 아는 인식활동은 눈 · 귀 · 코 · 혀 · 몸과 뜻의 여섯 창구로 이루어지니 여섯 아는 뿌리[六根]이고, 알려지는 대상은 빛깔·소리·냄새·맛·닿음·법이니 여섯 티끌경계[六境]이다.

연기법에서 아는 법[知法]은 아는 바[所知]를 의지해서 아는 법이 되고, 아는 바는 아는 법에 의해 아는 바가 된다. 아는 자와 아는 바가 있되 공해 앎의 법 아는 활동을 이루니, 앎활동이 일어날 때 아는 자는 앎활동 밖에 물러서서 아는 자가 아니라 앎활동 자체로 움직이는 아는 자이다.

곧 아는 인식주체인 눈이 저 빛깔을 볼 때 눈이 인식활동을 일으켜 빛깔을 붙잡는 것이 아니라, 눈[眼根]이 저 빛깔[色境]을 알 때 눈과 빛깔은, 앎활동[眼識]으로 살아 움직이는 자아와 세계이다. 그러므로 경은 이 뜻을 눈이 곧 인식주체인 아는 법이자 인식활동인 앎의 법이라고 가르친다.

곧 아는 자[知者]는 아는 활동[識]으로 살아 움직이는 아는 자이고, 닿음[觸] 느낌[受] 또한 모두 아는 활동을 통해서 따라 일어난 앎활동의 작용이다.

눈으로 빛깔을 보고 귀로 소리 듣고 뜻으로 법을 아는 것이 모두 이와 같아 아는 법과 알려지는 세계와 앎 자체가 서로 의지해 일어난 것이므로 온갖 있는 것은 곧 공해 실로 있지 않음[實非有]이고 거짓 있음[假有]인 것이다.

『화엄경』(「보살문명품」菩薩問明品)은 세계를 경험하고 있는 주체의 앎활동을 잡아서 앎과 아는 바가 어울려 온갖 법이 분별됨을 다음과 같이 노래한다.

> 앎과 알려짐의 힘에 의해서
> 갖가지 모든 법이 생겨나도다.
> 생겼다 곧 없어져 멈춤 없으니
> 생각생각 모두다 이와 같도다.
>
> 能緣所緣力　種種法出生
> 速滅不暫停　念念悉如是

여기 다섯 쌓임이 있으니

이와 같이 내가 들었다.

한때 붇다께서는 슈라바스티 국 제타 숲 '외로운 이 돕는 장자의 동산'에 계셨다.

그때 세존께서 비구들에게 말씀하셨다.

"다섯 받는 쌓임[五受陰]이 있으니 물질의 받는 쌓임[色受陰]·느낌의 받는 쌓임[受受陰]·모습 취함의 받는 쌓임[想受陰]·지어감의 받는 쌓임[行受陰]·앎의 받는 쌓임[識受陰]이다.

나는 이 다섯 받는 쌓임에 대해서 다섯 가지를 진실 그대로 아나니, 곧 물질[色]을 진실 그대로 알며, 물질의 모아냄[色集]과 물질의 맛들임[色味]과 물질의 걱정거리[色患]와 물질에서 벗어남[色離]을 진실 그대로 안다.

느낌·모습 취함·지어감·앎을 진실 그대로 알며, 앎의 모아냄·앎의 맛들임·앎의 걱정거리·앎에서 벗어남을 진실 그대로 안다."

다섯 쌓임의 진실 보이는데, 먼저 물질을 보이심

"어떻게 물질을 진실 그대로 아는가? 존재하는 모든 물질은 온갖 네 큰 요소[四大]이거나 네 큰 요소가 만든 물질[四大造色]로서 이것을 물질이라 하나니, 이와 같이 물질을 진실 그대로 안다.

어떻게 물질의 모아냄을 진실 그대로 아는가? 물질에 대해 기뻐하고 사랑하는 것, 이것을 물질의 모아냄이라 하나니, 이와 같이 물질의 모아냄을 진실 그대로 안다.

어떻게 물질의 맛들임을 진실 그대로 아는가? 물질의 인연 때문에 기쁨과 즐거움을 일으키는 것, 이것을 물질의 맛들임이라 하나니, 이와 같이 물질의 맛들임을 진실 그대로 안다.

어떻게 물질의 걱정거리를 진실 그대로 아는가? 만약 물질이 덧없고, 괴로우며, 변하고 바뀌는 법이라면 이것을 물질의 걱정거리라 하나니, 이와 같이 물질의 걱정거리를 진실 그대로 안다.

어떻게 물질에서 벗어남을 진실 그대로 아는가? 만약 물질에 대해서 탐욕을 항복받고, 탐욕을 끊으며, 탐욕을 벗어나면 이것을 물질에서 벗어남이라 하나니, 이와 같이 물질에서 벗어남을 진실 그대로 안다."

마음법[名, nāma]의 인연으로 나는 모습을 널리 보이심

"어떻게 느낌[受]을 진실 그대로 아는가? 여섯 느낌의 몸[六受身]이 있으니, 눈의 닿음[眼觸]이 내는 느낌, 귀·코·혀·몸·뜻의 닿음이 내는 느낌, 이것들을 느낌이라 하나니, 이와 같이 느낌을 진실 그대로 안다.

어떻게 느낌의 모아냄을 진실 그대로 아는가? 곧 닿음[觸]의 모아냄이 곧 느낌의 모아냄이니, 이와 같이 느낌의 모아냄을 진실 그대로 안다.

어떻게 느낌의 맛들임을 진실 그대로 아는가? 곧 여섯 가지 느낌의 인연 때문에 기쁨과 즐거움을 일으키는 것, 이것을 느낌의 맛들임이라 하나니, 이와 같이 느낌의 맛들임을 진실 그대로 안다.

어떻게 느낌의 걱정거리를 진실 그대로 아는가? 만약 느낌이 덧없고, 괴로우며, 변하고 바뀌는 법이라면 이것을 느낌의 걱정거리라 하나니, 이와 같이 느낌의 걱정거리를 진실 그대로 안다.

어떻게 느낌에서 벗어남[受離]을 진실 그대로 아는가? 느낌에 대해서 탐욕을 항복받고, 탐욕을 끊고, 탐욕을 벗어나면 이것을 느낌에서 벗어남이라 하나니, 이와 같이 느낌에서 벗어남을 진실 그대로 안다.

어떻게 모습 취함[想]을 진실 그대로 아는가? 곧 여섯 가지 모습 취함의 몸[六想身]이 있으니, 어떤 것이 여섯 가지인가? 곧 눈의 닿음이 내는 모습 취함, 귀·코·혀·몸·뜻의 닿음이 내는 모습 취함으로서 이것을 모습 취함이라 하나니, 이와 같이 모습 취함을 진실 그대로 안다.

어떻게 모습 취함의 모아냄을 진실 그대로 아는가? 곧 닿음의 모아냄이 모습 취함의 모아냄이니, 이와 같이 모습 취함의 모아냄을 진실 그대로 안다.

어떻게 모습 취함의 맛들임을 진실 그대로 아는가? 곧 모습 취함의 인연 때문에 기쁨과 즐거움을 일으키는 것, 이것을 모습 취함의 맛들임이라 하나니, 이와 같이 모습 취함의 맛들임을 진실 그대로 안다.

어떻게 모습 취함의 걱정거리를 진실 그대로 아는가? 곧 모습 취함이 덧없고, 괴로우며, 변하고 바뀌는 법이라면 이것을 모습 취함의 걱정거리라 하나니, 이와 같이 모습 취함의 걱정거리를 진실 그대로 안다.

어떻게 모습 취함에서 벗어남을 진실 그대로 아는가? 만약 모습 취함에 대해서 탐욕을 항복받고, 탐욕을 끊으며, 탐욕을 벗어나면 이것을 모습 취함에서 벗어남이라 하나니, 이와 같이 모습 취함에서 벗어남을 진실 그대로 안다.

어떻게 지어감[行]을 진실 그대로 아는가? 곧 여섯 가지 지어감의 몸[六思身]이 있으니, 곧 눈의 닿음이 내는 지어감[思], 귀·코·혀·몸·뜻의 닿음이 내는 지어감으로서 이것을 지어감이라 하나니, 이와 같이 지어감을 진실 그대로 안다.

어떻게 지어감의 모아냄을 진실 그대로 아는가? 곧 닿음의 모아냄이 지어감의 모아냄이니, 이와 같이 지어감의 모아냄을 진실 그대로 안다.

어떻게 지어감의 맛들임을 진실 그대로 아는가? 곧 지어감의 인연 때문에 기쁨과 즐거움을 일으키는 것, 이것을 지어감의 맛들임이라 하나니, 이와 같이 지어감의 맛들임을 진실 그대로 안다.

어떻게 지어감의 걱정거리를 진실 그대로 아는가? 만약 지어감이 덧없고, 괴로우며, 변하고 바뀌는 법이라면 이것을 지어감의 걱정거리라 하나니, 이와 같이 지어감의 걱정거리를 진실 그대로 안다.

어떻게 지어감에서 벗어남을 진실 그대로 아는가? 만약 지어감에 대해서 탐욕을 항복받고, 탐욕을 끊으며, 탐욕을 벗어나면 이것을 지어감에서 벗어남이라 하나니, 이와 같이 지어감에서 벗어남을 진실 그대로 안다.

어떻게 앎[識]을 진실 그대로 아는가? 곧 여섯 가지 앎의 몸[六識身]이 있으니, 곧 눈의 앎[眼識]·귀의 앎[耳識]·코의 앎[鼻識]·혀의 앎[舌識]·몸의 앎[身識]·뜻의 앎[意識]으로서 이것을 앎의 몸[識身]이라 하나니, 이와 같이 앎의 몸을 진실 그대로 안다.

어떻게 앎의 모아냄을 진실 그대로 아는가? 곧 마음·물질[名色]의 모아냄, 이것을 앎의 모아냄이라 하나니, 이와 같이 앎의 모아냄을 진실 그대로 안다.

어떻게 앎의 맛들임을 진실 그대로 아는가? 곧 앎의 인연 때문에 기쁨과 즐거움을 일으키는 것, 이것을 앎의 맛들임이라 하나니, 이와 같이 앎의 맛들임을 진실 그대로 안다.

어떻게 앎의 걱정거리를 진실 그대로 아는가? 만약 앎이 덧없고, 괴로우며, 변하고 바뀌는 법이라면 이것을 앎의 걱정거리라 하나니, 이와 같이 앎의 걱정거리를 진실 그대로 안다.

어떻게 앎에서 벗어남을 진실 그대로 아는가? 곧 앎에 대해서 탐욕을 항복받고, 탐욕을 끊으며, 탐욕을 벗어나면 이것을 앎에서 벗어남이라 하나니, 이와 같이 앎에서 벗어남을 진실 그대로 안다."

다섯 쌓임을 진실 그대로 알아 괴로움의 끝에 이르름을 보이심

"비구들이여, 만약 사문·브라마나가 물질에 대해서 이와 같이 알고 이와 같이 보고, 이와 같이 알고 본 뒤에 탐욕 여읨을 향하면 이것을 바르게 향하는 것이라 한다. 만약 그가 바르게 향하면 나는 '그는 지혜의 흐름에 들어왔다'고 말한다.

느낌·모습 취함·지어감·앎에 대해서도 또한 다시 이와 같다.

만약 사문·브라마나가 물질에 대해서 진실 그대로 알고 진실 그대로 본다면, 그는 물질에 대해서 집착하지 않는 마음을 일으키고, 탐욕을 떠나며, 모든 흐름을 일으키지 않고, 마음이 해탈할 것이다.

만약 마음이 해탈한다면 곧 순일하게 될 것이요, 순일하게 되면 곧 범행이 이루어질 것이며, 범행이 이루어지면 다른 것을 떠나 자재하게 될 것이니, 이것을 괴로움의 끝[苦邊]이라 한다.

느낌·모습 취함·지어감·앎 또한 다시 이와 같다."

붇다께서 이 경을 말씀하시자, 여러 비구들은 붇다의 말씀을 듣고 기뻐하며 받들어 행하였다.

• 잡아함 41 오전경(五轉經)

• 해설 •

온갖 존재를 주체의 앎활동[識]을 중심으로 다섯 쌓임[五蘊]으로 보인 교설에서 물질[色]·느낌[受]·모습 취함[想]·지어감[行]·앎[識]의 다섯 법은 서로 의지해 일어나고 서로 다른 것을 통해 생겨나므로 그 있음[有]은 있음 아닌 있음이다. 다섯 쌓임의 공한 있음을 실로 있는 것으로 취하고 받아들여 물들므로 다섯 가지 받는 쌓임[五受陰]이라 한다.

물질은 땅·물·불·바람 네 큰 요소[四大]가 이루어낸 것이지만, 네 큰 요소 또한 원자적인 요인이 아니다. 물질이 있되 공하므로 알려지는 물질세계는 앎활동 밖에 홀로 있는 물질이 아니다.

물질의 모아냄[集]이란 물질의 물질됨을 이루어내고 강화하는 요인이니 물질을 집착해 기뻐하고 사랑함이다.

물질의 맛들임[味]이란 물질 때문에 기쁨과 즐거움을 일으키는 것이니 물질에 탐착하는 생활을 말한다.

물질의 걱정거리[患]란 물질의 맛들임으로 물질이 삶의 걱정거리가 됨을 말한다.

물질에서 벗어남[離]이란 모습에서 모습 떠나 물질의 맛들임, 물질에 대한 집착을 벗어남이다.

물질과 같이 느낌·모습 취함·지어감·앎에서도 네 가지 쌓임 자체와 네 쌓임을 쌓임으로 이루어내는 모아냄[集]과 맛들여 집착함[味]과 집착함으로 생겨나는 걱정거리[患]와 쌓임에 대한 집착과 맛들임에서 벗어남[離]을 모두 말할 수 있다.

다섯 쌓임으로 표시된 아는 마음과 알려지는바 물질의 모든 법은 모두 일어나되 다른 것을 인연하여 일어났으므로 있되 있지 않다.

그러므로 있다는 가르침[有門]을 통해 다섯 쌓임의 있되 있지 않은 진실을 보면 괴로움의 끝에 이르러 해탈하게 된다. 그러나 괴로움 또한 본래 공한 다섯 쌓임에 대한 집착과 얽매임을 괴로움이라 이름지은 것이니, 오되 온 곳이 없다.

괴로움이 온 곳이 없으므로 괴로움이 다한 끝 또한 다섯 쌓임의 진실밖에 따로 없어서 괴로움의 끝이 곧 '다섯 쌓임의 있되 공한 실상'[五蘊實相]의 실현인 것이다.

다섯 쌓임 등 온갖 법이 인연으로 일어나 공한 줄 알면 그 있음을 실로 깨뜨릴 것이 없으니, 『화엄경』(「십회향품」)은 이렇게 말한다.

존재의 진실 잘 살피는 보디사트바가
삼세 모든 중생이 다 인연을 좇아
화합하여 일어남을 깨달아 알고
또한 마음의 즐김 업의 익힘 안다면
일찍이 온갖 법 깨뜨려 없애지 않네.

了知三世諸衆生　悉從因緣和合起
亦知心樂及習氣　未曾滅壞一切法

네 가지 진리가 있으니

이와 같이 내가 들었다.

한때 붇다께서는 바라나시 국 선인이 살던 사슴동산에 계셨다.

그때 세존께서 여러 비구들에게 말씀하셨다.

"네 가지 거룩한 진리가 있다. 어떤 것이 네 가지인가?

곧 괴로움의 거룩한 진리·괴로움 모아냄의 거룩한 진리·괴로움 사라짐의 거룩한 진리·괴로움 없애는 길의 거룩한 진리이다.

만약 비구가 이 네 가지 거룩한 진리에 대하여 아직 '사이 없는 평등함'을 이루지 못했으면 사이 없는 평등함을 닦아야 한다.

그리하여 더욱 하고자 함[增上欲]을 일으키고 방편으로 견디어내, 바른 생각 바른 앎으로 깨달아야 한다."

붇다께서 이 경을 말씀하시자, 여러 비구들은 붇다의 말씀을 듣고 기뻐하며 받들어 행하였다.

• 잡아함 381 사제경(四諦經) ②

• 해설 •

사제의 법[四諦法]은 고통과 해탈이 중생의 삶 속에서 연기함을 밝힌 교설이다. 사제의 법이 있다고 말할 때 괴로움[苦]이 원인[集]으로 일어난 괴로움이라 괴로움에 실로 끊을 괴로움의 실체가 없다면, 괴로움 끊는 행[道]에 실로 닦을 것이 없고[無修] 괴로움이 사라진 니르바나 또한 얻을 것이 없다[無證].

그러므로 우리는 여래로부터 괴로움의 원인과 결과가 있고 니르바나의 원인과 결과가 있다는 사제법을 듣고, 그 있음의 문[有門]에서 바로 있되 있지 않음을 보아야 하고, 있음과 없음을 넘어선 중도의 문을 보아야 한다.

곧 괴로움이 있되 괴로움 모아내는 원인에 의해 있다는 가르침을 듣고 곧바로 괴로움이 본래 없는 본디 깨쳐 있음[本覺]과, 짓되 지음 없는 파라미타의 행[無作行]과 얻되 얻음이 없는 니르바나의 해탈법계(解脫法界)를 보아야 한다.

중생의 고제가 '스스로 있지 않고 모아내는 원인에 의해 일어나며, 괴로움이 스스로 짓는 것이 아니고[非自作] 남이 짓는 것이 아니며[非他作] 나와 남이 함께 짓는 것이 아니며[非自他作], 원인 없이 짓는 것도 아니다[非無因作]'라고 말함이 괴로움이 괴로움이 아니라 본래 니르바나되어 있음을 가르친 것이다.

여래는 중생의 괴로움과 중생의 모습이 본래 적멸한 중도의 자리에서 때로 괴로움이 인연으로 있다고 가르치고, 도제에 의해 니르바나가 구현된다고 가르친다. 그러므로 여래가 인연으로 있다[有]고 말함이 으뜸가는 진리의 뜻에서 해탈의 땅에 이끌기 위해 방편으로 보임인 줄 알아야 하니, 『화엄경』(「십지품」十地品)은 말한다.

비유하면 환술사가 환술을 알아
대중에 있으면서 여러 가지 짓듯
여래의 지혜 또한 다시 그러해
세간 가운데서 널리 몸을 나투네.

譬如幻師知幻術　在於大衆多所作
如來智慧亦復然　於世間中普現身

붇다께선 깊고 깊은 참성품 머물러
고요하여 모습 없음 허공 같지만

으뜸가는 진실한 뜻 가운데서
갖가지 행하신 일 보여주시네.

佛住甚深眞法性　寂滅無相同虛空
而於第一實義中　示現種種所行事

경의 가르침이 이와 같으므로 우리 배우는 이들은 사제의 법이 있다는 여래의 가르침을 들으면 으뜸가는 진리의 뜻에 바로 돌아가 끊을 것도 없고 얻을 것도 없는 본래의 참소식을 알아들어야 하니, 다음 옛 선사[佛眼遠]의 한 노래를 들어보자.

양자강 언덕 버들빛 푸른 봄날에
버들꽃은 나루 건너는 이 애달프게 하네.
한 소리 피리가락 구슬피 남아
해거름 정자를 떠나가는데
그대는 소상으로 나는 진으로 가네.

楊子江頭楊柳春　楊花愁殺渡頭人
一聲殘笛離亭晚　君何瀟湘我向秦

2 온갖 법이 인연으로 일어났으므로 실로 있지 않음을 보임[空門]

• 이끄는 글 •

온갖 법은 내는 법[能生法]을 의지해 인연으로 일어나[所生], 스스로가 다시 다른 법을 내는[能生] 인연이 된다. 그러므로 온갖 법은 인연으로 난 것이라 나되 남이 없고[生不生] 있음 있음 아니다. 공(空)은 있음이 있음 아닌 존재의 진실을 밝히기 위해 세워진 뜻이므로 공에도 취할 공이 없다.

또 있음이 있음 아님을 공이라 표현했으니 있음을 무너뜨리고 공한 것이 아니며 있음 밖에 공이 따로 있는 것이 아니다.

『비말라키르티수트라』(淨名經)와 함께 초기 대승의 대표적인 경전이라 할 수 있는 『승만경』(勝鬘經, Śrīmālā-siṃha-nāda-sūtra)에서는 공에 대한 잘못된 이해로 '공으로 인해 뜻을 어지럽게 하는 보디사트바'[空亂意菩薩]가 등장한다.

그들은 다음 세 가지로 공에 대해 의심한다.

첫째, 그들은 공함이 물질과 다르다고 의심해, 물질 밖에 공을 취한다[疑空異色 取色外空].

둘째, 그들은 공이 물질을 없앤다고 의심해, 끊어져 없어진 공을 취한다[疑空滅色 取斷滅空].

셋째, 그들은 공을 사물처럼 의심해, 공을 취해 있음을 삼는다[疑空是物 取空爲有].

첫째, 물질 밖에 공을 취하는 의심을 깨기 위해 『반야심경』은 물질의 있음이 있음 아님을 보이기 위해 공을 말한 것이라 '물질이 공과 다르지 않음'[色不異空]을 밝혀 그 의심을 깨뜨린다.

둘째, 공이 물질 깨뜨린다는 의심을 깨기 위해 『반야심경』은 '물질이 곧 공함'[色卽是空]이라 물질을 없애고 공함이 되는 것이 아님[非滅色方空]을 밝혀 그 의심을 끊는다.

셋째, 공을 사물화하고 공을 관념적 신비로 취하는 의심을 깨기 위해 『반야심경』은 '공이 곧 물질'[空卽是色]이라 공으로써 공을 취할 수 없음을 밝혀 그 의심을 깨뜨린다.

곧 공을 말하면 그 공이 존재가 연기로 있음[緣起有]을 밝히는 공이라, 공을 말하면 거짓 있음[假] 아님이 없으며 중도실상[中] 아님이 없으니, 이것이 곧 천태선사가 보인바 원융삼제(圓融三諦)의 뜻인 것이다.

혜문선사(慧聞禪師)가 깨달아 전하고, 혜사선사가 크게 제창하고, 천태선사가 완성한 지관구행(止觀俱行)의 선풍 또한 이 원융삼제의 진리관을 떠나지 않는다.

사마타[止]는 존재의 있음이 있음 아님에 상응한 실천이고, 비파사나[觀]는 존재의 공함이 공함 아님에 상응한 실천이다. 존재의 공성이 연기의 뜻을 떠나지 않으므로 사마타가 곧 비파사나가 되는 것이며, 존재의 있음이 공의 뜻을 떠나지 않으므로 비파사나가 사마타를 떠나지 않는 것이니, 사마타와 비파사나가 하나된 선(禪)이 연기

중도의 진실에 맞는 선이다.

여래가 설한 연기중도의 진실한 뜻을 떠나면 그 실천이 조사선(祖師禪)의 이름도 얻지 못하고 여래선(如來禪)의 이름도 얻지 못한다.

그러므로 간화선(看話禪)의 대종장 대혜종고선사(大慧宗杲禪師) 또한 중증(中證)거사 곽지현(郭知縣)에게 보인 법문에서 공함과 거짓 있음과 중도가 원융한 뜻이 여래의 온갖 가르침 모두 거둠을 보인다. 앞에서도 잠깐 인용하였지만 다시 보이면 다음과 같다.

천태지자대사(天台智者大師)께서 법화삼매(法華三昧)를 깨닫고 공함과 거짓 있음과 중도의 세 살핌[空假中三觀]으로 여래의 일대장교를 모두 거두니, 모자람도 없었고 남음도 없었소.

공(空)을 말하면 거짓 있음[假有]과 중도가 공 아님이 없고, 거짓 있음을 말하면 공과 중도가 거짓 있음 아님이 없으며, 중도[中]를 말하면 공과 거짓 있음이 중도 아님이 없소.

이 뜻을 얻으면 선다라니(旋陀羅尼)를 얻게 되오.

이로써 위로부터의 모든 붓다와 여러 조사들이 이 문[此門]을 좇아 깨달아 들지 않음이 없음을 알아야 하오.

너는 어떻게 내가 간략히 말한 법에서
그 뜻을 널리 알았느냐

이와 같이 내가 들었다.

한때 붇다께서는 슈라바스티 국 '외로운 이 돕는 장자의 동산'에 계셨다. 어떤 비구가 자리에서 일어나 오른쪽 어깨를 드러내어 두 손을 맞잡고 붇다께 말씀드렸다.

"거룩하십니다, 세존이시여! 저를 위해 간략히 법의 요점을 말씀해주십시오. 저는 그 법을 듣고서는 홀로 한 고요한 곳에서 오로지 사유하여 방일하지 않음에 머물겠습니다.

왜냐하면, 잘 행하는 이가 집을 나와 수염과 머리를 깎고 가사를 입고, 바른 믿음으로 집이 아닌 데로 집을 나와 도를 배우는 것은, 위없는 범행을 다하여 현재의 법에서 몸으로 증득하여 '나의 태어남은 이미 다하고, 범행은 이미 서고, 지을 바를 이미 지어 스스로 뒤의 있음 받지 않음을 아는 것'이기 때문입니다."

그때에 세존께서는 말씀하셨다.

"잘 말하고 잘 말했다! 너는 이렇게 말했는가.

'세존이시여! 저를 위해 간략히 법의 요점을 말씀해주십시오. 저는 그 법을 듣고서는 홀로 한 고요한 곳에서 오로지 사유하여 방일하지 않음에 머물겠습니다.

왜냐하면, 잘 행하는 이가 집을 나와 수염과 머리를 깎고 가사를 입고, 바른 믿음으로 집이 아닌 데로 집을 나와 도를 배우는 것은, 위없는 범행을 다하여 현재의 법에서 몸으로 증득하여 〈나의 태어남은 이미 다하고, 범행은 이미 서고, 지을 바를 이미 지어 스스로 뒤의 있음 받지 않음을 아는 것〉이기 때문입니다.'"

"그렇습니다, 세존이시여."

다섯 쌓임이 공하여 나의 것이 아님을 보이심

붇다께서는 말씀하셨다.

"자세히 듣고 잘 사유해 생각하라. 너를 위하여 말해주겠다.

비구여, 너에게 맞지 않는 법을 빨리 끊어버려야 하니, 그 법을 끊어버리면 바른 뜻으로 요익되게 하여 기나긴 밤 동안 안락할 것이다."

"알았습니다, 세존이시여. 이미 알았습니다, 잘 가신 이여."

붇다께서 비구에게 말씀하셨다.

"너는 어떻게 내가 간략히 말한 법에서 그 뜻을 널리 알았느냐."

"세존이시여, 물질은 저에게 맞는 것이 아니니, 빨리 끊어버려야 합니다.

느낌·모습 취함·지어감·앎도 저의 맞는 것이 아니니, 빨리 그것을 끊어버려야 합니다. 끊고 나면 바른 뜻으로 요익되게 하여 기나긴 밤 동안 안락하게 될 것입니다.

그러므로 세존이시여, 저는 세존께서 간략히 말씀하신 법 가운데서 그 뜻을 널리 알았습니다."

붇다께서 말씀하셨다.

"잘 말했다, 비구여. 너는 내가 간략히 말한 법에서 그 뜻을 널리 알았구나. 무슨 까닭인가. 물질은 너의 맞는 것이 아니니, 빨리 끊어

버려야 한다. 그것을 끊고서는 바른 뜻으로 요익되게 하여 기나긴 밤 동안 안락하게 될 것이다.

이와 같이 느낌·모습 취함·지어감·앎도 너의 맞는 것이 아니니, 빨리 끊어버려야 한다. 그것을 끊고서는 바른 뜻으로 요익되게 하여 기나긴 밤 동안 안락하게 될 것이다."

세존의 찬탄을 받은 비구가 잘 사유하고
잘 닦아 익혀 아라한을 이룸

그때에 그 비구는 붇다의 말씀을 듣고 마음이 크게 기뻐 붇다께 절하고 물러갔다. 홀로 한 고요한 곳에서 부지런히 닦아 익히고 방일하지 않음에 머물러 부지런히 닦아 익혔다.

방일하지 않음에 머물고서는 이렇게 사유했다.

'옳게 행하는 이가 집을 나와 수염과 머리를 깎고 몸에 가사를 입고 바른 믿음으로 집이 아닌 데로 집을 나와 도를 배우는 것은, 나의 태어남은 이미 다하고, 범행은 이미 서고, 지을 바를 이미 지어 스스로 뒤의 있음 받지 않음을 아는 데 있다.'

그때 그 비구는 아라한을 이루어 마음에 해탈을 얻었다.

• 잡아함 17 비아경(非我經)

• 해설 •

온갖 법은 인연으로 일어난 것이므로 공하고, 인연으로 있으므로 그 있음은 실로 있음이 아니다. 수행자가 집 아닌 데로 집을 나와 범행을 닦는 것은 남[生]에 남이 없음[無生]을 알아 실로 태어남을 다하고, 있음[有]이 공함을 알아 다시는 뒤의 실체적 존재를 받지 않게 하기 위함이다.

중생은 다섯 쌓임의 연기적인 어울림으로 자기존재를 구성한다. 다섯 쌓임으로 나[我]가 있으므로 나에 나가 없고[無我], 다섯 쌓임 또한 스스로 있는 다섯 쌓임이 아니므로 다섯 쌓임의 법도 공하다[法空]. 다섯 쌓임의 법은 '나 아님'이 아니나 다섯 쌓임의 쌓여짐이 그대로 '나'가 아니니, 실로 쌓임의 법은 나에 맞는 법이 아니다.

그러므로 다섯 쌓임의 실체적인 모습을 놓아버리고 실체적인 모습을 끊으라 가르치는 것이지만, 모습을 놓아버리는 그곳이 다섯 쌓임의 진실이 현전하는 곳이다.

곧 다섯 쌓임의 있음을 있음으로 취하기 때문에 빨리 끊어 없애라 가르치나, 실로 있음의 있음을 놓아버리면 있음이 있음 아닌 있음이 되니, 실로는 끊어 없앨 있음이 없는 것이다.

있음이 있음 아님을 공하다[空] 이름했으므로 있음을 없애고 공이 되는 것이 아니고 있음밖에 돌아갈 공이 없다. 그러므로 연기의 진실한 뜻 바로 알아듣는 곳이, 바른 뜻으로 스스로를 요익되게 하고 세간을 요익되게 하여 기나긴 밤 니르바나의 안락을 누리는 곳이다.

온갖 것에는 나와 내 것의 모습 얻을 수 없으니

이와 같이 내가 들었다.

한때 붇다께서는 라자그리하 성 칼란다카 대나무동산에 계셨다.

그때 존자 라훌라(Rāhula)는 붇다 계신 곳에 나아가 붇다의 발에 머리를 대 절하고 물러나 한쪽에 서서 여쭈었다.

"세존이시여, 어떻게 알고 어떻게 보아야 저의 이 앎의 몸[識身]과 바깥 경계의 온갖 모습에서 나[我]와 내 것[我所]이란 견해, 나라는 교만[我慢]과 번뇌의 얽맴을 없앨 수 있겠습니까?"

붇다께서 라훌라에게 말씀하셨다.

"아주 잘 묻고 잘 물었다. 네가 여래께 이렇게 물었느냐.

'어떻게 알고 어떻게 보아야 저의 이 앎의 몸과 바깥 경계의 온갖 모습에서 나와 내 것이란 견해, 나라는 교만과 번뇌의 얽맴을 없앨 수 있겠습니까?'"

"그렇습니다, 세존이시여."

다섯 쌓임에 나 없음을 물질과 마음 활동을 나누어 분별하심

"잘 말했다, 자세히 듣고 자세히 들어 잘 생각하라. 너를 위해 말해 주겠다.

라훌라야, '있는바 모든 물질[色]을 이렇게 살펴야 한다. 모든 물질은 과거든 미래든 현재든, 안이든 밖이든, 거칠든 가늘든, 곱든 밉든, 멀든 가깝든, 그 온갖 것은 모두 나[我]가 아니요, 나와 다름[異我]도 아니며, 나와 나와 다름이 함께 있음[相在]도 아니다.'

이와 같이 평등한 지혜로 바르게 살피라.

이와 같이 '느낌·모습 취함·지어감과 앎은 과거든 미래든 현재든, 안이든 밖이든, 거칠든 가늘든, 곱든 밉든, 멀든 가깝든, 그 온갖 것은 모두 나가 아니요, 나와 다름도 아니며, 나와 나와 다름이 함께 있음도 아니다.'

이와 같이 평등한 지혜로 바르게 살피라.

이와 같이 라훌라야, 비구는 이와 같이 알고 이와 같이 본다.

이와 같이 알고 이와 같이 보면 이 앎의 몸과 바깥 경계의 온갖 모습에서 나와 내 것이라는 견해, 나라는 교만과 번뇌 얽맴이 없게 된다.

라훌라야, 비구가 만약 이 앎의 몸과 바깥 경계의 온갖 모습에서 나와 내 것이라는 견해, 나라는 교만과 번뇌 얽맴이 없게 된다면, 이 비구는 애욕을 끊고 더욱 모든 묶음을 없애 '사이가 없는 평등한 살핌'[無間等]으로 괴로움의 끝을 다했다고 할 것이다."

이때 라훌라는 붓다의 말씀을 듣고 기뻐하며 받들어 행하였다.

• 잡아함 23 라후라소문경(羅睺羅所問經) ①

• 해설 •

지금 세계를 아는 주체의 앎활동[識身, vijñāna-kaya]과 알려지는 바깥 경계[外境]의 온갖 모습은 서로 의지해 있다. 앎은 알려지는 세계를 의지해서 일어나는 앎이고, 알려지는 바깥 모습은 앎에 의해 주체화되는 세계이다.

앎과 알려지는 것은 모두 스스로의 자기요인에 의해 있는 것도 아니고, 바깔 조건에 의해서 있는 것도 아니며, 자기요인과 외적 조건의 합성도 아니며 둘을 떠난 것도 아니니, 앎과 알려지는 것은 모두 나되[生] 남이 없다[無生].

지금 아는 마음은 '나'의 앎활동이되 '나'의 앎은 아는 바를 떠나 앎이 없으므로, 앎활동에서도 '나'와 '나와 다름'이 없고 '나와 나와 다름이 서로 같이 있음'도 없다. 알려지는 세계는 '내'가 아니되 '내'가 알 때 '나'의 앎활동인 세계로 주어지므로, 알려지는 세계에서도 '나'와 '나와 다름'이 없고 '나와 나와 다름이 같이 있음'도 없다.

이와 같이 알아 앎에서 앎을 떠날 때 '사이가 없는 평등한 지혜'가 현전하며 나와 내 것의 집착을 떠나 괴로움의 끝에 이르게 된다.

안과 밖의 실로 있는 모습에서 실로 있음을 벗어나게 되면 해탈하게 되는 것이니 『화엄경』(「광명각품」)은 이렇게 노래한다.

몸과 마음이 모두다 평등하여
안과 밖에서 해탈하게 되면
영겁토록 바른 생각에 머물러서
집착 없고 얽매임이 없게 되리라.

身心悉平等　內外皆解脫
永劫住正念　無着無所繫

세간의 공함이란 어떤 것입니까

이와 같이 내가 들었다.

한때 붇다께서는 슈라바스티 국 '외로운 이 돕는 장자의 동산'에 계셨다. 때에 사미디(Samiddhi)라는 비구는 붇다 계신 곳에 나아가 붇다의 발에 머리를 대 절하고, 물러나 한쪽에 앉아 여쭈었다.

"세존이시여, 세간의 공함[世間空]이란 어떤 것을 말합니까."

세간법이 덧없으므로 공한 뜻을 보이심

붇다께서는 사미디에게 말씀하셨다.

"눈은 공하고, 항상하여 변해 바뀌지 않는다는 법도 공하며, 내 것도 공하다.

무슨 까닭인가. 이 성품이 스스로 그렇기 때문이다.

만약 빛깔·눈의 앎과 눈의 닿음, 눈의 닿음의 인연으로 생긴 느낌인 괴롭거나 즐겁거나, 괴롭지도 않고 즐겁지도 않거나, 그 모든 것 또한 공하며, '항상하여 변해 바뀌지 않는다고 하는 법'도 공하며, 내 것도 공하다.

무슨 까닭인가. 그 성품이 스스로 그렇기 때문이다.

눈·귀·코·혀·몸과 뜻 또한 다시 이와 같으니, 이것을 공한 세간[空世間]이라 한다."

붇다께서 이 경을 말씀하시자 사미디 비구는 붇다의 말씀을 듣고 기뻐하며 받들어 행하였다.

• 잡아함 232 공경(空經)

• 해설 •

시간적 인과[世]를 지니고 생성되며 공간적 관계[間]를 통해 나타나는 온
갖 법이 세간(世間)이다. 이 세간의 모든 법은 연기이므로 공하고, 연기이므
로 항상하여 변치 않는 것은 존재하지 않는다.

스스로 항상하다고 믿고 있는 것도 공하여 실로 있음이 아니고, 오직 연
기적인 변화 속에서 존재가 나되 남이 없음[生而無生]을 알 때 끊어져 없어
짐을 넘어 연기적인 항상함[無生而生]을 아는 것이다.

시간적인 과정성과 같이 공간적인 관계성 속에서도 상대적이지 않은 존
재는 없는 것이니, 오직 나와 내 것, 눈[眼]과 빛깔[色], 눈의 앎[眼識], 눈의
닿음[眼觸]이 공한 줄 알 때 관계의 필연성과 마주함의 필연성 속에서 마주
함이 없는 삶의 해탈장을 깨닫게 된다.

『화엄경』(「십회향품」)은 이렇게 가르친다.

안과 밖의 온갖 모든 세간에서
보디사트바는 집착하는 바 없지만
중생 요익하는 법 버리지 않으니
큰 수행자는 이 같은 지혜 닦아 행하네.

內外一切諸世間　菩薩悉皆無所著
不捨饒益衆生業　大士修行如是智

「여래출현품」 또한 이렇게 가르친다.

바르게 깨치신 이는 온갖 법이
둘이 없고 두 모습 떠나 평등하여

자기성품 청정해 허공 같음 깨쳐
나와 나 아님을 분별하지 않네.

正覺了知一切法　無二離二悉平等
自性淸淨如虛空　我與非我不分別

이런 뜻에서 선종에서 말하는 '만법과 짝하지 않는 이'라 함도 서로 마주하지 않을 수밖에 없는 세간법 밖에 따로 있는 어떤 신묘한 주체가 아니다.

그렇다면 그 무엇을 '만법과 짝하지 않는 자'라 하는가.

마조선사(馬祖禪師)와 방거사(龐居士)의 다음 문답(『선문염송집』, 161칙)을 살펴보자.

마조선사에게 방거사가 이렇게 물었다.

"만법과 더불어 짝하지 않는 이는 어떤 사람입니까."

이로 인해 마조가 대답했다.

"그대가 한 입에 서강의 물을 마셔 다하고 나면 그대에게 말해주겠소."

거사가 말 아래 곧 깨달았다.

천동각선사(天童覺禪師)는 이 문답에 대해 다음과 같이 노래한다.

서강물 마셔 다해야 네게 말해준다 하니
마조스님 마른 풀섶 떨어뜨림 인정 않도다.
삼천세계의 바다 온통 같은 가을 이루니
밝은 달과 산호가 차갑게 서로 비추네.

吸盡西江向汝道　馬師不肯落荒草
三千刹海一成秋　明月珊瑚冷相照

위의 노래 가운데 묵은 풀섶 떨어뜨림을 인정치 않는다는 것은 있음을 있

음으로 두어두거나 있음을 없애 공하게 함을 인정치 않는다는 뜻이고, 밝은
달과 산호가 서로 비추는 때는 모습 가운데 모습 없고 마주함 가운데 마주
함과 짝함이 없는 소식을 보임이리라.

그렇다면 이것이 이것 아닌 이것이 되고 저것이 저것 아닌 저것이 되는
때가 밝은 달과 산호가 서로 차갑게 비추는 때인가.

천동각선사는 다시 이렇게 노래한다.

> 서강물 다 마셔야 말한다 하니
> 마조의 가풍 허둥댐이 아니네.
> 강물 흐름을 끊는 저 외돛대가
> 차갑게 서린 연기 깨뜨리니
> 하늘과 물은 같은 가을빛에 함께하여
> 맑은 빛은 아득하여 끝이 없어라.

> 吸盡西江向汝道　馬師家風不草草
> 截流一棹破煙寒　天水同秋淸渺渺

3 온갖 법이 인연으로 일어난 거짓 이름이므로, 있기도 하고 공하기도 함을 보임[亦有亦空門]

온갖 법이 덧없으므로 나 없다[無常故無我]라고 말하면 이는 온갖 법이 연기이므로 공함[緣起卽空]을 밝힘이고, 온갖 법이 나 없으므로 덧없다[無我故無常]고 말하면 이는 온갖 법이 공하므로 연기함[空卽緣起]을 밝힌 것이다.

곧 온갖 존재가 인연으로 일어나, 있음이 실로 있음 아님을 밝히기 위해 공을 말한 것이니, 실로 있음을 깨뜨리기 위해 세운 공 또한 공하여[空亦空], 공하기 때문에 온갖 존재가 연기할 수 있는 것이다.

그러므로 '존재가 있기도 하고 공하기도 하다'고 말한 것은 공하기도 하고 있기도 하는 존재의 모습을 헤아리는 것이 아니라 공의 공됨을 집착하는 이들을 이끌기 위해 또한 '공하기도 하고 있기도 함'으로 부사의법계(不思議法界)를 밝힌 것이다.

이를 중국 화엄종의 종사들이 세운 화엄교의 법수로 살펴보자.

인연으로 일어난 세간의 사법(事法)밖에 진리의 세계가 없으므로 인연으로 일어나는 속제(俗諦)의 세계를 사법계(事法界)라 한다.

사법계밖에 진리가 있지 않고 사법계가 있되 공함이 연기된 법의 진실이므로 사법계가 공한 진제(眞諦)를 이법계(理法界)라 한다.

사법계는 진리인 사법계이고 이법계는 사법계 밖의 진리의 세계가 아니라 사법계인 진리이다. 사법계는 이법계의 공한 바탕[理實法界]에서 연기하므로 사법계와 이법계는 둘이 아니니, 이를 화엄은 '진리와 사법이 걸림 없는 법계'[理事無碍法界]라 한다.

사법과 사법이 걸림 없는 법계[事事無碍法界]도 사법계 밖에 따로 있는 법계가 아니라, 낱낱의 사법이 진리인 사법이므로[理事無碍故] 사법과 사법이 서로 하나되고 서로 들어가[相卽相入] 걸림 없다고 하는 것이다.

그러므로 아함경에서 '온갖 법이 나 없으므로 덧없다'고 가르치는 법문에서 곧바로 '진리와 사법이 걸림 없는 법계'를 보아야 하니, 아함의 가르침밖에 화엄교의 법문이 따로 없다. 화엄의 다함없는 법계연기[無盡法界緣起]의 법문이 아함교설 밖에 따로 있다고 하는 이는, 실로 아함도 모르고 화엄도 모르는 이라 할 것이다.

세간의 모습이 곧 모습 아닌 줄 깨달아 알면, 세간의 모습에 의지하지 않지만 세간의 모습 떠나지도 않으니, 『화엄경』(「십인품」十忍品)은 이렇게 말한다.

세간에 머물지도 않고
세간을 떠나지도 않으니
세간에 의지할 것이 없고
의지하는 곳 얻을 수 없네.

不住於世間 不離於世間
於世無所依 依處不可得

「십인품」은 다시, 세간을 취하지 않고 버리지도 않는 보디사트바의 행을 이렇게 말한다.

> 모든 세간을 널리 살피면
> 고요하여 바탕의 성품 없네.
> 세간의 중생을 버림 없이
> 중생 위해 요익되게 해주지만
> 닦아 행하는 뜻 움직임 없네.
>
> 普觀諸世間　寂滅無體性
> 而恒爲饒益　修行意不動
>
> 세간 성품 사무쳐 알면
> 그 모습에 물들어 집착 없네.
> 비록 세간 의지하지 않지만
> 세간 교화해 건네주도다.
>
> 了知世間性　於性無染著
> 雖不依世間　化世令超度

모든 법에 나 없으므로 괴로움이 생기고
니르바나가 구현되나니

이와 같이 내가 들었다.

한때 붇다께서는 바라나시 국의 선인들이 사는 사슴동산에 계셨다. 그때에 세존께서는 나머지 다섯 비구들에게 말씀하셨다.

"물질에는 '나'가 있지 않다. 만약 물질에 '나'가 있다면 물질에는 병이나 괴로움이 생기지 않을 것이며, 또한 물질에 대해서 이와 같이 되었으면 한다든가, 이와 같이 되지 않았으면 한다든지 할 수 없을 것이다. 물질에는 '나'가 없기 때문에 물질에는 병이 있고 괴로움이 생기는 것이요, 또한 물질에 대해서 이와 같이 되었으면 한다든가 이와 같이 되지 않았으면 한다든지 할 수 있다.

느낌·모습 취함·지어감·앎 또한 이와 같다."

다섯 쌓임의 실상을 바로 살펴 취함이 없으면
니르바나가 구현됨을 보이심

"비구들이여, 어떻게 생각하느냐. 물질은 항상한가, 덧없는가."

비구들은 붇다께 말씀드렸다.

"덧없습니다, 세존이시여."

붇다께서 말씀하셨다.

"만약 덧없는 것이라면 그것은 괴로운 것인가."

비구들이 말씀드렸다.

"그것은 괴로운 것입니다, 세존이시여."

붇다께서 말씀하셨다.

"비구들이여, 만약 덧없고 괴로운 것이라면 그것은 변하고 바뀌는 법이다. 그런데 많이 들은 거룩한 제자로서 그 가운데 나[我]와 나와 다름[異我], 나와 나와 다름이 함께 있음[相在]을 보겠는가."

비구들이 붇다께 말씀드렸다.

"아닙니다, 세존이시여."

붇다께서 말씀하셨다.

"느낌·모습 취함·지어감·앎 또한 다시 이와 같다.

그러므로 비구들이여, 모든 물질로서 과거든 미래든 현재든, 안이든 밖이든, 거칠든 가늘든, 곱든 밉든, 멀든 가깝든, 그 온갖 것은 '나'도 아니요, '내 것'도 아니라고 진실 그대로 살피라.

느낌·모습 취함·지어감·앎 또한 다시 이와 같다.

비구들이여, 많이 들은 거룩한 제자는 이 다섯 가지 받는 쌓임에서 '나'도 아니요, '내 것'도 아님을 본다.

이와 같이 살피기 때문에 모든 세간에 대해서 전혀 취할 것이 없게 되고, 취할 것이 없기 때문에 집착할 것이 없게 되고, 집착할 것이 없기 때문에 스스로 니르바나를 깨달아, '나의 태어남은 이미 다하고, 범행은 이미 서고, 지을 바를 이미 지어 뒤의 있음 다시 받지 않는다'고 스스로 안다."

붇다께서 이 경을 말씀하시자 그 나머지 다섯 비구는 모든 흐름을 일으키지 않고 마음의 해탈을 얻었다.

여러 비구들도 붇다의 말씀을 듣고 기뻐하며 받들어 행하였다.

• 잡아함 34 오비구경(五比丘經)

존재에도 '나'라고 할 것이 없고[人無我] 존재를 이루는 다섯 쌓임의 법에도 '나'라고 할 것이 없다[法無我]. '나'라고 할 것이 없되 공도 공하여 덧없는 존재의 변화가 가능한 것이니, 공함과 덧없음은 좌절의 가르침이 아니고 희망의 가르침이다.

존재는 '나' 없으므로 덧없고, 덧없으므로 '나' 없다.

존재를 이루는 다섯 쌓임의 있음이 있음 아니나 다섯 쌓임을 떠나 내가 없으므로, 다섯 쌓임에는 안의 법에도 '나'가 없고 밖의 법에도 '나와 다름'이 없으니 다섯 쌓임에서 '나'와 '내것'의 집착 떠나면 있되 있음 아닌 다섯 쌓임의 진실이 현전할 것이다.

있음이 있음 아니므로 취하지 않고 있음 아니되 거짓 있음이 연기하므로 버리지 않으면 다섯 쌓임이 온전히 니르바나의 땅이 될 것이다.

덧없음은 일어나 사라짐이 아니니 덧없다는 가르침을 듣고 늘 머묾이 없되[無有常住] 일어나 사라짐도 없음[亦無起滅]을 알면 덧없음의 가르침으로 니르바나에 나아갈 것이다.

온갖 것에 나 공하므로 덧없다고 살핌이
바른 살핌이니

이와 같이 내가 들었다.

한때 붇다께서 슈라바스티 국 제타 숲 '외로운 이 돕는 장자의 동산'에 계셨다.

그때 세존께서 여러 비구들에게 말씀하셨다.

"비구들이여, 어느 곳에서 '나[我]와 나와 다름[異我], 나와 나와 다름이 함께 있음[相在]'을 보겠는가?"

비구들은 붇다께 말씀드렸다.

"세존께서는 법의 근본이요, 법의 눈이며, 법의 의지처이십니다. 말씀해주시길 바랍니다. 여러 비구들은 듣고 나서 그 말씀대로 받들어 행하겠습니다."

다섯 쌓임이 나 없으므로 곧 덧없는 것임을 보이심

붇다께서는 비구들에게 말씀하셨다.

"자세히 듣고 잘 사유하라. 너희들을 위하여 말해주겠다. 너희들은 물질에서 나와 나와 다름, 나와 나와 다름이 함께 있음을 보겠는가?

느낌·모습 취함·지어감·앎에 있어서 또한 그와 같다.

비구들이여, 물질은 항상한가, 덧없는가?"

비구들은 붇다께 말씀드렸다.

"덧없습니다, 세존이시여."

"만약 덧없다면 그것은 괴로운 것인가?"

"그것은 괴로운 것입니다, 세존이시여"

"비구들이여, 만약 덧없고 괴로운 것이라면 그것은 변하고 바뀌는 법이다. 많이 들은 거룩한 제자들이 과연 그 가운데서 '나'와 '나와 다름', '나와 나와 다름이 함께 있음'을 보겠는가?"

"아닙니다, 세존이시여."

"느낌·모습 취함·지어감·앎에 있어서 또한 그와 같다.

그러므로 비구들이여, 있는바 모든 물질[色]은 과거든 미래든 현재든, 안이든 밖이든, 거칠든 가늘든, 곱든 밉든, 멀든 가깝든, 그 온갖 것은 모두 나가 아니요, 나와 다름도 아니며, 나와 나와 다름이 함께 있음도 아니다.

느낌·모습 취함·지어감·앎 또한 그와 같다."

다섯 쌓임에 취할 것이 없음을 알면 다섯 쌓임에서
니르바나가 구현됨을 보이심

"비구들이여, 많이 들은 거룩한 제자들은 다섯 받는 쌓임[五受陰]에 대해 '그것은 나도 아니요, 내 것도 아니다'라고 살핀다.

이렇게 살피면 모든 세간에서 전혀 취할 것이 없게 되고, 취할 것이 없으면 집착할 것이 없게 되며, 집착할 것이 없기 때문에 스스로 니르바나를 깨달아 '나의 태어남은 이미 다하고 범행은 이미 서고, 지을 바를 이미 지어 다시는 뒤의 있음 받지 않는다'라고 스스로 안다."

붇다께서 이 경을 말씀하시자, 여러 비구들은 듣고 기뻐하며 받들어 행하였다.

• 잡아함 85 정관찰경(正觀察經)

다섯 쌓임으로 표시된 온갖 법은 서로를 조건으로 해서 일어났으므로 다섯 쌓임이 일으킨 나[我]에서도 다섯 쌓임이 그대로 '나'라 해도 안 되고, '나와 다름'이라 해도 되며, '나와 나와 다름이 같이 있다' 해도 안 된다.

다섯 쌓임에서 '나'와 '나와 다름'을 모두 얻을 수 없으므로, 다섯 쌓임은 공하고 공함도 공하여 다섯 쌓임은 덧없이 새로운 생성의 길을 가나 그 덧없음은 나되 남이 없고 사라지되 사라짐 없다.

온갖 법은 덧없으므로 공해 세간법에 취할 것이 없다. 온갖 법은 공하므로 덧없으니 원래 공한 법은 버릴 것도 없다.

온갖 것에서 있음[有]과 공함[空], 나[我]와 나 없음[無我]을 벗어나면, 나[我]와 내 것[我所] 아는 마음[心]과 알려지는 것[境]에 취할 것이 없고 버릴 것도 없게 되니, 취하고 버림이 없으면 스스로 니르바나를 깨달아 다시는 뒤의 있음을 받지 않고 마음의 해탈을 얻게 된다.

그러나 있음을 있음으로 집착해 취함이 있고, 있음을 끊고 공함을 찾아 있음을 버리게 되면, 모습 취할 것이 있고 번뇌 버릴 것이 있으므로 니르바나의 성[涅槃城]에 들지 못하고, 기나긴 밤에 윤회의 쳇바퀴를 벗어나지 못할 것이다.

존재[我]와 존재를 이루는 여러 법[諸法]이 모두 공함은 다만 허무가 아니라 공하기 때문에 덧없음이 있는 것이니, 덧없음이 바로 남이 없이 나는 [無生而生] 존재의 창조적 활동이 되는 것이다.

『화엄경』(「도솔궁중게찬품」兜率宮中偈讚品)은 이 뜻을 붇다의 몸을 통해 이렇게 보인다.

법의 성품이 공해 고요하되
허깨비처럼 일어남을 깨달아
지어감이 다함없으시니
세간의 크신 인도자께서는

이와 같이 나타나시네.

了法性空寂　如幻而生起
所行無有盡　導師如是現

붇다의 몸은 변화가 아니나
또한 변화 아님도 아니네.
변화의 법이 없음 가운데
변화의 몸 있음을 보이시네.

佛身非變化　亦復非非化
於無化法中　示有變化形

붇다의 법은 한량없으나
한량 있는 몸을 보이시네.
중생이 보아야 할 바를 따라
큰 인도자 이같이 나타나네.

佛身無有量　能示有量身
隨其所應睹　導師如是現

4 연기된 존재의 실상이 있음도 아니고 없음도 아님을 보임[非有非空門]

인연으로 일어난 온갖 법은 실로 있음이 아니므로 취할 것이 없고 실로 없음이 아니므로 버릴 것이 없다. 있음을 깨기 위한 공(空)을 공으로 집착하므로 '있기도 하고 공하기도 한 문'[亦有亦空門]을 세웠지만, 끝내 집착을 깨기 위한 방편의 뜻이 사라져야, 이루 말로 말할 수 없고 사유로 사유할 수 없는 중도의 진실이 드러는 것이다[廢權顯實].

그러므로 '있음도 아니고 없음도 아닌 문'[非有非無門]은 있음도 아니고 없음도 아닌 어떤 법을 보이기 위함이 아니라, 실로 있음을 깨기 위한 '없음의 뜻'과 실로 없음을 깨기 위한 '있음의 뜻'을 모두 지양하기 위한 중도의 문이다.

화엄교는 이를 사법이 온전히 진리인 사법이라 '사법과 사법이 걸림 없는 법계'[事事無碍法界]라 말하고, 법화는 '이 세간의 온갖 법이 법 자리에 머물러 세간법이 늘 머물러 남이 없고 늘 머물러 사라짐이 없다'[是法住法位 世間相常住]고 한다.

또 화엄종은 세 가지 원융함[三種圓融]의 뜻을 세워 '사법과 진리가 원융함'[事理圓融], '사법과 사법이 원융함'[事事圓融], '진리와 진리가 원융함'[理理圓融]을 보이고 있으니, 연기한 속제의 있음이 있음 아니라 세속의 법이 그대로 있음과 없음을 떠난 중도의 진리이기 때문에 위의 세 가지 원융함의 뜻이 세워질 수 있는 것이다.

있음[有]과 공함[空] 중생(衆生)과 중생 아님[非衆生]이 모두 공한 줄 알면 온갖 법이 곧 중도의 진실이고 중생이 곧 니르바나의 법인 줄 아는 것이니,『화엄경』(「명법품」明法品)은 이렇게 말한다.

중생과 중생 아님 이 둘에
모두 진실함이 없으며
이와 같이 모든 법의 성품에
진실한 뜻 모두 있지 않도다.

衆生非衆生　二俱無眞實
如是諸法性　實義俱非有

만약 온갖 법의 본 성품이
니르바나와 같은 줄 본다면
이것이 곧 여래가 마쳐 다해
머무는 바 없음을 보는 것이네.

若見一切法　本性如涅槃
是則見如來　究竟無所住

있음과 없음 두 견해를 떠나면
나고 죽음 다하게 되나니

이와 같이 들었다.

한때 붇다께서는 슈라바스티 국 제타 숲 '외로운 이 돕는 장자의 동산'에 계셨다.

그때 세존께서 여러 비구들에게 말씀하셨다.

"두 가지 견해가 있음을 알아야 한다. 어떤 것이 그 두 가지 견해인가? 있다[有]는 견해와 없다[無]는 견해이다.

여러 사문이나 브라마나들은 이 두 가지 견해를 익히고 외워서 끝내 바른 법은 좇지 않는 이가 있다. 만약 진실 그대로 알지 못한다면 그는 사문이 아니요 브라마나도 아니다. 그는 사문으로서 사문의 법을 범하고 브라마나로서 브라마나의 법을 범하는 것이다.

이런 사문이나 브라마나는 끝내 몸으로 증득하여 스스로 즐겁게 노닐지 못할 것이다.

어떤 사문이나 브라마나들은 이 두 가지 견해에 대하여 읽고 외워 생각하고는 버릴 줄을 알며, 진실 그대로를 안다.

그는 사문으로서 사문의 행(行)을 지키고 브라마나로서 브라마나의 행을 알아 스스로 몸으로 증득하여 스스로 즐기며 노닌다.

그래서 '나의 태어남은 이미 다하고 범행은 이미 서고, 지을 바를 이미 지어 다시는 뒤의 있음을 받지 않는다'고 진실 그대로 안다.

그러므로 여러 비구들이여, 이 두 가지 견해는 익혀 행하지 말아야 하고 외우지도 말아야 하며 모두다 떠나야 한다.

이와 같이 여러 비구들이여, 이렇게 배워야 한다."

그때 여러 비구들은 붇다의 말씀을 듣고 기뻐하며 받들어 행하였다.

• 증일아함 15 유무품(有無品) —

• 해설 •

여래는 기성 브라마나가 아니되 브라마나의 브라마나요, 기성 바깥길 사문이 아니되 사문의 사문이다.

여래의 다섯 쌓임의 교설은 다섯 쌓임의 연기로 브라마나의 일원론을 깨뜨리고 다섯 쌓임의 공성으로 기성 사문들의 적취설을 깨뜨린다. 그러나 다섯 쌓임이 실로 있음도 아니고 실로 없음도 아닌 중도의 가르침은 사문들의 적취설을 완성하고 브라마나의 일원론을 완성하니, 여래는 사문 가운데 사문이 되고 브라마나 가운데 브라마나가 되신 것이다.

연기의 교설은 깨되 깸이 없고[破而不破] 세우되 세움이 없으니[立而不立], 연기의 교설이 진정한 통합의 철학이고 화해의 철학이다.

사제가 곧 진여의 법이니

이와 같이 내가 들었다

한때 붇다께서는 라자그리하 성 칼란다카 대나무동산에 계셨다.

그때에 세존께서는 여러 비구들에게 말씀하셨다.

"너희들은 내가 말한 네 가지 진리를 받아 지니느냐."

때에 어떤 비구는 자리에서 일어나 옷을 여미고 오른쪽 어깨를 드러내고 붇다께 절한 뒤에 두 손을 맞잡고 붇다께 말씀드렸다.

"그렇습니다, 세존이시여. 말씀해주신 네 가지 진리를 저는 다 받아 지닙니다."

붇다께서 비구에게 말씀하셨다.

"너는 어떻게 내가 말한 네 가지 진리를 받아 지니느냐."

그 비구가 붇다께 말씀드렸다.

"세존께서 괴로움의 진리를 말씀하시면 저는 다 받아 지닙니다. 그것은 한결같아[如如] '한결같음'[如]을 떠나지 않고 '한결같음'과 다르지 않으며, 진실하고 깊고 또렷하여 뒤바뀌지 않습니다.

이것은 성인의 밝히신 바이니 이것을 괴로움의 진리라 합니다.

세존께서 괴로움 모아냄의 진리, 괴로움 사라짐의 진리, 괴로움을 없애는 길의 진리를 말씀하시면 그것은 한결같아 '한결같음'을 떠나지 않고 '한결같음'과 다르지 않으며, 진실하고 깊고 또렷하여 뒤바뀌지 않습니다. 이것은 성인의 밝히신 바입니다.

이것이 세존께서 말씀하신 네 가지 진리를 제가 다 받아 지님입니다."

붇다께서는 비구에게 말씀하셨다.

"잘 말했다! 너는 진실로 내가 말한 네 가지 진리를 지니는구나. 그것은 한결같아 '한결같음'을 떠나지 않고 '한결같음'과 다르지 않으며, 진실하고 깊고 또렷하여 뒤바뀌지 않나니, 이것을 비구가 진실로 나의 네 가지 진리를 받아 지님이라 한다."

붇다께서 이 경을 말씀하시자, 여러 비구들은 붇다의 말씀을 듣고 기뻐하며 받들어 행하였다.

• 잡아함 417 여여경(如如經)

• **해설** •

중생의 집착은 두 가지이다. 세간법이 인연으로 생겨나므로 실로 생겨남 없는데 실로 있다는 집착을 내고, 세간법이 인연으로 사라지므로 실로 사라짐이 없는데 실로 사라져 없어진다는 집착을 낸다.

그러므로 붇다는 때로 공함[空]을 세워 실로 있지 않음을 보이고, 거짓 있음[假]을 세워 실로 없지 않음을 보이니, 여래의 뜻은 있음과 없음을 떠난 중도의 진실일 뿐이다.

비록 중생의 집착 따라 있음을 보여도 그것은 없다는 집착을 깨기 위한 것이고, 때로 공함을 보여도 그것은 있다는 집착을 깨기 위한 것이다. 여래의 진실한 뜻에서 보면 있음을 말해도 그 있음[有]은 공함[空]과 거짓 있음[假]과 중도[中]를 떠나지 않는 있음 아닌 있음이다.

있음이 곧 공한 있음이라 진여인 있음이고 중도(中道)인 있음이니, 괴로움을 말해도 진여(眞如)인 괴로움이라 실로 끊을 것이 없고, 니르바나를 말하고 괴로움의 사라짐을 말해도 진여인 괴로움의 사라짐이라 실로 괴로움 사라짐을 얻을 것이 없다.

그러므로 사제의 진리는 끊을 것 있는 괴로움을 없애 니르바나를 얻는 길이 아니라, 괴로움이 본래 공한 괴로움이라 괴로움을 실로 끊을 것이 없고 괴로움 없애는 길에 실로 닦음이 없으며 니르바나의 땅에 돌아가되 실로 돌아감 없는 것이다.

괴로움 끊을 것 없고 니르바나 얻을 것 없는 해탈의 실천이 돈오선(頓悟禪)으로 표현되고 천태(天台)의 원돈지관(圓頓止觀)으로 표현되니, 천태의 『마하지관』(摩訶止觀)은 이렇게 말한다.

"다섯 쌓임[五蘊], 열두 들임[十二入]이 다 진여라 버릴 괴로움이 없고, 무명의 번뇌가 곧 보디라 끊을 번뇌가 없으며, 치우침과 삿됨이 다 중도라 닦을 도가 없으며, 나고 죽음이 곧 니르바나라 얻을 니르바나가 없다.

괴로움이 없고 괴로움 모아냄이 없으므로 세간(世間)이 없고, 괴로움 없애는 길이 없고 니르바나가 없으므로 출세간(出世間)이 없어서, 순전히 하나인 실상[純一實相]이라 실상밖에 다시 다른 법이 없다.

법성이 고요함[法性寂然]을 그침[止, śamatha]이라 이름하고, 고요하되 늘 비춤[寂而常照]을 살핌[觀, vipaśyanā]이라 한다.

비록 처음과 뒤를 말하나 둘도 없고 다름도 없으니 이것을 원돈지관(圓頓止觀)이라 한다."

사제의 연기가 진여의 땅을 떠나지 않으므로 번뇌를 실로 끊음이 없고 닦을 도가 없으며 니르바나에 얻을 것이 없으니, 『화엄경』(「도솔궁중게찬품」) 또한 이렇게 가르친다.

온갖 법이 다 진여인 것이니
모든 붇다의 경계 또한 그러하며
나아가 한 법도 진여 가운데서는
나고 사라짐이 있지 않네.

一切法皆如　諸佛境亦然
乃至無一法　如中有生滅

중생은 헛되이 이것은 붇다이고
이것은 세계다 분별하지만
법의 성품 밝게 통달한 자는
붇다도 없고 세계도 없네.

衆生妄分別　是佛是世界
了達法性者　無佛無世界

여래는 널리 알고 보아서
온갖 법을 밝게 깨치셨네.
붇다의 법과 보디의 지혜
두 가지는 다 얻을 수 없네.

如來普知見　明了一切法
佛法及菩提　二俱不可得

제3부
교설의 형식

여래는 한맛의 진실을 여는 데
열두 가지 교설의 형식을 세우고 갖가지
방편의 문을 열어 보이시니, 그렇게 하는
까닭은 왜인가. (…) 곧 가르침 받는 중생은
하고자 함과 좋아함[欲樂]이 갖가지로
차별되어 어떤 이는 이성적인 사유가 넘치고
어떤 사람은 감성적이고 직관적이며,
어떤 이는 논리적인 긴 설명을 좋아하고
어떤 이는 짧은 시구를 좋아한다. 그래서
어떤 사람은 논리적으로 설명해야 알아듣고,
어떤 사람은 비유를 보여야 알아듣는 등
사람의 근기와 취향, 익혀온 생활습관이
여러 가지로 다르기 때문이다.

비유와 갖가지 언어적 형식을 갖춘 가르침

붓다가 출현하던 당시, 시대 대중은 하늘신을 섬기거나 자연신을 섬겼으며, 그 가운데 발전된 신앙을 가진 이들이 일원론적 절대신을 섬겼다. 그리고 절대신의 존재를 부정했던 다른 계급·계층의 대중과 사상가들은 주관주의적·상대주의적 세계관을 갖거나 원자적 요소설을 지지하였다.

이러한 시대에 고타마 붓다가 출현하여 시대의 미망을 뚫고 연기의 진리[緣起法]를 설한 것은 인류문명의 역사 발전단계를 뛰어넘는 혁명적 세계관의 천명이었다. 여래에 의해 설해진 연기법의 교설은, 일찍이 그 누구에 의해서 밝혀진 바 없는 진리를 그 누구에 의해서도 시도된 바 없는 전혀 새로운 방법으로 세간을 향해 외친 청천벽력의 소식이었다.

또한 여래라는 위대한 교사가, 기나긴 밤 무명의 잠에 취해 있던 시대 대중 앞에 연기의 교법을 설한 것은 듣는 대중의 입장에서도 맨땅에 비바람 치는 것과 같은 큰 충격이 아닐 수 없는 것이다. 그래서 여래의 법 여래의 가르침을, 인류역사 그 어느 때 어느 누구에 의해서도 밝혀진 바 없고 실현된 바 없는 법, 곧 '일찍이 없었던 법'[未曾有法]이라 한다.

원래 선종(禪宗)에서 '맨땅에 이는 바람과 물결'[平地風波]이란 말은, 본래 갖춰 있고 본래 깨쳐 있는 중생의 본분에서 보면 여래의 새롭게 깨쳤다 함[始覺]과 보디를 열어주는 가르침도 '고요한 땅에 갑자기 바람 치고 물결 치는 것과 같은 군더더기'라는 뜻으로 쓰인다.

중생의 본디 깨쳐 있음[本覺]에서 보더라도 여래의 가르침은 맨땅에 이는 큰 소용돌이의 바람일 뿐 아니라, 중생의 미망의 삶에서 보더라도 기성의 관념, 기성의 믿음과 세계관을 송두리째 뒤엎는 여래의 가르침은 곧 푸른 하늘에 날벼락이며 맨땅에 갑자기 들이치는 바람과 물결이다.

  청천벽력과 같은 여래의 가르침은 청천벽력과 같은 외침으로 기성의 믿음과 관념, 기성의 세계관을 깨뜨리지만, 그 깨뜨림은 중생을 허무와 절망에 빠뜨리는 깨뜨림이 아니라, 미혹의 캄캄한 구름을 열어젖혀 저 푸른 태허공(太虛空)을 온전히 드러내는 깨뜨림이다.

  그 가르침은 세간법의 온갖 모습을 뛰어넘고 출세간의 온갖 허구적 관념, 초월적 권능을 뛰어넘어 주체적인 생활의 지혜와 자유, 이익과 안락을 안겨주는 가르침이었다. 그 뜻을 여래는 '여래의 법이 사람과 하늘의 온갖 얽매임과 묶음을 벗어나게 한다'고 말씀한다.

  기성의 낡은 세계관, 미망의 검은 구름을 깨뜨려 해탈과 니르바나의 크나큰 안락을 열어주는 여래의 가르침은, 비록 청천벽력과 같은 혁명성의 가르침이지만, 한량없는 그 자비의 손길은 봄바람과 같은 따스함으로 중생을 감싸고 어루만져주는 가르침이다.

  여래의 가르침은 중생의 중생됨을 깨뜨려 보디를 열어주므로, 본질적으로 단번에 뛰어오름[一超]과 혁명적으로 새로움에 들어감[直入]의 가르침이다. 그러나 여래는 도약의 가르침을 한꺼번에 깨뜨려 보임의 방식으로 제출하지 않고 미혹의 중생을 차츰 이끌어들이고 차츰 길들이고 차츰 무르익게 하는 너그러움의 방식으로 표출한다.

  그리하여 여래는 갖가지 비유(譬喩)와 언어적 표현[言辭]을 써서 중생을 설득하고 깨우치며, 갖가지 교화의 형식을 세워 교법을 펴보인다. 또한 중생이 쉽게 받아들이도록 받아들이는 사람에 따라 가르치는 언어의 방향과 교법을 담는 그릇을 달리하여 가르친다.

경·율·론(經律論) 삼장(三藏)이 가르치는 교법의 내용과 교설의 방향에 따라 교법의 그릇을 나누어 보이는 틀이라면, 십이부(十二部)는 교법을 표현하는 문학적 장르의 구별이다.

삼장 십이부의 교설에는 갖가지 비유와 설화, 문학적 상징과 언어적 표현들이 등장한다. 그 비유와 언어적 표현들이 연기법의 비유와 언어적 표현이기 위해서는 온갖 문학적 표현들이 안으로 붙다가 깨친 진리에 응하고[與理相應], 밖으로 중생의 근기에 응하는[與機相應] 두 가지 뜻이 모두 갖추어져야 한다.

또한 그 표현의 방편 가운데 일승(一乘)의 진리에서 일어나 일승의 진리에 이끄는 실천적인 내용과 해탈의 뜻이 갖춰져야 한다.

『법화경』은 중생을 해탈의 땅에 이끌기 위해 진리에 맞는 온갖 비유와 언어적 표현, 갖가지 방편의 문 열어냄을 이렇게 말한다.

사리푸트라여 잘 들으라 붇다께서 얻으신 법
한량없는 방편으로 중생 위해 설함이니
중생 마음 생각함과 갖가지 행한 도와
여러 가지 하고자 함 앞세상 선악의 업을
붇다께선 모두 알아 여러 인연 비유들과
여러 가지 언어표현 방편의 힘으로써
온갖 모든 중생을 기쁘도록 하여주네.

어떤 때는 수트라와 가타 본사 본생담과

미증유법 설해주고 또한 인연 비유 게야
우파데사 설해주나 근기 무딘 이들은
작은 법을 즐겨하고 나고 죽음 탐착하여
한량없는 여러 모든 붇다들에게서
깊고 묘한 도를 따라 행하지 아니하고
여러 가지 괴로움에 어지럽게 시달리니
이 때문에 방편으로 니르바나 든다 말하네.

이와 같은 방편을 내가 세워 보인 것은
붇다의 지혜에 들게 하기 위함이라.
너희들이 반드시 보디의 도 이루리라
일찍이 입을 열어 말해주지 아니하네.

『법화경』(「방편품」方便品)의 가르침처럼 십이부의 갖가지 말씀들은 법계 진리에 맞는 언어적 표현들로 중생을 이끌어 붇다의 지견[佛知見]에 이끌어들이기 위함이니, 온갖 언어적 표현들은 일승에서 일어나 끝내 일승에 돌아간다.

붇다는 보디에 머물러 허공처럼 모든 모습 떠났으나, 중생 위해 갖가지 언어적 방편을 써서 사제·십이연기의 법을 설해 중생을 진리의 땅에 이끄시니, 그러한 여래의 모습을 『화엄경』(「입법계품」) 또한 다음과 같이 노래한다.

여래께서 위없는 도에 머물러
열 가지 힘, 열네 가지 두려움 없음

여러 공덕 모두다 성취하시고
지혜를 갖추시어 걸림이 없이
열두 가지 행 법바퀴를 굴리시도다.

如來住於無上道　成就十力四無畏
具足智慧無所礙　轉於十二行法輪

괴로움과 그것의 모아냄과 사라짐
괴로움 없애는 길을 밝게 아시고
열두 가지 인연법을 분별하시사
법의 말과 뜻의 말을 즐겁게 설해
그 말씀이 걸림이 없으시사
네 가지 변재로 널리 연설하시네.

了知苦集及滅道　分別十二因緣法
法義樂說辭無礙　以是四辯廣開演

모든 법은 나 없고 모습 없어서
업의 성품 일어나고 사라짐 없어
온갖 것 멀리 여읨 허공 같으나
붇다께서 방편으로 분별하시네.

諸法無我無有相　業性不起亦無失
一切遠離如虛空　佛以方便而分別

여래는 이와 같이 법바퀴 굴려
시방의 모든 국토 널리 떨치사

궁전과 산과 내 다 흔들리지만
중생 놀라 두렵지 않게 해주네.

如來如是轉法輪　普震十方諸國土
宮殿山河悉搖動　不使衆生有驚怖

이와 같이 한량없는 중생을 그 근기와 처지에 맞게 교설을 펼쳐 해탈의 땅에 이끄시는 여래의 힘은 무엇인가. 근본 지혜에 갖춰진 자비의 힘 방편의 힘으로 그런 것이니,「광명각품」또한 이렇게 말한다.

늘 니르바나에 머물러 허공과 같지만
마음 따라 변화 나툼 두루하지 않음 없네.
이는 모습 없음 의지하여 모습 됨이니
이를 수 없는 곳 이르신 이 방편의 힘이네.

恒住涅槃如虛空　隨心化現靡不周
此依無相而爲相　到難到者方便力

과거 현재에 있고 미래세상에 있을
모든 문자언어를 다 밝게 아시지만
삼세가 다 평등하심을 깨쳐 아시니
견줄 수 없이 크신 지혜 방편의 힘이네.

過去現在未來世　所有言說皆能了
而知三世悉平等　此無比解方便力

제1장

경·율·론 삼장과
십이부경

"만약 어떤 비구가 일곱 가지 법을 성취한다면,
곧 현성(賢聖)에게서 기쁨과 즐거움을 얻어 바로
번뇌 흐름 다함[漏盡]에 나아가게 된다.
어떤 것이 그 일곱 가지인가.
곧 비구가 법을 알고[知法], 뜻을 아는 것[知義]이다.
때를 알고[知時], 맞출 줄 아는 것[知節]이다.
자기를 알고[知己], 무리를 아는 것[知衆]이다.
사람의 빼어나고 못남을 아는 것[知人勝]이다."

삼장(三藏, trīṇi piṭakāni)은 설하는 주제와 내용에 따라 교법을 세 가지 틀로 구분한 것으로 장(藏)은 그릇이나 곳간처럼 담거나 보관 하는 것을 말하니, 거둠[攝]의 뜻을 지니고 있다.

곧 세 가지 교법의 곳간[藏]은 '가르침 가운데 온갖 알아야 할 뜻을 모두 거두고', '온갖 알아야 할 교법의 뜻을 받아 담는다'는 뜻으로 곳간이라고 한 것이다.

삼장은 경장(經藏, sūtrānta-piṭaka)과 율장(律藏, vinaya-piṭaka), 논 장(論藏, abhidharma-piṭaka)이다.

경장은 소리로 수다라장(修多羅藏)이라 옮기고 뜻으로 계경장(契 經藏)이라 옮긴다. 곧 붇다가 설한 경전을 말한 것으로 위로 모든 붇 다가 깨친 진리에 계합하고 아래로 중생의 근기에 계합하는 가르침 이므로 계합하는 경[契經]이라 한다.

대장경 가운데 붇다의 가르침으로 기술된 모든 경전이 경장에 속 한다. 계·정·혜(戒定慧) 삼학의 뿌리는 바로 여래의 수트라(sūtra) 이다.

율장은 소리로 비나야장(毘奈耶藏)이라 옮기고 뜻으로 조복장(調 伏藏)이라 옮긴다. 율장은 제정하신 계율의 뜻으로 중생의 악을 다 스리고 중생의 거친 마음을 조복한다. 붇다께서 윤리적 행위규범을 보인 계율과 가르침 가운데 교단의 생활규칙에 관한 모든 교법이 비 나야(vinaya)의 장에 속한다.

논장은 소리로 아비달마장(阿毘達磨藏)이라 옮기고 뜻으로 대법 장(對法藏)이라 옮긴다. 논장은 붇다가 보이신 경전의 뜻을 상대하 여 법에 대한 상세한 논지를 덧붙인 것이므로 법에 대한 논의의 곳간

[對法藏]이라 한다.

아함경에서 법(法)과 율(律)이라 할 때에 법이 곧 붇다와 제자들 사이 법에 대한 깊은 논의를 뜻하므로 붇다의 말씀도 아비다르마(abhidharma)에 속하지만, 보통 뛰어난 제자들의 여래의 교법에 대한 논의나 후대 지혜를 갖춘 뛰어난 수행자들이 체계적인 이론으로 붇다의 법을 해석한 논문들을 논장이라 한다.

실라(śīla, 戒)·디야나(dhyāna, 定)·프라즈냐(prajñā, 慧)의 세 가지 배움으로 보면 율장은 계학(戒學)을 그 내용으로 하고, 논장은 주로 혜학(慧學)을 주된 내용으로 한다면, 경장은 계·정·혜 삼학을 아우르나 선정과 지혜의 법문이 주된 내용을 이룬다.

중국 종파불교로 보면 경장에 의거해 종을 세운[立宗] 종파로는 화엄종(華嚴宗)·열반종(涅槃宗)·정토종(淨土宗)·밀종(密宗)이 있고, 율로써 종을 세운 종파로는 도선율사의 남산율종(南山律宗)이 있으며, 논으로써 종을 세운 종파로는 구사종(俱舍宗)·성실종(成實宗)·삼론종(三論宗)이 있다.

계·정·혜 삼학으로 중국 종파불교를 보면 계학을 종지로 하는 종파가 율종(律宗)이라면, 정학(定學)을 종지로 하는 종파가 선종(禪宗)이고, 혜학을 종지로 하는 종파가 교종(敎宗)이며, 선교율을 지관(止觀)으로 회통하는 종파는 천태가(天台家)의 종지가 이에 해당할 것이다.

십이부경은 범어로는 드바다상가 붇다 바차나(dvādaśāṅga-buddha-vacana)로 붇다가 설한 법을 그 서술방식과 문학적 표현형태에 따라 열두 가지로 나눈 것이다.

첫째, 뜻과 진리에 맞는 가르침[契經]이니, 범어는 수트라(Sūtra)이다. 긴 줄의 글이라는 뜻으로 장행(長行)이라 옮기기도 한다. 산문으로 붇다의 가르침을 직접 기록한 것으로 우리가 보통 알고 있는 붇다의 경을 말한다.

둘째, 경에 응한 노래[應頌]이니, 범어는 게야(Geya)이다. 계경에 서로 응하는 노래라는 뜻으로 응송이라 옮기고, 앞에서 이미 붇다께서 말씀한 교법을 게송으로 다시 반복해서 드러내므로 '거듭 보이는 노래'[重頌]라고도 한다.

셋째, 언약 주심[授記]이니, 범어는 비야카라나(Vyākaraṇa)이다. 본래는 가르침의 뜻을 해설한다는 뜻으로 쓰였으나, 나중 여러 제자들이 앞으로 얻을 해탈의 과보를 증명하는 말을 가리키게 되었다.

본 아함경에서는 수기(授記)를 '언약 주심'으로 뜻을 풀이한다.

넷째, 홑으로 보인 노래[諷頌]이니, 범어는 가타(Gāthā)이다. 붇다의 가르침을 게송으로 드러내는 것을 말하는데, 앞의 중송이 긴 줄의 법문을 거듭 노래한 것이라면, 가타는 게송으로 가르침의 뜻을 바로 드러내 보인 것이다. 그래서 풍송을 홀로 일어난 노래라는 뜻으로 고기송(孤起頌)이라 한다.

다섯째, 스스로 말씀함[自說]이니, 범어는 우다나(Udāna)이다. 붇다께서 남의 물음을 기다리지 않고 스스로 교설을 열어 보이신 것이다. 그래서 우다나를 물음 없이 스스로 말씀함[無問自說]이라 한다.

여섯째, 연유를 보임[因緣]이니, 범어는 니다나(Nidāna)이다. 붇다께서 설법하고 교화하는 연유를 기록한 것이니, 주로 모든 경의 서품(序品)에 해당한다.

일곱째, 비유로 보임[譬喩]이니, 범어는 아바다나(Avadāna)이다. 경이 보이고자 하는 법과 뜻[法義]을 비유로써 밝혀 보인 것이다.

여덟째, 앞의 일을 기록함[本事]이니, 범어는 이티브리타카(Itivṛttaka)이다. 본생담(本生譚)에 실린 내용 밖에 붇다와 제자들의 앞생의 행적을 기록한 것이다.

아홉째, 앞생의 행을 기록함[本生譚]이니, 범어는 자타카(Jātaka)이다. 붇다께서 앞생에 닦아 행했던 갖가지 실천행·자비행을 기록한 것이다.

열째, 반듯하고 넓게 보임[方廣]이니, 범어는 바이풀야(Vaipulya)이다. 넓고 크고 깊고 깊은 가르침의 뜻을 널리 베풀어 말한 것이다.

열한째, 일찍이 없었던 법[未曾有法]이니, 범어는 아부타다르마(Adbhuta-dharma)이다. 붇다와 제자들의 세상에서 찾아볼 수 없는 아주 드문 법[希法], 예전에 없던 일을 기록한 것이다.

열두째, 논하여 말해줌[論議]이니, 범어는 우파데사(Upadeśa)이다. 붇다께서 모든 법의 바탕을 분명히 가리어 그 뜻을 분별해주신 내용과 제자들이 법의 뜻에 대해 논의한 내용을 기록한 것이다.

붇다의 교화는 어떤 때 몸의 환한 빛으로 중생을 깨우치기도 하고, 신통의 위력으로 조복해 중생을 이끌기도 하며, 자비한 음성으로 설법해 가르치기도 한다.

곧 여래의 교화는 때로 밝은 빛으로 그 바탕을 삼으며 때로 갖가지 청정한 물질로 바탕을 삼기도 하고, 음성으로 바탕을 삼으니, 삼장 십이부의 가르침은 음성으로 바탕을 삼아 중생에게 사의할 길 없는 [不思議] 보디의 세계를 열어줌이다.

『화엄경』(「화장세계품」華藏世界品)은 음성으로 바탕 삼는 여래의 교화를 다음과 같이 말한다.

등과 구름 불꽃과 밝은 빛들과 같이
갖가지로 끝없는 깨끗한 물질로써
교화의 바탕을 삼으시옵고
어떤 때는 자비하신 음성으로
교화의 바탕을 삼으시나니
이것이 붇다가 연설해 보이신 법
사유할 수 없고 말할 수 없음이네.

燈雲焰彩光明等　種種無邊淸淨色
或有言音以爲體　是佛所演不思議

때로는 원의 힘으로 음성을 내어
그 신통의 음성으로 바탕 삼으며
온갖 중생의 크나큰 복덕의 업과
붇다의 위없는 공덕의 음성으로도
또한 이같이 교화의 바탕을 삼네.

或是願力所出音　神變音聲爲體性
一切衆生大福業　佛功德音亦如是

과거·현재 붇다들이 법을
경·율·론 삼장으로 나누었으니

일곱째 선인 참으로 어지신 분께
스스로 돌아가 의지하옵고
현성의 위없는 법 연설하리니
길이 나고 죽음의 긴 강에 있는데
세존께서 이제 중생 건네주시네.

높은 존자 카샤파와 대중스님들
한량없이 많이 들은 어진 아난다
'잘 가신 이' 니르바나 들어가시자
세존의 사리를 받들어 모시고
쿠시나가라에서 마가다에 이르렀네.

카샤파 존자는 단정히 앉아
네 한량없는 마음의 행 생각했네.
'바르게 깨친 분 도를 연설하시다
지금 이 세간을 떠나셨으니
이 중생들 다섯 악한 길 떨어지리.'
세존의 묘한 가르침 생각하며
슬픈 마음에 카샤파 눈물 지었네.

카샤파는 이렇게 사유하였네.
'바른 법의 근본을 어떻게 해야
널리 펴서 세간 오래 머물게 할까.
어떻게 세존의 갖가지 가르침
모두 지녀 마음에 깊이 새기어
흘러 새서 잃지 않게 할 수 있을까.'

그 누가 이와 같이 힘이 있어서
여러 가지 법들과 여러 곳들의
인연의 근본을 모을 수 있을까.
지금 이 대중 가운데 지혜로운 이
아난다 존자가 어질고 착해
여래 말씀 한량없이 많이 들었다.

카샤파 존자가 대중을 모아 아난다로 하여금 법을 결집케 청함

곧 망치를 쳐서 사부대중 모으니
비구는 팔만 사천의 무리인데
다 아라한을 얻어 마음 해탈했고
모든 묶음과 집착을 벗어나서
복밭이 되어 사는 이들이네.

카샤파는 세간을 슬피 여기므로
세존의 은혜로운 과거의 말씀
더욱 기억해낼 수 있게 되었네.

'세존께선 아난다께 법 부쳐주시며
이 법을 널리 펴서 연설하여서
길이 세간 머물게 하길 바라셨네.'

어떤 차례라야 실마리 잃지 않고
세 아승지 오랜 세월 법의 보배 모아
뒤의 사부대중들이 법을 듣도록 하고
듣고 나선 뭇 괴로움 떠나게 할까.

이 말 들은 아난다는 곧 사양했네.
'저는 이 법 감당할 수 없습니다.
모든 법 깊고 깊으며 많고 많은데
어찌 여래 가르침 분별할 수 있으리.
붇다의 법의 공덕 한량없는 지혜이니
이제 존자 카샤파 한 분께서만
세존의 큰 법을 감당할 수 있으리.

세간의 크신 영웅께서 이 법을
어른이신 존자께 부치셨으니
마하카샤파께선 지금 곧바로
뭇 대중을 널리 위해 주시옵소서.
여래께선 이 세간 계실 적에도
존자께 반자리 앉길 청하셨나니.'

사양하는 아난다에게 카샤파와 여러 하늘왕들이 다시 청함

이 말 듣고 카샤파 대답하였네.
'비록 그렇지만 나는 나이 들어서
늙고 시들어 많이 잊고 빠뜨리네.
그대는 지금 모두 받아 지니어
잃지 않는 지혜의 업이 있어서
법의 근본 늘 세간 머물게 할 수 있네.

나는 지금 세 가지 깨끗한 눈 있고
또 남의 마음 아는 지혜가 있는데
온갖 중생 갖가지 무리 가운데
존자 아난다보다 나은 이 없네.'

브라흐마하늘왕이 내려오고
세간의 주인 인드라하늘왕과
이 세상 보살피는 네 하늘왕과
여러 모든 하늘왕들이 내려왔네.
저 마이트레야 보디사트바도
투시타하늘에서 여기 찾아와
이 모임에 모두다 함께 했으니
모인 보디사트바들이 몇 억인지
그 수 이루 다 셀 수가 없네.

마이트레야와 브라흐마하늘왕과
인드라하늘왕과 네 하늘왕들이
두 손 맞잡고 이렇게 말했었네.
'온갖 법은 붇다가 인가하심이요,
아난다는 우리 법의 그릇이로다.'

만약 법을 보존하지 않으려 하면
곧 여래의 가르침을 깨뜨리는 것
중생 위해 법의 근본 보존하여서
위험과 액난에서 건져주시고
세간의 뭇 어려움을 건네주소서.

크신 스승 사카무니 붇다께옵서
세간 오심 그 목숨 아주 짧았으나
그 몸 비록 가셨지만 법신 머무니
법의 근본 끊어지지 않도록 하여
아난다여, 청하는 말 물리치지 말고
지금 바로 법을 설해주시옵소서.

카샤파 가장 높은 존자와
거룩한 상가대중 마이트레야와
브라흐마하늘 인드라하늘과
네 하늘왕들이 간절히 청해
아난다에게 이렇게 말했네.

'여래의 거룩한 가르침들이
사라져 없어지지 않게 하소서.'

아난다 존자는 어질고 부드럽게
네 가지 평등한 마음 갖추고
뜻은 더욱 미묘함에 들어가서
사자처럼 두려움 없이 외치며
사부대중 돌아보고 허공을 보며
슬피 눈물 흘리며 가누지 못했네.

아난다가 청을 받아들여 경·율·론 삼장과 네 아함을 가름해보임

곧 밝은 빛 떨쳐 부드러운 얼굴로
널리 중생 두루두루 밝게 비추니
마치 처음 떠오르는 해와 같았네.
투시타하늘서 온 마이트레야와
인드라하늘과 브라흐마하늘
그 밝은 빛을 같이 바라보고서
마음의 간절한 뜻을 거두어 모아
위없는 법 듣고자 기다리셨네.

사부대중 그 뜻을 고요히 하여
한마음을 오롯이 해 법을 듣고자
뜻을 모아 어지럽지 않게 하고
높은 존자 카샤파와 거룩한 대중

아난다의 얼굴을 바로 쳐다봐
눈을 잠깐 깜박거리지도 않았네.

그때 아난다 존자는 말하였네.
'여래의 경이 한량없는데 그 뉘라서
잘 갖추어 한 무더기로 할 수 있을까.
내가 이제 그 모든 여래의 말씀
세 가지로 반드시 가름하여서
열 경을 세워서 한 게 삼으리.

수트라가 첫째의 한 가름이고
비나야는 둘째의 가름이 되고
아비다르마 다시 셋째 가름이 되네.
과거세상 세 붇다들께서도
모두 법을 셋으로 나누었으니
수트라와 계율과 아비다르마가
세 가지 진리의 곳간이 되네.

수트라를 지금 네 단으로 나누리니
먼저 증일아함, 둘째 중아함
셋째 장아함으로 보배구슬 많고
잡아함은 경의 맨 뒤에 있게 되니
이것이 수트라의 네 가름이 되네.'
존자 아난다는 이렇게 생각했네.

'여래의 법신은 무너지지 않고
늘 세간에 있어 끊어지지 않으니
하늘과 사람들이 가르침 들으면
거룩한 도의 과덕 이루게 되리.

한 법의 뜻이 있어 또한 깊으니
지녀 외우기 어렵고 기억 어렵네.
나는 이제 한 법의 뜻 마땅히 모아
그 낱낱이 서로가 서로를 따라
실마리 잃어버리지 않게 하리라.

또한 두 가지 법 도로 둘에 나아가고
세 가지 법은 셋에 나아가 구슬 이음 같고
네 가지 법은 넷에 나아가고
다섯 가지 법 또한 그러하네.
다섯 가지 법 다음은 여섯 가지 법이 되고
여섯 가지 법 다음은 일곱 가지 법이 되며
여덟 가지 법의 뜻은 넓게 펼쳐져서
아홉 가지 법의 차제로 이어지고
열 가지 법은 열에서 열하나 되네.

이와 같은 법의 보배 잊지 않으면
이 세간에 늘 있어 오래 머물리.'

• 증일아함 1 서품(序品) 전반부

이 경은 증일아함의 맨 첫머리의 법문으로서, 여래의 수트라가 증일아함 · 중아함 · 장아함 · 잡아함의 네 아함으로 확정되고 여래의 남기신 교법[遺法]을 경 · 율 · 론 삼장으로 분류하는 것이 일반화된 시대상황이 반영되어 있다.

그런 뜻을 교법을 경 · 율 · 론 삼장으로 나누는 것은 과거의 붇다 때부터 전해진 법이라는 말로 표현하고 있다.

증일아함은 네 아함 가운데서도 대중부(大衆部) 상가에 의해서 맨 뒤에 편집되었지만, 증일아함의 편집 속에 카샤파와 아난다 두 분 존자가 중심이 되어 이루어진 '핍팔라(pippala) 굴'[七葉窟]의 경율 결집상황이 그대로 겹쳐 있다. 그리고 이 경을 결집할 때 여래가 이 세간을 떠나셨지만 여래의 법신(法身)은 세간에 늘 머물러 있다는 법신 사상이 널리 유포되어 있음을 알 수 있다.

위의 게송 가운데 한 법의 뜻으로부터 열한 가지 뜻이 나오는 것은 증일아함의 경전 편제가 한 법의 뜻을 보인 뒤 다시 두 법의 경을 보이고, 세 법에서 네 법으로 숫자를 늘려 열한 가지 법까지 법의 수[法數]가 늘어남을 말한 것이다.

경에는 경의 편집권을 놓고 카샤파와 아난다 두 존자가 서로에게 권유하고 사양하다 아난다가 카샤파와 여러 하늘왕의 권유를 받아 경전 편집의 중심에 서게 되는 내용이 나온다.

카샤파는 여래의 제자 가운데 선정과 두타행이 으뜸이고, 아난다는 많이 들어 기억하고 가르침을 널리 전해줌으로 으뜸이다. 요즈음 말로 하면 카샤파는 선(禪)을 나타내고 아난다는 교(敎)를 상징한다. 그렇지만 카샤파의 두타행과 선정이 어찌 가르침의 뜻과 어긋나는 암증의 선정[無敎暗證]일 것이며, 아난다의 많이 들음[多聞]과 가르침의 뜻 통달함이 사마디 없는 마른 지혜[無禪乾慧]이겠는가.

선과 교의 두 대변자가 서로 권유하고 사양하다 선정과 두타로 으뜸가는 카샤파 존자의 추천과 찬탄을 받고 아난다가 가르침을 결집한 것은 우리에게 무엇을 보여주는가. 그것은 바로 뒷때 붇다의 가르침을 따르는 제자들이 선(禪)·교(敎), 교(敎)·관(觀)을 새의 두 날개와 수레의 두 바퀴처럼 함께 굴려가야 스스로 해탈의 저 언덕에 이르고 여래의 진리의 수레바퀴가 세간에 길이 구르게 됨을 나타낸다.

만약 교 없이 선만을 행한다면, 실천의 지표가 없는 선정은 자칫 암증(暗證)에 떨어지거나 연기론적 세계관에서 이탈한 명상법과 선을 동일시할 위험성이 있다.

만약 선 없이 교만을 지닌다면, 그것은 실천의 내용이 없고 문자만을 전승하는 것이므로 가르침의 내용이 참으로 옳게 전해질 수 없고 해탈의 과보를 안겨줄 수 없을 것이다.

선 없는 문자법사(文字法師)의 길과 교 없는 암증선사(暗證禪師)의 길을 넘어선다면, 비로소 이론의 눈[智目]과 실천의 발[行足]을 함께 갖추어, 우리 중생은 바르게 보고 힘차게 걸어 해탈의 저 언덕에 오르게 될 것이다.

내가 이제 아비다르마와 계율로써
브릿지족 수행자를 받아들이리라

이와 같이 내가 들었다.

한때 붓다께서는 라자그리하 성 칼란다카 대나무동산에 계셨다.

그때에 집을 나온 어떤 브릿지 종족은 붓다 계신 곳에 와서 서로 위로한 뒤에 한쪽에 물러앉아 여쭈었다.

"고타마시여, 여쭙고 싶은 것이 있는데 한가하시면 설명해주시겠습니까."

때에 세존께서는 잠자코 계셨다. 브릿지 종족 사람은 두 번 세 번 물었으나 세존께서는 또한 두 번 세 번 잠자코 계셨다.

때에 브릿지 종족은 붓다께 여쭈었다.

"저는 고타마와 같이 서로 따릅니다. 지금 묻는 것이 있는데 왜 잠자코 계십니까."

때에 세존께서는 생각하셨다.

'이 브릿지 종족은 집을 나와 기나긴 밤 동안 순박하고 곧아 아첨하거나 거짓되지 않다. 지금 묻는 것은 모르기 때문이요, 일부러 시끄럽게 하려는 것이 아니다.

나는 이제 아비다르마와 계율로써 그를 받아들이겠다.'

브릿지 종족에게 착함과 착하지 않은 법에 대해 답하심

이렇게 생각하신 뒤에 브릿지 종족에게 말씀하셨다.

"그대가 묻는 대로 해설해주겠소."

브릿지 종족은 말씀드렸다.

"어떻습니까. 고타마시여, 착한 법이 있습니까."

"있소."

브릿지 종족이 붇다께 말씀드렸다.

"저를 위해 착한 법과 착하지 않은 법을 말씀해주시어 제가 알 수 있도록 해주십시오."

붇다께서는 말씀하셨다.

"내가 그대를 위해 착한 법과 착하지 않은 법을 간략히 말해주겠소. 자세히 듣고 잘 사유하시오.

브릿지 종족이여, 탐욕은 착하지 않은 법이오. 탐욕을 조복하면 곧 착한 법이오.

성냄과 어리석음은 착하지 않은 법이오. 성냄과 어리석음을 조복하면 곧 착한 법이오.

산목숨 죽임은 착하지 않은 법이오. 산목숨 죽임을 떠나면 곧 착한 법이오.

도둑질·음행·거짓말·두말·나쁜 말·꾸밈말·탐욕·성냄·삿된 견해는 착하지 않은 법이오. 도둑질하지 않고 나아가 바르게 보면 그 것은 곧 착한 법이오.

이것이 브릿지 종족을 위해 내가 지금 세 가지 착한 법과 착하지 않은 법을 말한 것이오.

이와 같이 거룩한 제자가 이 세 가지 착한 법과 착하지 않은 법을 진실 그대로 알고, 또 열 가지 착하지 않은 법과 착한 법을 진실 그대로 알면, 곧 탐욕을 남음 없이 없애 다할 것이고, 성냄과 어리석음을 남음 없이 없애 다할 것이오.

그리하여 온갖 흐름을 없애 다해 샘이 없이 마음이 해탈하고, 지혜가 해탈하여 현재의 법에서 스스로 알아 증득하게 되오. 그리하여 '나의 태어남은 이미 다하고, 범행은 이미 서고, 지을 바를 이미 지어 뒤의 있음 받지 않음'을 스스로 아오."

여래의 바른 법과 율을 따르면 비구·비구니뿐만 아니라 우파사카·우파시카 또한 해탈하게 됨을 보이심

브릿지 종족은 말씀드렸다.

"어떤 비구로서 이 법과 율 안에서 샘이 있음을 다해 마음이 해탈하고 나아가 뒤의 있음 받지 않을 사람이 있습니까."

붇다께서는 말씀하셨다.

"다만 하나거나 둘 셋 나아가 오백 비구만이 아니오. 많은 비구들이 이 법과 율 안에서 모든 흐름 있음을 다하고 나아가 뒤의 있음을 받지 않게 되오."

"비구는 제쳐두고 어떤 비구니로서 이 법과 율 안에서 모든 흐름 있음을 다하고 나아가 뒤의 있음을 받지 않을 이가 있습니까."

"다만 하나거나 둘 셋 나아가 오백 비구니만이 아니오. 많은 비구니가 이 법과 율 안에서 모든 흐름 있음을 다하고 나아가 뒤의 있음을 받지 않게 되오."

"비구니는 그만두옵고, 어떤 우파사카로서 여러 범행을 닦아 이 법과 율에 대해 여우 같은 의심을 건너는 이가 있습니까."

"다만 하나거나 둘 셋 나아가 오백 우파사카만이 아니오. 많은 우파사카가 여러 범행을 닦고, 이 법과 율 안에서 욕심세계의 다섯 가

지 낮은 곳의 묶음을 끊고 아나가민(anāgāmin, 不來果)을 얻어 다시
는 이 세상에 도로 나지 않게 되오."

"다시 우파사카는 그만두옵고, 어떤 우파시카로서 이 법과 율 안
에서 범행을 닦고 이 법과 율에 대해 여우 같은 의심을 건너는 이가
있습니까."

"다만 하나거나 둘 셋 나아가 오백 우파시카만이 아니오. 많은 우
파시카가 이 법과 율 안에서 욕심세계의 다섯 가지 낮은 곳의 묶음을
끊고, 거기서 바꿔 나서 아나가민을 얻어 다시는 이 세상에 도로 나
지 않게 되오."

다섯 욕망 못 떠난 우파사카 · 우파시카도
괴로움의 끝 다하게 됨을 보이심

브릿지 종족은 말씀드렸다.

"비구 · 비구니 · 우파사카 · 우파시카의 범행을 닦는 이들은 그만
두옵고, 어떤 우파사카로서 다섯 가지 욕망을 받으면서 이 법과 율에
대해 여우 같은 의심을 건너는 이가 있습니까."

붇다께서는 말씀하셨다.

"다만 하나거나 둘 셋 나아가 오백 우파사카만이 아니오. 많은 우
파사카들이 집에 있으면서 처자를 거느리고 향과 꽃으로 꾸미고 따
르는 이들을 거느리면서도, 이 법과 율 안에서 세 가지 묶음을 끊고
탐냄 · 성냄 · 어리석음이 엷어져, 사크리다가민(sakṛdāgāmin, 一來果)
을 얻어 하늘과 사람에 한 번씩 오간 뒤에는 마침내 괴로움의 끝을
다하게 되오."

"다시 우파사카는 그만두옵고, 어떤 우파시카로서 다섯 가지 욕망

을 받아 익히면서, 이 법과 율에 대해 여우 같은 의심을 건너는 이가 있습니까."

"다만 하나거나 둘 셋 나아가 오백 우파시카만이 아니오. 많은 우파시카가 집에 있으면서 남자와 여인을 기르고, 다섯 가지 욕망을 받아 익히면서 향과 꽃으로 꾸미면서도, 이 법과 율 안에서 세 가지 묶음을 끊고 스로타판나(srotāpanna, 入流果)를 얻어, 나쁜 세계에 떨어지지 않고 반드시 바른 깨달음에 바로 향해 일곱 번 하늘과 사람에 태어난 뒤에는 마침내 괴로움의 끝을 다하게 되오."

브릿지 종족은 말씀드렸다.

"고타마시여, 만약 사문 고타마께서 바른 깨달음을 이루셨더라도, 만약 비구·비구니·우파사카·우파시카로서 범행을 닦는 이나, 또 우파사카·우파시카로서 다섯 가지 욕망을 받아 익히는 이가 이와 같은 공덕을 얻지 못하면 곧 만족하지 못할 것입니다.

그러나 사문 고타마께서 바른 깨달음을 이루심으로써, 비구·비구니·우파사카·우파시카로서 범행을 닦는 이나, 또 우파사카·우파시카로서 다섯 가지 욕망을 받아 익히는 이도 이와 같은 공덕을 성취하기 때문에 곧 만족하게 되시는 것입니다."

브릿지 종족이 빗물의 비유로 여래의 법과
율을 찬탄하고 구족계를 받음
"고타마시여, 저는 이제 비유로 말씀드리겠습니다."
"말하고 싶은 대로 말하시오."
브릿지 종족은 말씀드렸다.
"마치 하늘이 크게 비를 내리면 물이 아래로 따라 흐르는 것처럼,

고타마의 법과 율 또한 다시 이와 같습니다. 비구·비구니·우파사카·우파시카로서 남자거나 여자거나 흐름을 따라 니르바나로 향하고 니르바나로 따라 실려갑니다.

아주 기이합니다. 붇다와 법과 상가의 평등한 법과 율은 길을 달리하는 집 나온 수행자들이 고타마 계신 곳에 와서 그 법과 율 안에서 비구가 되어 구족계를 받으려고 한다면, 얼마나 되어야 집 나옴을 들어주십니까."

붇다께서 브릿지 종족에게 말씀하셨다.

"만약 집을 나온 길 달리하는 수행자가 이 바른 법과 율 안에 와서 집 나옴을 구해 구족계를 받으려고 하면, 넉 달 동안 화상(和尙)에게서 가사를 받고 머물러야 하오.

그러나 이것은 그 사람을 따라 대략 한계를 정해야 하는 것이오."

"만약 여러 길을 달리하는 집 나온 이가 바른 법과 율 안에 와서 집 나옴을 구해 구족계를 받고, 화상에게서 가사를 받은 뒤에, 넉 달을 채우고 집 나옴을 들어주신다면, 저도 넉 달 동안 화상에게서 가사를 받고 바른 법과 율 안에서 집을 나와 구족계를 받을 수 있습니다.

그러므로 저는 고타마의 법 안에서 집을 나와 구족계를 받고 범행을 닦아 지니겠습니다."

붇다께서 브릿지 종족에게 말씀하셨다.

"내가 먼저 사람을 따라 대략 한계를 정한다고 말하지 않았소."

브릿지 종족은 말씀드렸다.

"그렇습니다, 고타마시여."

그때에 세존께서는 여러 비구들에게 말씀하셨다.

"너희들은 저 브릿지 종족을 건네주어 우리 바른 법과 율 안에서 집을 나와 구족계를 받도록 하라."

브릿지 종족은 곧 바른 법과 율 안에서 집을 나와 구족계를 받았다. 그 브릿지 종족은 집을 나와 곧 바른 법과 율 안에서 구족계를 받아 비구 신분을 얻자, 반 달 동안에 알아야 하고 깨우쳐야 하고 분별하여야 하며 보아야 하고 얻어야 하며 깨달아야 하고 증득하여야 할 것을 다 배워 알고 다 깨우쳐 알며 다 분별하고 다 보고 얻고 깨달아 여래의 바른 법을 다 증득하였다.

존자 브릿지 종족 사람은 이렇게 생각하였다.

'나는 이제 알아야 하고 깨우쳐야 하고 분별하여야 하며 보아야 하고 얻어야 하며 깨달아야 하고 증득하여야 할 것을 다 배워 알고 다 깨우치고 다 분별하고 다 보고 얻고 깨닫고 증득하였다. 나는 이제 세존을 가서 뵈리라.'

그때에 브릿지 종족은 세존께 나아가 머리를 대 그 발에 절하고 한쪽에 물러앉아 말씀드렸다.

"세존이시여, 저는 알아야 하고 깨우쳐야 하고 분별하여야 하며, 또 보아야 하고 얻어야 하며 깨달아야 하고 증득하여야 할 것을 다 배워 알고 다 깨우치고 다 분별하고 다 보고 얻고 깨달아 세존의 바른 법을 다 증득하였습니다.

세존께서 저를 위해 설법해주시길 바랍니다. 저는 그 법을 듣고는 홀로 한 고요한 곳에서 오로지 정진하고 사유하여 방일하지 않고 이렇게 사유하겠습니다.

'잘 행하는 이가 수염과 머리를 깎고 가사를 입고 집을 나와 도를 배우는 것은, 〈나의 태어남은 이미 다하고 범행은 이미 서고, 지을 바를 이미 지어 뒤의 있음 다시 받지 않는다〉고 아는 데 있다.'"

출가하여 범행을 이룬 브릿지 종족에게
지관(止觀)의 법을 다시 부촉함

붇다께서 브릿지 종족에게 말씀하셨다.

"두 가지 법이 있으니, 닦아 익히고 많이 닦아 익혀라. 그것은 곧 그침[śamatha, 止]과 살핌[vipaśyanā, 觀]이다. 이 두 가지 법을 많이 닦아 익히면 법의 영역[界]과 과보를 알고, 갖가지 법의 영역을 알고 갖가지 법의 영역을 깨달을 것이다.

그 비구는 악하여 착하지 않은 법과 탐욕 떠남을 구하고, 나아가 넷째 선정까지 갖추어 머물러, 사랑하는 마음·가엾이 여기는 마음·따라 기뻐하는 마음·평정한 마음의 선정과 허공경계·앎경계·있는 바 없는 경계·생각도 아니요 생각 아닌 것도 아닌 경계의 선정에 들어 세 가지 묶음을 끊어 스로타판나를 얻을 것이다.

다시 세 가지 묶음이 다하고 탐냄·성냄·어리석음이 엷어져 사크리다가민을 얻고, 욕심세계의 다섯 가지 묶음을 끊어 아나가민을 얻고, 갖가지 신통 경계 곧 하늘눈·하늘귀·남의 마음 아는 지혜·오랜 생의 일 아는 지혜·나고 죽음을 아는 지혜·번뇌 흐름 다한 지혜를 모두 얻게 될 것이다.

그러므로 비구여, 이 두 가지 법을 많이 닦아 익혀야 한다.

그 두 법을 많이 닦아 익히고 많이 닦아 익히면 갖가지 존재의 영역을 알고 나아가서는 번뇌 흐름이 다하게 된다."

그때에 존자 브릿지 종족은 붇다의 말씀을 듣고 기뻐하면서 절하고 물러갔다.

존자 브릿지 종족은 홀로 한 고요한 곳에서 오로지 정진하고 사유하면서 방일하지 않고 머물러, 나아가 뒤의 있음 받지 않을 줄을 스스로 알았다.

때에 많은 비구들은 방편을 장엄하여 세존 계신 곳에 나아가 공경히 공양하려 하였다. 브릿지 종족은 많은 비구들에게 물었다.

"그대들은 방편을 장엄하여 세존께 나아가 공경히 공양하려 하오?"

여러 비구들이 말하였다.

"그렇소."

브릿지 종족은 말하였다.

"존자들이여, 내 말을 지니고 가 세존께 절하고 문안드리시오.
'지내심은 가볍고 편안하시며, 병과 걱정거리 없이 안락히 머무십니까.'

그러고는 말씀드리시오.

'브릿지 비구는 이렇게 세존께 말씀드립니다. 저는 이미 세존께 공양하고 갖추어 받들어 섬겨 기쁘게 해드리고 기쁘지 않게 함이 아닙니다. 큰 스승의 제자는 지을 바를 이미 지어 큰 스승을 공양하여 기쁘게 해드리고 기쁘지 않게 함이 아닙니다.'"

때에 많은 비구들은 붇다 계신 곳에 나아가 머리를 대 그 발에 절하고 한쪽에 물러앉아 말씀드렸다.

"세존이시여, 존자 브릿지는 머리를 대 세존의 발에 절하고 나아가 '큰 스승을 기쁘게 해드리고 기쁘지 않게 함이 아닙니다'라고 말씀드립니다."

브릿지 비구의 지혜공덕을 세존이 크게 찬탄함

붇다께서 말씀하셨다.

"여러 하늘이 먼저 이미 내게 말하였는데 너희들이 다시 말하는구나. 여래는 으뜸가는 지견을 성취하였다. 또한 브릿지 비구도 이와 같은 덕의 힘이 있다."

그때에 세존께서는 그 브릿지 비구를 위하여 첫째 언약을 해주셨다.

붇다께서 이 경을 말씀하시자, 여러 비구들은 그 말씀을 듣고 기뻐하며 받들어 행하였다.

• 잡아함 964 출가경(出家經)

• 해설 •

붇다는 이미 가르침에 귀의한 비구·비구니·우파사카·우파시카를 니르바나에 이끌 뿐 아니라, 아직 귀의하지 못한 바깥길 가는 수행자들도 미혹의 마음을 돌이켜 니르바나에 이끄시니, 니르바나에 들게 하는 법이 곧 아비다르마와 비나야이다.

아비다르마를 수트라에 대한 아비다르마라고 할 때는 여래의 법에 대한 깊은 논의와 후대 제자들의 논(論)의 뜻이 되지만, 여기서 아비다르마는 곧 여래의 교법을 말한다.

아비다르마는 연기하는 존재의 실상을 밝히는 법과 해탈에 이르게 하는 실천의 법이다. 이 아비다르마와 비나야가 이 세간에 붇다와 다르마와 상가를 출현시킨 법이자 삼보에서 유출된 가르침이니, 이 법을 행하면 바깥길에서 헤매던 이들이라도 미혹의 흐름을 떠나 니르바나로 향하게 된다.

바깥길 교단에 몸담았던 이가 여래의 출가상가에 들어오려면 넉 달 동안 스승을 정해 가사를 받고 머무른 뒤 구족계를 받을 수 있지만, 브릿지 수행자는 그 뜻이 깨끗하므로 여래의 말씀에 믿음을 낸 그때 바로 구족계를 받게 하신다.

그간 삿된 견해의 구렁텅이에 빠져 있던 브릿지 수행자는 이제 믿음을 내는 그 자리에서 구족계를 얻고 여래의 아비다르마와 비나야를 의지하는 상가의 비구가 되었다.

아비다르마와 비나야는 이미 성취된 여래의 보디의 땅과 진여의 바다에서 일어난 진실의 법이라 중생이 그 법에 믿음을 내면 끝내 중생을 이끌어 진여의 바다에 흘러들어가게 하는 것이다.

결과의 땅[果地]에서 연기한 원인의 행[因行]이 다시 중생에게 붇다의 과덕을 안겨주는 것이니, 바깥길 수행자 브릿지 또한 마음 돌이켜 구족계를 받고 여래로부터 '법성(法性) 그대로의 그침[止, śamatha]'과 '법성 그대로의 살핌'[觀, vipaśaynā]의 법을 받아 익혀 아라한의 과덕을 이룬 것이다.

곧 온갖 법의 성품[法性]이 있되 공하므로 취하지 않고 집착하지 않아 그 마음이 늘 고요한 것이 법성 그대로 비치되 고요한 사마타이다. 또 온갖 법의 참된 성품이 공하되 있으므로 버리지 않고 그 연기적 활동상을 잘 살펴 드러내 법성 그대로 늘 고요하되 비치는 것이 비파사나이다.

사마타와 비파사나가 하나되는 것이 여래의 법과 율을 따라 생활하는 것이니, 브릿지의 수행자는 여래의 법과 율을 의지해 여래의 상가에 잘 들어 여래를 따라 으뜸가는 지견의 힘과 그 공덕을 갖춘 것이다.

사문에게는 사문의 법을 설하고 브라마나에게는 브라마나에 맞는 법을 설해 법바다에 이끄는 여래의 교화를, 『화엄경』(「세주묘엄품」)은 이렇게 말한다.

　　법의 주인이신 세존께서는
　　법바다의 물 휘돌아 치는 곳
　　온갖 차별된 법의 뜻과
　　갖가지 방편의 문을
　　연설하여 다함이 없네.

　　法海漩澓處　一切差別義
　　種種方便門　演說無窮盡

십이부의 가르침을 아는 것이
비구가 법을 아는 것이니

나는 들었다, 이와 같이.

한때 붇다께서 슈라바스티 국을 노닐어 다니실 적에 제타 숲 '외로운 이 돕는 장자의 동산'에 계셨다. 그때 세존께서 여러 비구들에게 말씀하셨다.

"만약 어떤 비구가 일곱 가지 법을 성취한다면, 곧 현성(賢聖)에게서 기쁨과 즐거움을 얻어 바로 번뇌 흐름 다함[漏盡]에 나아가게 된다.

어떤 것이 그 일곱 가지인가.

곧 비구가 법을 알고[知法], 뜻을 아는 것[知義]이다.

때를 알고[知時], 맞출 줄 아는 것[知節]이다.

자기를 알고[知己], 무리를 아는 것[知衆]이다.

사람의 빼어나고 못남을 아는 것[知人勝]이다."

먼저 법과 뜻 앎을 보이심

"어떤 것을 비구가 법을 안다고 하는가.

곧 수트라(Sūtra, 契經) · 게야(Geya, 重頌) · 비야카라나(Vyākaraṇa, 授記) · 가타(Gāthā, 孤起頌) · 우다나(Udāna, 無問自說) · 이티브리타카(Itivṛttaka, 本事) · 자타카(Jātaka, 本生譚) · 바이풀야(Vaipulya, 方廣) · 아부타다르마(Adbhuta-dharma, 未曾有法) · 니다나(Nidāna, 因緣) · 아바다나(Avadāna, 譬喩) · 우파데사(Upadeśa, 論議)를 아는 것

이니, 이것을 비구가 법을 아는 것이라 한다.

만약 어떤 비구가 법을 모른다면, 그는 곧 수트라·게야·비야카라나·가타·우다나·이티브리타카·자타카·바이풀야·아부타다르마·니다나·아바다나·우파데사를 모르는 것이니, 이것을 비구가 법을 알지 못하는 것이라고 한다.

만약 어떤 비구가 법을 잘 안다면, 그는 수트라·게야·비야카라나·가타·우다나·이티브리타카·자타카·바이풀야·아부타다르마·니다나·아바다나·우파데사를 아는 것이니, 이것을 비구가 법을 잘 아는 것이라고 한다.

어떤 것을 비구가 뜻을 아는 것이라 하는가.

곧 비구가 이러이러한 말의 뜻에 대하여, 이것은 저런 뜻이고 이것은 이런 뜻임을 아는 것이니, 이것을 비구가 뜻을 아는 것이라고 한다.

만약 어떤 비구가 뜻을 모른다면, 그는 이러이러한 말의 뜻에 대하여, 이것은 저런 뜻이고 이것은 이런 뜻임을 모르는 것이니, 이것을 비구가 뜻을 모르는 것이라고 한다.

만약 어떤 비구가 뜻을 잘 안다면, 그는 이러이러한 말의 뜻에 대하여, 이것은 저런 뜻이고 이것은 이런 뜻이라는 것을 아는 것이니, 이것을 비구가 뜻을 잘 아는 것이라고 한다."

때를 아는 것과 맞출 줄 아는 것을 보이심

"어떤 것을 비구가 때를 아는 것이라고 하는가.

곧 비구가 지금은 낮은 모습[下相]을 닦을 때이고, 지금은 높은 모습[高相]을 닦을 때이며, 지금은 평정한 모습[捨相]을 닦을 때임을 아는 것이니, 이것을 비구가 때를 아는 것이라 한다.

만약 어떤 비구가 때를 알지 못한다면, 그는 지금은 낮은 모습을 닦을 때이고, 지금은 높은 모습을 닦을 때이며, 지금은 평정한 모습을 닦을 때임을 모르는 것이니, 이것을 비구가 때를 알지 못하는 것이라고 한다.

만약 어떤 비구가 때를 잘 안다면, 그는 지금은 낮은 모습을 닦을 때이고, 지금은 높은 모습을 닦을 때이며, 지금은 평정한 모습을 닦을 때임을 아는 것이니, 이것을 비구가 때를 잘 아는 것이라고 한다.

어떤 것을 비구가 맞출 줄 아는 것이라고 하는가.

곧 비구가 잘 맞출 줄 알아 마시고 먹고, 가고 머물며, 앉고 눕고, 말하고 침묵하며, 대소변을 보고 잠과 졸음을 덜어 없애 바른 지혜를 닦아 행하는 것이니, 이것을 비구가 맞출 줄 아는 것이라고 한다.

만약 어떤 비구가 맞출 줄 모른다면, 그는 마시고 먹고, 가고 머물며, 앉고 눕고, 말하고 침묵하며, 대소변을 보고 잠과 졸음을 덜어 없애 바른 지혜를 닦아 행할 줄 모르는 것이니, 이것을 비구가 맞출 줄 모르는 것이라고 한다.

만약 어떤 비구가 맞출 줄 안다면, 그는 마시고 먹고, 가고 머물며, 앉고 눕고, 말하고 침묵하며, 대소변을 보고 잠과 졸음을 덜어 없애 바른 지혜를 닦아 행할 줄 아는 것이니, 이것을 비구가 맞출 줄 아는 것이라고 한다.”

자기를 아는 것과 무리 아는 것을 보이심

“어떤 것을 비구가 자기를 아는 것이라 하는가.

곧 비구가 스스로 나에게는 그러한 믿음 · 계율 · 들음 · 보시 · 지혜

·변재(辯才)·전해온 것[Āgama, 阿含]과 얻은 것이 있음을 아는 것이니, 이것을 비구가 자기를 아는 것이라고 한다.

만약 어떤 비구가 자기를 모른다면, 그는 스스로 나에게는 그러한 믿음·계율·들음·보시·지혜·변재·전해온 것과 얻은 것이 있음을 모르는 것이니, 이것을 비구가 자기를 모르는 것이라고 한다.

만약 어떤 비구가 자기를 잘 안다면, 곧 그는 스스로 나에게는 그러한 믿음·계율·들음·보시·지혜·변재·전해온 것과 얻은 것이 있음을 아는 것이니, 이것을 비구가 자기를 잘 아는 것이라고 한다.

어떤 것을 비구가 무리를 아는 것이라고 하는가.

곧 다음과 같이 아는 것이다.

'이것은 크샤트리아의 무리이고 이것은 브라마나의 무리이며, 이것은 거사의 무리이고 이것은 사문의 무리이다. 나는 저 무리들이 이와 같이 다니고 이와 같이 머무르며 이와 같이 앉고 이와 같이 말하며 이와 같이 침묵해야 하는지를 안다.'

이렇게 아는 것을 비구가 무리를 아는 것이라고 한다.

만약 어떤 비구가 무리들을 모른다면, 그것은 다음과 같음을 알지 못함이다.

'이것은 크샤트리아의 무리이고 이것은 브라마나의 무리이며, 이것은 거사의 무리이고 이것은 사문의 무리인 줄 알지 못한다. 그리고 그 무리들이 이와 같이 다니고 이와 같이 머무르며 이와 같이 앉고 이와 같이 말하며 이와 같이 침묵해야 하는지를 모른다.'

이것을 비구가 무리를 모르는 것이라고 한다.

만약 어떤 비구가 무리들을 잘 안다면 다음과 같이 아는 것이다.

'이것은 크샤트리아의 무리이고 이것은 브라마나의 무리이며, 이것은 거사의 무리이고 이것은 사문의 무리이다. 나는 저 무리들이 이와 같이 다니고 이와 같이 머무르며 이와 같이 앉고 이와 같이 말하며 이와 같이 침묵해야 하는지를 안다.'

이것을 비구가 무리를 잘 아는 것이라 한다."

사람의 빼어나고 못남 아는 것을 자세히 분별함

"어떤 것을 비구가 사람의 빼어나고 못남을 아는 것이라 하는가.

비구가 두 종류의 사람이 있음을 아는 것이니, 하나는 믿음이 있는 사람이고, 다른 하나는 믿음이 없는 사람이다.

만약 믿음이 있는 사람이면 빼어나고, 믿음이 없는 사람이면 같지 못한 것이니, 이것을 아는 것이다.

믿음이 있는 사람에도 또 두 종류가 있으니, 자주 가서 비구를 보는 사람이 있고 자주 가서 비구를 보지 않는 사람이 있다. 만약 자주 가서 비구를 보는 사람이면 빼어나고, 자주 가서 비구를 보지 않는 사람은 같지 못한 것이다.

자주 가서 비구를 보는 사람에도 또 두 종류가 있으니, 비구에게 예경하는 사람이 있고 비구에게 예경하지 않는 사람이 있다. 만약 비구에게 예경하는 사람이면 빼어나고, 비구에게 예경하지 않는 사람은 같지 못한 것이다.

비구에게 예경하는 사람에도 또 두 종류가 있으니, 수트라를 묻는 사람이 있고 수트라를 묻지 않는 사람이 있다. 만약 수트라를 묻는 사람이면 빼어나고, 수트라를 묻지 않는 사람은 같지 못한 것이다.

수트라를 묻는 사람에도 또 두 종류가 있으니, 한마음으로 수트라를 듣는 사람이 있고 한마음으로 수트라를 듣지 않는 사람이 있다.

만약 한마음으로 수트라를 듣는 사람이면 빼어나고, 한마음으로 수트라를 듣지 않는 사람은 같지 못한 것이다.

한마음으로 수트라를 듣는 사람에도 또 두 종류가 있으니, 듣고서 법을 지니는 사람이 있고 듣고도 법을 지니지 않는 사람이 있다. 만약 듣고서 법을 지니는 사람이면 빼어나고, 듣고도 법을 지니지 않는 사람은 같지 못한 것이다.

듣고서 법을 지니는 사람에도 두 종류가 있으니, 법을 듣고서 뜻을 살피는 사람이 있고 법을 듣고도 뜻을 살피지 않는 사람이 있다. 만약 법을 듣고서 뜻을 살피는 사람이면 빼어나고, 법을 듣고도 뜻을 살피지 않는 사람은 같지 못한 것이다.

법을 듣고 뜻을 살피는 사람에도 또 두 종류가 있으니, 법을 알고 뜻을 알며 법에 향하고 법에 머물며 법을 따르고 법대로 실천하는 사람이 있고, 법을 모르고 뜻을 모르며 법에 향하지도 않고 법에 머물지도 않으며 법을 따르지도 않고 법대로 실천하지도 않는 사람이 있다.

만약 법을 알고 뜻을 알며 법에 향하고 법에 머물며 법을 따르고 법대로 실천하는 사람이면 빼어나고, 법을 모르고 뜻을 모르며 법에 향하지도 않고 법에 머물지도 않으며 법을 따르지도 않고 법대로 실천하지도 않는 사람은 같지 못한 것이다."

**법을 알아 세간 요익하게 해줌이
가장 빼어난 사람임을 분별해 보이심**

"법을 알고 뜻을 알며 법에 향하고 법에 머물며 법을 따르고 법대로 실천하는 사람에도 또 두 종류가 있다.

스스로를 요익(饒益)하게 하고 남도 요익하게 하며, 많은 사람을 요익하게 하고 세간을 불쌍히 생각하고 가엾게 여기며, 하늘과 사람을 위해 뜻을 구하고 요익됨을 구하며, 안온함과 즐거움을 구하는 사람이 있다.

다시 스스로를 요익하게 하지 않고 또 남도 요익하게 하지 않으며, 많은 사람을 요익하게 하지도 않고 세간을 불쌍히 생각하고 가엾게 여기지도 않으며, 하늘과 사람을 위해 뜻을 구하거나 요익됨을 구하지 않으며, 안온함과 즐거움을 구하지 않는 사람도 있다.

만약 스스로를 요익하게 하고 남도 요익하게 하며, 많은 사람을 요익하게 하고 세간을 불쌍히 생각하고 가엾게 여기며, 하늘과 사람을 위해 뜻을 구하고 요익됨을 구하며, 안온함과 즐거움을 구한다 하자. 그러면 이 사람은 모든 사람 가운데서 가장 으뜸이 되고, 가장 크고 위가 되고 가장 빼어남이 되며, 가장 높고 묘함이 된다.

비유하면 소[牛]로 인해 젖[乳]이 있고 젖으로 인해 삭힌 젖[酪]이 있으며, 삭힌 젖으로 인해 날버터[生酥]가 있고, 날버터로 인해 삭힌 버터[熟酥]가 있으며, 삭힌 버터로 인해 제호[酥精]가 있게 되는데, 제호는 그 가운데서 가장 으뜸이 되고, 가장 크고 위가 되고 가장 빼어남이 되며, 가장 높고 묘함이 되는 것과 같다.

이와 같이 사람이 스스로를 요익하게 하고 남도 요익하게 하며, 많은 사람을 요익하게 하고 세간을 불쌍히 생각하고 가엾게 여기며, 하늘과 사람을 위해 뜻을 구하고 요익됨을 구하며, 안온함과 즐거움을 구한다 하자.

그러면 이 사람은 위에서 말한 바와 같고, 위에서 분별한 것과 같으며, 위에서 베풀어 보인 바와 같다.

이 사람이 가장 으뜸이 되고, 가장 크고 위가 되고 가장 빼어남이 되며, 가장 높고 묘함이 되니, 이것을 비구가 '사람의 빼어나고 못남을 아는 것'이라 한다."

붇다께서 이렇게 말씀하시자, 여러 비구들은 붇다의 말씀을 듣고 기뻐하며 받들어 행하였다.

• 중아함 1 선법경(善法經)

• 해설 •

법을 아는 것은 십이부경의 거룩한 가르침을 아는 것이고, 뜻을 아는 것은 십이부경의 가르침의 내용을 잘 이해하는 것이며, 때를 알고 맞출 줄 아는 것은 닦아가고 생활함에 알맞음을 아는 것이다.

자기를 아는 것은 가르침을 받아 지니어 행을 갖추고 얻음이 있음을 스스로 살펴 아는 것이니 스스로 이익됨[自利]을 아는 것이다.

무리를 알고 사람의 빼어나고 못남을 아는 것은 대중을 교화하기 위해 대중의 근기를 살피고 대중의 모습을 살피며 취향을 살피는 것이니, 남을 이익되게 하는 행[利行]을 위해 방편의 지혜[方便智]를 갖추는 것이다.

연기법에서 지혜는 자비로 전환된다.

그러므로 아비다르마의 법과 뜻을 알고 스스로를 알고 대중을 알아 지혜의 흐름을 따라 니르바나의 바다에 향하는 이는 스스로와 남을 함께 요익되게 하고 세간을 가엾이 여긴다. 그는 스스로와 남을 위해 니르바나의 법을 구하고 하늘과 사람을 위해 법을 구하고 뜻을 구하니, 그가 세간의 으뜸이 되고 빼어남이 되고 가장 높음이 되는 크나큰 장부[大丈夫]이다.

니르바나를 향해 나아가는 자가 스스로를 요익되게 할 뿐 아니라 세간을 가엾이 여기고 세간을 요익되게 하는 것은, 억지로 그렇게 하는 것이 아니라 니르바나의 법이 그와 같기 때문이고, 여래의 법과 율이 그와 같아야 하기 때문이다. 스스로를 요익되게 하고 남을 요익되게 하는 이, 그가 보디사트바이고 이 세간의 큰 장부 마하사트바이다.

스스로 해탈의 땅에 나아가며 법으로 중생과 세간을 요익되게 하는 보디사트바의 길을 『화엄경』(「범행품」) 또한 이렇게 말한다.

중생의 마음에 좋아함 다 밝게 알아
이와 같이 마땅함 따라 법을 설하고
모든 물듦과 깨끗함 다 통달하여서
중생이 그 법 닦아 도에 들게 하네.

衆生心樂悉了知　如是隨宜爲說法
於諸染淨皆通達　令彼修治入於道

한량없고 셀 수 없는 모든 사마디
보디사트바는 한 생각에 다 들어가니
그 가운데 생각하는 지혜와 살피는바
모두 잘 깨달아 알아 자재를 얻네.

無量無數諸三昧　菩薩一念皆能入
於中想智及所緣　悉善了知得自在

보디사트바는 이 넓고 큰 지혜를 얻어
보디에 빨리 향하여 걸림이 없고
여러 중생 이익되게 하려 하므로
곳곳에서 큰 사람의 법을 펴 드날리네.

菩薩獲此廣大智　疾向菩提無所礙
爲欲利益諸群生　處處宣揚大人法

십이부를 잘 알아 법을 향하고
범행으로 향하는 자가 많이 들은 거룩한 비구이니

나는 들었다, 이와 같이.

한때 붇다께서 슈라바스티 국에 노닐어 다니실 적에 제타 숲 '외로운 이 돕는 장자의 동산'에 계셨다.

그때 어떤 비구가 고요한 곳에서 홀로 머물러, 고요히 앉아 좌선하며 사유하다 마음으로 이렇게 생각했다.

'누가 이 세간을 끌고 가는가? 누가 물들어 집착하는가? 누가 제멋대로 함[自在]을 일으키는가?'

그때 그 비구는 해질 무렵에 좌선에서 일어나 붇다 계신 곳으로 나아가 붇다의 발에 머리를 대 절하고 물러나 한쪽에 앉아 말씀드렸다.

"세존이시여, 저는 오늘 고요한 곳에서 홀로 머물러, 고요히 앉아 좌선하며 사유하다 마음으로 이렇게 생각했습니다.

'누가 이 세간을 끌고 가는가? 누가 탐욕에 물들어 집착하는가? 누가 제멋대로 함을 일으키는가?'"

세존께서 그 말을 들으시고 찬탄하며 말씀하셨다.

"잘 말했다, 비구여. 좋은 도가 있어야 좋은 살핌, 아주 묘한 말재간, 좋은 사유가 있게 되는 것이다.

비구여, 이렇게 물었는가.

'누가 이 세간을 끌고 가는가. 누가 물들어 집착하는가. 누가 제멋대로 함을 일으키는가.'"

"그렇습니다, 세존이시여."

비구의 물음을 찬탄하시고 마음이 세간법 끌고 감을 보이심

세존께서 말씀하셨다.

"비구여, 마음[心]이 이 세간을 끌고 가고, 마음이 물들어 집착하며, 마음이 제멋대로 함을 일으킨다.

비구여, 그것이 이 세간을 끌고 가고, 그것이 물들어 집착하며, 그것이 제멋대로 함을 일으킨다.

비구여, 많이 들은 거룩한 제자는 마음이 끌고 가지 않고, 마음이 물들어 집착하지 않으며, 마음이 제멋대로 하지 않는다.

비구여, 많이 들은 거룩한 제자는 마음의 제멋대로 함을 따르지 않고, 마음이 많이 들은 거룩한 제자를 따른다."

비구가 말씀드렸다.

"거룩하고 거룩하십니다. 참으로 그렇습니다, 세존이시여."

그때 그 비구는 붓다의 말씀을 듣고 기뻐하며 받들어 행하였다.

십이부경을 듣고 법이 향하는 이가 많이 들은 비구임을 보이심

비구가 또 여쭈었다.

"세존이시여, 많이 들은 비구[多聞比丘], 많이 들은 비구라고들 말합니다.

세존이시여, 어떤 사람이 많이 들은 비구며, 어떻게 많이 들은 비구를 세워 보이십니까?"

세존께서 그 말을 들으시고 칭찬하며 말씀하셨다.

"잘 물었다, 비구여. 좋은 도가 있어야 좋은 살핌, 아주 묘한 말재간, 좋은 사유가 있게 되는 것이다.

비구여, 너는 이렇게 물었는가.

'세존이시여, 많이 들은 비구, 많이 들은 비구라고들 말합니다.

세존이시여, 어떤 사람이 많이 들은 비구이며, 어떻게 많이 들은 비구를 세워 보이십니까?'"

비구가 대답했다.

"그렇습니다, 세존이시여."

세존께서 말씀하셨다.

"비구여, 내가 말한 것은 매우 많으니, 곧 수트라·게야·비야카라나·가타·우다나·이티브리타카·자타카·바이풀야·아부타다르마·니다나·아바다나·우파데사가 그것이다.

비구여, 만약 어떤 좋은 종족의 사람이 내가 말한 네 구절의 게[四句偈]에 대해 그 뜻을 알고 법을 알아서 법에 나아가고 법에 향하며, 범행을 따라 나아간다면, 비구여, 많이 들은 비구를 말하는데 이보다 더 뛰어난 것은 없다.

비구여, 이와 같은 사람을 '많이 들은 비구'라고 하며, 여래는 이와 같이 '많이 들은 비구'를 세워 보인다."

비구가 말씀드렸다.

"거룩하고 거룩하십니다. 참으로 그렇습니다, 세존이시여."

그때 그 비구는 붇다의 말씀을 듣고 기뻐하며 받들어 행하였다.

많이 들은 비구의 밝게 통달한 지혜를 보이심

비구가 또 여쭈었다.

"세존이시여, 많이 들은 비구의 밝게 통달한 지혜[多聞比丘明達智

慧], 많이 들은 비구의 밝게 통달한 지혜라고들 말합니다.

세존이시여, 무엇을 많이 들은 비구의 밝게 통달한 지혜라 하며, 어떻게 많이 들은 비구의 밝게 통달한 지혜를 세워 보이십니까?"

세존께서 그 말을 들으시고 칭찬하며 말씀하셨다.

"잘 물었다, 비구여. 좋은 도가 있어야 좋은 살핌, 매우 묘한 말재간, 좋은 사유가 있게 되는 것이다. 비구여, 너는 이렇게 물었는가.

'세존이시여, 많이 들은 비구의 밝게 통달한 지혜, 많이 들은 비구의 밝게 통달한 지혜들이라고 말합니다.

세존이시여, 무엇을 많이 들은 비구의 밝게 통달한 지혜라 하며, 어떻게 많이 들은 비구의 밝게 통달한 지혜를 세워 보이십니까?'"

"그렇습니다, 세존이시여."

세존께서 말씀하셨다.

"비구여, 만약 비구가 이 괴로움[苦]에 대해 듣고 다시 지혜로써 괴로움을 진실 그대로[苦如眞] 바르게 보고, 괴로움의 모아냄[苦集]과 괴로움의 사라짐[苦滅]과 괴로움을 없애는 길[苦滅道]에 대해 듣고, 다시 지혜로써 괴로움의 모아냄과 괴로움의 사라짐과 괴로움을 없애는 길을 진실 그대로 바르게 본다 하자.

비구여, 이와 같음이 많이 들은 비구의 밝게 통달한 지혜이며, 여래는 이와 같이 많이 들은 비구의 밝게 통달한 지혜를 세워 보인다."

비구가 말씀드렸다.

"거룩하고 거룩하십니다. 참으로 그렇습니다, 세존이시여."

그때 비구는 붇다의 말씀을 듣고 기뻐하며 받들어 행하였다.

밝은 비구의 빠르고 넓은 지혜를 보이심

비구가 다시 여쭈었다.

"세존이시여, 날카롭고 밝은 비구의 빠르고 넓은 지혜[聰明比丘黠 慧廣慧], 날카롭고 밝은 비구의 빠르고 넓은 지혜라고들 말합니다.

세존이시여, 무엇을 날카롭고 밝은 비구의 빠르고 넓은 지혜라 하며, 어떻게 날카롭고 밝은 비구의 빠르고 넓은 지혜를 세워 보이 십니까?"

세존께서 그 말을 들으시고 칭찬하며 말씀하셨다.

"잘 물었다, 비구여. 좋은 도가 있어야 좋은 살핌, 매우 묘한 말재 간, 좋은 사유가 있게 되는 것이다. 비구여, 너는 이렇게 물었는가.

'세존이시여, 날카롭고 밝은 비구의 빠르고 넓은 지혜, 날카롭고 밝은 비구의 빠르고 넓은 지혜라고들 말합니다.

세존이시여, 무엇을 날카롭고 밝은 비구의 빠르고 넓은 지혜라 하며, 어떻게 날카롭고 밝은 비구의 빠르고 넓은 지혜를 세워 보이십니까?'"

"그렇습니다, 세존이시여."

세존께서 말씀하셨다.

"만약 비구가 스스로를 해칠 생각을 하지 않고 남을 해칠 생각을 하지 않으며 또한 자기와 남을 한꺼번에 해칠 생각을 하지 않고, 비 구가 다만 스스로를 요익되게 하고 남을 요익되게 하며, 또한 많은 사람을 요익되게 함만을 생각하며, 세간을 불쌍히 여겨 하늘과 사람 을 위해 바른 뜻과 이익되게 함을 구한다 하자.

비구여, 이와 같음을 곧 날카롭고 밝은 비구의 빠르고 넓은 지혜라 하며, 여래는 날카롭고 밝은 비구의 바르고 넓은 지혜를 이와 같이 세워 보인다."

비구가 말씀드렸다.

"거룩하고 거룩하십니다. 참으로 그렇습니다, 세존이시여."

그때 그 비구는 붇다의 말씀을 듣고 잘 받아가지고 잘 외워 익힌 뒤에 자리에서 일어나 붇다의 발에 머리를 대 절하고는 붇다를 세 번 돌고 돌아갔다.

비구가 세존의 가르침을 듣고 범행을 닦아 아라한을 이룸

그때 그 비구는 세존의 가르침을 듣고 멀리 떠난 곳에 홀로 머물며 마음에 방일함이 없이 닦아 행함을 부지런히 하였다.

그는 멀리 떠난 곳에 홀로 머물며 마음에 방일함이 없이 닦아 행함을 부지런히 하였다. 그것은 좋은 종족의 사람이 하는 바 곧 수염과 머리를 깎고 가사를 입고, 지극한 믿음으로 집을 버리고 집이 없이 도를 배우는 것이고, 오직 위없는 범행을 이루어 마침이기 때문이다.

그리하여 그는 현재의 법 가운데서 스스로 알고, 스스로 깨닫고, 스스로 증득하여 성취하여 노닐며, '태어남은 이미 다하고 범행은 이미 서고, 지을 바를 이미 지어 다시는 뒤의 있음 받지 않음'을 진실 그대로 알았다.

그 존자는 이와 같이 법을 알고서 나아가 범행을 이루어 아라한을 얻게 되었다.

붇다께서 이와 같이 말씀하시자, 그 여러 비구들은 붇다의 말씀을 듣고 기뻐하며 받들어 행하였다.

• 중아함 172 심경(心經)

여기 자아[六根]가 있고 저기 세계[六境]가 있고 주체의 행위가 있는 것 같지만, 자아는 늘 행위하는 자아이고 저 세계는 행위에 내적인 세계이다. 그러므로 세계가 공한 줄 모르면 주체의 행위가 보이고 들리는 것에 물들어, 물든 마음[心]이 세간을 끌고 가고, 마음이 물들어 집착하며 제멋대로 함을 일으킨다.

여래의 십이부경(十二部經)을 많이 들은 거룩한 제자는 연기의 가르침을 듣고, 자아가 공하고 세계가 공함을 깨닫는다. 세계인 마음에서 세계가 공한 줄 알면, 마음에서 마음을 떠나 마음 없는 마음을 쓰므로 마음이 물들어 집 착하지 않고 마음이 제멋대로 하지 않는다.

많이 들은 거룩한 제자는 저 세계와 중생이 공한 세계와 중생이라, 내 밖에 실로 있는 모습이 아님을 안다. 그러므로 자아와 세계의 있는 모습에 머묾이 없이 막힘없고 걸림 없는 지혜를 얻어 스스로를 요익되게 하고 남을 요익되게 하며 끝없는 자비로 세간을 요익되게 한다.

그는 세간이 있되 공하므로 취하지 않고 세간이 공하되 있으므로 버리지 않으니, 취하고 버림이 없는 지혜는 여래의 법과 율 십이부경을 늘 많이 들어 배우고 배운 가르침을 잘 사유해 행하며, 밝은 지혜 빠르고 넓은 지혜를 통달하여 고통과 해탈의 길을 진실 그대로 보아, 스스로 해탈하고 뭇 생명을 해탈의 길에 이끈다.

왜 그럴 수 있는가. 자아와 세계의 있는 모습을 떠나므로 막힘없는 지혜가 일어나지만, 자아와 세계의 공한 모습에도 머물지 않으므로 막힘없는 지혜가 다함없는 자비의 행을 이루기 때문이다.

지혜로 자비의 행을 이룬 이, 그가 세간의 복밭이며 세간에 공양함으로써 세간의 공양 받는 자, 아라한이다.

제2장

십이부경의 여러 형식

"비구는 작은 생각[小想]이 있고, 큰 생각[大想]이 있으며,
한량없는 생각[無量想]이 있고, 있는 바 없는 생각[無所有想]이 있다.
아난다여, 너는 이 네 가지 생각 있는 선정을 여러 젊은 비구들을
위하여 말해주고, 그것으로 그들을 가르쳐야 한다.
만약 여러 젊은 비구들을 위하여 이 네 가지 생각 있는 선정을
말해주고 가르치면, 그들은 곧 안온함을 얻고 힘을 얻고
즐거움을 얻어 몸과 마음이 번뇌의 열로 뜨거워지지 않고
몸을 마치도록 범행을 행할 것이다."

여래는 한맛[一味]인 연기의 진실을 열어 고정된 견해와 관념에 물들고 모습의 질곡에 갇힌 중생을 물듦과 갇힘이 없는 해탈의 저 언덕으로 이끄신다. 여래는 한맛의 진실을 여는 데 열두 가지 교설의 형식을 세우고 갖가지 방편의 문을 열어 보이시니, 그렇게 하는 까닭은 왜인가.

여래의 법은 실로 말함과 말할 것이 없는 곳[無有能說可說]에서 듣는 중생의 갖가지 차별된 인연을 따라 말 없는 말을 일으켜 중생의 병을 치유하여 해탈의 언덕에 이끄는 법이기 때문이다.

곧 가르침 받는 중생은 하고자 함과 좋아함[欲樂]이 갖가지로 차별되어 어떤 이는 이성적인 사유가 넘치고 어떤 사람은 감성적이고 직관적이며, 어떤 이는 논리적인 긴 설명을 좋아하고 어떤 이는 짧은 시구를 좋아한다.

그래서 어떤 사람은 논리적으로 설명해야 알아듣고, 어떤 사람은 비유를 보여야 알아듣는 등 사람의 근기와 취향, 익혀온 생활습관이 여러 가지로 다르기 때문이다.

붓다의 교법 안에 십이부경의 표현양식이 있듯, 붓다 이후 붓다의 가르침을 펴는 여러 논사와 성사들도 어떤 이는 붓다에 대한 찬탄의 노래를 바친 이도 있고, 나가르주나(Nāgārjuna, 龍樹) 존자와 바수반두(Vasubandhu, 世親) 존자처럼 중생의 집착을 깨기 위해 『대지도론』(大智度論)·『중론』(中論)·『유가사지론』(瑜伽師地論)과 같은 방대한 논서를 짓기도 한다. 또 연기의 진리를 문답으로 보인 이도 있고, 조사선의 여러 선사들처럼 깨달음을 게(偈)와 송(頌)으로 표현하기도 한다.

그 여러 차별된 언어적 형식들은 모두 법(法)과 뜻[義]을 담는 그릇이고 형식일 뿐, 그 형식을 따라 한맛인 진리의 내용이 달라질 수 없다. 또한 여래의 법과 뜻을 바로 깨달은 이의 말이라면, 그가 교리 체계를 밟아 설명한다고 낮은 법이 되고 조사선의 격외언구(格外言句)와 시적 표현[偈頌]을 쓴다고 높은 법이 되는 것이 아니다.

『법화경』은 한맛의 진리를 나타내는 표현형식의 다양성과 갖가지 비유와 언어적 표현 속에 담긴 진리의 통일성을 이렇게 말한다.

"사리푸트라여, 과거·현재·미래의 모든 붇다들은 한량없고 셀 수 없는 방편과 갖가지 인연과 비유와 언어적 표현으로 중생을 위해 모든 법을 연설하시니, 이 법은 다 하나인 붇다의 진리의 수레를 위하기 때문이다.

이 모든 중생이 모든 붇다에게서 법을 들으면 마침내 다 일체종지(一切種智)를 얻게 된다."

『법화경』의 법문처럼 하나인 진리의 수레에서 갖가지 비유와 언어적 표현을 일으켜 중생을 다시 지혜의 곳간 진여의 바다에 이끌어 들이는 붇다의 지혜의 경계를 어떻게 말할 수 있을까. 붇다의 설법 교화는 끝내 저 중생이 고통바다를 건너 니르바나의 언덕에 이르도록 하기 위함이니, 『화엄경』(「야마궁중게찬품」夜摩宮中偈讚品)은 여래의 설법을 다음과 같이 찬탄한다.

붇다의 거룩한 몸과 신통은
자재하여 사의할 수 없어라.

감이 없고 또한 옴이 없지만
법을 설해 중생 건네네.

佛身及神通　自在難思議

無去亦無來　說法度衆生

청정하신 하늘과 사람의 스승
만약 뵙거나 말씀 듣게 되면
길이 악한 길을 벗어나
온갖 괴로움 떠나게 되리.

若有得見聞　清淨天人師

永出諸惡趣　捨離一切苦

옴이 없고 감 없어 한 법도 지음 없되 짓지 않음도 없이 한량없는
언어적 표현과 비유로 보디의 길에 이끄는 설법의 교화를 또 어떻게
찬탄해 말해볼까.

옛 선사[寒岩升]의 다음 게송을 들어보자.

한 빛깔 봄의 소식 윗 동산에 돌아올 때
예쁜 꽃 고운 수술 가지마다 가득하네.
동산에 복사꽃 붉고 오얏꽃은 희며
장미꽃은 자주빛으로 피어나는 뜻
봄의 신께 물었으나 모두 알지 못하네.

一色春歸上苑時　鮮葩艷蕚滿枝枝

桃紅李白薔薇紫　問着東君摠不知

봄이 와 뜰에 백 가지 꽃이 불꽃처럼 피어나고 희고 밝은 꽃들이 봄빛을 떠나지 않지만, 봄의 기운 봄의 신은 붉고 푸른 꽃 핌에 대해 분별이 없다.

여래 또한 모습 없지만 모습 나투고 말이 끊어진 곳에서 말을 보여 중생을 니르바나에 이끄니, 그 말씀이 삼장 십이부의 가르침이다. 그리고 여래의 지혜로 일으킨 여래의 삼장 십이부의 가르침이 바로 중생에게 다시 존재의 진실을 열어내는 법의 말[法說]이자 중생을 보디에 이끄는 뜻의 말[義說]이다.

그러므로 여래가 삼장 십이부의 갖가지 언어적 표현과 방편의 문을 열어 가로로 말하고 세로로 말하며 눌러 말하고 올려 말하며, 그침을 보이고 살핌을 보여도 그 가운데 오직 하나인 붇다의 수레[一佛乘] 그 뜻을 보고 보디의 뜻을 보아야 하는 것이니, 옛 선사[竹庵珪]의 다음 게송을 살펴보자.

> 나룻배는 양주로 내려가고
> 부평초는 물을 따라 흘러가네.
> 한 소리 빼어난 노랫가락이여
> 천고에 슬픔을 자아내네.
> 船子下楊州　浮萍逐水流
> 一聲河滿子　千古動悲愁

1 수트라

수트라(sūtra)는 산문으로 된 붇다의 교설을 일반적으로 일컫는 말이다. 뜻으로 계경(契經)이라 옮기니, 계합함[契]이란 위로 모든 붇다의 진리에 계합하고 아래로 중생의 근기에 계합함이다.

경(經)은 모범이 되는 법칙의 뜻과 항상함의 뜻이다. 그러므로 계경은 붇다의 진리에 계합한 말씀으로 늘 중생이 삶의 모범으로 삼고 법칙 삼아야 하는 가르침으로 정의할 수 있다.

또 계경에는 두 가지 뜻이 있다.

곧 첫째는 '묶어 모음의 뜻'[結集義]이니, 여래의 계경이 뭇 진리의 뜻을 거두어 지니어 중생의 마음을 묶어[冠有情之心] 잊거나 잃어버리지 않게 함을 나타낸다.

둘째는 끊어 정함의 뜻[斷定義]이니, 여래의 계경이 뭇 그릇된 뜻을 끊고 옳고 그름을 분별하여 악은 없애고 선을 남김이다. 이는 마치 목수가 먹줄로 여러 재목을 다루어 나쁜 곳을 깎아서 바르게 하고 굽은 것을 버리고 곧은 것을 남기는 것과 같다.

더 깊이 수트라의 뜻을 살피면 경은 연기의 진리를 깨친 지혜의 언어적 작용이고 진리의 문자적 표현이다.

경의 원본은 종이에 쓰인 글씨가 아니라 다함없는 세계의 연기적 실상이다. 그러므로 가르침을 듣는 이가 여래의 음성을 들을 때 그 소리가 나되 남이 없음을 알아 들음 없이 그 소리를 들으면 그가 소리 들음을 통해 세계 속의 경을 보는 자이다.

소리 들음과 같이 눈으로 빛깔을 보고 코로 냄새 맡고 뜻으로 법을 살필 때도 빛깔·냄새 등을 봄이 없이 보고 느낌 없이 느끼면 느껴 앎을 통해 법계의 경을 읽을 수 있다.

그러므로 눈으로 경의 문자를 볼 때 경의 문자가 글자가 아니되 글자 아님도 아님[雖非字非非字]을 바로 보면, 경의 문자를 떠남 없이 늘 여래의 설법을 듣고 늘 여래의 경전을 볼 수 있는 것이다.

늘 법계의 경을 보는 자는 일상의 보고 들음이 여래의 보디의 길 속에 있다. 장안선사(章安禪師)의 『팔교대의』(八敎大義)는 지혜로운 이가 경을 보고 경의 소리 듣는 것은, 혀를 움직이지 않고도 경을 외우며, 여래의 음성 움직이지 않고도 여래의 법 설함 늘 듣는 것임을 다음과 같이 밝힌다.

    "치우침과 두렷함을 말하는 묘한 지혜는, 새벽이 다하도록 혀를
    묶고서 뭇 경을 두루 외우고[終朝結舌 遍誦眾經], 여래의 여덟 소
    리[八音]를 움직이지 않고도 늘 거룩한 소리를 듣는다[八音掩扇
    常聞梵響]."

『화엄경』(「야마궁중게찬품」)은 여래의 밝은 지혜밖에 설하시는 경이 없어서 가르침이 지혜의 유출임을 이렇게 말한다.

붇다께서는 크고 밝은 빛 놓으시어
세간에서 모두 보지 못함이 없네.
대중을 위해 널리 열어 연설하사
모든 중생 요익되게 하여주시네.

佛放大光明　世間靡不見

爲衆廣開演　饒益諸群生

또 옛 선사[蔣山勤]는 눈앞의 법에서 진실을 보는 것밖에 여래의
법이 없고 경이 없음을 다음과 같이 보인다.

붇다의 법이 세간법이요
세간법이 붇다의 법이네.
참된 도로써 행함이여
바람 불면 풀이 누움이네.

佛法卽是世法　世法卽是佛法

以眞道而行　風行草偃

붇다께서 다섯 쌓임[五蘊]이
덧없음을 보인 이 경을 말씀하시자

이와 같이 내가 들었다.

한때 붇다께서 차이티야(Caitya)에 있는 대나무동산 정사[竹園精舍]에 계셨다.

그때 세 수행자[正士]가 있었는데, 집을 나온 지 오래되지 않았으니, 곧 존자 아니룻다(Aniruddha), 존자 난디(Nandi), 존자 킴빌라(Kimbila)였다. 그때 세존께서는 그들의 마음속 생각을 아시고 곧 이렇게 가르쳐 깨우치셨다.

"비구들이여, 이 마음[心]과 이 뜻[意]과 이 앎[識]을 반드시 이렇게 바르게 사유하고, 이렇게 그릇되게 사유하지는 말아야 한다.

그리하여 이 탐욕과 이 물질을 끊어, 몸으로 증득하여 갖추어 머물라.

비구들이여, 과연 물질이 있어서 항상하여 변해 바뀌지 않으며 바로 머무르는가?"

비구들은 붇다께 말씀드렸다.

"그렇지 않습니다, 세존이시여."

붇다께서 비구들에게 말씀하셨다.

"잘 말했다. 물질이 덧없고 변해 바뀌는 것이면, 바로 머무를 수 있겠는가?"

"그럴 수 없습니다, 세존이시여."

"잘 말했다. 물질이 덧없고 변해 바뀌는 법이면, 집착 떠나고 탐욕을 여의고 없애 고요히 사라지게 해야 한다. 이와 같이 물질은 본래부터 그 온갖 것이 덧없고, 괴로우며, 변해 바뀌는 법이다.

이와 같이 알고 나면 그 물질로 말미암아 생긴 모든 번뇌 흐름의 해침과 불꽃처럼 타오름, 근심과 번민은 모두 끊어져 없어진다.

그것이 끊어져 없어진 뒤에는 집착할 것이 없게 되고, 집착할 것이 없게 되면 안락하게 머무르고, 안락하게 머무른 뒤에는 파리니르바나를 얻게 된다.

느낌·모습 취함·지어감·앎 또한 다시 이와 같다.”

붇다께서 이 경을 말씀하실 때, 세 수행자는 모든 흐름을 일으키지 않고 마음이 해탈하였다.

붇다께서 이 경을 말씀하시자, 여러 비구들은 붇다의 말씀을 듣고 기뻐하며 받들어 행하였다.

• 잡아함 35 삼정사경(三正士經)

• 해설 •

마음[心]과 뜻[意]과 앎[識], 이 셋은 다르되 다르지 않다. 마음은 앎을 통해 자아와 세계를 모두 거둔 뜻이니, 유식에서 제8아라야식이고, 뜻은 아는 뿌리[意根]이며, 앎은 아는 뿌리가 세계를 의지해 구체적 인식활동으로 드러난 것을 말한다.

마음과 뜻은 지금 온전히 앎활동 속에 내적으로 주어지므로 마음·뜻·앎은 같되 다르고 다르되 같은 것이다.

지금 앎활동은 세계를 의지해서 일어나는 앎활동이며, 알려지는 저 세계의 있는 모습은 연기한 것이라 덧없고, 덧없으므로 공하여 실로 집착할 것이 없다. 그와 같이 보여지는 것을 알면, 지금 저 세계를 보고 듣는 자리에서 온갖 묶음을 벗어나 안락하게 머물며 파리니르바나를 얻게 된다.

그렇다면 파리니르바나의 처소는 어디인가. 집착하는 마음 때문에 끊으라 가르치셨으나, 집착할 것이 본래 없다면 어떻게 해야 하는가.

옛 선사는 '일승의 길 가려는가, 저 여섯 티끌경계 싫어하지 말라[欲趣一乘 勿惡六塵]'고 하였으니, 여섯 티끌경계 싫어하지 말라는 옛 선사의 말이 물질에 대해 집착 떠나고 탐욕 떠나라는 여래의 가르침과 두 뜻이 아니다. 이와 같이 말[言]을 통해 뜻[義]을 알고 뜻을 통해 진리[理]에 돌아갈 줄 알아야 경을 잘 받아들은 사람이라 할 것이다.

세 높은 존자가 여래의 말씀 아래 모든 번뇌 흐름 일으키지 않고 마음의 해탈 얻었다 했으니, 말씀을 통해 말에 말 없고 모습에 모습 없는 진여의 바다에 함께 들어간 것이다.

여래의 가르침으로 보면 온갖 법이 덧없되 고요하므로 움직임에 머물 것이 없고 온갖 법이 고요하되 덧없으므로 고요함에도 머물 것이 없으니, 고요함과 움직임에 모두 머물지 않으면 덧없음을 떠나지 않고 니르바나의 고향 소식을 볼 것이다.

옛 사람[悅齋居士]의 한 노래를 들어보자.

신령한 뗏목 오고감에 어디에 의지하리.
헛되이 강가에 가 힘들게 나룻터를 묻는구나.
견우와 직녀가 만나는 꼴 만약 마주치면
고향 떠난 만릿길 나그네 시름 더하리.

靈槎來去有何憑 空向江邊苦問津
若遇牛郞逢織女 家鄕萬里轉愁人

붇다께서 열여덟 법의 영역[十八界]이
덧없음을 보이는 이 경을 말씀하시자

이와 같이 내가 들었다.

한때 붇다께서는 슈라바스티 국 제타 숲 '외로운 이 돕는 장자의
동산'에 계셨다.

그때 세존께서 여러 비구들에게 말씀하셨다.

"온갖 것은 덧없다. 온갖 것이 덧없다는 것은 무엇인가?

곧 눈[眼]이 덧없고, 빛깔[色]·눈의 앎[眼識]·눈의 닿음[眼觸]과
눈의 닿음의 인연으로 생기는 느낌[受]인 괴로운 느낌·즐거운 느낌
·괴롭지도 즐겁지도 않은 느낌 또한 덧없는 것이다.

귀·코·혀·몸·뜻 또한 다시 이와 같다.

많이 들은 거룩한 제자로서 이와 같이 살피는 사람은 눈에 대해서
집착 없는 마음을 내고, 빛깔과 눈의 앎·눈의 닿음, 눈의 닿음의 인
연으로 생기는 느낌인 괴로운 느낌·즐거운 느낌·괴롭지도 즐겁지
도 않은 느낌, 그것들에 집착 없는 마음을 낸다.

귀[耳]·코[鼻]·혀[舌]·몸[身]·뜻[意]과 소리[聲]·냄새[香]·
맛[味]·닿음[觸]·법(法)에서도 그러며, 뜻의 앎[意識]·뜻의 닿음
[意觸], 뜻의 닿음의 인연으로 생기는 느낌인 괴로운 느낌·즐거운
느낌·괴롭지도 즐겁지도 않은 느낌, 그것들에서도 또한 집착 없는
마음을 낸다.

집착하지 않기 때문에 즐거워하지 않고, 즐거워하지 않기 때문에

해탈하며, 해탈지견이 생겨 '나의 태어남은 이미 다하고 범행은 이미 서고, 지을 바를 이미 지어 다시는 뒤의 있음을 받지 않는다'고 스스로 안다."

붇다께서 이 경을 말씀하시자, 여러 비구들은 붇다의 말씀을 듣고 기뻐하며 받들어 행하였다.

• 잡아함 195 무상경(無常經)①

• 해설 •

아는 주체와 알려지는 객체가 있되 공하므로 아는 자와 아는 것이 어울려 앎활동을 이룬다. 경에서 눈[眼]이 주체의 아는 뿌리[六根]이고, 빛깔[色]은 보여지는바 눈의 대상이고, 눈의 앎[眼識]은 주체와 객체가 만나 눈의 앎[識]을 이룸이다.

눈의 감각인 느낌[眼受]은 눈의 아는 뿌리[根]와 빛깔[色]과 눈의 앎[識]이 서로 어울려 함께 만남[三事和合, 觸]을 통해 일어난다.

주체·객체·앎활동, 지각과 감각이 모두 연기한 것이라 덧없고 덧없으므로 공한 것이니, 아는 자와 알려지는 것을 취하지 않고 집착하지 않으면 존재의 실로 있음에 묶이지 않는 해탈지견이 생겨나, 다시 나고 죽음의 굴레에 빠지지 않는다.

'집착 없는 마음을 낸다'고 번역한 한문 원문은 '싫어함을 낸다'[生厭]고 되어 있는데, 싫어함은 중생의 맛들여 즐김을 다스리기 위해 세운 말이므로 '집착 없는 마음을 낸다'고 우리말로 옮겼다.

주체·객체·앎활동이 있되 공하므로 취하지 않고 즐기지 않음이 그침[止, śamatha]을 닦음이고, 주체·객체·앎활동이 공하되 있으므로 버리지 않음이 살핌[觀, vipaśyanā]을 닦음이니, 그침과 살핌을 함께하는 곳이 해탈이고 해탈지견이 현전하는 때이다.

붇다께서 '네 곳 살핌'[四念處]을 보인
이 경을 말씀하시자

이와 같이 내가 들었다.

한때 붇다께서는 슈라바스티 국 제타 숲 '외로운 이 돕는 장자의 동산'에 계셨다.

그때에 존자 아난다는 여러 비구들과 함께 붇다 계신 곳에 나아가 발에 머리를 대 절하고 한쪽에 물러앉아 붇다께 여쭈었다.

"세존이시여, 이 젊은 비구들을 어떻게 가르쳐야 하며 그들을 위해 어떻게 설법해야 합니까?"

붇다께서는 아난다에게 말씀하셨다.

"이 여러 젊은 비구들은 네 곳 살핌[四念處]으로 가르쳐 닦아 익히게 해야 한다. 어떤 것이 넷인가.

곧 몸에서 몸 살피는 생각에 머묾을 말하니, 방편을 부지런히 하여 방일하지 않고 행하면, 바른 지혜 바른 생각으로 마음을 고요히 하고, 나아가 몸을 깨달아 안다.

느낌[受]·마음[心]·법(法)에서 법 등을 살피는 생각에 머묾을 말하니, 방편을 부지런히 하여 방일하지 않고 행하면, 바른 지혜 바른 생각으로 마음을 고요히 하고, 나아가 법 등을 깨달아 안다.

왜 그런가. 만약 비구가 아직 배움의 지위[學地]에 머물러 더 위로 나아가지 못하고, 뜻으로 안온한 니르바나를 구할 때는 다음처럼 행해야 하기 때문이다.

곧 몸에서 몸 살피는 생각에 머물러, 방편을 부지런히 해 방일하지 않고 행하여, 바른 생각과 바른 지혜로 마음을 고요히 해야 한다.

다시 느낌·마음·법에서 법 등을 살피는 생각에 머물러, 방편을 부지런히 하여 방일하지 않고 행하여, 바른 지혜 바른 생각으로 마음을 고요히 해야 하고, 나아가 법 등에서 멀리 떠나야 하기 때문이다.

만약 아라한이 모든 흐름이 이미 다하고, 지을 바를 이미 지어, 모든 무거운 짐을 버리고, 모든 존재의 맺음[諸有結]을 다하고, 바로 알아 잘 해탈하였다면, 반드시 그때에도 몸에서 몸 살피는 생각에 머무름을 닦아야 한다.

방편을 부지런히 해 방일하지 않고 행하면, 바른 생각과 바른 지혜로 마음을 고요히 하게 된다.

느낌·마음·법에서 법 등을 살피는 생각에 머무름을 닦아야 하니, 그렇게 정진하면 나아가 법 등에서 멀리 떠남을 얻게 된다."

때에 존자 아난다는 따라 기뻐하면서 절하고 떠나갔다.

• 잡아함 621 연소비구경(年少比丘經)

• 해설 •

이 경은 아난다가 세존께 처음 배우는 비구 가르치는 법을 묻자 세존께서 처음 배우는 이[初學], 배움의 지위[學地]에 있는 이뿐만 아니라, 배울 것 없는 지위[無學地, Arhat]에 있는 이도 모두 '네 곳 살핌' 닦도록 가르치신 경이다.

주체의 앎은 내면에 있는 앎이 아니라 늘 알려함[能知]과 알려지는 것[所知]이 서로 어울려 있는 앎이다. 그러므로 살피는바[所觀境] 몸·느낌·마음·법이 연기한 것이라 공한 줄 살피면, 주체의 앎이 생각 아닌 생각[無念之念]이 되어 그 마음이 고요해지고 살피는바 대상의 있는 모습을 멀리 떠나게 된다.

이는 처음 배우는 비구가 살펴야 할 법일 뿐 아니라 아라한과 보디사트
바 또한 살펴야 할 법이니, 살피는 바가 공한 줄 알아, 그 비춤이 비추되 고
요하면[照而寂] 보고 듣는 경험활동 안에 막힘없는 해탈법계가 늘 현전할
것이다.

그렇다면 왜 배워가는 이만 네 곳 살핌을 닦는 것이 아니라, 이미 배움 다
한 이도 네 곳 살핌을 닦아야 하는가.

중생의 번뇌 마음[心]과 고통의 생각[受]을 살펴 남이 없음[無生]을 살펴
생각이 생각 아닌 생각이 되는 곳이 모든 붇다의 경계이기 때문이다.

그러므로 중생이 자기진실을 살피면 늘 붇다의 모습을 보고 법의 음성 들
을 수 있으니,『화엄경』(「입법계품」)은 이렇게 가르친다.

> 붇다께선 시방 세계 널리 비추어
> 세간 어리석음의 가림 없애주시네.
> 갖가지 몸을 나투어 교화하시니
> 그 모습은 중생과 평등하네.
>
> 普照十方刹　悉滅世癡翳
> 現化種種身　相狀等衆生
>
> 붇다께선 온갖 세계에서
> 모두 보디 나무에 앉으사
> 도를 이루어 법바퀴 굴려
> 모든 중생 건네 해탈케 하네.
>
> 佛於一切刹　悉坐菩提樹
> 成道轉法輪　度脫諸群生

경의 뜻으로 보면 마음에서 마음 떠나고 모습에서 모습 떠나면, 나날의

보고 듣는 경계밖에 붇다의 해탈의 소식이 없는 것이다.

옛 선사[心聞賁]의 한 노래를 들어보자.

　　한 가락 옛 낭군의 거문고 소리로
　　먼 곳의 그리운 뜻 부치나니
　　해당화는 바람에 날려 지고
　　하늘에 달은 환히 밝게 빛나네.
　　비단 여울은 출렁여 넘실대고
　　아득히 소상강은 넓고 넓은데
　　이 소리 아는 이 없어 서글프도다.

　　一曲啼烏寄遠情　海棠飄盡月空明

　　錦川迢遞湘江闊　惆悵無人會此聲

위 게송 가운데 거문고 소리로 먼 곳의 낭군에 그리운 뜻 전함이 생각이
생각 아님을 나타냄이고, 해당화 지고 하늘에 달 밝은 소식이 모습에 모습
없는 실상의 소식일 것이다. 이밖에 모든 붇다가 가르친 진여의 경계가 없
는 것이나, 실로 알 것이 없는 곳에서 알려 함으로 진여의 소식을 보지 못함
인가.

이 세간의 큰 장부 보디사트바가 밟아 나아갈 길은 어디인가.

2 게야

게야(geya)는 응송(應頌) 또는 중송(重頌)으로 옮기니, 앞의 계경의 뜻에 응해 거듭 그 뜻을 노래로 보인 것이다.

붇다의 가르침은 수트라·비나야·아비다르마 이 삼장으로 분류된다. 그 가운데 비나야(vinaya)는 고행과 쾌락의 두 치우친 행을 떠나 바른 윤리적 행위 배움[戒學]을 엮어낸 것이며, 아비다르마(abhidharma)는 연기하는 모든 존재의 법(法)과 뜻[義]을 통달하여 미혹을 없애는 지혜의 배움[慧學]을 세워낸 것이다.

붇다의 계경[sūtra]은 계·정·혜 삼학의 뿌리로서 온갖 존재의 실상을 열어내는 법과 뜻을 강설하여 중생의 의혹을 대치하기 위해 설해진 것이다.

그러므로 여래는 대화와 설명으로 법의 뜻을 밝히시다 중생의 의혹이 다하지 않으면 다시 그 뜻을 노래로 보이시니, 그 노래가 게야다.

노래 가운데 가타(gāthā)가 앞의 설명이 없이 노래로 바로 가르침을 보이므로 '홀로 일어난 노래'[孤起頌]라고 옮겨짐에 대해, 게야는 앞의 말씀을 받아 거듭 노래한 것이므로 '중송'(重頌)이라 한다.

『순정리론』(順正理論)에서는 '게야라고 하는 것은 빼어나고 묘한 문장과 말로써 수트라에서 말씀한 내용을 따라서 기리어 말한 것이다'라고 정의한다. 대개 경 가운데 '그때 세존께서 이 뜻을 거듭 펴시려고 게송으로써 말씀했다'고 한 뒤에 보인 노래가 게야이다.

조사선에서 본칙(本則) 공안(公案)에 붙인 여러 송(頌)들 또한 이 게야에서 형식을 받아온 것이다. 그 보기를 들어보자.

『선문염송집』제1칙의 공안은 다음과 같다.

"세존께서 이 세간에 나실 때 투시타하늘을 떠나지 않으시고 왕궁에 내려오셨으며, 어머님의 태를 나오지 않고 중생 건네줌을 이미 마쳤다[世尊未離兜率 已降王宮 未出母胎 度人已畢]."

이에 대해 원통선(圓通善)선사는 다음과 같이 노래한다.

투시타하늘을 여의지 아니함이여
한 달이 하늘에 있도다.
이미 왕궁에 내려오심이여
달 그림자 뭇 물에 떨어졌도다.
어머니 태를 나오지 않음이여
하늘 땅을 잡아 정함이요
사람 건네줌을 마치심이여
그 누가 은혜를 입지 않으리오.

未離兜率　一月在天
已降王宮　影含衆水

未出母胎　把定乾坤

度人已畢　誰不蒙恩

원오근(圓悟勤)선사 또한 다음과 같이 노래한다.

> 큰 모습은 본래 꼴이 없으니
> 지극히 비어 만 가지 있음 싸안네.
> 맨 뒤가 이미 크게 앞을 지나니
> 남쪽을 향해 북두의 별을 보도다.
> 왕궁과 투시타, 중생 건넴과 어머니의 태
> 그 비롯함과 마침이 하나로 꿰뚫어져
> 처음부터 감이 없고 옴이 없도다.
> 발자국을 쓸고 자취 없애 뿌리째 뽑으면
> 불 속에 연꽃이 곳곳에서 피리라.

大象本無形　至虛包萬有

末後已大過　面南看北斗

王宮兜率　度生出胎

始終一貫　初無去來

掃蹤滅迹除根蔕　火裏蓮花處處開

다섯 쌓임의 짐 벗어나는 길을 말씀하고
다시 노래로 보이시니

이와 같이 내가 들었다.

한때 붇다께서는 슈라바스티 국 제타 숲 '외로운 이 돕는 장자의 동산'에 계셨다.

그때 세존께서 여러 비구들에게 말씀하셨다.

"내가 이제 무거운 짐과 짐을 짊어짐과 짐을 버림과 짐 진 자에 대해서 말하겠다. 자세히 듣고 잘 사유하라. 너희들을 위해 말해주겠다.

무엇이 무거운 짐[重擔]인가? 곧 다섯 가지 받는 쌓임[五受陰]이다. 어떤 것이 다섯 가지인가?

물질의 받는 쌓임·느낌의 받는 쌓임·모습 취함의 받는 쌓임·지어감의 받는 쌓임·앎의 받는 쌓임이다.

무엇이 짐을 짊어짐인가? 미래의 있음에 대한 애착[當來有愛]에 기쁨[喜]과 탐욕[貪]이 함께하여 이것저것을 즐겨 집착하는 것이다.

무엇이 짐을 버림[捨擔]인가? 만약 미래의 있음에 대한 애착과 탐욕과 기쁨이 함께하여 이것저것을 즐겨 집착하면, 그것을 길이 끊어 남음이 없게 하고, 없애버리고 뱉어 다해, 탐욕 떠나 사라져 없어짐이다.

누가 짐 진 자[擔者]인가? 곧 깨닫지 못한 장부[士夫]가 그들이니, 깨닫지 못한 장부는 이와 같은 이름, 이와 같은 태어남, 이와 같은 종족, 이와 같은 먹음으로, 이와 같이 괴로움과 즐거움 받고, 이와 같이 길이 살며, 이와 같이 오래 머물고, 이와 같이 그 목숨이 제한된 이들이다.

이것을 무거운 짐이라 하고, 짐을 짊어짐, 짐을 버림, 짐 진 자라 한다.”

세존께서 다섯 쌓임의 짐 버려야 함을 게야로 보이심

그때 세존께서는 게송으로 말씀하셨다.

이미 무거운 짐 버렸거든
다시는 그것 짊어지지 말라.
무거운 짐은 큰 괴로움이요
짐을 버림은 큰 즐거움이네.

반드시 온갖 애욕 끊어버리면
온갖 지어감 모두 다하게 되고
남음 있는 경계 밝게 깨달으면
다시 있음에 돌아오지 않으리.

붇다께서 이 경을 말씀하시자, 여러 비구들은 붇다의 말씀을 듣고 기뻐하며 받들어 행하였다.

• 잡아함 73 중담경(重擔經)

앎[名]과 알려지는 것[色]은 서로 의지해 일어나므로 있되 공하다. 있되 공한 앎활동과 알려지는 세계에 실로 그렇다 할 실체를 두면 그것이 삶의 무거운 짐이다.

있되 공한 세계와 앎활동에서 현재와 미래의 있음[有]에 대한 애착을 일으켜 그에 얽매이면 이것이 무거운 짐을 짊어진 것이다. 무거운 짐 짊어진 자의 사유는 늘 알려지는 사물에 물들고, 주체의 물든 관념에 의해 사물의 있되 공한 진실을 실현하지 못하여, 사물의 실로 있는 모습 실로 있는 괴로움은 삶의 짐이 되고 삶에 한계와 질곡으로 작용한다.

그러므로 있음이 있음 아님을 깨달아 실로 있음의 실체를 버려버리면 삶은 닫힌 모습과 모습에 물든 관념에서 자유로워지니, 그 사람이 보디사트바이고 크나큰 장부이다.

붙다는 다섯 쌓임의 무거운 짐에 갇힌 자와 무거운 짐 버린 장부의 삶을 보이신 뒤 중생의 남은 의혹을 끊어주기 위해 게야의 노래를 다시 보이신다. 게야의 노래는 한 번 무거운 짐을 버리고 다시 미혹을 일으켜 그 짐을 도로 짊어지지 않도록 당부하시는 노래이다.

그러나 저 중생이 있음을 있음으로 보기 때문에 짐을 내려놓으라 가르치지만, 있음이 있음 아님을 통달하면 보이고 들리는 삼라만상이 삶의 무거운 짐이 되지 않는다.

이 뜻을 『화엄경』(「도솔궁중게찬품」)의 게야로 보이면 다음과 같다.

> 만약 세간의 모습에서
> 온갖 집착 멀리 떠나면
> 걸림 없는 마음이 기뻐져
> 법에 깨달음을 열게 되리.
>
> 若能於世間　遠離一切著
> 無礙心歡喜　於法得開悟

옛 선사[海印信] 또한 다음과 같이 노래한다.

눈으로 봄이 미치지 않는 곳
강과 산이 눈에 가득하고
가는 털마저 보지 않는데
꽃은 붉고 버들은 푸르네.
그대 보지 못하는가.
흰 구름 일고 지되 본래 마음 없으니
강과 바다 흐르되 어찌 넘치고 줆이 있으리.

見不及處 江山滿目 不覩纖毫 花紅柳綠
君不見
白雲出沒本無心 江海滔滔豈盈縮

느낌에서 해탈해야 세간 수에 떨어지지 않으리

이와 같이 내가 들었다.

한때 붇다께서는 슈라바스티 국 제타 숲 '외로운 이 돕는 장자의 동산'에 계셨다. 그때에 여러 비구들은 카레리 굴(Kareri-kuṭikā) 강당에 모여 많이들 앓고 있었다.

그때 세존께서 해질 무렵 선정에서 깨어나시어 카레리 굴 강당으로 가셨고, 대중들 앞에 자리를 펴고 앉아 여러 비구들에게 말씀하셨다.

"바른 생각과 바른 지혜란 안의 몸[內身]에서 몸 살피는 생각으로 정진하는 것이고, 바깥의 몸[外身] 안팎의 몸[內外身]에서 몸 살피는 생각으로 정진하는 것이다.

느낌·마음·법에서도 이와 같다.

거룩한 제자가 몸·느낌·마음·법을 살피어 법 등이 덧없음을 깨달아 이와 같이 살피는 사람은 물질에서 해탈하고, 느낌·모습 취함·지어감·앎에서 해탈한다.

나는 지혜로운 이와 평등하게 남·늙음·병·죽음에서 해탈함을 말한다."

느낌에서 해탈해야 니르바나에 들어감을 노래로 보이심

그때에 세존께서는 곧 게송으로 말씀하셨다.

지혜롭고 많이 들은 사람이라고
여러 느낌 느끼지 않는 것이 아니다.
만약 괴로움과 즐거움 느낄 때
분별해 진실을 밝게 깨달으면
무너짐 없는 굳세고 굳센 일인데
범부에겐 느낌 따라 오르고 내림
있는 것을 반드시 알아야 하리.

즐거운 느낌에도 물들지 않고
괴로운 느낌에도 흔들리지 않으면
태어남을 받는 것과 받지 않는 것
탐냄과 성냄의 느낌 의지한 줄 알리.

이 느낌들을 모두다 끊어 없애고
그 마음이 온갖 느낌에서 잘 해탈해
생각 매어 묘한 경계를 생각하면
니르바나로 바로 향하여 가
괴로움 마칠 기약 기다리리라.

만약 비구가 부지런히 힘써 나가면
바른 지혜가 흔들리지 않게 되며
이 온갖 모든 느낌들에 대해서
지혜로운 이 공함을 깨달아 알리.

그 모든 느낌을 깨달아 알면

현재법에서 모든 흐름 다하고

지혜를 의지해 목숨 마치어

나고 사라짐 없는 니르바나 들어

세간의 수에 떨어지지 않으리.

붇다께서 이 경을 말씀하시자, 여러 비구들은 기뻐하면서 절하고 물러갔다.

• 잡아함 1029 질병경(疾病經) ②

• 해설 •

이 경에서 보인 '네 곳 살핌'은 앞의 경에서 보인 다섯 쌍임의 무거운 짐 버림의 구체적 실천법에 해당한다. 경은 네 곳 살핌으로 살피는바 온갖 법이 남이 없음을 바로 보아 온갖 삶의 장애와 고통의 짐을 내려놓도록 하시고, 게야로 네 곳 살핌의 과덕을 노래하신 경이다.

느낌[受]은 즐거운 느낌이든 괴로운 느낌이든 괴롭지도 않고 즐겁지도 않은 느낌이든 앎[識]을 따라 일어나고, 앎[識]은 몸[身]과 저 세계[色]를 의지해 난다. 그러므로 몸을 잡아서 보면 저 앎도 몸인 앎이고, 앎을 잡아서 보면 몸과 세계도 앎인 몸과 세계이다.

그 뜻을 경은 주체[根]·앎[識]·객체[境]를 안의 몸[內身]·안팎의 몸[內外身]·바깥의 몸[外身]이라 기술하고, 때로 안의 마음[內心]·안팎의 마음[內外心]·바깥의 마음[外心]이라 말한다.

앎이 인연으로 난 것이면 느낌 또한 인연으로 난다.

바른 지혜의 사람은 괴로운 느낌 즐거운 느낌을 낼 때, 괴로운 느낌 즐거운 느낌에서 번뇌의 부림을 받지 않고, 느낌이 나는 그곳에서 니르바나의 고요함에 서 있을 수 있다. 그것은 괴롭고 즐거운 느낌이 인연으로 난 것이라 실로 남이 없음을 살피는 지혜로 말미암아 그럴 수 있는 것이고, 바르게 이 몸이 있되 공함을 살핌으로 그런 것이다.

느낌[受]의 내적 조건인 몸[身]과 외적 조건인 세계[器界]가 인연이라 공한 줄 살피면, 괴로운 느낌 즐거운 느낌에 취할 모습이 없고, 취하지 않으면 탐욕을 떠나 해탈하고 다섯 쌓임의 집착을 떠나고 다섯 쌓임의 무거운 짐을 버리게 된다.

다섯 쌓임의 무거운 짐 버리고 느낌에서 느낌을 벗어난 자, 그가 크나큰 장부이고 보디사트바이니, 그를 세존께서 게야로 찬탄하고 '남음 없는 니르바나에 들어 세간의 숫자에 떨어지지 않는 자이다'라고 언약하시는 것이다.

그렇다면 어떤 사람이 남음 없는 니르바나에 들어 세간 수(數)에 떨어지지 않는 자인가. 그 누가 이 세간의 느낌과 탐욕의 땅에 가고 오되 니르바나의 땅 떠남 없이 이와 같이 가고 오며, 머리 들고 숙이되 여래의 해탈에 머물러 이와 같이 들고 숙이는 자인가.

『화엄경』(「광명각품」)은 이렇게 말한다.

만약 붇다와 법에 대해
그 마음이 평등함을 깨쳐 알면
두 생각이 나타나지 않아
사유할 수 없는 지위 밟게 되리.

若於佛及法　其心了平等
二念不現前　當踐難思位

만약 붇다와 붇다의 몸을 보아
평등하게 편히 머물러서
머묾 없고 들어가는 바 없으면
만나기 어려운 이 이루게 되리.

若見佛及身　平等而安住

無住無所入 當成難遇者

옛 선사[圓悟勤]는 이렇게 노래한다.

본래 맑은 바탕 그 근원 사무쳤으니
이 세간의 땅 나가고 들어오되
이 문에서 드나드는 길 같이하네.
이미 여래의 큰 해탈에 머무르니
손에 쥔 값진 보배 하늘땅을 비치리.

本來淨體徹根源 出入同途祗此門
已住如來大解脫 掌中至寶耀乾坤

3 비야카라나

비야카라나(Vyākaraṇa)는 지금 이미 보디의 마음을 일으킨 이나, 새로 보디의 마음을 낼 수 있는 이에게 미래 해탈의 과보를 언약함이다. 언약을 준다는 뜻은 한문으로 수기(授記)·수별(授莂)·기별(記莂)로 옮기고, 언약 받는 이의 입장에서 수기(受記)라고도 한다.

해탈의 언약을 말한 가르침은 구부경(九部經)과 십이부경의 하나로 붇다 당시부터 이미 교설의 중요한 형식으로 자리잡았다.

경에 나타난 주요한 수기의 예로는 장아함에서 칵카타(巴 Kakkaṭa) 대신에게 목숨 마친 뒤 하늘에 날 것을 예언하시고, 그 나머지 따르던 이들은 스로타판나·사크리다가민의 과보 얻을 것을 예언한 예가 있다.

또 사카무니 붇다께서 과거 연등붇다 때 언약 받아 오늘의 사카무니 붇다가 되신 일과 마이트레야가 세존께 성불 언약을 받은 것과 『무량수경』에서 법장비구(法藏比丘)가 세자재왕여래(世自在王如來)로부터 언약 받아 아미타바 붇다가 된 것과 『법화경』에서 데바닫타의 성불 언약 등이 있다.

붇다의 언약 주심에도 사람[人]과 때[時]를 따라 차별이 있다.

사람[人]을 잡아보면 이미 중생과 함께 보디의 마음 낸 사람에게 언약 주심[共發菩提心授記], 아직 내지 않은 사람을 이끌기 위해 언약 주심[未發菩提心授記]이 있고, 얼굴 앞에서 바로 언약하심[現前授記]과 얼굴 앞에서 바로 드러내놓지 않고 언약하심[不現前授記], 비밀하게 언약하심[秘密授記]이 있다.

때[時]를 잡아보면 정해진 성불의 시간을 보여 언약하심[有數時授記], 정해진 성불의 시간이 없이 언약하심[無數時授記], 보디의 완전한 성취를 예언하심[無餘記], 미래 어느 때 번뇌 다하게 될 것을 말씀해주심[有餘記]이 있다.

그렇다면 지금 일으킨 보디의 마음[菩提心]과 지금 행하는 좋은 행업(行業)에 의해 미래의 해탈의 과보가 이루어진다는 수기의 가르침은 결정론적 세계관을 보인 것인가. 미래의 해탈에 대한 언약은 과거의 본사(本事)와 함께 이해되어야 한다.

지금의 옳은 행위로 인해 미래의 과보를 예언하는 것은 미래의 그 시간에서 보면 과거에 겪은 일 곧 본사로 인해 지금의 해탈의 과보가 있는 것이기 때문이다.

과거의 인연으로 현재가 있고 현재의 행업으로 미래의 결과가 주어지며 그 미래의 행이 다시 그 뒤의 미래의 결과를 규정한다는 것은 과거·현재·미래의 삼세가 서로 원인이 되고[三世相因] 서로 결과가 됨을 보인 것이다.

과거·현재·미래가 서로 원인이 되고 서로 결과가 된다면 삼세는 공한 것이다.

과거를 떠나 현재가 없고 현재를 떠나 미래가 없지만, 지금 현재에서 보면 과거는 이미 사라졌고 현재는 머묾이 없으며 미래는 오지 않았다. 과거·현재·미래의 시간은 시간 자체로 주어지는 것이 아니라 과거·현재·미래를 사는 주체의 행업으로 주어지고 실천[practice]으로 주어지니, 삼세의 행이 공하므로 삼세가 서로 이어 연기하고 서로 이어 연기하되 삼세가 공한 것이다.

이처럼 삼세의 행이 끊어짐도 아니고 항상함도 아니어서 앞과 뒤가 서로 이어 연기하는 모습은『반야경』에서 다음과 같이 말한다.

우리 참된 붇다의 법 가운데는
비록 공하나 또한 끊어지지 않고
서로 이어 가나 항상하지 않으니
선악의 업을 또한 잃지 않도다.

我眞佛法中　雖空亦不斷
相續亦不常　善惡亦不失

지금의 행이 항상한 것이 아니므로 지금의 원인이 미래로 가는 것이 아니지만, 지금의 행이 끊어져 없어짐이 아니므로 지금의 실천의 원인은 미래 새로운 존재의 토대가 된다. 지금이 과거를 떠난 지금이 아니므로 지금의 행이 공하되, 지금의 행이 미래를 규정하므로 지금의 행이 공하지 않다.

그러므로 여래는 지금 보디의 마음을 내고 파라미타의 행을 지으면 반드시 미래의 해탈의 과보가 있을 것이라 언약하시는 것이다.

지금 일으킨 마음은 찰나에 과거의 마음이 되어 과거의 마음이 지금에 이어지지 않지만 끊어짐도 아니다. 그러므로 과거에 심은 보디

의 씨앗은 끝내 보디의 성취를 약속하는 것이니 『화엄경』(「승야마천
궁품」昇夜魔天宮品)은 이렇게 말한다.

만약 과거세상에서 이와 같은
붇다의 법 믿음이 있었다면
이미 지혜 복덕 갖춘 분 이뤄
세간의 등불이 되실 것이리.

若有於過去　信如是佛法
已成兩足尊　而作世間燈

그러나 언약 주고 언약 받음이 본래 중생이 니르바나되어 있는 법
계의 방[法界室] 가운데 일이고 삼세의 세간이 공적한 것이라면, 지
금 세존의 언약 받아 뒤에 오실 마이트레야가 뒤가 아니고 지금 계신
세존을 언약해주신 과거세상 일곱 붇다가 앞이 아니니, '끝없는 맑
은 바람 우주에 두루한 소식'[無限淸風遍實宇] 보아야 할 것이다.

너는 뒷세상 반드시 붇다가 되어
마이트레야 여래라 하리라

나는 들었다, 이와 같이.

한때 붇다께서 바라나시 국에 노닐어 다니실 적에 선인이 사는 곳인 사슴동산에 계셨다.

그때 여러 비구들은 점심을 먹은 뒤에 조그마한 일로 강당에 모여 앉아 이런 일을 같이 의논하였다.

"어떻소? 여러 어진 이들이여, 거사가 집에 있으면서 그 어느 것이 빼어난 일이 되오?

비구들이 계와 묘한 법 지니고 바른 몸가짐을 성취하고 집에 들어가 밥을 받는 것 빼어난 일이 되오, 아침마다 백천만 배 세간의 이로움[利]을 늘리는 것이오?"

어떤 비구는 이렇게 말하였다.

"여러 어진 이들이여, 백천만 배나 세간의 이로움을 늘린들 어디에 쓰겠소? 오직 이것이 참된 요점이 되오. 만약 어떤 비구가 계와 묘한 법을 지니고 바른 몸가짐을 성취하고서, 집에 들어가 밥을 받는 것은 아침마다 이로움을 백천만 배나 늘리기 위한 것이 아니오."

아니룻다 존자가 과거의 일을 들어 세간의 이익보다
해탈의 이익 늘리는 것이 빼어남을 보임

이때에 존자 아니룻다 또한 대중 가운데 있었다. 이에 존자 아니룻다가 비구들에게 말하였다.

"여러 어진 이들이여, 이로움을 백천만 배 늘리거나 설사 그보다 더한들 어디에 쓰겠소? 오직 이것이 참된 요점이 되오. 만약 비구가 계율과 묘한 법을 지니며 바른 몸가짐을 성취하고서, 집에 들어가 밥을 받는 것은 아침마다 백천만 배나 이로움을 늘리기 위한 것이 아니오.

왜냐하면 그것은 다음과 같소. 내가 옛날 바라나시 국에 있을 적에 아주 가난한 사람으로 떨어진 것을 줍고 남의 짐꾼으로 살아가던 일을 기억하오. 그때에 이 바라나시 국에는 가뭄에다 서리마저 일찍 내렸고 누리떼의 피해로 곡식이 익지 않았고, 사람들은 굶주리고 가난해 빌어도 얻지 못했소.

이때에 한 프라테카붇다[辟支佛]가 있어서 '걱정 없는 이'[無患]라고 하였는데, 이 바라나시를 의지하여 살고 있었소. 그때 '걱정 없는' 프라테카붇다는 밤이 지나고 이른 아침이 되자, 가사를 입고 발우를 가지고 바라나시에 들어가 밥을 빌었소.

나는 그때에 떨어진 것을 줍기 위하여 일찍 바라나시를 나왔소. 내가 나오다가 그곳으로 들어가는 '걱정 없는 이' 프라테카붇다를 만났소. '걱정 없는 이' 프라테카붇다는 빈 발우를 가지고 들어갔는데, 본래대로 들어갈 때와 같이 빈 발우를 가지고 나왔소.

나는 그때에 떨어진 것 줍기를 마치고 도로 바라나시로 들어가다가 다시 '걱정 없는 이' 프라테카붇다가 나오는 것을 보았소. 그는 나를 보자, 곧 이렇게 생각하였소.

'나는 아침에 들어갈 때에 이 사람이 나오는 것을 보았다. 내가 이제 도로 나오는데 다시 이 사람이 들어오는 것을 본다. 이 사람은 아

직도 먹을 것을 얻지 못한 모양이다. 나는 지금 이 사람을 따라가보아야겠다.'

이때에 프라테카붇다가 나를 따라오는데, 마치 그림자가 형상을 따르는 것 같았소. 나는 주운 것들을 가지고 집으로 돌아와 짐을 벗어놓고 둘러보다가 '걱정 없는 이' 프라테카붇다가 나를 따라오는 것이 마치 그림자가 형상을 따르는 것과 같음을 보았소.

나는 그를 보고 곧 이렇게 생각하였소.

'내가 아침에 나올 때 이 선인이 성으로 들어와 밥 비는 것을 보았는데, 지금 이 선인은 아직 밥을 얻지 못한 모양이다. 나는 차라리 내가 먹을 밥을 이 선인에게 나누어주어야겠다.'

이렇게 생각한 뒤 밥을 가져다 프라테카붇다에게 주면서 말하였소.

'선인이여, 아셔야 합니다. 이 밥은 내가 먹을 몫입니다. 부디 나를 사랑하고 가엾이 여겨 이것을 받아주시길 바랍니다.'

그러자 프라테카붇다가 내게 대답하였소.

'거사여, 알아야 하오. 올해는 가뭄에다 서리마저 일찍 내렸고 누리떼의 피해로 곡식이 익지 않았고, 사람들은 굶주리고 가난해 빌어도 얻지 못합니다.

그대는 그 반을 덜어 내 발우에 담으시오. 그 반은 그대가 먹어 함께 목숨을 보존하십시다. 그렇게 하는 것이 좋을 것 같소.'

나는 다시 말했소.

'선인이여, 아셔야 합니다. 저는 집에 있으면서 스스로 솥과 부엌이 있으며, 땔나무도 있고 쌀도 있소. 음식 먹는 것도 아침이든 저녁이든 또한 때를 가리지 않소. 선인이여, 저를 사랑하고 가엾이 여겨 이 밥을 다 받아주십시오.'

이때에 프라테카붇다는 나를 사랑하고 가엾이 여겼기 때문에 곧 그것을 다 받았소.

여러 어진 이들이여, 나는 그에게 한 발우의 밥을 베풀어준 복으로 일곱 번 하늘에 나서 하늘의 왕이 되었고, 일곱 번 사람에 나서 사람의 왕이 되었소.

여러 어진 이들이여, 나는 그에게 한 발우의 밥을 베풀어준 복으로 이렇게 사카 종족 가운데 태어나게 되었고, 큰 부자로서 모든 것이 넉넉하며 많은 가축과 다스리는 사람 거둬들이는 곳이 많아 자재가 한량없고 보배가 갖추어졌소.

여러 어진 이들이여, 나는 그에게 한 발우의 밥을 베풀어준 복으로 백천 해(姟)의 금전(金錢)을 지닌 왕의 자리를 버리고 집을 나와 도를 배우는데, 하물며 그 밖의 여러 가지 물건이겠소?

여러 어진 이들이여, 나는 그에게 한 발우의 밥을 베풀어준 복으로 왕과 왕의 신하, 브라마나, 거사와 온갖 모든 사람들에게 알아 모셔줌을 받고, 또 사부대중인 비구·비구니·우파사카·우파시카에게 공경함을 받는 것이오.

여러 어진 이들이여, 나는 그에게 한 발우의 밥을 베풀어준 복으로 늘 남의 초청을 받아 먹을거리·입을 옷·털담요·털자리·침구와, 늘어뜨려 드리운 꾸밈 구슬, 병을 치료하는 탕약 등 온갖 생활도구를 받게 되었으며, 나를 초청하지 않는 사람이 없게 되었소.

만약 내가 그때 그 사문이 집착 없는 참사람[眞人]인 줄 알았더라면 얻는 복이 배나 더 많았을 것이며, 큰 과보와 아주 묘한 공덕을 받아, 밝은 빛이 사무쳐 비치어 아주 넓고 매우 컸을 것이오."

**과거세상 공덕의 과보로 세간 복과
해탈의 이익 얻음을 노래로 보임**

이에 존자 아니룻다는 집착이 없는 참사람으로 바른 해탈을 얻었다.
그리고 이 게송을 말하였다.

　내가 옛날 가난할 때 기억해보니
　오직 떨어진 것 주어 생활하였네.
　내 먹을 것 덜어 사문께 공양하니
　'걱정 없는 이'라는 이름을 가진
　프라테카붇다 높은 덕 지닌 이였네.

　이 보시로 사카족으로 태어나
　아니룻다라고 이름하였으니
　노래와 춤 잘 알고 음악을 잘해
　늘 즐겁고 기쁘게 생활하였네.

　나는 세존의 바른 깨달음이
　단이슬의 맛과 같음을 보았고
　보고 나선 믿음과 즐거움 내어
　집을 버리고 세존의 도를 배웠네.

　나는 오랜 목숨 아는 지혜를 얻어
　본래 태어났던 곳을 알았으니
　앞생에 서른세하늘에 태어나

일곱 번 그 하늘에 가서 머물었네.

여기서 일곱 번 저기서 일곱 번
세상에 열네 번 태어남 받아
사람과 하늘위에 오고 가면서
처음부터 나쁜 곳 떨어지지 않았네.

나는 이제 중생이 나고 죽어서
그 중생 가고 오는 곳을 알며
남의 마음의 옳고 그름을 알고
현성의 다섯 즐거움을 알았네.

현성의 다섯 가지 선정을 얻어
늘 마음 쉬어 고요하고 잠잠하며
이미 고요하고 바른 머묾을 얻어서
바로 깨끗한 하늘눈을 얻었네.

해야 할 바는 이제 도 배우기 위해
멀리 떠나 세속의 집을 버리는 것
내가 지금 이 뜻을 얻게 되어서
붇다의 경계에 들 수 있게 되었네.

나는 죽음을 즐거워하지 않고
또한 나는 것도 바라지 않으니

때를 따라 가는 대로 맡겨두어
바른 생각과 바른 지혜 세우리.

바이살리 대숲을 따라 지내며
내 목숨 그곳에서 다할 것이니
반드시 그 대숲 아래에서
남음 없이 온전한 니르바나 들리.

아니룻다의 과거의 일을 들으시고 세존께서 미래의 일로 설법하심

그때에 세존께서는 고요히 앉아 좌선하시면서 사람의 귀보다 뛰어난 깨끗한 하늘귀로써, 비구들이 점심을 마친 뒤에 강당에 모여 앉아 이렇듯 같이 논의하는 것을 들으셨다.

세존께서는 듣고 나서 해질 무렵에 좌선에서 일어나 강당으로 가셔서 비구들 앞에 자리를 펴고 앉으신 뒤 비구들에게 물으셨다.

"너희들은 오늘 무슨 일로 강당에 모여 앉아 있느냐?"

그러자 여러 비구들이 말씀드렸다.

"세존이시여, 저희들은 오늘 존자 아니룻다가 과거의 일[過去事]로 설법하였기 때문에 강당에 모여 앉아 있습니다."

이에 세존께서는 비구들에게 말씀하셨다.

"너희들은 오늘 붇다께 미래의 일[未來事]로 설법하는 것을 듣고자 하느냐?"

여러 비구들이 말씀드렸다.

"세존이시여, 지금이 바로 그때입니다. 잘 가신 이여, 지금이 바로 그때입니다.

만약 세존께서 여러 비구들을 위해 미래의 일로 설법하신다면 여러 비구들은 듣고서 잘 받아 지닐 것입니다."

세존께서 말씀하셨다.

"여러 비구들이여, 자세히 듣고 자세히 들어 잘 사유해 생각하라. 내가 너희들을 위하여 널리 분별하여 말해주겠다."

그때 여러 비구들이 분부를 받아 들으니, 세존께서 말씀하셨다.

"비구들이여, 미래 오래고 먼 때에 사람들의 수명은 팔만 살이 될 것이다. 사람의 수명이 팔만 살이 될 때에는 이 잠부드비파(Jambudvīpa, 閻浮提)는 아주 크게 넉넉하고 안락하여 사람들이 많이 살 것이며, 마을과 성읍은 서로 가까워 닭이 한번에 날아갈 만할 것이다.

비구들이여, 사람의 수명이 팔만 살이 될 때에는 여자는 나이가 오백이 되어서야 비로소 시집을 갈 것이다. 사람의 수명이 팔만 살이 되는 때에는 오직 이와 같은 병만이 있게 될 것이다. 곧 추위·더위·대변·소변·탐욕·먹을거리·늙음 등의 걱정거리만 있고, 다시 다른 걱정은 없을 것이다."

미래시대 소라 왕이라는 전륜왕의 출현을 언약하심

"비구들이여, 사람의 수명이 팔만 살이 될 때에는 소라[螺]라는 이름을 가진 왕이 전륜왕이 될 것이다. 그는 총명한 지혜가 있고, 네 종류의 군대를 거느리고 세상을 다스리며, 자기 뜻대로 자재하여 법다운 법왕으로서 일곱 가지 보배를 성취할 것이다.

그 일곱 가지 보배란 바퀴보배[輪寶]·코끼리보배[象寶]·말보배[馬寶]·구슬보배[珠寶]·여인보배[女寶]·거사보배[居士寶]·군대와 신하의 보배[主兵臣寶]이다. 일천 아들을 두는데 얼굴 모습이 단정하고 용맹하여 두려움이 없이 다른 무리들을 항복할 것이다.

그는 반드시 이 온갖 땅 나아가 큰 바다까지도 다스리게 되는데 칼이나 몽둥이를 쓰지 않고, 법으로써 가르치고 명령하여 안락을 얻게 할 것이다.

큰 황금깃발이 여러 보배로 꾸며 있는데, 그 높이는 천 팔꿈치 길이고, 둘레는 열여섯 팔꿈치가 된다. 그는 이 깃발을 세울 것인데, 이미 세웠다가는 곧 내릴 것이다. 다시 사문과 브라마나와 가난한 자와 외로운 자와 멀리서 빌러온 사람들에게 보시하되 먹을거리 · 입을 옷 · 수레 · 꽃다발 · 흩는 꽃 · 바르는 향 · 집 · 잠자리 · 털담요 · 털자리와 늘어뜨려 드리운 꾸밈 구슬과 심부름꾼 · 등불 등을 보시할 것이다.

그는 이것들을 보시한 뒤에는 곧 수염과 머리를 깎고 가사를 입고, 지극한 믿음으로 집을 버려 집이 없이 도를 배울 것이다.

좋은 종족의 사람이 해야 하는 것은 수염과 머리를 깎고 가사를 입고, 지극한 믿음으로 집을 버려 집 없이 도를 배우는 것이니, 오직 위없는 범행을 마치면, 현재 법 가운데서 스스로 알고 스스로 깨닫고 스스로 증득하여 성취하여 노닐 것이다. 그리하여 '태어남은 이미 다하고 범행은 이미 서고, 지을 바를 이미 지어 다시는 뒤의 있음을 받지 않음'을 진실 그대로 알게 될 것이다."

**지금의 서원과 실천으로 아지타 존자가
미래시대 전륜왕이 될 것을 언약하심**

그때에 존자 아지타(Ajita)가 곧 자리에서 일어나 한쪽 어깨의 가사를 벗어 메고 두 손을 맞잡고 붇다를 향해 말씀드렸다.

"세존이시여, 저는 미래 오래고 먼 때에 사람의 수명이 팔만 살이 될 때에 왕이 되어 이름을 소라라 할 것입니다.

전륜왕이 되어 총명한 지혜가 있어, 네 종류의 군대를 거느리고 천하를 바르게 다스리며, 자기 뜻대로 자재하여 법다운 법왕으로서 일곱 가지 보배를 성취할 것입니다. 그 일곱 가지 보배란 바퀴보배 · 코끼리보배 · 말보배 · 구슬보배 · 여인보배 · 거사보배 · 군대와 신하의 보배입니다. 저는 일천 아들을 두는데 얼굴 모습이 단정하고 용맹하여 두려움이 없이 다른 무리들을 항복할 것입니다.

저는 반드시 이 온갖 땅 나아가 큰 바다까지도 다스리게 되는데 칼이나 몽둥이를 쓰지 않고, 법으로써 가르치고 명령하여 안락을 얻게 할 것입니다.

큰 황금깃발이 여러 보배로 꾸며 있는데, 그 높이는 천 팔꿈치 길이고, 둘레는 열여섯 팔꿈치가 될 것입니다. 저는 이 깃발을 세울 것인데, 이미 세웠다가는 곧 내릴 것입니다. 다시 사문과 브라마나와 가난한 자와 외로운 자와 멀리서 빌려온 사람들에게 보시하되 먹을거리 · 입을 옷 · 수레 · 꽃다발 · 흩는 꽃 · 바르는 향 · 집 · 잠자리 · 털담요 · 털자리와 늘어뜨려 드리운 꾸밈 구슬과 심부름꾼 · 등불 등을 보시할 것입니다.

저는 이것들을 보시한 뒤에는 곧 수염과 머리를 깎고 가사를 입고, 지극한 믿음으로 집을 버려 집이 없이 도를 배울 것입니다.

좋은 종족의 사람이 해야 하는 것은 수염과 머리를 깎고 가사를 입고, 지극한 믿음으로 집을 버려 집 없이 도를 배우는 것이니, 오직 위 없는 범행을 마치면, 현재 법 가운데서 스스로 알고 스스로 깨닫고 스스로 증득하여 성취하여 노닐 것입니다. 그리하여 '태어남은 이미 다하고 범행은 이미 서고, 지을 바를 이미 지어 다시는 뒤의 있음을 받지 않음'을 진실 그대로 알게 될 것입니다."

이에 세존께서 존자 아지타를 꾸짖어 말씀하셨다.

"너 어리석은 사람아, 반드시 다시 한 번 죽었다가 다시 마침[再終]을 구해야 할 것이다. 왜 그런가. 네가 이와 같이 생각하기 때문이다.

'세존이시여, 저는 미래 오래 먼 때에 사람의 수명이 팔만 살이 될 때에 왕이 되어 이름을 소라라 할 것입니다.

전륜왕이 되어 총명한 지혜가 있어, 네 종류의 군대를 거느리고 천하를 바르게 다스리며, 자기 뜻대로 자재하여 법다운 법왕으로서 일곱 가지 보배를 성취할 것입니다. 그 일곱 가지 보배란 바퀴보배 · 코끼리보배 · 말보배 · 구슬보배 · 여인보배 · 거사보배 · 군대와 신하의 보배입니다. 저는 일천 아들을 두는데 얼굴 모습이 단정하고 용맹하여 두려움이 없이 다른 무리들을 항복할 것입니다.

저는 반드시 이 온갖 땅 나아가 큰 바다까지도 다스리게 되는데 칼이나 몽둥이를 쓰지 않고, 법으로써 가르치고 명령하여 안락을 얻게 할 것입니다.

큰 황금깃발 여러 보배로 꾸며 있는데, 그 높이는 천 팔꿈치 길이고, 둘레는 열여섯 팔꿈치가 될 것입니다. 저는 이 깃발을 세울 것인데, 이미 세웠다가는 곧 내릴 것입니다. 다시 사문과 브라마나와 가난한 자와 외로운 자와 멀리서 빌러온 사람들에게 보시하되 먹을거리 · 입을 옷 · 수레 · 꽃다발 · 흩는 꽃 · 바르는 향 · 집 · 잠자리 · 털담요 · 털자리와 늘어뜨려 드리운 꾸밈 구슬과 심부름꾼 · 등불 등을 보시할 것입니다.

저는 이것들을 보시한 뒤에는 곧 수염과 머리를 깎고 가사를 입고, 지극한 믿음으로 집을 버려 집이 없이 도를 배울 것입니다.

좋은 종족의 사람이 하는 것은 수염과 머리를 깎고 가사를 입고, 지극한 믿음으로 집을 버려 집 없이 도를 배우는 것이니, 오직 위없는 범행을 마치면, 현재 법 가운데서 스스로 알고 스스로 깨닫고 스스로 증득하여 성취하여 노닐 것입니다. 그리하여 〈태어남은 이미 다하고 범행은 이미 서고, 지을 바를 이미 지어 다시는 뒤의 있음을 받지 않음〉을 진실 그대로 알게 될 것입니다.'

그러므로 아지타야, 너는 미래 오래고 먼 때에 사람의 수명이 팔만 살이 될 때에 왕이 되어 이름을 소라라 할 것이다.

전륜왕이 되어 총명한 지혜가 있으며, 네 종류의 군대를 거느리고 세상을 잘 다스릴 것이며, 자기 뜻대로 자재하여 법다운 법왕으로서 일곱 가지 보배를 성취할 것이다. 그 일곱 가지 보배란 바퀴보배 · 코끼리보배 · 말보배 · 구슬보배 · 여인보배 · 거사보배 · 군대와 신하의 보배이다. 너는 일천 아들을 두는데 얼굴 모습이 단정하고 용맹하여 두려움이 없이 다른 무리들을 항복할 것이다.

너는 반드시 이 온갖 땅 나아가 큰 바다까지도 다스리게 되는데 칼이나 몽둥이를 쓰지 않고, 법으로써 가르치고 명령하여 안락을 얻게 할 것이다.

큰 황금깃발이 여러 보배로 꾸며 있는데, 그 높이는 천 팔꿈치 길이고, 둘레는 열여섯 팔꿈치가 될 것이다. 너는 이 깃발을 세울 것인데, 이미 세웠다가는 곧 내릴 것이다. 다시 사문과 브라마나와 가난한 자와 외로운 자와 멀리서 빌러온 사람들에게 보시하되 먹을거리

· 입을 옷 · 수레 · 꽃다발 · 흩는 꽃 · 바르는 향 · 집 · 잠자리 · 털담요 · 털자리와 늘어뜨려 드리운 꾸밈 구슬과 심부름꾼 · 등불 등을 보시할 것이다.

너는 이것들을 보시한 뒤에는 곧 수염과 머리를 깎고 가사를 입고, 지극한 믿음으로 집을 버려 집이 없이 도를 배울 것이다.

좋은 종족의 사람이 해야 하는 것은 수염과 머리를 깎고 가사를 입고, 지극한 믿음으로 집을 버려 집 없이 도를 배우는 것이니, 오직 위없는 범행을 마치면, 현재 법 가운데서 스스로 알고 스스로 깨닫고 스스로 증득하여 성취하여 노닐 것이다. 그리하여 '태어남은 이미 다하고 범행은 이미 서고 지을 바를 이미 지어 다시는 뒤의 있음을 받지 않음'을 진실 그대로 알게 될 것이다."

미래시대 마이트레야 붇다의 출현을 말씀하심

붇다께서 여러 비구들을 돌아보시면서 말씀하셨다.

"미래 오래고 먼 때에 사람의 수명이 팔만 살이 될 때에 붇다가 계실 것이니, 이름을 마이트레야 여래 · 집착 없는 이 · 바르게 깨친 분 · 지혜와 행을 갖춘 분 · 잘 가신 이 · 세간을 잘 아시는 분 · 위없는 스승 · 법에 이끄는 이 · 하늘과 사람의 스승이라 할 것이며, 붇다 세존이라 부를 것이다.

마치 지금 내가 이미 여래 · 집착 없는 이 · 바르게 깨친 분 · 지혜와 행을 갖춘 분 · 잘 가신 이 · 세간을 잘 아시는 분 · 위없는 스승 · 법에 이끄는 이 · 하늘과 사람의 스승을 이루어 붇다 세존이라 불리는 것과 같다.

그는 이 세상에서 하늘과 마라와 브라흐만, 사문과 브라마나 등 사람으로부터 하늘에 이르기까지 스스로 알고 스스로 깨닫고 스스로 증득하고 성취하여 노닐 것이다.

마치 지금 내가 이미 이 세상에서 하늘과 마라와 브라흐만, 사문과 브라마나 등 사람으로부터 하늘에 이르기까지 스스로 알고 스스로 깨닫고 스스로 증득하고 성취하여 노니는 것과 같다.

그는 법을 설하면, 그 설법은 처음도 묘하고 가운데도 묘하고 마지막 또한 묘하며, 뜻도 있고 무늬도 있으며, 청정함을 갖추어 범행을 밝게 드러낼 것이다. 마치 지금 내가 설법하면 처음도 묘하고 가운데도 묘하고 마지막 또한 묘하며, 뜻도 있고 무늬도 있으며, 청정함을 갖추어 범행을 밝게 드러내는 것과 같다.

그는 널리 연설하여 범행을 널리 펴며, 큰 모임이 한량없어서 사람으로부터 하늘에 이르기까지 잘 펴서 드날릴 것이다. 마치 지금 내가 널리 연설하여 범행을 널리 펴며, 큰 모임이 한량없어서 사람으로부터 하늘에 이르기까지 잘 펴서 드날리는 것과 같다.

그는 한량없는 백천의 비구대중을 둘 것이니, 마치 지금 내가 한량없는 백천의 비구대중을 둔 것과 같다."

존자 마이트레야가 미래의 마이트레야 붇다 될 것을 발원하자, 그의 보디 이룸을 언약하심

그때에 존자 마이트레야는 그 대중 가운데 있었다. 존자 마이트레야가 곧 자리에서 일어나 가사 한 자락을 벗어 메고 두 손을 마주잡고 붇다를 향하여 말씀드렸다.

"세존이시여, 저는 미래 오래고 먼 때에 사람의 수명이 팔만 살이 될 때에 붇다가 될 것이니, 이름을 마이트레야 여래·집착 없는 이·

바르게 깨친 분·지혜와 행을 갖춘 분·잘 가신 이·세간을 잘 아시는 분·위없는 스승·법에 이끄는 이·하늘과 사람의 스승이라 할 것이며, 붇다 세존이라 불릴 것입니다.

마치 지금 세존께서 이미 여래·집착 없는 이·바르게 깨친 분·지혜와 행을 갖춘 분·잘 가신 이·세간을 잘 아시는 분·위없는 스승·법에 이끄는 이·하늘과 사람의 스승을 이루어 붇다 세존이라 불리시는 것과 같을 것입니다.

저는 이 세상에서 하늘과 마라와 브라흐만, 사문과 브라마나 등 사람으로부터 하늘에 이르기까지 스스로 알고 스스로 깨닫고 스스로 증득하고 성취하여 노닐 것입니다.

마치 지금 세존께서 이미 이 세상에서 하늘과 마라와 브라흐만, 사문과 브라마나 등 사람으로부터 하늘에 이르기까지 스스로 알고 스스로 깨닫고 스스로 증득하고 성취하여 노니시는 것과 같을 것입니다.

저는 법을 설하면, 그 설법은 처음도 묘하고 가운데도 묘하고 마지막 또한 묘하며, 뜻도 있고 무늬도 있으며, 청정함 갖추어 범행을 밝게 드러낼 것입니다. 마치 지금 세존께서 설법하면 처음도 묘하고 가운데도 묘하고 마지막 또한 묘하며, 뜻도 있고 무늬도 있으며, 청정함 갖추어 범행을 밝게 드러내시는 것과 같을 것입니다.

저는 널리 연설하여 범행을 널리 펴며, 큰 모임이 한량없어서 사람으로부터 하늘에 이르기까지 잘 펴서 드날릴 것입니다. 마치 지금 세존께서 널리 연설하여 범행을 널리 펴며, 큰 모임이 한량없어서 사람으로부터 하늘에 이르기까지 잘 펴서 드날리시는 것과 같을 것입니다.

저는 한량없는 백천의 비구대중을 둘 것이니, 마치 지금 세존께서 한량없는 백천의 비구대중을 두신 것과 같은 것입니다."

이에 세존께서는 마이트레야를 찬탄하며 말씀하셨다.

"잘 말하고 잘 말했다. 마이트레야여, 너의 마음 내는 것은 아주 묘하여 대중을 거느릴 수 있을 것이다. 왜냐하면 너는 네 생각대로 이렇게 말했기 때문이다.

'세존이시여, 저는 미래 오래고 먼 때에 사람의 수명이 팔만 살이 될 때에 붇다가 될 것이니, 이름을 마이트레야 여래·집착 없는 이·바르게 깨친 분·지혜와 행을 갖춘 분·잘 가신 이·세간을 잘 아시는 분·위없는 스승·법에 이끄는 이·하늘과 사람의 스승이라 할 것이며, 붇다 세존이라 불릴 것입니다.

마치 지금 세존께서 이미 여래·집착 없는 이·바르게 깨친 분·지혜와 행을 갖춘 분·잘 가신 이·세간을 잘 아시는 분·위없는 스승·법에 이끄는 이·하늘과 사람의 스승을 이루어 붇다 세존이라 불리시는 것과 같을 것입니다.

저는 이 세상에서 하늘과 마라와 브라흐만, 사문과 브라마나 등 사람으로부터 하늘에 이르기까지 스스로 알고 스스로 깨닫고 스스로 증득하고 성취하여 노닐 것입니다.

마치 지금 세존께서 이미 이 세상에서 하늘과 마라와 브라흐만, 사문과 브라마나 등 사람으로부터 하늘에 이르기까지 스스로 알고 스스로 깨닫고 스스로 증득하고 성취하여 노니시는 것과 같을 것입니다.

저는 법을 설하면, 그 설법은 처음도 묘하고 가운데도 묘하고 마지막 또한 묘하며, 뜻도 있고 무늬도 있으며, 청정함을 갖추어 범행을 밝게 드러낼 것입니다.

마치 지금 세존께서 설법하면 처음도 묘하고 가운데도 묘하고 마지막 또한 묘하며, 뜻도 있고 무늬도 있으며, 청정함 갖추어 범행을 밝게 드러내시는 것과 같을 것입니다.

저는 널리 연설하여 범행을 널리 펴며, 큰 모임이 한량없어서 사람으로부터 하늘에 이르기까지 잘 펴서 드날릴 것입니다. 마치 지금 세존께서 널리 연설하여 범행을 널리 펴며, 큰 모임이 한량없어서 사람으로부터 하늘에 이르기까지 잘 펴서 드날리시는 것과 같을 것입니다.

저는 한량없는 백천의 비구대중을 둘 것이니, 마치 지금 세존께서 한량없는 백천의 비구대중을 두신 것과 같은 것입니다.' "

현재의 붓다와 미래의 마이트레야 붓다가 그 이름의 갖춤과 범행의 공덕과 설법이 한 가지임을 보이심

붓다가 다시 말씀하셨다.

"마이트레야여, 너는 미래 오래고 먼 때에 사람의 수명이 팔만 살이 될 때에 반드시 붓다가 될 것이니, 이름을 마이트레야 여래·집착 없는 이·바르게 깨친 분·지혜와 행을 갖춘 분·잘 가신 이·세간을 잘 아시는 분·위없는 스승·법에 이끄는 이·하늘과 사람의 스승이라 할 것이며, 붓다 세존이라 불릴 것이다.

마치 지금 내가 이미 여래·집착 없는 이·바르게 깨친 분·지혜와 행을 갖춘 분·잘 가신 이·세간을 잘 아시는 분·위없는 스승·법에 이끄는 이·하늘과 사람의 스승을 이루어 붓다 세존이라 불리는 것과 같을 것이다.

너는 이 세상에서 하늘과 마라와 브라흐만, 사문과 브라마나 등 사람으로부터 하늘에 이르기까지 <u>스스로</u> 알고 <u>스스로</u> 깨닫고 <u>스스로</u> 증득하고 성취하여 노닐 것이다.

마치 지금 내가 이미 이 세상에서 하늘과 마라와 브라흐만, 사문과 브라마나 등 사람으로부터 하늘에 이르기까지 <u>스스로</u> 알고 <u>스스로</u> 깨닫고 <u>스스로</u> 증득하고 성취하여 노니는 것과 같을 것이다.

너는 법을 설하면, 그 설법은 처음도 묘하고 가운데도 묘하고 마지막 또한 묘하며, 뜻도 있고 무늬도 있으며, 청정함 갖추어 범행을 밝게 드러낼 것이다.

마치 지금 내가 설법하면 처음도 묘하고 가운데도 묘하고 마지막 또한 묘하며, 뜻도 있고 무늬도 있으며, 청정함 갖추어 범행을 밝게 드러내는 것과 같을 것이다.

너는 널리 연설하여 범행을 널리 펴며, 큰 모임이 한량없어서 사람으로부터 하늘에 이르기까지 잘 펴서 드날릴 것이다. 마치 지금 내가 널리 연설하여 범행을 널리 펴며, 큰 모임이 한량없어서 사람으로부터 하늘에 이르기까지 잘 펴서 드날리는 것과 같을 것이다.

너는 한량없는 백천의 비구대중을 둘 것이니, 마치 지금 내가 한량없는 백천의 비구대중을 둔 것과 같을 것이다."

마이트레야에게 금실 옷가지를 주어 삼보에 공양하도록 하심

그때에 존자 아난다가 털이[拂子]를 들고 붇다를 모시고 있었다. 이에 세존께서 돌아보시며 말씀하셨다.

"아난다여, 금실로 짠 옷을 가지고 오너라. 내가 지금 마이트레야 비구에게 주려고 한다."

그때에 존자 아난다는 세존의 분부를 받아 금실로 짠 옷을 가지고 와서 세존께 드렸다. 그러자 세존께서는 아난다에게서 금실로 짠 옷을 받으신 뒤에 말씀하셨다.

"마이트레야여, 너는 여래에게 이 금실로 짠 옷을 받아 붇다와 달마와 상가[佛法僧]에 보시하라. 왜냐하면 마이트레야여, 모든 여래·집착 없는 이·바르게 깨친 분은 세간을 보살피려고 바른 뜻과 요익됨을 구하고, 안온한 즐거움을 구하기 때문이다."

이에 존자 마이트레야가 여래에게서 금실로 짠 옷을 받아 붇다와 다르마와 상가에 보시하였다.

파피야스에게 미래 붇다의 세계가
해탈과 자재의 세계임을 깨우쳐주심

그때 악한 마라 파피야스는 문득 이렇게 생각하였다.

'이 사문 고타마가 바라나시의 선인이 사는 사슴동산에 머물면서 그 제자들을 위하여 미래에 대한 설법을 하는구나. 내가 이제 가서 이것을 흔들어 어지럽게 하겠다.'

때에 악한 마라 파피야스가 붇다 계신 곳에 나아가 붇다를 향하여 게송으로 말하였다.

그는 반드시 얻게 될 것이니
얼굴 모습은 묘해 으뜸이 되고
몸에는 꽃다발과 구슬목걸이
팔에는 밝은 구슬을 차게 되어
마치 저 미래세상 닭머리 성의

소라왕의 경계 안에 있음 같으리.

이에 세존께서 이렇게 생각하셨다.
'이것은 악한 마라 파피야스가 내 있는 곳에 와서 흔들어 어지럽히는 것이다.'
세존께서 아시고는 곧 악한 마라 파피야스를 위하여 게송으로 말씀하셨다.

그는 반드시 얻게 될 것이니
감추는 것도 없고 의혹도 없어
나고 늙고 병들어 죽음을 끊고
흐름 없고 짓는 바가 다하여서
깨끗한 범행 행하는 사람이
마이트레야 경계 안에 있음 같으리.

때에 악한 마라 파피야스가 다시 게송으로 말하였다.

그는 반드시 얻게 될 것이니
이름난 옷 위에 걸치는 묘한 옷
좋은 찬다나 향으로 몸을 바르고
몸 맵시는 곧고 길고 아름다워서
마치 미래세상 닭머리 성의
소라 왕의 경계 안에 있음 같으리.

그때에 세존께서 다시 게송으로 말씀하셨다.

　　그는 반드시 얻게 될 것이니
　　주인도 없고 또한 집도 없으며
　　손에는 금보배를 지니지 않고
　　함이 없고 근심하는 바도 없어서
　　마치 깨끗한 범행 행하는 사람이
　　마이트레야 경계 안에 있음 같으리.

이에 마라의 왕이 다시 게송으로 말하였다.

　　그는 반드시 얻게 될 것이니
　　이름과 재물 좋은 먹을거리 얻고
　　노래와 춤을 잘 알 수 있으며
　　음악을 잘해 언제나 기쁘게 살리.
　　마치 미래세상 닭머리 성의
　　소라 왕의 경계 안에 있음 같으리.

그때에 세존께서 다시 게송으로 말씀하셨다.

　　그는 반드시 저 언덕 건너가리니
　　마치 새가 그물 찢고 나옴 같으리.
　　선정 얻어서 자재하게 노닐고
　　즐거움 갖춰 늘 기쁘게 살리.

너 악한 마라는 반드시 알아야 한다.

나는 이미 모든 것 항복받았음을.

그러자 마라의 왕은 다시 이렇게 생각하였다.

'세존이 나를 알고 있다. 잘 가신 이가 나를 보고 있다.'

그는 시름하고 괴로워하며 근심하고 슬퍼져서 머물 수가 없었으므로, 곧 그곳에서 이내 사라져 나타나지 않았다."

붇다께서 이렇게 말씀하시자, 마이트레야와 아지타와 존자 아난다 및 여러 비구들은 붇다의 말씀을 듣고 기뻐하며 받들어 행하였다.

• 중아함 66 설본경(說本經)

• 해설 •

과거의 일[本事]로 오늘의 과보가 있고 오늘의 행으로 미래의 성취가 있으니, 본사를 말하는 뜻이 미래의 성취를 언약하는 뜻이다.

그러므로 과거세상 프라테카붇다에게 공양하여 오늘의 이 세상에 아니룻다가 되어 복덕을 받아 쓰고 여래의 제자가 되었다는 아니룻다의 일을 들으시고, 세존은 과거의 일을 돌이켜 미래의 일에 대해 설법하시는 것이다.

지금의 행업으로 미래의 새로운 성취가 있다면 지금의 과보도 공하고 미래의 성취도 공한 것이다. 곧 지금은 찰나찰나 과거가 되고 찰나찰나 지금이 미래를 이루어내니, 과거·현재·미래가 공한 곳에서 과거·현재·미래가 서로 이어 성취된다. 이런 뜻에서 미래의 성취가 꼭 정해져 있다 해도 안 되고 꼭 없다 해도 안 되며, 지금의 행이 끊어지고 새것이 온다 해도 안 되고, 지금 행이 그대로 미래로 이어진다 해도 안 된다.

그러므로 미래세상 소라는 전륜왕이 칠보를 갖추어 바른 정치를 펴다 권세의 자리마저 버리고 집을 나와 보디의 행을 배우리라는 붇다의 언약을 듣고, 존자 아지타가 '그 전륜왕이 바로 자기 자신이다'라고 말하는 것을 크게 꾸중하시는 것이다.

언약을 듣고 그 언약의 길에 마음을 낸 이가 바로 언약을 이룰 자이다. 그러나 지금의 발원이 그대로 미래의 과보로 이어지는 것이 아니니, 지금 한 생각에 언약을 듣고 미래의 한 생 또 한 생 언약된 실천의 길에 물러서지 않는 이가 그 실천의 힘으로 인해 언약된 과보를 이룰 것이다. 그러므로 붇다는 그 뜻을 '반드시 다시 한 번 죽었다가 다시 마침을 구하라'고 깨우치신다.

지금의 마이트레야 비구가 미래세상 마이트레야 붇다가 되어 위없는 보디를 이루고 마이트레야의 해탈의 세계를 성취할 것이라는 언약은 어떻게 받아들여야 하는가.

지금 사카무니 붇다에 의해 성취된 '보디의 과덕'[菩提果]과 법계의 진리에 온전히 믿음을 내고 스스로 보디의 씨앗을 뿌린 자는 온전히 진리의 결과와 하나된 믿음과 실천의 씨앗을 일으킨 자이다. 그러므로 진리의 과덕과 하나된 진리 그대로의 씨앗은 반드시 과덕을 다시 이룰 것이니, 세존께서는 참되고 바르게 보디의 마음을 낸 이[眞正發菩提心者], 그가 이미 성취된 지금의 붇다와 다름없는 해탈의 과덕 이룰 것을 언약하시는 것이다.

원인이 보디의 결과 속에서 일어난 원인[因]이고 그 원인이 쉬임없는 실천행[緣]과 하나된다면, 어찌 다시 원인을 내게 될 결과의 성취를 담보하지 않겠는가. 그러나 마이트레야가 이룰 위없는 보디에는 과거·현재·미래가 서로 원인이 되어 이어지나, 과거의 모습·현재의 모습·미래의 모습을 얻을 수 없으며, 보디의 씨앗을 내되 실로 남이 없고, 쉬임없는 파라미타의 행을 짓되 지음 없으니, 어찌 붇다의 과덕을 실로 얻음이 있겠는가.

그러므로 앞으로 이룰 마이트레야의 세상은 물질적 행복과 풍요가 넘치는 물질만의 왕국이 아니고, 마음이 아니되 마음 아님이 아니고 물질이 아니되 물질 아님도 아닌 해탈법계(解脫法界)가 될 것이다.

이런 뜻에서 저 파피야스가 마이트레야의 세상을 얻을 것 있는 물질의 왕국이라 말함을 붇다께서 꾸짖어 마음·물질이 모두 해탈된 세계임을 보이신 것이다.

여래로부터 해탈언약 받은 마이트레야는 특별한 그 누구가 아니라 지금 붇다의 상가 가운데 법을 듣고 있는 구체적인 현실의 인간이다. 그는 바로 범부이되 범부 아닌 범부이고 마이트레야이되 온갖 중생의 대명사인 마이트레야이다.

곧 마이트레야가 언약 받아 이룰 보디의 과덕이란 바로 고통받고 있는 중생 자신의 여래장(如來藏)의 얼굴이고, 마이트레야의 시대 성취될 정토의 세계는 바로 지금 중생이 보고 듣고 있는 물든 세간의 진실인 법계의 자기 실현인 것이다.

이렇게 보면 붇다의 회상에서 마이트레야 비구가 보디의 마음을 내고 붇다로부터 위없는 보디의 과덕을 언약 받을 때, 그 언약은 마이트레야 비구 한 사람에 대한 언약이 아니니, 실은 온갖 중생이 마이트레야와 함께 이미 보디인 중생으로 언약 받은 것이다. 이런 뜻은 『비말라키르티수트라』(淨名經)에서 비말라키르티 거사가 마이트레야 보디사트바에게 한 다음 말 속에 극명하게 드러난다.

"마이트레야여, 세존께서 어진 이께 이렇게 언약하시었소.
'그대는 한 생에 위없는 보디를 얻을 것이다.'
그렇다면 어떤 생을 써서 언약을 받으시오. 과거인가요 미래인가요 현재인가요. 만약 과거생이라면 과거생은 이미 사라졌고, 미래생이라면 미래생은 아직 이르지 않았고, 현재생이라면 현재생은 머묾이 없소.
이는 마치 붇다께서 '비구여, 너는 지금 바로 나기도 하고 또한 늙으며 또한 사라진다'고 말씀하심과 같소.
만약 남이 없음[無生]으로 언약을 받는다 합시다. 남이 없음은 바른 지위[正位]라 바른 지위 가운데는 또한 언약 받음도 없고 또한 아누타라삼약삼보디 얻음도 없소. 그런데 어떻게 마이트레야께서 한 생의 언약을 받을 수 있겠소.

진여의 남[如生]을 좇아 언약을 받으시오? 진여의 사라짐[如滅]을 좇아 언약을 받으시오? 만약 진여의 남으로 언약을 받는다면 진여에는 남[生]이 있지 않고, 만약 진여의 사라짐으로 언약을 받는다면 진여에는 사라짐[滅]이 있지 않소.

온갖 중생이 다 진여이고 온갖 법이 또한 진여이며 뭇 성현이 또한 진여이고 마이트레야까지라도 또 진여인 것이오.

만약 마이트레야께서 언약을 얻을 수 있다면 온갖 중생도 언약을 받아야 하오. 왜 그런가요. 진여는 둘이 아니고 다름이 아니기 때문이오.

만약 마이트레야께서 아누타라삼약삼보디를 얻는다면 온갖 중생도 다 얻어야 하오. 왜 그런가요. 온갖 중생이 곧 보디의 모습이기 때문이오.

만약 마이트레야께서 니르바나를 얻는다면 온갖 중생 또한 니르바나를 얻을 것이오. 왜 그런가요. 모든 붇다와 온갖 중생이 끝내 다해 고요하여 곧 니르바나의 모습이라 거듭 다시 없애지 않기 때문이오.”

비말라키르티 거사의 깨우침처럼 지금의 위없는 보디의 마음으로 미래의 성불언약을 받았지만 삼세의 때가 공하여 삼세의 마음에 얻을 것이 없다. 그러므로 지금 보디의 마음이 일어난 진여를 돌이켜 살피면 마이트레야는 물든 역사의 한복판에서 늘 현전하고 물든 역사의 때 가운데 마이트레야의 때가 있는 것이니, 옛 선사의 한 구절 노래가 친절하다.

마이트레야 참된 마이트레야여
몸을 천백억으로 나누시도다.
때때로 그때 사람들에게 보여주지만
그때 사람들이 스스로 알지 못하네.

彌勒眞彌勒　分身千百億
時時示時人　時人自不識

아난다여, 내가 떠난 지 백년 뒤 이 어린이가
전륜왕이 되어 나의 법을 펴리니

이와 같이 내가 들었다.

한때 붇다께서는 라자그리하 성 칼란다카 대나무동산에 계셨다.

그때 세존께서는 이른 아침에 가사를 입고 발우를 가지고, 여러 비구들과 함께 성에 들어가 밥을 비셨는데, 대중과 함께 계시는 장엄한 모습은 다음 게송으로 말한 것과 같다.

　　몸의 빛깔은 황금산과 같아
　　단엄하여 매우 미묘하며
　　걸음걸이 거위왕과 같고
　　얼굴은 깨끗한 보름달같이
　　세존께선 대중과 함께 계시네.

그때 세존께서 발로 성문(城門)의 끝을 밟으시자 땅이 여섯 가지로 떨려 움직이니, 다음 게송으로 말한 것과 같다.

　　큰 바다와 크나큰 땅
　　성곽들과 여러 산들은
　　무니께서 발로 밟으신 곳
　　물결 속 배처럼 흔들리네.

붇다의 거룩한 모습과 신묘한 변화의 힘을 뭇 사람들이 찬탄함

붇다께서 이와 같은 신묘한 힘을 변화로 나타내시자 여러 사람들은 큰 소리로 외쳤다.

"기이하고 빼어나다. 신묘한 힘을 이처럼 변화로 나타내시다니, 일찍이 없었던 일이다. 저 붇다 세존께서는 성으로 들어오시자 이와 같은 일찍이 없었던 갖가지 법을 보여주시는구나."

다음 게송으로 말한 것과 같다.

땅의 낮은 곳은 평평해지고
높은 땅은 도리어 낮아지네.
붇다의 위신의 힘 때문에
가시밭과 기와 자갈들도
모두다 다시 보이지 않네.

귀머거리 장님과 또 벙어리들이
곧 보고 듣고 또 말할 수 있으며
성곽들은 그때에 악기처럼
치지 않아도 묘한 소리 내네.

그때 세존의 밝은 모습이 널리 비추니, 마치 천 개 해의 불꽃과 같았다. 다음 게송으로 말한 것과 같다.

세존 몸의 밝은 빛이
온 성읍을 널리 비추니

사람들 붇다의 빛을 받아
　　시원함이 마치 찬다나 향
　　몸에 바른 것 같았네.

소꿉놀이하던 어린이가 세존께 모랫가루를 들어 공양하고 서원함

　　그때 세존께서는 성읍을 따라 거니셨다. 그때 그곳에는 두 어린
이가 있었으니, 첫째 아이는 높은 종족이고 다른 아이는 다음 종족
이었다. 같이 모래밭에서 놀이하고 있었는데, 한 명은 이름이 자야
(Jaya)였고 다른 한 명은 이름이 비자야(Vijaya)였다.

　　멀리서 세존께서 오시는 것을 보았는데, '서른둘 큰 사람의 모습'
[三十二大人相]이 그 몸을 장엄하였다.

　　그때 자야 어린이가 마음속으로 생각하였다.

　　'나는 보릿가루라도 공양하겠다.'

　　곧 가는 모래를 손으로 바쳐 세존의 발우에 담았다.

　　그때 비자야는 두 손을 맞잡고 따라 기뻐하였으니, 다음 게송으로
말한 것과 같다.

　　자비하신 세존 뵈오니
　　온몸에는 한 길의 빛이네.
　　용맹스러운 얼굴 들어
　　세존 뵙고 그 마음에
　　큰 존경과 믿음을 내어
　　모래 받들어 보시했다네
　　나고 죽음 떠나신 분께.

그때 그 어린이는 이렇게 발원했다.

'이 보시의 선근공덕으로 한 천하를 얻어 한 나라를 다스리는 왕이 되게 하여, 그 생에 여러 붇다께 공양할 수 있게 하소서.'

다음 게송으로 말한 것과 같다.

무니께서는 그의 마음과
그 뜻의 원하는 것을 아셨네.
과보를 얻고 선근 늘리며
좋은 복밭의 힘 늘어나도록
곧 큰 자비의 마음으로
그의 모래 공양 받으셨네.

그때 자야는 이 선근으로, 앞으로 올 세상의 왕이 될 수 있어서 잠부드비파를 다스리고, 나아가서는 위없는 바른 깨달음을 이룰 수 있게 되었다.

그러므로 세존께서는 빙그레 웃으셨다.

어린이가 뒷날 아소카 왕이 되어 널리 법을 펴게 됨을 언약하심

그때 아난다는 세존께서 빙그레 웃으시는 것을 보고, 곧 두 손을 맞잡고 붇다께 말씀드렸다.

"세존이시여, 모든 붇다 세존·아라한·삼약삼붇다께서는 아무 까닭 없이 빙그레 웃으시지 않습니다. 지금 붇다 세존께서는 무슨 까닭으로 빙그레 웃으셨습니까?"

이는 다음 게송으로 말한 것과 같다.

세존께서는 실없는 웃음 여의사
위없으사 세간 가운데 높으신 분
이는 희어 마치 흰 옥과 같은데
가장 빼어나신 분 지금 웃으셨네.

용맹스럽게 부지런히 정진하여
스승 없이 스스로 깨달으신 분
묘한 말씀 즐겁게 듣도록 하고
위없이 부드러운 음성으로써
그 어린이의 앞날 언약하심에
범음은 멀리 맑게 사무쳤어라.
위없는 지혜와 복덕 갖추신 분은
그 모래 보시 과보를 언약하셨네.

그때 세존께서 아난다에게 말씀하셨다.

"그렇다, 그렇다. 네 말과 같다. 모든 붇다는 아무런 까닭 없이 웃으시지 않는다. 내가 지금 웃은 것도 그 까닭이 있다.

아난다여, 알아야 한다. 내가 세상을 떠나고 백 년이 지난 뒤에 이 어린이는 파탈리푸트라(Pāṭaliputra)에서 한 곳을 다스리는 전륜왕이 될 것이니, 성(姓)은 공작(孔雀)이요, 이름은 아소카로서 바른 법으로 다스리고 교화할 것이다.

또 내 사리를 널리 전파하고 팔만 사천 개 법왕의 탑을 만들어 한량없는 중생을 안락하게 할 것이다.

그것은 다음 게송으로 말한 것과 같다.

내가 이 세상 떠난 뒤

이 사람은 왕이 되리니

성은 공작 이름은 아소카

마치 저 정수리로 난 왕처럼

이 잠부드비파 세상에서

홀로 전륜왕이 되어서

세상의 존경받게 되리라.

아난다여, 이 발우 가운데 그 어린이가 보시한 모래를 가져다 여래가 거닐어 다니는 곳에 뿌리라. 바로 그곳으로 가거라."

아난다는 분부를 받고 곧 발우의 모래를 가져다 여래가 거닐어 다니시던 곳에 뿌렸다.

• 잡아함 604 아육왕경(阿育王經) 전반부

• 해설 •

소꿉놀이하던 어린이가 지나가시는 여래의 거룩한 모습을 보고 여래의 발우에 모래를 담아드리고 그 모래를 보릿가루 공양으로 올렸다. 그 공양 받으신 여래가 모래를 땅에 뿌리게 하고 그 위를 밟으시며 어린이를 뒷날 전륜왕이 되리라 예언하신다.

아소카(Aśoka) 왕의 본사를 말하는 이 경은 아주 긴데, 그 가운데 어린이가 세존께 모래로 공양 올림과 공양 받으신 여래께서 언약 주신 부분만을 뽑아 수록하였다.

아소카 왕은 아육왕(阿育王)이라 소리로 옮겨졌으나 범어의 뜻은 '근심 없는 이'[無憂]이다. 아소카는 붓다께서 니르바나 드신 백여 년 뒤 전 인도를 통일하고 불교를 보호한 왕으로서, 인도에 공작왕조를 개창한 찬드라굽타 마우리야(Chandragupta Maurya) 대왕의 손자이다. 찬드라굽타는 알렉산드로스의 군대가 물러간 뒤 인도를 통일한 대왕이다. 그 아들이 빈두사라 왕이고 빈두사라의 아들이 아소카이다. 아소카 왕은 처음 그 성격이 광폭하여 왕위에 오른 지 팔 년, 가릉가(迦陵伽) 정복전쟁을 일으켜 셀 수 없는 사람을 죽이고 포로를 붙잡았다.

어떤 사문의 설법을 듣고 삼보에 귀의하고서는 폭압의 정치를 그만두고 북은 히말라야 산, 남은 마이소르 주, 동은 벵갈 만, 서는 아라비아 해에 이르는 넓은 영토 안에 팔만 사천의 절과 탑을 세우고, 붇다의 유적지에 돌기둥을 세워 붇다의 행적을 새겨 기록하고 스스로 유적지를 순례하였다.

왕위에 오른 지 십칠 년에 파탈리푸트라 성에서 불전 삼차 결집을 행하고, 인도 밖 다섯 나라에 전도승을 파견하였다.

이처럼 아소카 왕이 비록 처음 포악했으나 삼보에 귀의한 뒤 붇다의 법을 받들어 바른 정치를 펴고 여래의 사리를 전파하고 법왕의 스투파(stūpa, 塔)를 모시어 중생을 안락케 하는 정의의 왕이 되었으니, 그것이 어찌 아무런 원인 없이 그렇다고 할 수 있겠는가. 이미 붇다 당시 모랫가루로 먹을거리 공양 삼아 여래께 바친 선근(善根)의 공덕으로 이 세간에 다시 와 전륜왕이 되어 정의의 정치를 펴고 전법의 대공덕주(大功德主)가 된 것이다.

『법화경』은 자야(Jaya) 어린이가 세존께 모랫가루 공양거리를 올리고 전륜왕의 언약을 받은 것처럼, 위없는 보디를 성취하신 붇다께 한 송이 꽃, 한 마디 노래의 공양을 올려도 그 공덕으로 보디에 나아갈 수 있음을 말한다.

곧 법화의 뜻으로 보면 세존께 스투파를 세워 공양하고 한 마디 찬탄의 노래를 짓거나 소꿉놀이하다 흙덩이를 공양하거나 붇다의 형상을 그린 이들, 음악으로 찬탄한 이들도 모두 작은 물질의 공양을 통해 붇다의 공덕의 세계에 이미 들어서는 것이다. 경은 이렇게 말한다.

붇다를 위하여 여러 형상 세우거나
붇다의 여러 모습 조각하여 모신 이들

이와 같은 모든 사람 이미 보디 이뤘으며
붇다의 모습 일곱 가지 보배로 이루거나
놋쇠나 여러 구리 납과 주석 쇳덩이나
나무나 진흙으로 만들어 모시고서
아교와 옻 먹인 베로 불상을 꾸민 이들
이와 같은 모든 사람 이미 보디 이뤘으며
붇다의 모습을 그림으로 그릴 때
백복 갖춘 장엄상을 스스로 그리거나
남을 시켜 붇다의 모습 그리게 한 이들
이와 같은 모든 사람 이미 보디 이뤘도다.

若人爲佛故 建立諸形像 刻彫成衆相 皆已成佛道
或以七寶成 鋀石赤白銅 白鑞及鉛錫 鐵木及與泥
或以膠漆布 嚴飾作佛像 如是諸人等 皆已成佛道
彩畫作佛像 百福莊嚴相 自作若使人 皆已成佛道

아이들이 놀이하며 풀과 나무 붓이거나
손가락 손톱으로 불상을 그린 이들
이와 같은 사람들은 공덕 차츰 쌓아서
크나큰 자비 마음 모두다 갖추나니
이와 같은 모든 사람 이미 보디 이뤘도다.
다만 여러 보디사트바들을 교화하고
한량없는 중생을 해탈하여 건지려고
어떤 사람 여래의 사리 모신 스투파에서
보배상을 받들거나 그림을 그리거나
꽃과 향과 깃발로 공경히 공양하거나
사람 시켜 연주하고 북을 치고 소라 불며
퉁소 피리 거문고와 공후 비파 바라들의

여러 악기 연주하여 이와 같은 가지가지
묘한 소리 다 지녀서 붇다께 공양하고
때로 기쁜 마음으로 붇다의 높은 공덕
한 작은 가락으로도 노래 불러 찬탄하는
이와 같은 모든 사람 이미 보디 이뤘도다.

乃至童子戲 若草木及筆 或以指爪甲 而畫作佛像
如是諸人等 漸漸積功德 具足大悲心 皆已成佛道
但化諸菩薩 度脫無量衆 若人於塔廟 寶像及畫像
以華香幡蓋 敬心而供養 若使人作樂 擊鼓吹角貝
簫笛琴箜篌 琵琶鐃銅鈸 如是衆妙音 盡持以供養
或以歡喜心 歌唄頌佛德 乃至一小音 皆已成佛道

흩어진 마음으로 한 송이 꽃이라도
붇다의 형상이나 그림에 공양하면
셀 수 없는 붇다를 차츰 만나뵙게 되며
어떤 사람 절하면서 다만 두 손 모으거나
한 손만을 들거나 머리 한 번 숙여서
붇다의 모습 앞에 이로써 공양해도
한량없는 붇다를 차츰 만나뵙게 되고
붇다의 위없는 도 스스로 이루어서
셀 수 없는 여러 중생 널리 모두 건지고
남음 없는 니르바나 들어가게 되는 때엔
타던 섶이 다하면 불이 꺼짐 같으리라.

若人散亂心 乃至以一華 供養於畫像 漸見無數佛
或有人禮拜 或復但合掌 乃至擧一手 或復小低頭
以此供養像 漸見無量佛 自成無上道 廣度無數衆
入無餘涅槃 如薪盡火滅

흩어진 마음으로 스투파 속 들어가며
다만 한 번 붇다께 귀의한다 말해도
이와 같은 모든 사람 이미 보디 이루었고
지난 세상 붇다들이 세상에 계실 때나
니르바나 드신 뒤에 이 법 만약 듣는다면
이와 같은 모든 사람 이미 보디 이뤘도다.
오는 세상 붇다들 그 수 셀 수 없어
이 모든 여래들은 방편으로 법 설하고
온갖 여러 여래들도 한량없는 방편 세워
여러 중생 샘이 없는 붇다 지혜 들게 하니
만약 이 법 올바로 듣는 이가 있다면
한 사람도 큰 깨달음 못 이룰 이 없으리라.

若人散亂心 入於塔廟中 一稱南無佛 皆已成佛道
於諸過去佛 在世或滅度 若有聞是法 皆已成佛道
未來諸世尊 其數無有量 是諸如來等 亦方便說法
一切諸如來 以無量方便 度脫諸衆生 入佛無漏智
若有聞法者 無一不成佛

사리푸트라여, 흰옷 입은 거룩한 제자에게 해탈의 언약을 주라

나는 들었다, 이와 같이.

한때 붇다께서 슈라바스티 국을 노닐어 다니실 적에 제타 숲 '외로운 이 돕는 장자의 동산'에 머무셨다.

그때 '외로운 이 돕는 장자'는 큰 우파사카 오백 사람과 함께 존자 사리푸트라가 있는 곳으로 가서 머리를 대 절하고 물러나 한쪽에 앉았다. 오백 우파사카 또한 존자에게 절하고 한쪽에 앉았다.

외로운 이 돕는 장자와 오백 우파사카가 한쪽에 앉은 뒤에, 존자 사리푸트라는 그들을 위해 설법하여 간절히 우러르는 마음을 내게 하고 기쁨을 성취하게 하였다.

한량없는 방편으로 그들을 위해 설법하여 목마르듯 우러르는 마음을 내게 하고, 기쁨을 성취하게 한 뒤에 곧 자리에서 일어나 붇다 계신 곳으로 나아가 붇다의 발에 머리를 대 절하고 물러나 한쪽에 앉았다.

존자 사리푸트라가 떠난 뒤 오래지 않아 외로운 이 돕는 장자와 오백 우파사카 또한 붇다 계신 곳으로 나아가, 붇다의 발에 머리를 대 절하고 물러나 한쪽에 앉았다.

존자 사리푸트라와 대중들이 모두 앉자, 세존께서는 말씀하셨다.

사리푸트라에게 다섯 가지 법과 네 가지 마음 성취한
재가제자에 대한 언약을 당부하심

"사리푸트라여, 만약 흰옷의 거룩한 제자[白衣聖弟子]가 다섯 가지 법을 잘 보살펴 행하고, 또 네 가지 더욱 위로 향하는 마음[四增上心]을 얻어 현재의 법에서 즐겁게 머묾[現法樂居]을 어렵지 않게 얻으면, 사리푸트라여, 그대는 이렇게 언약해주어야 한다.

'흰옷의 거룩한 제자는 지옥이 다하고 축생 아귀와 모든 나쁜 곳도 다하여, 스로타판나(srotāpanna, 入流)를 얻어 나쁜 법[惡法]에 떨어지지 않고, 반드시 바른 깨달음[正覺]에 나아가, 끝으로 일곱 번 있음[有]을 받아 하늘과 사람에 일곱 번을 가고 온 뒤에는, 괴로움의 끝을 얻을 것이다.'

사리푸트라여, 흰옷의 거룩한 제자는 어떻게 다섯 가지 법을 잘 보살펴 행하는가?

흰옷의 거룩한 제자는 산목숨 죽임을 떠나고 산목숨 죽임을 끊어 칼과 몽둥이를 버리고, 스스로 부끄러워함과 남에 대한 부끄러움이 있고, 자비한 마음[慈悲心]이 있어서 온갖 것 나아가 벌레까지 요익하게 한다.

그는 산목숨 죽임에 있어서 그 마음을 깨끗이 없애니, 흰옷의 거룩한 제자는 이처럼 이 첫째 법을 잘 보살펴 행한다.

사리푸트라여, 흰옷의 거룩한 제자는 주지 않는 것 가짐[不與取]을 떠나고 주지 않는 것 가짐을 끊어, 주면 뒤에 받고 주는 것 받기를 즐기며, 늘 보시를 좋아하고 기뻐하여 인색함 없고 그 갚음을 바라지 않으며, 훔침에 덮이지 않고, 스스로 자기를 보살핀다.

그는 주지 않는 것 가짐에 그 마음을 깨끗하게 없애니, 흰옷의 거룩한 제자는 이 두 번째 법을 잘 보살펴 행한다.

또 사리푸트라여, 흰옷의 거룩한 제자는 삿된 음행을 떠나고 삿된 음행을 끊는다. 그는 아버지가 보살피거나 어머니가 보살피거나, 아버지와 어머니가 보살피거나, 형제자매가 보살피거나, 아내와 부모가 보살피거나, 친족이 보살피거나, 같은 성(姓)이 보살피거나, 남의 아내가 채찍의 벌 받을 두려움이 있거나, 빚이 걸린 여인으로 꽃다발로 꾸미는 등 이와 같은 여인들을 범하지 않는다.

그는 삿된 음행에 그 마음을 깨끗하게 없애니, 흰옷의 거룩한 제자는 이 세 번째 법을 잘 보살펴 행한다.

또 사리푸트라여, 흰옷의 거룩한 제자는 거짓말을 떠나고 거짓말을 끊어 진실을 말하고 진실을 즐기며, 진실에 머물러 옮기지 않아서, 온갖 것이 믿을 만하여 세상을 속이지 않는다.

그는 거짓말에서 그 마음을 깨끗하게 없애니, 흰옷의 거룩한 제자는 이 네 번째 법을 잘 보살펴 행한다.

또 사리푸트라여, 흰옷의 거룩한 제자는 술을 떠나고 술을 끊는다. 그는 술을 마심에 그 마음을 깨끗이 없애니, 흰옷의 거룩한 제자는 이 다섯째 법을 보살펴 행한다."

다섯 법을 널리 설하고 네 가지 더욱 위로 행하는 마음을 보이심

"사리푸트라여, 흰옷의 거룩한 제자는 어떻게 네 가지 더욱 위로 향하는 마음[四增上心]을 얻어 현재의 법에서 즐겁게 머묾을 어렵지 않게 얻는가?

흰옷의 거룩한 제자는 여래(如來, Buddha)를 이렇게 생각한다[念

如來].

'저 여래는 집착 없으신 이[無所著]·바르게 깨친 이[等正覺]·지혜와 행을 갖춘 분[明行成爲]·잘 가신 이[善逝]·세간을 잘 아시는 분[世間解]·위없는 스승[無上士]·법에 잘 이끄는 이[道法御]·하늘과 사람의 스승[天人師]으로 붓다 세존[佛衆祐]이라 부른다.'

이와 같이 여래를 생각한 뒤에는 만약 나쁜 욕심이 있으면 곧 없애고, 마음 가운데 좋지 않은 더러움·시름·괴로움·걱정·슬픔이 있으면 또한 없앤다.

흰옷의 거룩한 제자는 여래를 생각하여 마음이 편안해져 기쁨을 얻어, 만약 나쁜 욕심이 있으면 곧 없애고, 마음 가운데 좋지 않은 더러움·시름·괴로움·걱정·슬픔이 있으면 또한 없앤다.

흰옷의 거룩한 제자는 이 첫째의 더욱 위로 향하는 마음을 얻어 현재의 법에서 즐겁게 머묾을 어렵지 않게 얻는다.

사리푸트라여, 흰옷의 거룩한 제자는 법(法, dharma)을 이렇게 생각한다[念法].

'세존께서는 법을 잘 말씀하시어 반드시 마쳐 다함에 이르러, 번뇌도 없고 뜨거움도 없고 늘 법에 있어 옮기지 않는다.'

이와 같이 살피고 이와 같이 깨닫고 이와 같이 알고 이와 같이 법을 생각한 뒤에는, 만약 나쁜 욕심이 있으면 곧 없애고, 마음 가운데 좋지 않은 더러움·시름·괴로움·걱정·슬픔이 있으면 또한 없앤다. 흰옷의 거룩한 제자는 법을 생각하여 마음이 편안하며 기쁨을 얻어, 만약 나쁜 욕심이 있으면 곧 없애고, 마음 가운데 좋지 않은 더러움·시름·괴로움·걱정·슬픔이 있으면 또한 없앤다.

흰옷의 거룩한 제자는 이렇게 이 두 번째 더욱 위로 향하는 마음을 얻는다.

또 사리푸트라여, 흰옷의 거룩한 제자는 상가대중[僧, saṃgha]을 이렇게 생각한다[念僧].

'여래의 거룩한 상가[聖衆]는 잘 나아가고 바르게 나아가며, 법을 향하고 법에 나아가며, 법과 같이 따라 행한다.

저 대중에는 진실로 아라한과 아라한으로 나아가는 이가 있고, 아나가민과 아나가민으로 나아가는 이가 있으며, 사크리다가민과 사크리다가민으로 나아가는 이가 있고, 스로타판나와 스로타판나로 나아가는 이가 있으니, 이것을 네 짝 여덟 무리[四雙八輩]라 한다.

곧 여래의 대중은 실라[śīla, 戒]를 성취하고 사마디[samādhi, 定]를 성취하며, 프라즈냐[prajñā, 慧]를 성취하고 해탈을 성취하며, 해탈지견을 성취하니, 공경할 만하고 존중할 만하며, 받들 만하고 드릴 만한 세간의 좋은 복밭이다.'

그는 이와 같이 여래의 대중을 생각하여 만약 나쁜 욕심이 있으면 곧 없애고, 마음 가운데 좋지 않은 더러움·시름·괴로움·걱정·슬픔이 있으면 또한 없앤다.

흰옷의 거룩한 제자는 여래 대중을 생각하여 마음이 편안하며 기쁨을 얻어, 만약 나쁜 욕심이 있으면 곧 없애고, 마음 가운데 좋지 않은 더러움·시름·괴로움·걱정·슬픔이 있으면 또한 없앤다.

이것을 흰옷의 거룩한 제자가 세 번째 더욱 위로 향하는 마음을 얻어 현재의 법에서 즐겁게 머묾을 어렵지 않게 얻음이라 한다.

또 사리푸트라여, 흰옷의 거룩한 제자는 스스로 계(戒, śīla)를 이렇게 생각한다[念戒].

'이 계는 빠뜨리지 않고 뚫리지 않으며, 더러움도 없고 흐림도 없으며, 한결같은 자리에 머물러 허망하지 않고, 성인께서 칭찬하는 것이니, 갖추어 잘 받아 지니자.'

그는 이렇게 스스로 계를 생각하여 만약 나쁜 욕심이 있으면 곧 없애고, 마음 가운데 좋지 않은 더러움·시름·괴로움·걱정·슬픔이 있으면 또한 없앤다.

흰옷의 거룩한 제자는 계를 생각하여 마음이 편안하고 기쁨을 얻으며, 만약 나쁜 욕심이 있으면 곧 없애고, 마음 가운데 좋지 않은 더러움·시름·괴로움·걱정·슬픔이 있으면 또한 없앤다.

이것을 흰옷의 거룩한 제자가 네 번째 더욱 위로 향하는 마음을 얻어 현재 세상에서 즐겁게 살기가 어렵지 않은 것이라 한다."

흰옷의 제자에게 해탈언약 주기를 다시 당부하심

"사리푸트라여, 만약 흰옷의 거룩한 제자가 이 다섯 법을 잘 보살펴 행하고, 이 네 가지 더욱 위로 향하는 마음을 얻어, 현재의 법에서 즐겁게 머묾[現法樂居]을 어렵지 않게 얻음을 알았다고 하자.

그러면 사리푸트라여, 그대는 흰옷의 거룩한 제자에게 다음과 같이 언약해주라.

'지옥이 다하고 축생 아귀와 모든 나쁜 곳도 다하여, 스로타판나를 얻어 나쁜 법에 떨어지지 않을 것이다. 그리하여 반드시 바른 깨달음[正覺]에 나아가 많아도 일곱 번 있음[有]을 받아, 하늘과 사람 세상에 일곱 번을 가고 온 뒤에 괴로움의 끝을 얻을 것이다.'"

이에 세존께서 이 게송을 말씀하셨다.

지혜로운 사람은 집에 머물면서
지옥의 두렵고 무서운 것 보고
거룩한 법 받아 지님으로 인해
온갖 나쁜 법을 다 없애버리네.

중생을 죽이고 해치지 않아야 함
알고서 모두 버려 떠날 수 있고
진실하여서 거짓말하지 않고
주지 않는 남의 재물 훔치지 않네.

스스로 아내에 만족할 줄 알아
남의 아내를 탐내지 않으며
마음 어지럽히고 어리석게 하는 바탕
술 마시기를 떠나고 끊어버리네.

늘 바르게 깨친 이를 생각하고
모든 착한 법 깊이 사유하며
상가대중 생각하고 계를 살피어
이를 좇아 기쁨을 얻어야 하네.

만약 보시를 행하고자 하거든
반드시 그 바른 복 바라야 하니

먼저 마음을 쉰 이께 보시하라.
이같이 하면 좋은 과보 이루리라.

나는 이제 사문에 대해 말하리니
사리푸트라여, 잘 들어야 한다.
만약 검은색과 흰색 붉고 노란색
여러 섞인 색깔 좋아하는 색깔의
소와 여러 가지 새들이 있으면
그들이 난 곳 그대로 따라주고
잘 길들여진 소가 앞에 있어서
몸의 힘이 이루어져 갖추어 있고
빠르게 잘 오고 가 시원스러우면
그 소의 잘할 수 있음만을 취하고
그 빛깔로써 그름을 삼지 말라.

이와 같이 이 사람 세상에서도
만약 그 태어난 곳이 있으면
크샤트리아와 브라마나 종족
거사와 기술자의 차별 있지만
그들이 난 곳 따라주어야 하니
그들이 난 곳이 비록 차별되어도
진실로써 깨끗한 계를 지니는 이
세상에 집착 없는 '잘 가신 이'
그분들께 보시하면 큰 과보 얻으리.

어리석고 어두워 아는 것 없는 이
지혜 없어 바른 들음이 없는 이
그들에게 보시하면 적은 과보 얻고
빛이 없어 비추는 바가 없으리.

만약 빛이 있어 비추는 바 있고
지혜 있는 붇다의 제자들로서
잘 가신 이께 믿어 향하는 이는
뿌리 생겨 착함에 굳게 머물리.

그런 사람은 좋은 곳에 태어나서
뜻과 같이 사람의 집에 머물다
맨 나중에는 니르바나 얻게 되리니
이같음에 각기 그런 까닭이 있네.

붇다께서 이와 같이 말씀하시자, 존자 사리푸트라와 여러 비구들과 외로운 이 돕는 장자와 오백 우파사카들은 붇다의 말씀을 듣고 기뻐하며 받들어 행하였다.

• 중아함 128 우바새경(優婆塞經)

• 해설 •

여래가 깨친 법계의 진리는 세계의 실상이고, 법계의 진리를 깨친 여래의 보디는 바로 중생의 자기진실이다. 그러므로 지금 중생이 아무리 미혹과 번뇌의 삶을 살고 있더라도, 이미 보디를 성취한 여래의 가르침 따라 산목숨 죽임을 떠나 자비(慈悲)를 행하고, 훔침을 떠나 베풂[布施]을 행하며, 물든 행을 떠나 청정(淸淨)을 행하며, 거짓을 떠나 진실(眞實)을 행하고, 미혹의 술을 끊고 지혜(智慧)를 행하여 붇다·다르마·상가와 거룩한 계에 나아간 다면, 그는 반드시 위없는 보디의 세계에 나아가 보디를 이룰 수 있다.

여래의 보디가 온갖 중생의 자기진실이라면 바른 법을 받아 지니어 해탈에 이르는데 어찌 출가·재가의 구분이 있으며 남자와 여인, 타고난 출신의 높음과 낮음의 구분이 있겠는가.

그러므로 여래는 사리푸트라에게 바르게 법과 율을 받아 행하는 흰옷 입은 제자[白衣人], 집에 사는 이들[在家人]에게 보디 성취의 언약을 주라 가르치신다.

또한 축생 가운데 소나 새들이 타고난 빛깔로써 차별되어서는 안 되고 오직 그 행하는 일의 잘함으로 찬양되어야 하듯, 사람들도 그 출신계급의 높낮이로 평가되어서는 안 되고 오직 그 사람의 믿음과 보시의 행이 지혜로우면 그 행위에 맞는 과보의 언약을 주도록 가르치신다.

여래의 이와 같은 뜻을 받아 비말라키르티 거사도 마이트레야께 '만약 마이트레야께서 보디의 언약을 받는다면 온갖 중생 또한 언약을 받아야 한다'고 말한 것이다.

보디란 따로 얻는 것이 아니라 중생의 번뇌가 본래 공한 진실 자체의 자기확인이므로 비말라키르티 거사는 다시 '보디는 몸으로 얻을 수 없고 마음으로 얻을 수 없어서 몸과 마음이 공해 고요함이 곧 보디이다'라고 말한 것이다. 그렇다면 끝세상 그 어떤 세간 범부 중생이라도 스스로 중생의 모습에 중생의 모습 없는 줄 알면, 여래의 부촉받은 사리푸트라 존자로부터 보디의 씨앗이요 보디의 열매라 언약 받을 것이다.

『화엄경』(「수미정상게찬품」)은 이렇게 가르친다.

범부는 깨달아 앎이 없으므로
붇다께서 바른 법에 머물게 하네.

모든 법은 머무는 바가 없으니
이와 같은 법의 모습 깨치면
스스로의 몸의 진실 보게 되리.

凡夫無覺解 佛令住正法
諸法無所住 悟此見自身

「승야마천궁품」 또한 다음과 같이 가르친다.

여래의 자재하신 힘에 대해
만약 들을 수 있게 되어
듣고서 믿음을 낼 수 있다면
그는 반드시 붇다 이루게 되리.

若有當得聞 如來自在力
聞已能生信 彼亦當成佛

만약 지금 현재의 법에서
이 붇다의 법 믿을 수 있으면
반드시 바른 깨침 이루게 되어
법을 설해 두려울 바 없게 되리.

若有於現在 能信此佛法
亦當成正覺 說法無所畏

저 극악무도한 데바닫타도 끝내
'나무'라는 이름의 프라테카붇다가 되리라

붇다가 목갈라야나에게 말씀하셨다.

"너는 때가 되었음을 알라."

이때 아난다는 이 말씀을 듣고 기뻐 뛰며 스스로 이기지 못했다.

이때 마하목갈라야나가 앞으로 나아가 붇다의 발에 절한 뒤에 붇다를 세 번 돌고, 그 앞에서 마치 힘센 장사[力士]가 팔을 굽혔다 펴는 것 같은 짧은 동안에 곧 아비지옥 있는 곳에 이르렀다.

이때 마하목갈라야나가 아비지옥 위의 허공에서 손가락을 퉁겨 일깨우면서 말하였다.

"데바닫타여!"

데바닫타는 잠자코 있으면서 대답하지 않았다.

이때 옥졸들이 목갈라야나에게 말하였다.

"그대는 지금 어느 데바닫타를 부르셨소?"

옥졸들이 다시 말하였다.

"지금 여기는 크라쿠찬다 붇다 때의 데바닫타도 있고, 카나카무니 붇다 때의 데바닫타와 카샤파 붇다 때의 데바닫타도 있으며, 또 세속집에 있던 데바닫타와 집을 나온 데바닫타도 있소. 그대는 지금 비구여, 어느 누구를 데바닫타라고 불렀소?"

목갈라야나가 대답하였다.

"지금 내가 부른 사람은 사카무니 붇다 숙부의 아들 데바닫타요.

그이를 보고 싶소."

이때 옥졸들이 손으로 쇠고랑을 잡거나 불꽃을 잡아 그 몸을 태워 지지며 깨워주고 있었다. 데바닫타의 몸에는 불꽃이 타올라 그 불길의 높이가 서른 팔 길이나 되었다. 여러 옥졸들이 데바닫타에게 말하였다.

"너 어리석은 사람아, 왜 잠만 자느냐?"

데바닫타는 온갖 고통에 내몰리면서 대답하였다.

"너희들은 지금 나에게 무엇을 가르치려는가?"

옥졸들이 말하였다.

"너는 지금 허공 가운데를 우러러 살펴보라."

곧 그 말을 따라 허공 가운데를 우러러 살펴보다가, 마하목갈라야나가 보배연꽃 위에 발을 맺고 앉아 있는 것을 보았는데, 해가 구름을 헤치는 것 같았다. 데바닫타는 그것을 보고 곧 이 게송을 말했다.

　　그 누가 하늘의 빛 나타내기에
　　해가 구름을 헤치고 나옴과 같나?
　　마치 황금산의 무더기와 같아
　　티끌과 더러운 때 길이 없구나.

그때 목갈라야나도 게송으로 대답하였다.

　　나는 바로 사카족의 사자인
　　고타마 종족의 후예이네.
　　그 무니를 따르는 성문제자로

마하목갈라야나라 이름하도다.

그때 데바닫타가 목갈라야나에게 말하였다.

"존자 목갈라야나여, 무엇 때문에 여기에 오셨소? 여기 중생들은 죄 지음이 한량없어 열어 교화하기 어렵고, 선근을 짓지 않아 목숨을 마치고 여기 와서 태어난 것입니다."

목갈라야나가 대답하였다.

"나는 붇다의 심부름으로 일부러 여기에 왔소. 그대를 가엾이 여겨 괴로움의 근본을 뽑아주려고 하오."

이때 데바닫타는 '붇다'라는 말을 듣고 기뻐 뛰면서 스스로 이기지 못했다. 그러고는 이렇게 말하였다.

"존자는 지금 펼쳐 말씀해주시길 바랍니다. 여래 세존께 무슨 가르치심이 계셨습니까? 다시 나쁜 세계가 없을 것이라고 언약하시지는 않으셨습니까?"

프라테카붇다가 되리라는 세존의 언약을 전함

목갈라야나가 대답하였다.

"데바닫타여, 두려워하지 마오. 지옥은 아주 괴로워 이곳보다 더한 곳은 없소.

저 사카무니 붇다[佛]·여래(如來)·지극히 참된 이[至眞]·바르게 깨친 이[等正覺]께서는 온갖 꿈틀대는 벌레까지 불쌍히 여기시어, 마치 어미가 자식을 사랑하듯 마음에 차별이 없으시오. 그래서 때를 따라 바른 뜻을 연설하여 끝내 차례를 잃지 않게 하며, 또 그 종류를 어기지 않고 연설해주심이 헤아릴 수 없으시오.

지금 세존께서는 신묘한 입으로 이렇게 언약하셨소.

'너는 본래 나쁜 생각을 내어 세존을 해치려고 하였고, 또 다른 사람을 시켜 그 어디 말미암을 곳 없는 데로 나아가게 하였다. 그 인연의 과보로 아비지옥에 들어가 한 겁의 수를 다해도 끝내 나갈 기약이 없다. 그러다가 그 겁수가 지나고 지어감이 다하여 목숨을 마치면 네 하늘왕의 하늘에 태어날 것이요, 더욱 나아가 서른세하늘·야마하늘·투시타하늘·변화가 자재한 하늘·타화자재하늘에 태어나서, 육십 겁 동안은 나쁜 세계에 떨어지지 않고 사람과 하늘 사이에 돌아다니다가 맨 뒤에 몸을 받으면 도로 사람으로 태어날 것이다.

그리하여 수염과 머리를 깎고 세 가지 가사를 입고 믿음이 굳세어서 집을 나와 도를 배워 프라테카붇다를 이루게 될 것이니, 그 이름을 '나무'라 할 것이다.

왜냐하면 네가 전에 죽음에 다다라 목숨이 끊어지려 할 때에 '나무'라고 일컬었기 때문에 그 이름을 이루게 된다.'

지금 저 여래께서는 그 '나무'라고 한 착한 말을 살피셨기 때문에 그 이름을 말씀하셨고, 육십 겁 동안 악한 세계에 떨어지지 않고 프라테카붇다가 되리라고 말씀하신 것이오."

그때 데바닫타는 이 말을 듣고 기뻐 뛰면서 착한 마음이 생겨 다시 목갈라야나에게 말씀드렸다.

"여래께서 말씀하신 가르침은 반드시 그리하여 의심하지 않습니다. 중생을 가엾이 여기시고 건네주심이 한량없으시고 또한 큰 자비로 어리석고 미혹한 이를 교화하십니다.

비록 제가 오늘부터 아비지옥에서 오른쪽으로 누워 한 겁을 지내더라도 마음과 뜻을 온전히 바르게 해 끝내 괴로워하거나 지겨워하지 않겠습니다."

목갈라야나가 다시 데바닫타에게 말하였다.

"어떻소? 지금 그대 고통에 늘고 줄어듦이 있소?"

데바닫타가 대답하였다.

"제 몸의 고통은 갈수록 늘고 덜하지 않습니다. 지금 여래께서 이름을 주심을 보고 고통이 조금 덜하지만 말할 것이 못 됩니다."

목갈라야나가 물었다.

"그대가 지금 받고 있는 괴로운 고통의 근원은 어떤 모습 어떤 종류요?"

데바닫타가 대답하였다.

"뜨거운 쇠바퀴로 내 몸을 깔아 부수고 다시 쇠절구공이로 내 몸을 찧으며, 검고 사나운 코끼리가 내 몸을 짓밟고, 다시 불산[火山]이 와서 내 얼굴을 누르며, 옛날에 입었던 가사가 몹시 뜨거운 구리쇠 경첩이 되어 타오르듯 내 몸에 와서 감습니다. 그 고통의 근원은 모습이 이와 같습니다."

목갈라야나가 물었다.

"그대는 과연 그대 죄의 근본을 알고 그런 고통을 받소? 내가 지금 낱낱이 분별해주리니 그대는 듣고 싶소?"

데바닫타가 대답하였다.

"그렇습니다. 지금 바로 말씀하여주십시오."

지옥 고통의 인과를 널리 말해주니 데바닫타가 다시 귀의함

그때 목갈라야나는 이런 게송을 말하였다.

그대는 본시 가장 빼어난 곳에서
비구상가를 깨뜨리고 어지럽혀
지금 뜨거운 쇠절구공이로
그대 몸을 찧고 부수는 것이오.

그리고 그대는 상가대중 가운데
으뜸가는 성문의 제자로서
비구대중과 싸우고 어지럽게 해
지금 뜨거운 쇠바퀴에 깔린다오.

그대는 본시 나라의 왕을 시켜
술 취한 코끼리를 풀어놓아
지금 저 검은 코끼리 떼들이
그대 몸을 짓밟아 버린다오.

그대는 본시 큰 돌을 들어서
여래의 발에 멀리 던졌으므로
지금 그 불산의 갚음이 생겨
그대를 태워 남음이 없게 한다오.

그대는 본시 그 주먹 휘둘러
그 비구니를 때려 죽였으므로
지금 뜨거운 구리쇠 잎에 감기어
몸을 말아 태워 펼 수 없는 것이오.

행함의 갚음 끝내 없어지지 않고
또한 다시 공함에 머물지 않네.
그러므로 부디 부지런히 힘써
모든 악의 근원 떠나야 하오.

"그대가 본시 데바닫타로, 지은 악의 근본은 바로 말해 이렇소. 그러므로 부디 뜻을 오로지 해 붇다 여래를 향하면, 기나긴 밤 동안 복 얻음이 한량없을 것이오."

그때 데바닫타가 다시 목갈라야나에게 말씀드렸다.

"이제 저의 뜻을 목갈라야나께 부칩니다.

세존의 발에 머리 숙여 절하옵고 이렇게 문안 인사를 드립니다.

'지내심은 가볍고 편하시며 걸음걸이는 건강하십니까?'

또한 다시 존자 아난다께도 절하옵니다."

목갈라야나가 신통의 힘으로 지옥고통을 쉬게 하니
세존께서 목갈라야나를 찬탄하심

그때 존자 마하목갈라야나는 큰 신통을 놓아 아비지옥의 고통을 쉬게 하였다. 그리고 이 게송을 말하였다.

사카의 사자 가장 빼어난 이께
'나무 붇다'라고 모두들 말하라.
그분께선 안온함을 주실 수 있고
모든 괴로움을 다 없애버리시리.

그때 지옥 중생들은 목갈라야나의 이 게송을 듣고 육만여 명은 지어감이 다하고 죄가 끝나 곧 거기에서 목숨을 마치고는 네 하늘왕의 하늘위에 태어났다.

목갈라야나는 곧 신통을 거두고 자기 있던 곳으로 돌아왔다. 그는 세존께 나아가 땅에 엎드려 발아래 절하고 한쪽에 서서 말씀드렸다.

"데바닫타는 문안드리며 공경하고 받들기 한량없는데 '지내심은 가볍고 편하시며 걸음걸이는 건강하십니까?' 하고 문안드렸으며, 또 아난다께도 문안하면서 이렇게 말하였습니다.

'여래께서 〈육십 겁 가운데 프라테카붇다가 되어 이름을 '나무' 라 하리라〉고 언약을 주시니, 저는 비록 아비지옥 속에서 오른쪽으로 누워 있더라도 끝내 그 괴로움을 사양하지 않겠습니다.'"

세존께서 말씀하셨다.

"참으로 잘했다, 목갈라야나여. 많은 이익을 주었고 많은 은혜를 베풀었구나. 중생을 가엾이 여기고 하늘과 사람을 편안하게 하였으며, 여래의 모든 성문들로 하여금 차츰 번뇌가 사라진 니르바나에 이르게 하였다.

그러므로 목갈라야나여, 늘 노력하여 세 가지 법을 성취하도록 하라. 왜냐하면 만약 저 데바닫타가 몸으로 짓는 세 가지와 입으로 짓는 네 가지와 뜻으로 짓는 세 가지의 착한 법을 닦아 행했더라면 그는 몸을 마치도록 이로운 공양[利養]을 탐하지 않고 또 다섯 크게 거스르는 죄[五逆罪]를 짓고서 아비지옥에 들어가지 않았을 것이다. 왜냐하면 무릇 이로운 공양을 탐내는 사람은 삼보(三寶)에 공경하는 마음이 없고, 또한 금한 계[禁戒]를 받들어 지니지 않으며, 몸과 입과 뜻으로 짓는 행을 온전히 갖추지 않고, 다만 탐내는 일에

만 뜻을 오로지 하여 몸과 입과 뜻으로 행하기 때문이다.

그러므로 목갈라야나여, 반드시 이와 같이 배워야 한다."

그때 목갈라야나는 붇다의 말씀을 듣고 기뻐하며 받들어 행하였다

• 증일아함 49 목우품(牧牛品) 九 후반부

• **해설** •

경전에서 바른 행을 거스르는 가장 극악한 다섯 가지 죄[五逆罪]는 아버지를 죽이고 어머니를 죽이며 아라한을 죽인 죄, 상가의 화합을 깨뜨린 죄, 붇다의 몸에 피를 낸 죄이다.

데바닫타는 고타마 붇다의 사촌으로서 아자타사트루 왕을 꾀어 빔비사라 왕을 죽이고 비구니 아라한을 죽였으며, 상가의 화합을 깨뜨려 오백 비구를 자신의 사조직으로 만들었다.

또한 마가다 국의 새로운 왕 아자타사트루와 공모하여 붇다를 죽여 자신이 새 붇다가 되기 위해 돌멩이를 굴려 붇다의 몸에 피를 내게 했으니, 오역죄를 모두 지은 무거운 죄인이다.

오역죄를 짓고 무간지옥에 떨어진 데바닫타도 마지막 목숨 마치며 한 생각 뉘우치는 생각을 일으키자, 세존께서 그를 오는 세상 프라테카붇다가 되리라 언약하시고 그 말씀을 지옥에 있는 데바닫타에게 전하게 하신다.

이것이 곧 오역의 죄인까지 거두는 붇다의 자비이며, 죄가 본래 남이 없음을 살펴 악을 선으로 돌이키고 파라미타의 행으로 돌이키면 오역의 죄를 지은 극악한 죄인도 보디에 나아갈 수 있음을 보인 불교의 해탈의 길이다.

『법화경』에서는 이보다 한 걸음 나아가 붇다를 죽이려 했던 데바닫타가 과거생에 고타마 붇다께 보디의 길을 가르친 큰 선인[大仙人]이었고 선지식이었음을 말하고, 오는 세상 그가 '하늘왕 여래'[天王如來]가 되리라 언약하신다.

또 『법화경』에서 세존은 극악무도한 데바닫타가 하늘왕 여래가 되리라

예언하시고, 또 축생의 딸인 '여덟 살 용의 딸'[八歲龍女]이 잠깐 사이에 몸을 바꾸어 보디의 도 이룸을 보이시고 있다.

법화회상(法華會上)에서 용왕의 딸이 서 있는 그 자리에서 보디의 도를 이루고, 극악한 죄인이 미래 성불의 언약을 받는 것은 왜인가. 죄와 복, 남자와 여인의 모습이 공한 곳에서 그 공함에도 머물지 않으면 죄업을 돌이켜 여래장의 다함없는 생명의 곳간에 돌아감을 보임인가.

죄와 복이 공한 곳에서 죄업을 돌이켜 복의 씨앗을 일으키고 미혹을 돌이켜서 보디의 씨앗을 일으키면, 그 보디의 씨앗은 법계의 진리인 씨앗이라 끝내 해탈의 결과를 이루어냄을 보임이리라. 그렇지 않다면 지금 오역죄를 짓고 지옥의 과보를 받고 있는 데바닫타가 어찌 프라테카붇다의 언약을 얻고 미래 붇다의 언약을 얻을 수 있겠는가.

여래를 죽이려 하고 여래의 몸에 피를 낸 데바닫타를 통해 여래의 끝없는 자비의 마음이 오히려 드러나 세간 한량없는 중생에게 고타마 붇다를 여래로서 증명해 보이므로 데바닫타를 여래의 스승이라 말한 것인가.

데바닫타의 극악무도함도 여래가 깨친 해탈법계에서 연기한 헛된 그림자이니, 미혹을 돌이키면 곧바로 여래의 자비공덕의 땅에 돌아감을 보이심이리라.

『법화경』은 용의 딸[龍女]이 단박 보디를 이루고 오역죄의 죄인이 언약받음에 대해 회의하는 여러 무리들에게 다음과 같이 '용의 딸의 입'을 통해 깨우쳐 보인다.

삼계 중생 자애로운 어버이
죄와 복의 모습 깊이 통달해
시방 세계 널리 두루 비치는
미묘하고 깨끗한 법의 몸은
서른둘의 거룩한 모습 갖추고
여든 가지 아름답고 좋은 상호로

법의 몸을 거룩하게 꾸미었도다.

深達罪福相　徧照於十方

微妙淨法身　具相三十二

以八十種好　用莊嚴法身

그러므로 하늘과 사람 우러러 섬기고

용과 신들 모두다 공경하여서

한량없는 온갖 중생 무리들이

받들어 모시지 않음 없어라.

天人所臺仰　龍神咸恭敬

一切衆生類　無不宗奉者

또한 내가 보디 이룸 모두 듣지만

붇다만이 증명하여 아시오리라.

나는 이제 대승법을 높이 드날려

고통 속 저 중생들 건네주리라.

又聞成菩提　唯佛當證知

我闡大乘教　度脫苦衆生

또 『선문염송집』(禪門拈頌集)에는 지옥에 빠진 데바닫타를 주체로 세워 문안의 뜻을 전하는 아난다에게 데바닫타가 다음과 같이 답변한 이야기가 실려 있다.

아난다가 데바닫타에게 물었다.

"그대는 지옥에서 나오려 하오?"

이에 데바닫타는 이렇게 답한다.

"세존께서 지옥에 오시면 곧 나가겠소."

이에 아난다가 다시 묻는다.

"붇다께선 삼계의 큰 스승이신데 어찌 지옥에 들어올 수 있겠소."

그러자 데바닫타는 다시 묻는다.

"붇다께서 지옥에 들어올 수 없다면, 내가 어찌 지옥에서 나갈 수 있겠소."

죄악의 업보로 지옥에 떨어진 데바닫타의 이 답변은 무엇을 보이는가. 그것은 중생의 죄악과 여래의 보디가 공하고 지옥과 천당이 공한 연기의 실상을 보여준 것인가.

이 한 마디에 극악한 죄인에게 성불언약해주고 지옥세계를 뒤집어 연꽃세계로 만드는 여래 보디의 묘용이 온전히 드러나 있으니, 운문고(雲門杲, 大慧)는 다음과 같이 말한다.

"이미 데바닫타가 지옥에서 나갈 수 없고 또 세존께서 들어올 수 없다면, 무엇을 사카 붇다라 부르며 무엇을 데바닫타라 부르며 무엇을 지옥이라 부르는가. 알겠는가."

스스로 술병 들고 술 파는 집 가더니
도리어 한삼 입고 주인 노릇 하는구나.

自攜缾去沽村酒 却着衫來作主人

4 가타

가타(gāthā)는 풍송(諷頌)·고기송(孤起頌)이라 옮기니, 홀으로 일으킨 노래로서 앞의 계경에서 설한 뜻을 받아 노래하지 않은 게송[不重頌]을 말한다.

가타는 어근인 가이(gai)에 이어서 이루어진 명사인데, 가이에는 노래[謠]라는 뜻이 있다. 가타라는 한 말은 곧 넓은 뜻으로는 노래[歌謠]를 가리키고 좁은 뜻으로는 교설의 단락이나 경문의 끝을 가리킨다. 게야(geya)가 계경의 뜻을 거듭 노래한 것이라면, 가타는 긴 줄의 경문의 내용을 중복해서 보인 노래가 아니다.

『대비바사론』(大毘婆沙論, Mahāvibhāṣa-śāstra)의 정의에 따르면 여러 경 가운데서 구절을 연결하여 이렇게저렇게 말씀한 것에 대해 노래한 것 전체를 가타라 하므로, 이때 가타는 게야와 다른 뜻으로 쓰이지 않는다. 또 남전 팔리문의 장부경(長部經)의 주에 의거하면 법구게[Dhammapada]·장노게[Thera-gāthā]·장노니게[Therī-gāthā]·경집[Sutta-nipāta] 등 경서 가운데서는 그 가운데 실린 게송을 수트라의 게송이라 일컫지 않고, 모두 가타라 일컫는다.

성현의 말은 진실하여 헛되지 않나니

이와 같이 내가 들었다.

한때 붇다께서는 슈라바스티 국 제타 숲 '외로운 이 돕는 장자의 동산'에 계셨다.

그때 세존께서 여러 비구들에게 말씀하셨다.

"내 지금 네 가지 법의 구절[法句]을 말하겠으니 자세히 듣고 잘 생각하라. 너희들을 위해 말해주겠다. 어떤 것이 그 네 가지인가?"

세존께서 가타로 네 가지 법의 구절을 말씀하심

현성은 잘 법을 말씀하시니
이는 가장 높은 첫 번째 구절이고
좋아할 말뿐 좋지 않음 없으니
이것은 두 번째 법의 구절이네.
진리의 말씀뿐 거짓 없으니
이것은 세 번째 말씀이고
법의 말씀뿐 다른 말 않으시니
이것은 네 번째 법의 구절이네.

"여러 비구들이여, 이것을 네 가지 법의 구절이라고 한다."

그때 존자 방기사가 대중 속에 있다가 이렇게 생각하였다.

'세존께서 사부대중들 가운데서 네 가지 법의 구절을 말씀하셨다. 나는 반드시 네 가지 찬탄으로 기리고 따라 기뻐하리라.'

이렇게 생각한 뒤에 그는 곧 자리에서 일어나 옷매무새를 바르게 하고 붇다께 절하고서는 두 손을 맞잡고 붇다께 말씀드렸다.

"세존이시여, 드리고 싶은 말씀이 있습니다. 잘 가신 이여, 아뢰고 싶은 말씀이 있습니다."

붇다께서 방기사에게 말씀하셨다.

"말하고 싶은 대로 말하라."

법의 네 구절을 방기사가 찬탄함

그러자 존자 방기사가 곧 게송으로 말하였다.

> 만약 법을 잘 말씀하시는 이라면
> 자기에게도 괴로움 주지 않고
> 또한 남을 두렵게 하지도 않으니
> 이것이 곧 잘 법을 말씀함이네.

> 말씀하시는 바가 좋아할 말이면
> 말씀으로 그 사람을 기쁘게 하고
> 그 사람이 악을 짓지 않게 하나니
> 이것이 곧 좋아할 말만 말씀함이네.

> 진리의 말은 단이슬의 법을 알고

진리의 말은 위없는 법을 알아
진리로써 뜻을 말하고 법을 말하니
바른 스승이 세워내는 곳이라네.

붇다께서 말씀하시는 법은
안온하게 니르바나 가는 길이라
온갖 괴로움 깨끗이 없애주나니
이것을 법을 잘 말씀하심이라 하네.

붇다께서 이 경을 말씀하시자 여러 비구들은 붇다의 말씀을 듣고
기뻐하며 받들어 행하였다.

• 잡아함 1218 사법구경(四法句經)

• 해설 •

붇다의 성문제자 가운데 아름다운 시구로 여래의 공덕을 찬탄하여 여래
의 칭찬 받는 이가 방기사이다.

여래의 설법에 대한 세존 스스로의 게송도 가타이고, 세존의 가타를 다
시 찬탄한 방기사의 노래도 가타이다.

세존의 법을 설하심은 연기의 진실을 설하고 해탈의 법맛[法味]을 설하
므로 진실일 뿐 거짓이 없고, 하나인 법의 맛을 전하여 두 말[二語]과 다른
말[異語]이 없어서 듣는 이가 다 좋아하니, 이것이 세존의 잘 법을 말씀하
심이다.

그러므로 이 경에서 세존의 가타를 듣고 방기사는 세존의 말씀은 니르바
나에 이르게 하는 단이슬의 말씀이고 위없는 보디의 말임을 찬탄한다. 그리
고 뭇 삶들의 괴로움 없애 니르바나에 안온하게 이르도록 하는 말이라, 나

와 남을 함께 해탈케 하고 요익케 하여 듣는 이가 해탈의 이익 얻음을 노래
한다.

　이처럼 방기사는 여래의 말씀에 대한 가타의 찬탄으로 스스로 믿음을 내
어 여래의 니르바나의 성에 따라 들어간다. 또한 가타의 방편으로 다시 갈
림길에서 의혹하는 뭇 삶들에게 믿음을 주고 기쁨을 주어 함께 여래의 니르
바나 성에 이끌어 들인다.

　이제 크신 스승 세존의 가타와 높은 제자 방기사의 찬탄의 가타를 다시
『화엄경』(「여래출현품」)의 게야의 노래를 끌어들여 다시 찬탄하리라.

　　비유하면 브라흐마하늘왕 한 음성 뱉어
　　브라흐마하늘 대중을 다 기쁘게 하면
　　왕의 소리 오직 브라흐마하늘에 미치고
　　하늘 밖에 그 소리 나가지 않으니
　　듣는 이마다 다 제 홀로 듣는다 함 같네.

　　譬如梵王吐一音　能令梵衆皆歡喜
　　音唯及梵不出外　一一皆言己獨聞

　　저 브라흐마하늘의 하늘왕과 같으신
　　열 가지 힘 갖춘 세존 또한 그러해
　　연설하는 음성 소리 법계에 가득하지만
　　법의 음성 모임의 대중만 적셔줄 뿐
　　모임 밖에 멀리 음성 나가지 않으니
　　믿지 않으므로 그 법을 받지 못하네.

　　十力梵王亦復然　演一言音充法界
　　唯霑衆會不遠出　以無信故未能受

　　마치 허공의 구름이 큰비를 퍼부으면

온갖 사람 그 물방울을 셀 수 없지만
오직 삼천계에 자재한 하늘왕이
물방울 셀 수 있는 공덕의 힘 갖추어
모두 밝게 아는 것은 내놓음 같네.

譬如空雲澍大雨　一切無能數其滴
唯除三千自在王　具功德力悉明了

잘 가신 이의 법의 비 또한 이와 같아
온갖 중생은 헤아려 알 수 없지만
오직 세간 가운데 자재한 사람이
손바닥의 구슬 보듯 밝게 봄은 내놓네.

善逝法雨亦如是　一切衆生莫能測
唯除於世自在人　明見如觀掌中寶

나는 이미 집을 나와 집이 없이 사문 됐나니

이와 같이 내가 들었다.

한때 붇다께서는 슈라바스티 국 제타 숲 '외로운 이 돕는 장자의 동산'에 계셨다. 때에 어떤 장자는 붇다와 상가대중을 청해 자기 집에 와서 공양하게 하였다. 그 집에 들어갔을 때, 존자 방기사는 그날 정사에 머물러 지키고 있다가 한 부분 먹을 것을 청하였다.

때에 많은 장자 부인들은 마을에서 나와 정사에 갔었다. 존자 방기사는 얼굴 모습이 단정한 젊은 여인을 보고 탐욕이 일어났다.

때에 존자 방기사는 이렇게 생각하였다.

'나는 지금 이롭지 않다. 이로움을 얻지 못했다. 괴로움을 얻고 즐거움을 얻지 못했다. 얼굴 모습이 단정한 젊은 여인을 보고 탐욕의 마음을 내다니, 나는 지금 싫어해 떠나는 게송을 말하겠다.'

게송으로 아름다운 여인에 대한 탐욕의 생각을 반성함
이렇게 생각하고서는 이 게송을 말하였다.

　나는 이미 벗어나 떠남 얻어서
　집이 아닌 데로 집을 나왔는데
　탐욕이 나를 따라 쫓아오는 것
　소가 남이 심은 채소의 싹 생각함 같네.

나는 반드시 큰 장군의 아들이
큰 힘으로 아주 강한 활을 잡고서
저 겹겹이 쳐진 적의 싸움터 깨뜨리고
홀로 천 명의 적 무찌르듯 해야 하리.

나는 지금 해 종족의 거룩한 후손
그 앞에서 말씀하신 법을 듣고서
니르바나의 길에 바로 나아가
굳게 정한 마음으로 즐거이 머물러
이와 같이 방일하지 아니한다면
고요한 마음에 머물게 되리니
내 마음을 헛되게 미혹하여서
속이는 자 있을 수 없게 되리라.

굳게 안정하여 잘 살펴보아서
바른 법에 편안히 머무른다면
한량없는 수의 무리가 와서
나를 속이고 어지럽게 하려 해도
이와 같이 여러 악한 마라 무리들
나를 결코 찾아볼 수 없게 되리라.

때에 존자 방기사는 이 게송을 말하고 마음이 편안히 머무르게 되었다.

• 잡아함 1215 출리경(出離經)

• 해설 •

이 노래는 방기사 비구의 참회(懺悔)의 가타이고 새로운 발심(發心)의 가타이다. 아름다운 여인을 보고 한 생각 그릇되이 탐욕의 뜻을 내었지만, 저 경계는 공하고 덧없어 실로 탐욕해야 할 아름다운 모습이 없는 것이다.

바르게 나아가는 이는 이제 적의 싸움터를 깨뜨리는 장수와 같은 큰 용맹의 뜻을 내어 니르바나의 길에 들어 고요한 마음에 머물고 바른 법에 머물러야 한다. 그렇게 해야 저 하늘마라도 빈틈을 다시 엿볼 수 없고, 번뇌의 군대가 쳐들어와도 그 마음을 움직일 수 없게 된다.

이처럼 번뇌가 본래 공해 곧 번뇌가 아니고 하늘마라가 법계 밖이 아님을 사무쳐 보면 번뇌와 마라에 다시 물들거나 움직이지 못하지만, 번뇌가 번뇌 아님이 아니고 마라가 마라 아님도 아니므로 다시 범하는 것을 용납해서는 안 된다[再犯不容].

업이 공해 평등하므로 업의 인과가 분명한 것이니, 『화엄경』(「십회향품」)의 게야는 다음과 같이 노래한다.

모든 세간이 다 평등함을 알면
마음과 말 온갖 업도 모두
평등하지 않음이 아니네.
중생의 허깨비 변화 실다움이 없으니
지어서 받은 업의 갚음은
실다움이 없음 좇아 일어나네.

知諸世間悉平等　莫非心語一切業
衆生幻化無有實　所有果報從玆起

대혜종고선사(大慧宗杲禪師) 또한 업이 공하지만 그 과보가 없지 않으므로 중생이 집착과 탐욕의 뜻을 놓아버려야 마라의 칼날에 베이지 않고 니르바나의 고향집에 돌아갈 수 있음을 다음과 같이 노래한다.

날카로운 칼에 묻은 꿀 핥지 말고
독이 든 집의 물은 맛보지 말라.
핥거나 맛봄 모두 범치 않으면
비단옷 입고 의젓이 고향에 가리.

利刃有蜜不須舐　蠱毒之家水莫嘗
不舐不嘗俱不犯　端然衣錦自還鄕

5 우다나

붇다가 가르침의 말씀을 일으킬 때는 보통 듣는 이와 제자가 의심하는 뜻 물음에 따라 응답하시는 방법을 취한다.

그러나 때로 제자의 물음을 기다리지 않고 여래 스스로 대중을 살펴 의심하고 있는 뜻을 말씀해주시기도 하니 이를 '물음이 없이 스스로 말씀함'[無問自說]이라 하고, 듣는 대중은 여래의 이 말씀을 '느끼어 일으키는 게'[感興偈]라 한다.

『대비바사론』에서는 우다나(Udāna, 無問自說)를 이렇게 정의한다. "스스로 말함이란 무엇인가. 모든 경 가운데서 근심스럽고 즐거운 일을 인해 세존께서 스스로 말씀한 것을 말한다."

그 보기를 들어보면 첫째는 잡아함 가운데 널리 말씀하고 있는 것으로, '묻는 이가 없어도 붇다께서 물음의 실마리를 간략히 열어 보이신 법문들'이다.

둘째는 『프라즈냐파라미타수트라』에서 말하는 것으로, '여러 하늘들이 수부티를 상대해 세존의 여러 가지 아주 드물고 얻기 어려운 일들을 찬송하는 것'이다. 셋째는 붇다께서 니르바나에 드신 뒤 여러 제자들이 뽑아 모은 요점이 되는 게로서, 무상게(無常偈)나 브라마나의 게[婆羅門偈]와 같은 것들이다.

대승경 가운데 물음을 통해 교설을 일으킨 경전의 대표적 예는 『금강경』이다. 경 첫머리에서 수부티가 세존께 여쭌다.

"참으로 드무신 일입니다, 세존이시여 보디사트바는 어떻게 머물러야 하며 어떻게 그 마음을 항복해야 합니까."

수부티의 이 물음에 대해 세존께서 머묾 없이 바르게 머묾과 모습 떠나 그 마음 항복함을 답해주신 것이 『금강경』의 내용이다.

그에 비해 물음 없이 스스로 말씀한[無問自說] 경전의 대표적 예가 『법화경』이다. 「방편품」 첫머리에 보면 붇다는 아무도 묻는 이 없는데 '한량없는 뜻의 곳인 사마디[無量義處三昧]에 들어 계시다 이렇게 말씀한다.

"그때 세존께서 사마디로부터 편안히 일어나시어 사리푸트라에게 말씀하셨다.

'모든 붇다들의 지혜는 깊고 깊어 한량없다. 그 지혜의 문은 알기 어렵고 들어가기 어려우니 온갖 성문이나 프라테카붇다들은 알 수 있는 것이 아니다. 왜 그런가. 붇다는 일찍이 백천만억 셀 수 없는 여러 붇다들을 가까이 모시면서 여러 붇다들의 한량없는 도법을 다 행하고 용맹스럽게 정진해, 그 이름이 널리 들리어 깊고 깊어 일찍이 있지 않던 법을 성취하여 마땅함을 따라 말한바 법은 그 뜻이 알기 어려운 것이다.'"

세존께서 우다나 구절을 말씀하면서 이렇게 알리시니

이와 같이 내가 들었다.

한때 붇다께서는 슈라바스티 국 동쪽동산 므리가라마트리 강당에 계셨다.

그때에 세존께서는 해질 무렵에 선정에서 깨어나 강당 그늘 가운데 자리를 펴고 대중 앞에 앉아 우다나 구절을 말씀하시며, 여러 비구들에게 알리셨다.

"경계 때문에 말을 내니 경계 아님이 아니고, 경계 때문에 견해를 내니 경계 아님이 아니며, 경계 때문에 모습 취함을 내니 경계 아님이 아니다.

아래의 경계[下界] 때문에 아래의 말·아래의 견해·아래의 모습 취함·아래의 지어감·아래의 하고자 함·아래의 바람·아래의 사람·아래의 일·아래의 베풂·아래의 세움·아래의 부분·아래의 나타냄·아래의 태어남을 낸다고 나는 말한다.

이와 같이 가운데 경계도 그러하며, 이와 같이 빼어난 경계[勝界]도 그러하니, 빼어난 경계 때문에 빼어난 말·빼어난 견해·빼어난 모습 취함·빼어난 지어감·빼어난 하고자 함·빼어난 바람·빼어난 사람·빼어난 일·빼어난 베풂·빼어난 세움·빼어난 부분·빼어난 나타냄·빼어난 태어남을 낸다고 나는 말한다."

위·가운데·아래의 법이 모두 인연으로 생김을
우다나로 보이시고 다시 바카리의 물음에 답하심

때에 바카리(巴 Vakkali) 비구는 붇다 뒤에서 부채를 들고 부쳐드리고 있다가 붇다께 말씀드렸다.

"세존이시여, 만약 삼약삼붇다에 대하여 바른 깨달음이 아니라는 견해를 일으키면, 그 견해 또한 경계 때문에 생기는 것입니까?"

붇다께서는 비구에게 말씀하셨다.

"삼약삼붇다에 대하여 바른 깨달음이 아니라는 견해를 일으키면, 그것도 또한 경계 때문에 생기는 것이요, 경계가 아님이 아니다.

무슨 까닭인가. 범부의 경계는 무명의 경계이기 때문이다.

내가 먼저 말한 것과 같아서 아래의 경계 때문에 아래의 말과 아래의 견해를 내고 나아가 아래의 태어남을 내며, 가운데 경계도 그러하며, 빼어난 경계는 빼어난 말과 빼어난 견해를 내고, 나아가 빼어난 태어남을 내는 것이다."

붇다께서 이 경을 말씀해 마치시자, 여러 비구들은 붇다의 말씀을 듣고 기뻐하며 받들어 행하였다.

• 잡아함 457 설경(設經)

• 해설 •

주체의 말·주체의 생각·주체의 하고자 함과 바람은 늘 말하는 것, 생각되어지는 것, 바라는바 경계를 의지해 일어난다.

저 경계가 인연으로 일어나 있되 있지 않음을 모르는 범부는 아래의 경계 빼어난 경계에 물들고 갇히어, 아래의 말·아래의 견해·아래의 하고자 함과 빼어난 말·빼어난 견해·빼어난 하고자 함을 낸다.

무명으로 인해 무명의 경계가 있고, 무명의 경계로 인해 중생의 무명이 늘어나니, 삼약삼분다에 대해서도 무명의 생각과 무명의 경계가 있으면 삼약삼분다를 바른 깨달음이라 보지 못한다.

크나큰 장부는 무명과 무명의 경계가 공한 줄 알아 무명의 어두움 속에서 지혜의 등불을 밝힐 수 있으니, 그가 바로 위없는 보디의 완성자 분다를 분다로서 바로 볼 수 있는 자이다.

법의 진실 알지 못하는 것이 무명의 경계이고 무명의 경계로 망상이 있고 망상으로 인해 여래의 위없는 보디를 알지 못하니,『화엄경』(「야마궁중게찬품」)은 이렇게 말한다.

여래는 같이할 자 없으시니
견줌을 구해도 얻을 수 없네.
법의 진실 깨닫지 못하여
여래를 만나 뵐 수가 없네.

如來無與等　求比不可得
不了法眞實　無有能得見

세존께선 해질 무렵 선정에서 일어나
우다나 게송으로 찬탄하시니

이와 같이 내가 들었다.

한때 붇다께서는 슈라바스티 국 동쪽동산 므리가라마트리 강당에 계셨다. 그때 세존께서는 해질 무렵 선정에서 깨어나 강당을 나와 강당 그늘 가운데 대중 앞에 자리를 펴고 앉으셨다.

세존께서 우다나 게송을 말씀하시자 비구가 그 뜻을 물음

그때 세존께서 우다나 게송으로 찬탄하셨다.

　　법에는 나가 없으며 또한 다시 내 것도 없네.
　　내가 이미 있지 않은데 내 것이 어디에서 생기리.
　　비구가 이것을 벗어나면 낮은 세계 맺음 끊으리.

이때 어떤 비구가 자리에서 일어나 오른쪽 어깨를 드러내고, 오른쪽 무릎을 땅에 꿇고 두 손을 맞잡고 붇다께 말씀드렸다.

"세존이시여, 세존께서는 이렇게 말씀하셨습니다.

'법에는 나가 없으며 또한 다시 내 것도 없네.

내가 이미 있지 않은데 내 것이 어디에서 생기리.

비구가 이것을 벗어나면 낮은 세계 맺음 끊으리.'

이 말씀은 무슨 뜻입니까?"

다섯 쌓임에 나와 내 것 없는 뜻을 보이시고 해탈의 길을 말씀함

붇다께서 비구에게 말씀하셨다.

"어리석고 들음이 없는 범부들은 다음과 같이 헤아린다.

'물질은 나[我]다, 나와 다르다[異我], 나와 나와 다름이 함께 있다[相在]. 느낌·모습 취함·지어감·앎은 나다, 나와 다르다, 나와 나와 다름이 함께 있다.'

그러나 많이 들은 거룩한 제자들은 '물질은 나다, 나와 다르다, 나와 나와 다름이 함께 있다'라고 보지 않고, '느낌·모습 취함·지어감·앎은 나다, 나와 다르다, 나와 나와 다름이 함께 있다'라고 보지도 않는다.

(알고 본다 하더라도) 또한 아는 자도 아니요, 보는 자도 아니다.

이 물질은 덧없는 것이요, 느낌·모습 취함·지어감·앎도 덧없는 것이다. 물질은 괴로운 것이요, 느낌·모습 취함·지어감·앎도 괴로운 것이다. 물질에는 나가 없고, 느낌·모습 취함·지어감·앎에도 나는 없다.

이 물질은 반드시 있어야 하는 것[當有]이 아니요, 느낌·모습 취함·지어감·앎도 있어야 하는 것이 아니다. 물질은 무너지는 있음이요, 느낌·모습 취함·지어감·앎도 무너지는 있음이다.

그러므로 그것들은 나가 아니요, 내 것도 아니니, 나와 내 것은 반드시 있어야 하는 것이 아니다.

이와 같이 해탈하는 자는 곧 다섯 낮은 곳의 묶음[五下分結]을 끊을 것이다."

그때 그 비구는 붇다께 여쭈었다.

"세존이시여, 다섯 낮은 곳의 묶음을 끊은 뒤에는, 어떻게 흐름이 다하고 흐름이 없어져 마음이 해탈하고 지혜가 해탈하여, 현재의 법에서 스스로 알고 증득하여 갖추어 머뭅니까. 그리하여 '나의 태어남은 이미 다하고 범행은 이미 서고, 지을 바를 이미 지어 다시는 뒤의 있음을 받지 않는다'라고 스스로 알게 됩니까?"

붇다께서는 비구에게 말씀하셨다.

"어리석은 범부와 들음이 없는 중생들은 두려울 것이 없는 곳에서 두려움을 내고, 어리석은 범부와 들음이 없는 중생들은 이런 말에 두려움을 낸다."

'나도 없고 내 것도 없으니,

이 두 가지 내야 할 것 아니네.'

앎이 머무는 네 가지 인연과 앎의 얽매임 끊어짐을 보이심

"네 가지를 잡아 생각하므로 앎[識]이 머문다.

어떤 것이 네 가지인가? 곧 물질[色]로 인해 앎이 머무니, 물질을 생각하고 물질을 사랑하고 즐기므로 늘어나고 나아가고 넓어지고 커지고 자란다.

느낌 · 모습 취함 · 지어감에 의해 앎이 머무니, 이것들을 생각하고 사랑하고 즐기므로 늘어나고 나아가고 넓어지고 커지고 자란다.

비구여, 앎은 이곳에서 오기도 하고 가기도 하고 머무르기도 하며, 생겨나기도 하고 사라지기도 하며, 늘어나고 나아가고 넓어지고 커지고 자란다.

비구여, 만약 '다시 그밖에 다른 법이 있어서, 앎이 오기도 하고 가기도 하고 머무르기도 하며, 생겨나기도 하고 사라지기도 하며,

늘어나고 나아가고 넓어지고 커지고 자란다'고 말한다면, 그런 일은 말만 있을 뿐이다.

그러므로 그것에 대해 물으면 알지 못하여 어리석음만 더욱 늘려 키울 것이니, 그것은 경계(境界)가 아니기 때문이다.

무슨 까닭인가? 비구여, 물질의 경계에 탐욕을 떠나면 물질에 대해 뜻이 일으킨 얽매임[縛] 또한 끊어진다.

물질에 대해 뜻이 일으킨 얽매임이 끊어지고 나면 물질을 잡아 생각함도 끊어져, 앎[識]은 다시는 머무르지 않게 되고, 늘어나거나 나아가거나 넓어지거나 커지거나 자라지 않는다.

느낌·모습 취함·지어감의 경계에 대한 탐욕을 떠나면 느낌·모습 취함·지어감에 대해 뜻이 일으킨 얽매임도 끊어진다.

느낌·모습 취함·지어감에 대해 뜻이 일으킨 얽매임이 끊어지면 그것들을 잡아 생각함도 또한 끊어져, 앎은 머무는 곳이 없어져 다시 늘어나거나 나아가거나 넓어지거나 커지거나 자라지 않는다."

앎이 머무는 곳이 없는 니르바나를 보이심

"앎이 머무는 곳이 없기 때문에 늘어나 자라지 못하고, 늘어나 자라지 못하기 때문에 짓는 바가 없으며, 짓는 바가 없기 때문에 곧 멈춘다.

멈추기 때문에 만족할 줄 알며, 만족할 줄 알기 때문에 해탈하고, 해탈하기 때문에 모든 세간에서 도무지 취할 것이 없게 되며, 취할 것이 없기 때문에 집착할 것이 없게 되고, 집착할 것이 없기 때문에 스스로 니르바나를 깨닫는다.

그래서 '나의 태어남은 이미 다하고 범행은 이미 서고, 지을 바를 이미 지어 다시는 뒤의 있음을 받지 않는다'라고 스스로 안다.

비구여, 그러면 나는 이렇게 말한다.

'앎이 동방·남방·서방·북방·네 모서리·위아래 어디에도 머무르지 않는다. 탐욕을 없애고 법을 보아, 니르바나의 사라져 다함이 되고 고요하여 맑고 시원하다.'"

붇다께서 이 경을 말씀하시자, 여러 비구들은 붇다의 말씀을 듣고 기뻐하며 받들어 행하였다.

> 나고 사라짐을 즐기지 않음과
> 나아가 세 가지를 분별하고
> 탐착 등을 살피게 하시니
> 이것을 우다나라고 한다.

• 잡아함 64 우다나경(優陀那經)

• 해설 •

보고 듣고 아는 주체에 나[我]라는 견해를 세우므로 나 아닌 다른 것에 내 것[我所]이라는 집착을 일으킨다.

앎활동은 알려지는 것을 의지해 있고 알려지는 것은 앎활동의 내적 토대이므로 앎과 알려지는 것에도 모두 그렇다 할 자기실체가 없으니 앎에도 내가 없고 알려지는 것에도 내 것이 없다. 그렇다 할 자기실체 없는 곳에서 실로 있다는 견해를 세워 있음[有]에 대한 탐착을 일으키므로 다섯 가지 낮은 곳의 묶음[五下分結]을 일으키는 것이니, 있음에서 있음을 벗어나면 있음을 따라 구르는 흐름이 사라져 마음이 해탈하고 지혜가 해탈한다.

앎[識]은 네 가지에 의해 앎으로 머문다. 알려지는 사물에 의해 앎이 이루어지고 느낌·모습 취함·지어감으로 인해 앎이 앎으로 서게 된다. 물질이 물질 아닌 물질인 줄 알아 물질에서 물질을 떠나면 앎이 머물지 않고, 느낌·모습 취함·지어감에 실로 그렇다 할 실체가 없는 줄 알면 느낌·모습 취함·지어감을 의지하는 앎이 머물지 않는다.

곧 알려지는 것을 떠난 앎이 없으므로 알려지는 것에 실로 알 것이 없음을 바로 보면 앎이 앎으로 머물지 않고, 앎의 작용 떠난 앎이 없으므로 앎의 작용이 공한 줄 알면 앎이 앎으로 머물지 않는다.

『금강경』은 마음이 마음 없는 마음임을 다음과 같이 말한다.

"여래께서 모든 마음이라 말한 것은 다 마음 아닌 것이니 이것을 마음이라 이름한다.

왜 그런가. 수부티여, 과거의 마음도 얻을 수 없고, 현재의 마음도 얻을 수 없으며, 미래의 마음도 얻을 수 없기 때문이다."

곧 알려지는 모습을 떠난 앎이 없고 앎을 떠난 모습이 없으니, 모습이 공한 줄 알아 앎이 머무는 곳이 없으면 앎은 앎 아닌 앎이 되고, 앎이 앎 아닌 앎이 되면 모습에서 모습을 벗어나게 된다.

늘 보고 듣고 알되 앎 없으면 늘 알되 니르바나의 고요함을 떠나지 않고, 불꽃처럼 알고 부지런히 일해 온갖 법을 세우되 실로 한 법도 세움이 없이 늘 고요하여 밝고 시원할 것이다.

니르바나는 무너지지 않는 법이니

이와 같이 내가 들었다.

한때 붇다께서는 슈라바스티 국 제타 숲 '외로운 이 돕는 장자의 동산'에 계셨다.

그때 세존께서 여러 비구들에게 말씀하셨다.

"내가 이제 너희들을 위해 무너지는 법[壞法]과 무너지지 않는 법[不壞法]을 말하겠으니, 자세히 듣고 잘 사유하라.

너희들을 위해 말해주겠다. 비구들이여, 물질은 무너지는 법이다.

그 물질이 사라지면 니르바나이니, 이것은 무너지지 않는 법이다.

느낌·모습 취함·지어감·앎은 무너지는 법이다.

그 앎들이 사라지면 니르바나이니, 이것은 무너지지 않는 법이다."

붇다께서 이 경을 말씀하시자, 여러 비구들은 붇다의 말씀을 듣고 기뻐하며 받들어 행하였다.

• 잡아함 51 괴법경(壞法經)

• 해설 •

물질은 무너지는 법이고 물질이 사라진 니르바나는 무너지지 않는다고 한 것은 있음을 집착하는 세상의 통념을 따라 중생을 이끌기 위함이니 세계실단(世界悉檀)의 인연으로 가르치심이다.

물질과 마음은 인연으로 일어나 인연으로 사라지니 지금 있음을 있음으로 붙들면 사라짐은 있음의 소멸과 부재가 된다.

그러나 인연으로 나므로 남이 없고 인연으로 사라지므로 사라짐 없는 줄 알면 나고 사라짐이 없이 늘 고요하니 이것이 곧 니르바나이다.

경에서 물질이 다함이란 물질이 있되 공해 나되 남이 없음이니, 물질에 나고 사라짐이 다하면 곧 니르바나라는 뜻이다.

『비말라키르티수트라』는 이 뜻을 '모든 붓다와 온갖 중생이 끝내 고요하여 곧 니르바나의 모습이라 다시 없애지 않는다'라고 말하니, 물질의 나고 사라짐을 취해도 니르바나가 아니고 물질을 끊고 공에 돌아가도 니르바나가 아니다.

'거짓 있음을 무너뜨리지 않고 실상을 말할 줄 알아야'[不壞假名而談實相] 여래의 뜻에 서로 응한다고 할 것이니, 옛 선사의 다음 법문을 살펴보자.

대혜선사가 대중에게 백운상(白雲祥) 화상의 다음 문답을 들어보였다.

백운상 화상이 어떤 승려에게 물었다.

"거짓 있음을 무너뜨리지 않고 실상을 말함은 어떠한가."

그 승려가 말했다.

"이것은 의자입니다."

백운이 손으로 밀쳐버리고 말했다.

"신주머니를 가져오라."

승려가 대꾸가 없자 백운이 말했다.

"이 멍청한 사람아."

운문(雲門)이 듣고 말했다.

"반드시 상형(祥兄, 白雲)이라야 얻을 수 있다."

대혜선사가 말했다.

"운문은 강한 것을 붙들고 악한 것을 붙들지 못했으며, 어린아이를 가엾이 여기다 못났음을 알지 못했으니, 어찌할 건가.

이 승려의 그 당시에 만약 그 사람이었다면 저가 신주머니 가져오라고 말하자 곧 선상(禪床)을 흔들어 엎고서 곧장 백운의 어금니가 칼나무와 같아도 입은 피둥이와 같다고 말해주리라.

　풀이해주지 않겠다."

　백운과 승려의 문답, 그에 대한 운문의 평을 듣고 거기에 붙인 대혜의 뜻은 무엇인가.

　백운의 입이 피둥이와 같다고 해 죽이되 살리지 못했음을 꾸짖겠다고 하니, 이는 의자가 곧 실상이라 하면 연기론이 범신론과 같아지고 의자가 실상이 아니라 하면 법이 둘이 되기 때문에 고인의 뜻에 핀잔을 주어 진실을 다시 드러냄인가.

　의자가 의자라 하면 사물에 닿고[觸], 의자가 의자 아니라 하면 사물을 등져서[背] 그런 것인가.

　여기에 이르러 풀이해줌이 무슨 쓸 데가 있는가.

6 니다나

니다나(nidāna, 因緣)를 연기(緣起)라고 옮길 때는 원인과 조건이 서로 의지해 결과를 낸다는 뜻이 되니, 이는 '서로 의지해 함께 일어난다'는 뜻의 프라티티야 삼무트파다(pratītya-samutpāda)와 같은 뜻이다.

그러나 교설의 형식으로 니다나를 말하면 붇다께서 중생의 근기에 맞추어 경·율·론을 설하게 된 연유를 보이거나 상서(祥瑞)가 일어난 까닭을 보인 가르침을 말한다.

후대에 이르러서는 사찰이나 불상 탑 등을 세우게 된 연유, 여러 고승 대덕들의 영험스런 행장 가운데 그 여러 영험이 나타나게 된 까닭을 뜻하는 말로, 인연이나 연기라는 말이 쓰이게 된다.

사리탑조성연기(舍利塔造成緣起), 금강경간행연기(金剛經刊行緣起) 같은 용법이 그런 뜻이다.

아함경 가운데서는 하늘땅의 큰 변화가 일어날 때 그 변화의 까닭을 보이기 위해 니다나의 법을 설하고 있고, 여러 일찍이 없었던 법[未曾有法]이 있게 될 때 그 일찍이 없었던 법의 연유를 보이는데 니다나의 법을 설하고 있다.

『법화경』(「서품」)에서, 붇다께서 눈썹 사이 흰 털에서 빛을 놓아 동방 만팔천 세계를 비추자, 그 까닭을 마이트레야 보디사트바가 의심하므로 만주쓰리보디사트바(Mañjuśrībodhisattva, 文殊)가 밝은 빛 놓는 연유를 설해주니, 니다나의 법문이다.

『화엄경』(「도솔궁중게찬품」)에서도 오고 감이 없는 여래 지혜의 몸이 하늘궁전에 장엄한 몸 나투는 인연을 이렇게 노래한다.

바르게 깨치신 이 오는 곳 없고
감에도 좇아간 곳이 없는데
깨끗하고 맑아 미묘한 몸을
신묘한 힘 때문에 나타내시네.

正覺無來處　去亦無所從
淸淨妙色身　神力故顯現

세간의 크신 인도자께선
깊고 미묘한 법 연설하시려
이런 법의 인연 때문에
견줄 수 없는 몸 나타내셨네.

導師爲開演　甚深微妙法
以是因緣故　現此無比身

하늘땅이 움직이는 데 여덟 가지 인연이 있나니

이와 같이 들었다.

한때 붇다께서는 슈라바스티 국 제타 숲 '외로운 이 돕는 장자의 동산'에 계시면서 비구들에게 말씀하셨다.

"하늘땅이 크게 움직이는 데에 여덟 가지 인연이 있다. 어떤 것이 여덟 가지인가.

비구들이여, 알아야 한다. 이 잠부드비파의 땅은 남북이 이만 일천 요자나(yojana, 由旬: 1요자나는 약 1.3킬로미터)요, 동서가 칠천 요자나며, 두께가 육만 팔천 요자나요, 물 두께는 팔만 사천 요자나며, 불 두께도 팔만 사천 요자나요, 불 아래 있는 바람 두께는 육만 육천 요자나며, 바람 밑에는 금강바퀴가 있다.

과거의 모든 붇다 세존의 사리는 모두 그 사이에 있다."

하늘땅이 움직이는 여덟 인연을 널리 분별해보이심

"비구들이여, 알아야 한다. 그 어떤 때 큰 바람이 움직이면 불이 움직이고 불이 움직이면 물이 움직이며 물이 움직이면 땅이 곧 움직인다. 이것을 땅을 크게 움직이게 하는 첫째 인연이라 한다.

다음에는 보디사트바가 투시타하늘에서 그 신(神)을 내려 어머니의 태에 들어갈 때 이 땅이 크게 움직인다. 이것을 땅을 크게 움직이게 하는 둘째 인연이라 한다.

다음에는 그 보디사트바가 어머니 태에서 나올 때에 하늘땅이 크게 움직인다. 이것을 땅을 크게 움직이게 하는 셋째 인연이라 한다.

다음에는 보디사트바가 집을 나와 도를 배워 위없고 바르고 참된 깨달음을 이룰 때에 하늘땅이 크게 움직인다. 이것을 크게 땅을 움직이게 하는 넷째 인연이라 한다.

다음에는 여래가 남음이 없는 니르바나의 세계에 들어가실 때 하늘땅이 크게 움직인다. 이것을 땅을 크게 움직이게 하는 다섯째 인연이라 한다.

다음에는 큰 신통이 있는 비구가 마음에 자재를 얻어 뜻대로 셀 수 없는 변화를 행하고자 할 때 땅이 움직인다. 곧 신통으로 몸을 백천 숫자로 나누어 다시 하나가 되게 하고, 허공을 날아다니고 석벽을 지나며 솟구치고 사라지기를 자유롭게 해 땅을 보아도 땅이라는 생각이 없이 다 공하여 없음을 사무쳐 보면, 이때 땅이 크게 움직인다. 이것을 땅이 크게 움직이는 여섯째 인연이라 한다.

여러 하늘들이 큰 신통과 신묘한 덕이 한량없어 그 하늘에서 목숨 마치면 다시 그곳에 태어난다. 오랜 목숨의 행을 말미암아 여러 덕을 갖추어 본디 하늘의 모습을 버리고 인드라하늘이 되거나 브라흐마하늘왕이 되면, 그때 땅이 크게 움직인다. 이것을 땅이 크게 움직이는 일곱째 인연이라 한다.

다음에는 중생들이 목숨을 마치고 복이 다하면 이때는 국왕들이 본래 자기 나라만을 좋아하지 않고 각기 서로 쳐들어가 사람들이 흉년으로 굶주려 죽거나 칼날에 찔려 죽으면 이때 하늘땅이 크게 움직인다. 이것을 땅을 크게 움직이게 하는 여덟째 인연이라 한다.

비구들이여, 이와 같이 여덟 가지 인연이 있어 하늘땅을 크게 움직이게 한다."

그때에 비구들은 붇다의 말씀을 듣고 기뻐하며 받들어 행하였다.

• 증일아함 42 팔난품(八難品) 五

• 해설 •

좋은 상서로나 큰 재변으로나 하늘땅이 움직이면 사람들은 얼마나 놀랍고 두려워할 것인가.

붇다는 온갖 것에 인연 없는 일이 없음을 밝혀 인연으로 일어난 일 가운데서 절망하거나 좌절하지 않게 하고, 옳은 일과 상서의 인연은 세간의 이익과 안락을 위해 늘려가게 하며, 악업의 인연은 쉬게 한다.

하늘땅이 왜 움직이는가. 우리 범부의 눈에 긴 시간 안정적인 자기동일성을 유지하고 있는 것처럼 보이는 우주자연과 하늘땅의 온갖 물질은 찰나찰나 덧없이 움직임으로써 연기적인 자기동일성을 유지하는 사물이다. 땅은 물·불·바람과 어울려서 땅이지 땅 스스로가 땅이진 못하다. 바람과 물이 움직이고 불이 움직이면 땅이 움직이고, 땅이 이루어지고 무너짐을 따라바람과 물과 불이 더불어 움직인다.

그러나 연기이므로 덧없는 물질운동은 연기이므로 공하여 움직이되 움직이지 않는다[動而不動].

인연으로 움직이므로 움직임 속에 고요함이 있는 줄 알아야 하니, 만물은 옮기되 옮기지 않는다[物遷而不遷].

이것이 여래가 땅을 움직이는 첫째 원인을 말씀하신 뜻이다.

보디사트바가 세간에 출현할 때 하늘땅이 움직인다. 또한 보디사트바가 어머니의 태에 들고 태에서 나오며 집을 나와 집 아닌 데서 도를 배워 위없는 깨달음을 이루고 니르바나에 드실 때 땅이 움직인다. 이는 상서로운 일로 하늘땅이 움직이는 모습이다.

신통 있는 비구가 신통을 나투고 복덕과 위신력이 있는 하늘신이 더 높은 하늘에 날 때 하늘땅이 움직이니, 이 또한 상서로운 일로 인해 하늘땅이 움직임이다.

중생이 갖가지 악업을 짓고 나라끼리 전쟁을 일으켜 서로 찔러 죽이고 세상에 흉년이 들어 뭇 사람들이 굶주려 죽으면 하늘땅이 움직이니, 이는 악업의 일로 하늘땅이 움직이는 모습이다.

이와 같이 보디사트바의 거룩한 해탈의 업과 하늘신의 복된 업, 중생의 악업으로 인해 하늘땅이 움직이는 것은 왜일까. 업(業)은 세계에서 일어나 세계를 새롭게 만드는 창조의 힘을 갖고 있기 때문이다.

보디사트바의 깨달음의 업, 비구와 하늘신의 신통과 복된 업, 악업 중생의 전쟁과 죽임의 업은 저 세계에서 일어나 세계를 다시 그 해탈의 업과 죽임의 업으로 새롭게 만들어간다.

곧 보디사트바의 업과 중생의 업은 세계인 업이자, 세계는 중생의 업인 세계이니, 보디사트바의 파라미타행으로 물든 세계는 정토가 되고, 중생의 악업으로 세계는 어두워지고 물들어지며 악업의 모습으로 무너지고 새롭게 나기 때문이다.

업과 세계가 인연인 줄 알면 업과 세계가 공한 고요함 속에서 악업을 선업으로 돌이키고 악한 세계를 정토로 바꿀 보디사트바의 창조적 삶이 나올 수 있는 것이다.

그렇다면 인연으로 하늘땅 움직임을 보이신 여래의 뜻은 하늘땅이 흔들려 움직임이 업을 따라 생겨나고 사라짐을 보여, 움직임 없는 움직임 속에서 보디사트바의 세계 장엄의 행을 일깨워주신 것인가.

『금강경』에서 붇다는 업과 세계가 공한 곳에서 지음 없이 세계를 정토로 장엄하는 보디사트바의 행을 다음과 같이 가르치신다.

"수부티여, 만약 보디사트바가 '내가 붇다의 땅을 장엄하겠다'고 말하면, 이 사람은 보디사트바라고 이름하지 못한다.

왜 그런가. 여래가 붇다의 땅을 장엄한다[莊嚴佛土]고 한 것은 곧 장엄함이 아니므로 이것을 장엄한다고 한 것이다."

아난다여, 세 가지 인연으로
땅이 크게 움직이는 것이니

나는 들었다, 이와 같이.

한때 붇다께서는 바즈라(Vajra) 국의 바즈라 성에 노니셨다.

그때 땅이 크게 움직였는데, 땅이 크게 움직일 때 사방에서 큰 바람이 일어나고 온 하늘엔 살별[彗星]이 나타나며, 집과 장벽들이 다 무너졌다.

이에 존자 아난다는 땅이 크게 움직이고, 땅이 크게 움직일 때 사방에서 큰 바람이 일어나고 온 하늘에 살별이 나타나 집과 장벽이 무너지는 것을 보고서는, 무섭고 두려워 온몸의 털이 곤두섰다.

그리하여 붇다 계신 곳에 나아가 발에 머리를 대 절하고 물러나 한쪽에 서서 말씀드렸다.

"세존이시여, 지금 땅이 크게 움직였습니다. 땅이 크게 움직이자 사방에서 큰 바람이 일어나고 온 하늘엔 살별이 나타나며, 집과 장벽들이 다 무너졌습니다."

그러자 세존께서 아난다에게 말씀하셨다.

"그렇다. 아난다여, 지금 땅이 크게 움직였다. 그렇다. 아난다여, 땅이 크게 움직이자 사방에서 큰 바람이 일어나고 온 하늘엔 살별이 나타나며 집이 무너져 내리고 장벽이 다 무너져내렸다."

존자 아난다가 여쭈었다.

"세존이시여, 몇 가지 인연이 땅을 크게 움직이게 하고, 또 땅이 크게 움직일 때 사방에서 큰 바람이 일어나고 온 하늘엔 살별이 나타났으며, 집과 장벽들이 다 무너집니까?"

땅을 크게 움직이게 하는 세 가지 인연을 말씀하심

세존께서 대답하셨다.

"아난다여, 세 가지 인연이 땅을 크게 움직이게 하고, 땅이 크게 움직일 때에 사방에서 큰 바람이 일어나고 온 하늘에 살별이 나타나며, 집과 장벽들이 다 무너지게 된다.

어떤 것이 그 세 가지 인연인가?

아난다여, 이 땅은 물 위에 얹혀 있고, 물은 바람 위에 얹혀 있으며, 바람은 또 허공을 의지하고 있다.

아난다여, 어떤 때 허공에서 큰 바람이 일어나는데, 바람이 일어나면 물이 흔들리고, 물이 흔들리면 땅이 크게 움직인다. 이것을 땅을 크게 움직이게 하는 첫째 인연이라 하니, 땅이 크게 움직일 때 사방에서 큰 바람이 일어나고 온 하늘에는 살별이 나타나며, 집과 장벽들이 다 무너지는 것이다.

다시 아난다여, 비구는 큰 신통이 있고 큰 위덕(威德)이 있으며, 큰 복[福祐]이 있고 큰 위신(威神)이 있으며, 마음이 자재한 선정[如意足]이 있다. 그는 땅에 대해서 작은 생각을 내고, 물에 대해서는 한량없는 생각을 낸다.

그가 이렇기 때문에 이 땅은 그의 하고자 함을 따르고, 그의 뜻을 따라 흔들리고 다시 흔들리며, 떨리고 다시 떨린다.

그 비구를 보살피는 하늘도 또한 이와 같아서, 큰 신통이 있고 큰 위덕이 있으며, 큰 복이 있고 큰 위신력이 있으며, 마음이 자재한 선정이 있다. 그도 땅에 대해서 작은 생각을 내고, 물에 대해서는 한량없는 생각을 낸다. 그가 이렇기 때문에 이 땅은 그의 하고자 함을 따르고, 그의 뜻을 따라 흔들리고 다시 흔들리며, 떨리고 다시 떨린다.

이것을 땅을 크게 움직이게 하는 둘째 인연이라 하니, 땅이 크게 움직일 때 사방에서 큰 바람이 일어나고 온 하늘에는 살별이 나타나며, 집과 장벽들이 다 무너지는 것이다.

다시 아난다여, 만약 여래가 오래지 않아 석 달쯤 지난 뒤에 파리니르바나에 들게 되면, 이로 말미암아 땅이 크게 움직이고 땅이 크게 움직일 때에 사방에서 큰 바람이 일어나고 온 하늘에 살별이 나타나며, 집과 장벽들이 다 무너지게 된다.

이것을 땅을 크게 움직이게 하는 셋째 인연이라 하니, 땅이 크게 움직일 때 사방에서 큰 바람이 일어나고 온 하늘에는 살별이 나타나며, 집과 장벽들이 다 무너지는 것이다."

방편 세워 교화하시는 여래의 일찍이 없었던 법을 보이심

아난다는 이 말을 듣고 나서 눈물을 흘리고 울면서 두 손을 맞잡고 붙다께 말씀드렸다.

"세존이시여, 참으로 기이하고 참으로 빼어나십니다. 여래 · 집착 없으신 이 · 바르게 깨친 분께서는 공덕을 성취하시어 일찍이 없었던 법을 얻으셨습니다.

왜냐하면 여래께서 오래지 않아 석 달쯤 뒤에 파리니르바나에 들게 되자, 이때 땅을 크게 움직이게 하고 땅이 크게 움직일 때 사방에서 큰 바람이 일어나고 온 하늘에는 살별이 나타나며, 집과 장벽들이 다 무너지기 때문입니다.”

세존께서 아난다에게 말씀하셨다.

“그렇다. 아난다여, 그렇다. 아난다여, 참으로 기이한 일이며, 참으로 빼어난 일이다. 여래·집착 없으신 이·바르게 깨친 분은 공덕을 성취하고 일찍이 없었던 법을 얻었다.

왜냐하면 여래가 오래지 않아 석 달쯤 뒤에 파리니르바나에 드시게 되자 이때 땅을 크게 움직이게 하고, 땅이 크게 움직일 때 사방에서 큰 바람이 일어나고 온 하늘에는 살별이 나타나며, 집과 장벽들이 다 무너지기 때문이다.

다시 아난다여, 나는 한량없는 백천의 크샤트리아 대중들에게 가서 함께 앉아 이야기하여, 그들의 뜻을 안정시켰다. 그런 뒤에 그들의 빛깔과 모습[色像]처럼 내 빛깔과 모습도 그렇게 하고, 그들의 음성처럼 내 음성도 그렇게 하며, 그들의 몸가짐과 예절처럼 내 몸가짐과 예절도 또한 그렇게 하여, 만약 그들이 뜻을 물으면 나는 그들에게 그 뜻을 가르쳐주었다.

다시 나는 그들을 위해 설법하여 목마르듯 우러르는 마음을 내게 하였으며 기쁨을 성취하게 하였다. 한량없는 방편으로 그들을 위하여 설법하여, 목마르듯 우러르는 마음을 내게 하고 기쁨을 성취하게 한 뒤에는 곧 그곳에서 사라졌다.

내가 그곳에서 사라지고 나면 그들은 내가 누군지 몰라 ‘사람인가, 사람이 아닌 것인가?’라고 하였다.

아난다여, 이와 같이 참으로 기이하고 참으로 빼어나게 여래·집착 없으신 이·바르게 깨친 분은 공덕을 성취하여 일찍이 없었던 법을 얻었다.

이와 같이 브라마나의 대중, 거사의 대중, 사문의 대중들에게도 그렇게 하였다.

아난다여, 나는 한량없는 백천의 네 하늘왕 대중들에게 가서 함께 앉아 이야기하여, 그들의 뜻을 안정시켰다. 그런 뒤에 그들의 빛깔과 모습처럼 내 빛깔과 모습도 그렇게 하고, 그들의 음성처럼 내 음성도 그렇게 하며, 그들의 몸가짐과 예절처럼 내 몸가짐과 예절도 또한 그렇게 하여, 만약 그들이 뜻을 물으면 나는 그들에게 그 뜻을 가르쳐주었다.

그리고 나는 그들을 위해 설법하여, 목마르듯 우러르는 마음을 내게 하고 기쁨을 성취하게 하였다. 한량없는 방편으로 그들을 위해 설법하여, 목마르듯 우러르는 마음을 내게 하고 기쁨을 성취하게 한 뒤에는 곧 거기서 사라졌다.

내가 거기서 사라지고 나면 그들은 내가 누군지 몰라 '이 하늘의 신인가, 하늘과 다른 신인가?'라고 하였다.

아난다여, 이와 같이 참으로 기이하고 참으로 빼어나게 여래·집착 없으신 이·바르게 깨친 분은 공덕을 성취하여 일찍이 없었던 법을 얻었다.

이와 같이 욕계 하늘인 서른세하늘[三十三天]·야마하늘[摩天]·투시타하늘[兜率哆天]·화락하늘[化樂天]·타화락하늘[他化樂天]에서도 그렇게 했다.

색계의 네 선정 하늘인 브라흐마 몸의 하늘[梵身天]·브라흐마 푸로히타하늘[梵富樓天]·적은 빛 하늘[少光天]·한량없는 빛 하늘[無量光天]·환히 빛나는 하늘[晃昱天]·조금 깨끗한 하늘[少淨天]·한량없이 깨끗한 하늘[無量淨天]·두루 깨끗한 하늘[遍淨天]·걸림 없는 하늘[無罣礙天]·복 받는 하늘[受福天]·과보를 얻는 하늘[果實天]에서도 그렇게 했다.

색계 하늘위 번뇌 없는 하늘[無煩天]·뜨거움 없는 하늘[無熱天]·선견하늘[善見天]·선현하늘[善現天]에게도 그렇게 하였다.

아난다여, 나는 한량없는 백천의 물질이 다한 하늘[色究竟天] 대중들에게 가서 함께 앉아 이야기하여 그들의 뜻을 안정시켰다. 그런 뒤에 그들의 빛깔과 모습처럼 내 빛깔과 모습도 그렇게 하고, 그들의 음성처럼 내 음성도 그렇게 하며, 그들의 몸가짐과 예절처럼 내 몸가짐과 예절도 그렇게 하여, 만약 그들이 뜻을 물으면 나는 그들에게 뜻을 가르쳐주었다.

그리고 나는 그들을 위해 설법하여, 목마르듯 우러르는 마음을 내게 하고 기쁨을 성취하게 하였다. 한량없이 많은 방편으로 그들을 위해 설법하여, 목마르듯 우러르는 마음을 내게 하고 기쁨을 성취하게 한 다음 곧 거기서 사라졌다.

내가 거기서 사라지고 나면 그들은 내가 누군지 몰라 '이 하늘의 신인가, 하늘과 다른 신인가?'라고 하였다.

아난다여, 이와 같이 참으로 기이하고, 참으로 빼어나게 여래·집착 없으신 이·바르게 깨친 분은 공덕을 성취하여 일찍이 없었던 법을 얻었다."

붇다께서 이렇게 말씀하시자, 존자 아난다와 여러 비구들은 붇다의 말씀을 듣고 기뻐하며 받들어 행하였다.

· 중아함 36 지동경(地動經)

땅은 세 가지 인연으로 움직이니, 땅·물·불·바람·허공이 서로 의지해 있는 연기관계에 의해서 움직이고, 신통 있는 비구나 하늘신들의 생각함에 의해 움직이고, 여래가 니르바나에 드시려 할 때 움직인다.

중생은 넓고 큰 땅에 의지해 살면서 큰 땅이 견고하고 안정되어 있다 생각한다. 그러나 이 큰 땅속에는 지금 불바퀴[火輪]가 돌고 있고, 불바퀴를 땅바퀴[地輪]가 잡아주고 있으며, 땅바퀴를 물바퀴[水輪]가 감싸고 있으며, 물바퀴를 바람바퀴[風輪]가 휘감고 있으며, 바람바퀴를 허공바퀴[虛空輪]가 붙들고 있다.

허공은 비어 있되 비어 있지 않고 땅·물·불·바람은 있되 비어 있으므로 허공과 물질은 지금 서로 연기적 교체운동을 잠시도 쉬지 않고 있으며, 허공과 물질의 연기적 교체활동이 끝없이 이어가지만 고요한 것이다.

중생은 허공과 물질의 연기적 실상을 모르므로, 땅을 의지하여 살면서 땅의 굳건함을 믿고 의지해 살고 있는 것의 무너짐을 두려워한다.

신통 있는 비구와 하늘신은 저 땅이 결코 견고하지 않고 물바퀴에 떠 있고 물바퀴가 감싸고 있는 땅인 줄 알므로 땅을 작게 보아 땅에 의지하지 않고, 땅보다 큰 물바퀴·바람바퀴·허공바퀴를 알아 쓰니, 땅이 신통 있는 비구와 높은 하늘신의 뜻을 따라 움직인다.

붇다는 허공과 땅·물·불·바람이 모두 공한 것을 통달하여 허공과 물질의 정해진 모습을 의지하지 않고 법계의 진리[法界理]인 보디[菩提智]와 보디의 깨달음인 법계의 진리에 의지한다.

그러므로 저 하늘과 땅마저 세존을 공경하고 하늘땅도 세존의 파리니르바나를 세간의 뭇 삶들에게 알리기 위해 크게 떨려 움직인다.

붇다는 하늘이 하늘 아님을 알고 땅이 땅 아님을 알며 중생이 중생 아님을 알아, 모습이 모습 아닌 법계진리의 처소에서 사람 세상 여러 계층 사람들과 하늘세계 여러 하늘신들을 그들의 근기와 요구에 따라 자비로 이끌어서 법계진리의 처소 해탈의 저 언덕에 이끈다.

여래가 중생을 따라 중생과 같은 모습·같은 빛깔·같은 음성을 나타내 중생을 건지지만, 여래는 실로 한 모습도 나타내 보임이 없으니 중생은 여래의 교화를 받고도 교화의 자취를 알지 못한다.

그러므로 붇다의 보디의 세계는 모습에 모습이 없고 모습 없음에 모습 없음도 없어서 여래의 몸 여래의 음성은 하늘이 덮지 못하고 땅이 싣지 못하며, 도리어 붇다의 지혜의 공덕이 하늘을 감싸고 땅을 보살피며 온갖 중생을 거두어 해탈의 땅에 이끄는 것이다.

그렇다면 어디서 그 여래의 참얼굴을 볼 것인가.

거룩한 여래의 서른두 가지 빼어난 상호[三十二相]와 여덟 음성[八音]이 곧 여래가 아니지만, 이 거룩한 모습과 음성을 떠나 여래가 없다.

모습에서 모습 떠난 곳에 여래의 진실이 있으니, 마음과 물질, 온갖 모습에서 모든 모습 떠나[離一切相] 온갖 모습에 자재한 분을 붇다라 이름한 것이다[卽名諸佛].

그러므로 붇다는 모습에서 모습 떠나되 공에 머물지 않아 붇다의 한 생각이 시방법계를 떠나지 않으니, 붇다가 사마디에 드실 때나 위신의 힘을 나툴 때 밝은 빛이 세계를 비추고 하늘땅이 떨려 움직이는 것이다.

『화엄경』(「세주묘엄품」)은 말한다.

여래의 자재한 신통의 힘은
법계에 널리 두루하여서
온갖 끝없는 중생 앞에
다함없는 몸 나타내 보이네.

如來神通力　法界悉周遍
一切衆生前　示現無盡身

7 아바다나

산스크리트어 우파마(upamā)를 비유라 번역할 때, 그 비유는 고사나 우화를 들어 비교하는 것을 말한다. 『법화경』 '불난 집의 비유' 와 같은 것이다.

그에 비해 아바다나(avadāna)는 사물 속에 있는 구체적인 보기를 들어 교설의 뜻을 쉽게 이해시키는 가르침의 방식을 뜻한다. 곧 비유의 방편으로 중생을 실상에 깨쳐들게 하는 것이니, 이러한 여래의 교화의 방법은 『법화경』에서 다음과 같이 말한다.

이와 같은 여러 세존께서는
갖가지 여러 인연과 비유
셀 수 없는 방편의 힘으로
모든 법의 모습 연설하신다.

如是諸世尊 種種緣譬喩
無數方便力 演說諸法相

경에서 흔히 여래는 만법이 인연으로 일어나고 사라지는 모습을 보이기 위해 심지와 기름과 불씨가 만나 촛불이 타는 모습으로 비유하기도 하고, 앎활동[識]이 주관[根]·객관[境]을 의지해 나는 모습을 '손뼉이 마주쳐 소리가 나는 것'으로 비유해 보이기도 한다.

그리고 인연으로 난 것이라 공하여 집착할 자기실체가 없음을 보이기 위해 물거품, 아지랑이 등으로 비유한다.

비유의 대표적인 법문으로 『비말라키르티수트라』(淨名經)의 「관중생품」(觀衆生品)의 법문을 이끌어 보이기로 한다.

실체 없는 자아와 공한 세계에 실체를 두어 집착함으로써 중생은 중생이라 이름하게 되었으므로 중생은 중생 아닌 중생이다. 그렇다면 중생이 집착하는 모습과 중생의 중생됨을 어떻게 보아야 중생 속에서 여래장의 진실을 볼 수 있는가.

『비말라키르티수트라』는 이렇게 말한다.

그때에 만주쓰리가 비말라키르티 거사에게 물었다.

"보디사트바는 어떻게 중생을 살펴야 하오."

비말라키르티가 말했다.

"비유하자면 환술사가 허깨비 사람을 보듯이 하여 보디사트바가 중생 살핌도 이와 같습니다. 지혜로운 이가 물속의 달을 보는 것 같고, 거울 속에서 그 얼굴을 보는 것과 같으며, 뜨거울 때 아지랑이 보는 것과 같고, 부르는 소리의 메아리 같고, 허공 속 구름 같고, 물의 거품 같습니다.

파초의 굳셈 같고, 번개가 오래 머무름 같으며, 네 큰 요소[四大] 밖의 다섯째 요소[五大] 같으며, 다섯 쌓임[五蘊] 밖의 여섯째 쌓임 같으며, 여섯 아는 뜻 뿌리[六情] 밖의 일곱째 뜻[七情] 같고, 열두 들임[十二入] 밖의 열셋째 들임[十三入] 같으며, 열여덟 법의 영역[十八界] 밖의 열아홉째 영역[十九界] 같습니다.

보디사트바가 중생 살핌도 이와 같아서 물질 없는 하늘[無色界天]의 물질 같고, (중략)

붇다께서 번뇌 익힘 같고, 장님이 빛깔 보는 것과 같으며, 사라져 다한 선정에 든 이가 들고나는 숨이 있는 것 같습니다.

허공 가운데 새의 자취 같으며, 아이 못 낳는 여인의 아이 같고, 변화로 된 사람의 번뇌 같으며, 꿈속에 본 것 깨어남과 같으며, 니르바나 얻은 이가 몸 받음 같고, 연기 없는 불과 같으니, 보디사트바가 중생 살핌도 이와 같습니다."

『화엄경』(「여래출현품」)은 비유할 수 없는 것을 비유해 중생의 무명 깨뜨려주는 여래의 교화행을 이렇게 찬탄한다.

여래께서 나타나시는 법 끝없어
세간은 미혹하여 알 수 없어라.
여러 중생을 열어 깨닫게 하시려
실로 말로 비유할 수 없음 가운데
그 비유를 말씀해 깨닫게 하네.

如來出現法無邊　世間迷惑莫能知
爲欲開悟諸含識　無譬諭中說其譬

사제를 모르면 바람에 날리는 솜 뭉치 같나니

이와 같이 내가 들었다.

한때 붇다께서는 바라나시 국의 선인이 살던 사슴동산에 계셨다.
그때 세존께서 여러 비구들에게 말씀하셨다.

"마치 작은 솜 뭉치나 작은 목화[Karpāssa] 뭉치를 네거리에 두
고, 사방에서 바람이 불어오면 곧 바람을 따라 한쪽으로 날리는 것
과 같다.

이와 같이 만약 사문·브라마나가 괴로움의 거룩한 진리를 진실
그대로 알지 못하고, 괴로움 모아냄의 거룩한 진리, 괴로움 사라짐
의 거룩한 진리, 괴로움 없애는 길의 거룩한 진리를 진실 그대로 알
지 못한다면, 알아야 한다.

그 사문·브라마나는 언제나 남의 얼굴만 살피고 언제나 남의 말
만 따를 것이니, 진실 그대로 알지 못하기 때문이다. 또 그가 말한 것
을 듣고 그 말에 나아가 받아들일 것이니, 반드시 알아야 한다. 그런
사람은 일찍이 지혜를 닦아 익히지 않았기 때문이다."

사제법을 아는 지혜의 길을 구리쇠로 된 인드라 기둥에 비유함

"비유하면 구리쇠로 만든 인드라(Indra)의 기둥을 땅속 깊이 박아
세우면 사방에서 사나운 바람이 불더라도 그것을 움직이지 못하는
것과 같다.

이와 같이 사문·브라마나가 괴로움의 거룩한 진리를 진실 그대로 알고, 괴로움 모아냄의 거룩한 진리, 괴로움 사라짐의 거룩한 진리, 괴로움 없애는 길의 거룩한 진리를 진실 그대로 안다면, 알아야 한다. 그 사문·브라마나는 남의 얼굴을 살피지 않고 남의 말을 따르지 않는다.

이런 사문·브라마나는 지혜가 굳세어 본래 익혀온 바를 따르기 때문에 남의 말을 따르지 않는다.

그러므로 비구들이여, 네 가지 거룩한 진리의 방편을 부지런히 행하고 더욱 하고자 함을 일으켜 정진하여 닦아 배워야 한다."

붇다께서 이 경을 말씀하시자, 여러 비구들은 붇다의 말씀을 듣고 기뻐하며 받들어 행하였다.

• 잡아함 398 인타라주경(因陀羅柱經)

• 해설 •

연기의 진실을 모르고 삶 속의 온갖 있음과 없음의 대립 속에서 끝없이 갈등하고 그 괴로움과 갈등을 허구의 의지처를 세워 해소하며 괴로움과 즐거움의 쳇바퀴 속에서 함께 따라 구르는 삶은 얼마나 불안정할 것인가. 그리고 그러한 삶은 얼마나 바깥 경계의 바람에 끝없이 동요할 것인가.

붇다는 그러한 삶을 마치 목화 뭉치나 솜 뭉치가 네거리에서 바람을 따라 날리는 것과 같다 비유하신다.

그러나 사제의 가르침을 듣고 괴로움이 연기한 것이라 공한 줄 알면 이미 있음도 공하고 없음도 공한 진리의 방에 들어선 것이니, 그는 얼마나 안온하고 고요할 것인가. 그는 분명한 자기주체의 지혜를 지니고 남의 헛된 가르침에 속지 않고 앞으로 나아가리라.

붇다는 진리의 땅에 뿌리내린 그러한 삶을 마치 구리쇠 인드라 기둥을 땅속에 깊이 박으면 사나운 바람에도 다시 흔들리지 않는다고 비유하신다. 진리에 깊이 뿌리박아 다시 헛된 말 헛된 견해에 속지 않고 앞으로 나아가는 이, 그가 다시는 동요하거나 뒤로 물러섬이 없이 집착과 번뇌의 땅에 돌아오지 않는 이, 아나가민(anāgāmin, 不來)이다.

『화엄경』(「십회향품」) 또한 믿음의 땅에 군건히 선 보디사트바가 온갖 마라의 유혹과 샷된 견해의 바람에 흔들림 없이 앞으로 나아가는 모습을 이렇게 노래한다.

시방에 있는 뭇 마라와 원수
보디사트바의 위력으로 다 깨뜨려
용맹한 지혜는 이길 것이 없으니
여래의 마쳐 다한 보디의 법을
보디사트바는 반드시 닦아 행하네.

十方所有衆魔怨　菩薩威力悉摧破
勇猛智慧無能勝　決定修行究竟法

닦아 익혀 번뇌 다함을 갖가지 비유로 보이시니

이와 같이 내가 들었다.

한때 붇다께서는 쿠루 국의 '얼룩소 치는 마을'에 계셨다.

그때 붇다께서 여러 비구들에게 말씀하셨다.

"나는 알고 봄으로써 모든 흐름이 다함을 얻었고, 알고 보지 못한 것이 없게 되었다. 어떤 것을 알고 봄으로써 모든 흐름이 다함을 얻고, 알고 보지 못한 것이 없게 되었는가?

곧 이것은 물질이요, 이것은 물질의 모아냄이며, 이것은 물질의 사라짐이다. 느낌·모습 취함·지어감·앎도 마찬가지이니, 이것은 앎 등이요, 이것은 앎 등의 모아냄이며, 이것은 앎 등의 사라짐이라고 알고 보았다.

만약 방편을 닦아 따라 성취하지 못하고 마음을 써서 나의 모든 번뇌 흐름이 다해 마음에 해탈하기를 구한다 하자. 그러면 알아야 한다. 그런 비구는 끝내 번뇌의 흐름 다한 해탈을 얻지 못할 것이다. 왜 그런가. 닦아 익히지 않았기 때문이다."

바른 법 닦지 않음을 암탉이 알을 품어주지 않음으로 비유하심

"닦아 익히지 않은 것은 어떤 것들인가?

곧 네 곳 살핌[四念處]·네 가지 바른 끊음[四正勤]·네 가지 자재한 선정[如意足]·다섯 가지 진리의 뿌리[五根]·다섯 가지 진리의 힘[五力]·일곱 갈래 깨달음 법[七覺支]·여덟 가지 바른 길[八正道]을 닦아 익히지 않은 것이다.

비유하면 암탉이 많은 알을 낳고도 때맞춰 품어주지도 않고 따뜻함과 차가움을 맞춰주지 못하고, 병아리로 하여금 부리와 발톱으로 알을 쪼아 스스로 껍질을 깨고 안온하게 나오게 하려는 것과 같다.

알아야 한다. 병아리에게는 부리와 발톱으로 안온하게 껍질을 깨고 스스로 나올 힘이 없다. 왜냐하면 그 어미 닭이 때맞춰 품어주고 따뜻함과 차가움이 알맞도록 해 그 새끼를 길러주지 못했기 때문이다.

이와 같이 비구가 부지런히 닦아 익혀 따라 성취하지 못하고서 번뇌 흐름이 다한 해탈을 얻고자 한다면 그것은 그럴 수 없다. 왜냐하면 닦아 익히지 않았기 때문이다.

닦지 않음은 어떤 것인가? 곧 네 곳 살핌·네 가지 바른 끊음·네 가지 자재한 선정·다섯 가지 진리의 뿌리·다섯 가지 진리의 힘·일곱 갈래 깨달음 법·여덟 가지 바른 길을 닦지 않음이다.

만약 비구가 닦아 익히고 따라 성취하면 비록 번뇌 흐름이 다한 해탈 이루지 못하게 하더라도, 그 비구는 저절로 번뇌의 흐름이 다하여 마음이 해탈한다. 왜 그런가. 닦고 익혔기 때문이다."

암탉이 일을 잘 품음으로 비유하심

"어떤 것을 닦아 익히는 것인가. 곧 네 곳 살핌·네 가지 바른 끊음·네 가지 자재한 선정·다섯 가지 진리의 뿌리·다섯 가지 진리의 힘·일곱 갈래 깨달음 법·여덟 가지 바른 길을 닦아 익히는 것이다.

마치 저 암탉이 그 새끼를 잘 길러 때맞추어 품어주고 차가움과 따뜻함이 알맞으면, 그 새끼들로 하여금 방편을 써서 스스로 알을 쪼아 나오게 하지 않도록 해도 그 여러 새끼들은 스스로 방편을 써서 껍질을 깨고 안온하게 나오는 것과 같다. 왜 그런가. 그 암탉이 때맞추어 품어주고 차가움과 따뜻함이 알맞도록 해주었기 때문이다.

이와 같이 비구도 방편을 잘 닦으면, 바로 번뇌 흐름이 다해 해탈하지 않으려 해도 그 비구는 저절로 번뇌의 흐름이 다해 마음이 해탈할 것이다. 왜 그런가. 부지런히 닦아 익혔기 때문이다."

도끼자루 닳음으로 비유하심

"어떤 것을 닦아 익히는 것인가? 곧 네 곳 살핌·네 가지 바른 끊음·네 가지 자재한 선정·다섯 가지 진리의 뿌리·다섯 가지 진리의 힘·일곱 갈래 깨달음 법·여덟 가지 바른 길을 닦아 익히는 것이다.

비유하면 장인(匠人)이나 장인의 제자가 손으로 도끼자루를 잡을 때, 잡기를 쉬지 않으면 조금씩 점점 닳아 손가락 자국이 나타나는 것과 같다. 그러나 그는 도끼자루가 조금씩 닳아 닳은 자국이 나타나는 것을 깨닫지 못한다.

이와 같이 비구가 부지런히 닦아 익혀 따라 성취하면, 오늘은 그만큼 번뇌가 다하고 내일은 그만큼 번뇌가 다한다고 스스로 알고 보지는 못하지만, 그 비구는 번뇌 흐름이 다한 줄을 알게 될 것이다. 왜 그런가. 곧 닦아 익혔기 때문이다."

배를 묶은 밧줄 끊어짐으로 비유하심

"어떤 것을 닦아 익히는 것인가? 곧 네 곳 살핌·네 가지 바른 끊음·네 가지 자재한 선정·다섯 가지 진리의 뿌리·다섯 가지 진리의 힘·일곱 갈래 깨달음 법·여덟 가지 바른 길을 닦아 익히는 것이다.

비유하면 큰 배가 바닷가에 묶여 있을 때 여름 여섯 달을 지내고 나면 사나운 바람과 땡볕에 등나무 밧줄이 점점 끊어지는 것과 같다.

이와 같이 비구가 부지런히 닦아 익혀 따라 성취하면 온갖 맺어 묶음과 번뇌의 부림과 얽힘에서 차츰 해탈하게 된다. 왜 그런가. 닦아 익혔기 때문이다.

어떤 것을 닦아 익히는 것인가?

곧 네 곳 살핌·네 가지 바른 끊음·네 가지 자재한 선정·다섯 가지 진리의 뿌리·다섯 가지 진리의 힘·일곱 갈래 깨달음 법·여덟 가지 바른 길을 닦아 익히는 것이다."

이 법을 말씀하셨을 때, 예순 명의 비구들은 모든 흐름을 일으키지 않고 마음이 해탈하였다.

붇다께서 이 경을 말씀하시자, 여러 비구들은 붇다의 말씀을 듣고 기뻐하며 받들어 행하였다.

• 잡아함 263 응설경(應說經)

• 해설 •

붇다는 스스로 연기의 진리를 깨달아 니르바나의 해탈의 땅에 서서 중생을 해탈의 땅에 이끄는 갖가지 법을 가르치시니, 네 곳 살핌·여덟 가지 바른 길 등이다. 여덟 가지 바른 길 등은 여래의 보디의 과덕[菩提果] 그대로의 실천의 길[因行]이므로 따라 닦아 행하면 반드시 해탈의 저 언덕에 이르게 된다.

설사 가르침을 듣고 연기법을 이론적으로 이해했다 해도 닦아 행하지 않는 것은 암탉이 알을 낳고도 때맞추어 품어주지 않는 것과 같고, 이정표를 알고도 가지 않는 자와 같다.

연기법에서 번뇌와 괴로움은 공하므로 실로 끊을 것이 없지만, 지금 일어나 있으므로 실로 끊지 않을 것도 없다. 번뇌가 공함을 관념적으로 이해하거나 번뇌가 없는 절대성품을 깨쳐야 바른 깨달음이라 잘못 알고서 그것을 단박 깨침[頓悟]이라 하거나 단박 닦음[頓修]이라 말하면, 그는 붇다의 길과는 다른 바깥길을 헛되이 맴도는 자일 뿐이다.

번뇌를 실로 끊을 것이 없지만 끊지 않을 것도 없음을 알아 닦음 없이 잘 닦아 행하면, 마치 배를 메어놓은 밧줄이 끊어지듯 집착과 얽매임의 밧줄을 끊고 해탈의 진리바다에 들어갈 것이다.

『비말라키르티수트라』는 번뇌가 공하므로 실로 끊어 다스릴 것도 없고, 번뇌 공함도 공하므로 다스리지 않을 것도 없는 참된 닦음[眞修]을 다음과 같이 말한다.

"병을 앓는 보디사트바[有疾菩薩]는 다시 몸이 덧없고 괴롭고 공하며 나 아님을 살피니 이것을 지혜라 합니다. 비록 병이 있으나 늘 나고 죽음에 있으면서 온갖 중생을 요익하게 하여 지치거나 싫어함이 없으니 이것을 방편이라 합니다.

또 다시 몸을 살피되 몸이 병을 떠나지 않고 병이 몸을 떠나지 않아 이 병과 이 몸이 새로움도 아니고 낡음도 아님을 살피니 이것을 지혜라 합니다. 설사 몸에 병이 있어도 길이 없어지지 않으니 이것을 방편이라 합니다.

만주쓰리시여, 병을 앓는 보디사트바는 이와 같이 그 마음을 조복해야 하되 그 조복함 가운데 머물지 않고 또한 조복하지 않음 가운데 머물지 않습니다. 왜인가요. 만약 조복하지 않는 마음에 머물면 이는 어리석은 사람의 법이요, 만약 조복하는 마음에 머물면 이는 치우친 수행자의 법[聲聞法]이기 때문입니다.

그러므로 보디사트바는 조복하는 마음[調伏心]과 조복하지 않는 마음[不調伏心]에 머물지 않아야 하니, 이 두 법을 떠나야 이것이 보디사트바의 행입니다."

위 경에서 조복하는 마음에 머물지 않는다[不住調伏]는 것이 끊을 바 번뇌가 본래 공함을 나타내며, 조복하지 않는 마음에도 머물지 않는다[不住不調伏]는 것이 번뇌를 돌이켜 보디로 쓰는 행이니, 이밖에 선가(禪家)의 돈오법(頓悟法)이 따로 세워질 수 없다.

연기하는 온갖 있음이 연기이므로 곧 공함을 체달하는 것[體眞止]밖에 돈오의 실천관이 없으니, 돈오법이 조사선(祖師禪)만의 신묘한 법인 양 생각하는 치우친 선류들은 눈을 대고 보아야 할 것[着眼看]이다.

닦을 것도 없고 닦지 않을 것도 없는 참된 닦음을 대혜선사(大慧禪師)는 다음과 같이 보인다[結夏示衆].

  "오늘은 이 대중이 결제하는 아침[辰]이다.

  운문암 비구 종고는 붉은 살덩이 위 지위 없는 참사람[無位眞人]과 같이한다.

  현전의 청정한 대중이 법계로써 상가아라마를 삼고, 여러 보디사트바들과 같이 구십 일 안에 그 가운데 안거해, 금강의 쇠뭉치를 뛰게 하고 밤송이를 삼키며, 꿈 가운데 붇다의 일을 짓고 거울 속 마라의 군대를 항복받으며, 세 업이 청정하고 여섯 아는 뿌리가 밝고 깨끗하며, 몸의 네 바른 자태에 여러 허물과 걱정거리가 없으면 여래의 백사십 큰 원에 아득히 계합하여 삼보의 씨앗을 이어 길이 끊어지지 않을 것이다.

  참으로 이와 같이 닦아 증득하여 이와 같이 안거하면 이 사람이 큰 장부요 참으로 출가한 사람이니, 거위가 눈[雪]을 보살피듯 밀납으로 된 사람을 반드시 부지런히 지키지 않아도 된다.

  만약 어쩌다 그렇지 못하다면 조주가 동쪽 벽에 조롱박을 거는 것이니, 좋은 것을 의심하지 않는다 말하지 말라[趙州東壁掛葫蘆 莫道不疑好]."

  선상을 치고 자리에서 내려왔다.

8 이티브리타카

  본사(本事)는 범어 이티브리타카(itivṛttaka), 이티우크타카(ity-uktaka)를 옮긴 말이다. 이티브리타카는 '이와 같은 일'[如是之事]라는 뜻이니, 본사경(本事經)으로 번역되었다. 만약 범어 이티우크타카에 연결지으면 그 뜻이 '이와 같은 말'[如是言語]이 되니, '이와 같은 말씀의 경'[如是語經, itivuttaka]으로 옮겨졌다.

  '이와 같은 말씀의 경'이란 '붇다께서 이와 같이 말씀하심'으로 시작하고 끝맺는 경을 모두어 말하니, 아가마(Āgama)의 모든 경을 포괄하는 뜻이 된다.

  그러나 보통 '본사를 말한 경'이란 붇다와 붇다의 제자들의 과거 생의 옛일을 기록한 경을 나타낸다. 과거의 본사로 인해 지금의 과보의 몸이 있다는 이티브리타카의 내용을 어떻게 이해해야 하는가. 과거의 본사가 있을 때는 그 앞의 과거로 보면 그 앞의 과거의 일로 인해 성취된 현재의 몸이다.

  과거의 본사가 현재를 지었다는 것은 현재의 지어감이 앞으로 올 미래를 짓는다는 뜻이 된다. 그러므로 본사의 교설은 과거 · 현재 ·

미래의 몸도 모두 공하여 실로 있음이 아니고, 지금 한 생각·사유활동·업의 활동이 이어가고 지어가는 몸 아닌 몸임을 가르친다.

과거의 본사로 인해 현재가 있다는 이 가르침은 결정론적 세계관을 가르치는 것이 아니다. 그것은 곧 현재의 괴로움과 즐거움, 크나큰 시련이 모두 어떤 원인과 조건에 의해 일어난 것이므로 공하여 지금 다시 짓는 인연에 의해 미래의 새로운 창조가 가능함을 보이는 가르침이다.

과거의 일로 현재가 있고 현재의 일로 미래가 있지만, 과거가 실로 있다면 과거로 인해 현재가 나올 수 없고 현재가 실로 있다면 현재의 일로 미래가 나올 수 없다. 그러므로 본사의 가르침은 인과를 들어 인과가 공함을 가르치고, 과거의 인연으로 현재가 이루어짐을 통해 원인 아닌 원인과 조건 아닌 조건으로 새로운 미래의 결과 아닌 결과가 생성됨을 보이는 것이다.

인과가 있다고 가르치는 것이 인과가 공함을 보여주는 것이니, 옛 선사[大慧杲]의 다음 두 언구의 뜻을 사유해보자.

연못에 연잎이 움직이면
반드시 물고기가 가는 것이다.

蓮池荷葉動　決定有魚行

구름은 산을 벗어나는 형세 있으나
물은 개울에 떨어지는 소리가 없네.

雲有出山勢　水無投澗聲

아난다여, 과거세상 아수라 왕의 아들
쿠나라가 바로 너니라

이와 같이 들었다.

한때 붇다께서는 슈라바스티 국 제타 숲 '외로운 이 돕는 장자의 동산'에 계셨다.

그때 세존께서 여러 비구들에게 말씀하셨다.

"이제 인연법을 말해주겠으니, 잘 사유하고 생각해 그 행을 닦아 익히라."

비구들은 말씀드렸다.

"그렇게 하겠습니다, 세존이시여."

십이인연법을 널리 말씀하심

그때 비구들이 붇다에게서 가르침을 받아들이니, 세존께서는 말씀하셨다.

"그 무엇을 인연법이라 하는가? 곧 무명(無明) 때문에 지어감[行]이 있고, 지어감 때문에 앎[識]이 있으며, 앎 때문에 마음·물질[名色]이 있고, 마음·물질 때문에 여섯 들임[六入]이 있다.

여섯 들임 때문에 닿음[更樂]이 있고, 닿음 때문에 느낌[痛]이 있으며, 느낌 때문에 애착[愛]이 있고, 애착 때문에 취함[取]이 있으며, 취함 때문에 존재[有]가 있고, 존재 때문에 태어남[生]이 있으며, 태어남 때문에 죽음[死]이 있고, 죽음 때문에 근심[憂]·슬픔

[悲] · 괴로움[苦] · 번민[惱]이 이루 말할 수 없다. 이와 같이 다섯 쌓임의 몸을 이룬다.

그 무엇을 무명이라 하는가? 곧 괴로움을 모르고 괴로움의 모아 냄과 괴로움의 사라짐과 괴로움 없애는 길을 모르는 것이니, 이것을 무명이라 한다.

그 무엇을 지어감이라 하는가? 곧 지어감에는 세 가지가 있다. 어떤 것이 셋인가. 몸의 행 · 입의 행 · 뜻의 행이니, 이것을 지어감이라 한다.

그 무엇을 앎이라 하는가? 곧 여섯 앎이니, 어떤 것이 여섯인가. 눈의 앎[眼識] · 귀의 앎[耳識] · 코의 앎[鼻識] · 혀의 앎[舌識] · 몸의 앎[身識] · 뜻의 앎[意識]이니, 이것을 앎이라 한다.

마음 · 물질에서 그 무엇을 마음이라 하는가? 곧 느낌[痛] · 모습 취함[想] · 기억[念] · 닿음[更樂] · 사유(思惟)이니, 이것을 마음이라 한다.

마음 · 물질에서 그 무엇을 물질이라 하는가? 곧 네 큰 요소와 네 큰 요소로 만들어진 물질이니, 이것을 물질이라 한다.

그 무엇을 여섯 들임이라 하는가? 안의 여섯 들임이니, 어떤 것이 여섯인가. 눈의 들임[眼入] · 귀의 들임[耳入] · 코의 들임[鼻入] · 혀의 들임[舌入] · 몸의 들임[身入] · 뜻의 들임[意入]이니, 이것을 여섯 들임이라 한다.

그 무엇을 닿음이라 하는가? 곧 여섯 가지 닿음의 몸[六更樂身]이니, 어떤 것이 여섯인가. 눈[眼] · 귀[耳] · 코[鼻] · 혀[舌] · 몸[身] · 뜻[意]의 닿음이니, 이것을 닿음이라 한다.

그 무엇을 느낌이라 하는가? 곧 세 가지 느낌이니, 어떤 것이 셋인

가. 즐거운 느낌·괴로운 느낌·괴롭지도 않고 즐겁지도 않은 느낌이니, 이것을 느낌이라 한다.

그 무엇을 애착이라 하는가? 곧 세 가지 애착[三愛身]이니, 욕계의 애착[欲愛]·색계의 애착[有愛]·무색계의 애착[無有愛]이니, 이것을 애착이라 한다.

그 무엇을 취함이라 하는가? 곧 네 가지 취함이니, 어떤 것이 넷인가. 애욕의 취함[欲取]·견해의 취함[見取]·그릇된 계의 취함[戒取]·나라는 취함[我取]이니, 이것을 네 가지 취함이라 한다.

그 무엇을 존재라 하는가? 곧 세 가지 존재이니, 어떤 것이 셋인가. 욕계의 존재[欲有]·색계의 존재[色有]·무색계의 존재[無色有]이니, 이것을 존재라 한다.

그 무엇을 태어남이라 하는가? 곧 태어남이란 어느 집에 날 인연을 모두 갖추어 여러 존재를 받아 다섯 쌓임을 얻고 여러 들임[諸入]을 받는 것이니, 이것을 태어남이라 한다.

그 무엇을 늙음이라 하는가? 곧 이런저런 중생들이 그 몸에서 이가 빠지고 머리털이 희어지며, 기력이 빠지고 말라 여러 아는 뿌리[諸根]가 문드러지며, 목숨이 날로 시들어 본래 아는 것이 다시 없어지는 것이니, 이것을 늙음이라 한다.

그 무엇을 죽음이라 하는가? 곧 이런저런 중생들이 더욱 굴러 형상을 받다가[展轉受形] 그 몸이 따뜻함이 없어지고, 덧없이 변해 바뀌어 가까이했던 다섯 가지가 나뉘어 흩어지며, 다섯 쌓임의 몸을 버리고 목숨뿌리가 끊어져 무너지는 것이니, 이것을 죽음이라 한다.

비구들이여, 알아야 한다. 그러므로 늙음·병듦·죽음이라 한다.

이것을 인연법이라 하니, 그 뜻을 널리 분별하였다.

모든 붇다 여래가 반드시 베풀어 하시는 바를, 큰 자비를 일으켜 나는 이제 이미 이루었다.

나무 밑이나 한데, 무덤 사이에 있기를 생각하고 좌선할 것을 생각하면서[當念坐禪] 이 법을 생각하고 좌선하면서 두려워하거나 어렵게 여기지 말라. 지금 부지런히 힘쓰지 않으면 뒤에 뉘우쳐도 이익됨이 없다.”

과거 세존이 아수라 왕일 때 아난다의 본사를 들어 깨우치심

그때 아난다가 세존께 말씀드렸다.

“여래께서는 비구들을 위해 매우 깊고 깊은 인연의 근본을 말씀하셨습니다. 그러나 제가 살피기엔 그다지 깊고 깊은 뜻이 없습니다.”

세존께서는 말씀하셨다.

“그만두라, 그만두라. 아난다여, 그런 뜻을 내지 마라. 왜냐하면 이 ‘십이인연법은 매우 깊고 깊어’[十二因緣極爲甚深] 보통사람은 밝게 깨달을 수 없기 때문이다. 나도 옛날 이 인연법을 깨닫기 전에는 나고 죽음에 흘러 다니면서 벗어날 기약이 없었다.

다시 아난다여, 오늘의 너만 ‘이 인연법이 깊고 깊지 않다’고 말한 것이 아니라, 옛날부터 ‘깊고 깊지 않다’고 말해왔다.

그 까닭은 다음과 같다. 옛날 지나간 세상에 수얀[須焰]이라는 아수라 왕이 가만히 이런 생각을 냈다.

‘해와 달을 붙잡아보겠다.’

그래서 큰 바닷물에 나와 그 몸을 아주 크게 변화시키자 바닷물이 허리춤에 왔다.

그때 그 아수라 왕에게 아들이 있었는데, 이름이 쿠나라[拘那羅]

였다. 스스로 그 아버지에게 말씀드렸다.

'저도 지금 바닷물에 목욕하고 싶습니다.'

수얀 아수라가 대답했다.

'바다에서 목욕하는 것을 좋아하지 마라. 왜냐하면 바닷물은 매우 깊고 또 넓어 끝내 바닷물 가운데서 목욕할 수 없기 때문이다.'

그때 쿠나라가 말씀드렸다.

'제가 지금 그 물이 대왕의 허리춤까지 오는 것을 보고 있는데, 왜 다시 깊고 깊다고 말씀하십니까?'

그래서 아수라 왕은 곧 아들을 들어다 큰 바닷물 가운데 넣었다. 아수라 왕의 아들은 그 발이 물 밑에 닿지 않자 매우 두려워하였다.

그때 수얀이 아들에게 말하였다.

'내가 먼저 너에게 바닷물이 깊고 깊다고 타일렀었다. 그러나 너는 괴로울 것 없다고 말했다. 오직 나만이 큰 바닷물에서 목욕을 할 수 있으니 네가 목욕할 수 있는 것이 아니다.'

그때의 수얀 아수라가 어찌 다른 사람이겠는가. 곧 지금의 내 몸이다. 그때의 아수라 왕의 아들은 곧 네 몸이다. 그때도 바닷물은 깊고 깊은데 너는 괴로울 것이 없다고 말했다. 지금 다시 '이 십이인연의 깊고 깊은 법[十二因緣甚深之法]을 너는 다시 깊고 깊지 않다'고 말한다.

모든 중생들은 십이인연법을 알지 못하기 때문에 나고 죽음에 흘러 구르면서 거기서 벗어날 기약이 없는 것이다. 모두들 미혹하여 행의 근본을 알지 못하여 지금 세상에서 뒷세상에 이르고 뒷세상에서 지금 세상에 이르러 길이 다섯 가지 번뇌 가운데 있으니, 벗어나기를 구하지만 매우 어려운 일이다.

나도 처음 '보디의 도'[菩提道]를 이루었을 때 십이인연을 깊이 사유하였기 때문에, 마라의 권속들을 항복받고 무명을 없애 지혜의 밝음을 얻어 모든 어두움을 길이 없애고 티끌과 때가 없게 되었다.

또 나는 아난다여, 이 열두 가지를 세 번 굴려[三轉十二] 이 인연의 근본을 설할 때 곧 깨달음의 도를 이루었다. 이 방편으로써 십이인연법은 매우 깊고 깊어서 보통사람이 펼쳐 드날릴 수 있는 것이 아님을 알 수 있다.

이와 같이 아난다여, 반드시 깊고 깊음을 생각하여 이 십이인연법을 받들어 행해야 한다. 이와 같이 배울 것을 생각해야 한다."

그때 아난다는 붇다의 말씀을 듣고 기뻐하며 받들어 행하였다.

• 증일아함 49 목우품 五

• 해설 •

십이연기의 법이 어찌 얕고 작은 법이겠는가.

나되 남이 없고 죽되 죽음 없는 진실을 모르고 괴로움의 발생과 소멸을 모르므로 무명 때문에 나고 죽음이 있다고 가르치지만, 무명이 있다는 연기의 가르침이 실은 깊고 깊어 그 바닥을 알 수 없는 진여의 가르침이다.

나고 죽음에 실로 남이 없고 죽음이 없는 그곳에서 실로 나고 죽음을 보는 곳에 무명의 이름이 세워졌다. 그러므로 십이인연법은 온갖 법이 인연이므로 공하고 공도 공한 중도의 실상[中道實相]을 열어내고, 중생의 번뇌와 무명이 공하되 공도 공한 여래장의 진실을 열어내니, 십이연기가 온갖 법을 거두고 십이연기가 온갖 삶들을 거둔다.

또한 십이인연법이 보이는 연기의 법이 공(空)이고 중도라면 지금 인연으로 일어나는 중생의 무명과 번뇌밖에 여래장이 없고 불성(佛性)이 없으니, 십이연기가 곧 불성이라는 뜻을 알아들어야 여래께서 십이연기가 깊고 깊다 하신 뜻을 알 수 있을 것이다.

많이 들어 들음의 지혜[聞慧]를 갖추었되 법계의 진리를 비추는 깊은 사유의 지혜[思慧]가 없어 십이연기가 법계를 모두 거두어 다하는 진리인 줄 모르는 것이 어찌 오늘만의 일이겠는가.

과거로부터 많이 듣고서 그 뜻을 깊이 살피지 못하고 말만을 기억하고, 말로 보이는 사물의 진실을 밝히지 못한 삶의 관성이 오늘까지 아직도 남아 그런 것이다.

붇다 당시 많이 들음으로 으뜸가는 제자 아난다 존자가 십이연기가 깊고 깊지 않다고 한 일이 어찌 과거의 일에 그치겠는가. 지금도 다만 이성적 이해만으로 불교의 뜻을 탐구하는 이들도 십이연기가 깊고 깊어 바닥 없는 실상을 알지 못한다.

그러나 지금 십이연기의 진실을 살피지 못하는 지혜의 어두움도 과거 미혹의 삶이 규정한 것이라면 그 어두움도 고치지 못할 것이라 말해서도 안 된다.

수얀 아수라 왕의 타이름을 듣지 않은 아들 쿠나라의 얕은 지혜와 경솔한 행동으로 바로 오늘날 아난다의 가벼운 지혜가 나왔으니, 지금 아난다의 가벼운 지혜와 경솔한 행에도 고치지 못할 가벼운 지혜, 경솔한 행은 없다.

옛날을 알아 오늘을 돌이키고 오늘을 뉘우쳐 앞으로 나아간다면 '십이연기가 깊지 않다' 말하는 아난다의 가벼움은 어디 있는가.

고요하되 비치는[寂而照] 법계지혜의 달만이 아난다의 마음 가운데 환하고 환할 따름이다.

과거세상 선관왕이 지금의 웃타라 비구이니

그때 카샤파가 물었다.

"무엇 때문에 아난다여, 이 증일아함을 웃타라(Uttara)에게만 부쳐주고 다른 비구에게는 온갖 법을 부쳐주지 않으시오?"

아난다가 대답하였다.

"증일아함이 곧 모든 법이요, 모든 법이 곧 증일아함입니다. 그것은 하나이지 둘이 없습니다."

카샤파가 물었다.

"무엇 때문에 이 증일아함을 웃타라에게만 부쳐주고 다른 비구에게는 부쳐주지 않으시오?"

웃타라가 옛 붓다 때부터 법 부촉 받은 제자임을 말함

아난다가 대답하였다.

"카샤파시여, 아셔야만 합니다. 옛날 구십일 겁 이전에 비파신(Vipaśyin) 여래·지극히 참된 이[至眞]·바르게 깨친 분[等正覺]께서 이 세상에 출현하셨습니다. 그때 이 웃타라 비구의 이름은 '이주[伊俱] 웃타라'라고 하였습니다. 그때 저 붓다께서는 이 증일아함의 법을 이 사람에게 부쳐주시며 읊어 외우고 읽게 하셨습니다.

그로부터 삼십일 겁이 지난 뒤에 시킨(Śikhin) 여래·지극히 참된 이·바르게 깨친 분께서 이 세상에 출현하셨습니다. 그때 이 웃타라 비구의 이름은 '무가[目伽] 웃타라'라고 하였습니다. 시킨 여래께서 도 다시 이 법을 그 사람에게 부쳐주시며 읊어 외우고 읽게 하셨습니다.

바로 그 삼십일 겁 가운데 비쓰바부(Viśvabhū) 여래·지극히 참된이·바르게 깨친 분께서 이 세상에 나오셨습니다. 그때 이 웃타라 비구의 이름은 '용웃타라'라고 하였습니다. 그 붓다께서도 다시 이 법을 그 사람에게 부쳐주시며 외우고 읽게 하셨습니다.

카샤파시여, 아셔야만 합니다. 이 현겁(賢劫) 가운데 크라쿠찬다(Krakucchanda) 여래·지극히 참된 이·바르게 깨친 분께서 이 세상에 출현하셨습니다. 그때 이 웃타라 비구의 이름은 '번개웃타라'라고 하였습니다. 그 붓다께서도 이 법을 그 사람에게 부쳐주시며 읊어 외우고 읽게 하셨습니다.

이 현겁 가운데 다시 카나카무니(Kanakamuni) 여래·지극히 참된이·바르게 깨친 분께서 이 세상에 출현하셨습니다. 그때 이 웃타라 비구의 이름은 '하늘웃타라'라고 하였습니다. 그 붓다께서도 이 법을 그 사람에게 부쳐주시며 읊어 외우고 읽게 하셨습니다.

이 현겁 동안에 카샤파(Kāśyapa) 여래·지극히 참된 이·바르게 깨친 분께서 이 세상에 출현하셨습니다. 그때 이 웃타라 비구의 이름은 '브라흐마웃타라'라고 하였습니다. 그 붓다께서도 이 법을 그 사람에게 부쳐주시며 읊어 외우고 읽게 하셨습니다.

카샤파시여, 아셔야만 합니다. 지금 사카무니(Sākyamuni) 여래·지극히 참된 이·바르게 깨친 분께서 이 세상에 출현하셨습니다. 지금 이 비구의 이름은 '웃타라'라고 합니다.

사카무니 붓다께서 파리니르바나에 드셨지만 비구 아난다는 아직 세상에 남아 있습니다. 세존께서는 법을 모두 나에게 부쳐주셨고, 나는 지금 다시 이 법을 웃타라에게 주었습니다.

왜냐하면 반드시 그 그릇을 살피고 그 근본을 살핀 뒤에 법을 주기 때문입니다.

왜냐하면 다음과 같은 일이 있었기 때문입니다."

크라쿠찬다 여래 때 마하데바 왕의 본사를 말함

"옛날 이 현겁 동안에 크라쿠찬다 여래·지극히 참된 이·바르게 깨친 분·지혜와 행 갖추신 분[明行成爲, 明行足]·잘 가신 이[善逝]·세간을 아시는 분[世間解]·위없는 스승[無上師]·법에 이끄시는 이[導法御, 調御丈夫]·하늘과 사람의 스승[天人師]·붇다 세존[佛衆祐]이라 부르는 분이 세상에 출현하셨습니다.

그때 마하데바(Mahādeva, 大天)라는 왕이 있었습니다. 그 왕은 세상을 법으로 다스려 교화하였고, 한 번도 아첨하거나 곧지 못한 일이 없었으며, 목숨이 아주 길고 단정하기 짝이 없어 세상에 보기 드문 사람이었습니다.

그는 팔만 사천 세 동안 어린이의 몸으로 스스로 노닐었고, 팔만 사천 세 동안 태자의 몸으로 이 세상을 법으로 다스렸으며, 팔만 사천 세 동안 왕의 법[王法]으로 이 세상을 다스려 교화했습니다.

카샤파시여, 아셔야만 합니다. 그때 세존께서는 단 배 동산[甘梨園]에 노니시면서 보통 하던 법대로 밥을 드신 뒤 뜰 가운데를 거니셨고, 나는 시자(侍子)로 있었습니다. 그때 세존께서 웃으셨는데 세존의 입에서 다섯 색깔의 빛이 나왔습니다. 나는 그것을 보고 앞으로 나아가 길게 꿇고 세존께 말씀드렸습니다.

'붇다께서는 함부로 웃지 않으십니다. 지금 웃으신 까닭을 말씀해주십시오. 여래·지극히 참된 이·바르게 깨친 분께서는 끝내 함부로 웃지 않으십니다.'

카샤파시여, 그때 붇다께서 저에게 말씀하셨습니다.

'과거세상 이 현겁 가운데 여래가 계셨는데, 이름을 크라쿠찬다 여래·지극히 참된 이·바르게 깨친 분이라고 하는 분이 세상에 출현하시어, 이곳에서 여러 제자들을 위해 널리 설법하셨다.

다시 그 현겁 가운데 카나카무니 여래·지극히 참된 이·바르게 깨친 분께서 세상에 출현하셨는데, 그때 그 붇다께서도 이곳에서 널리 설법하셨다.

또 그 현겁 동안에 카샤파 여래·지극히 참된 이·바르게 깨친 분께서 세상에 출현하셨는데, 그 여래께서도 이곳에서 널리 설법하셨다.'

카샤파시여, 그때 저는 붇다 앞에 길게 꿇고 말씀드렸습니다.

'뒷날 사카무니 붇다께서 또한 이곳에서 여러 제자들에게 갖추어 설법하시길 바랍니다.'

그러므로 이곳은 곧 네 분 여래의 금강의 자리[金剛座]가 되어 늘 끊이지 않았습니다.

카샤파시여, 그때 사카무니 붇다께서는 저 자리에 앉으셔서 저에게 말씀하셨습니다.

'아난다여, 옛날 이 자리는 현겁 가운데 왕이 세상에 나왔는데, 마하데바라고 이름하였다. 나아가 그 왕은 팔만 사천 세 동안 왕의 법으로써 교화하고 덕으로써 깨우치며 여러 해를 지낸 뒤에 지비[劫比]에게 말하였다.

〈만약 내 머리에서 흰 털을 보거든 곧 내게 알리라.〉

그때 그 사람은 왕의 분부를 받고 다시 몇 해를 지낸 뒤에, 왕의 머리에서 흰 털이 난 것을 보았다. 그는 곧 왕 앞에 나아가 꿇어앉아 말씀드렸다.

〈대왕이시여, 아셔야 합니다. 머리에 흰 털이 났습니다.〉

그때 왕이 그 사람에게 말하였다.

〈금 족집게를 가지고 와서 흰 털을 뽑아 내 손바닥 위에 올려놓아라.〉

그 사람은 왕의 명령을 받고 곧 금 족집게를 가지고 와서 흰 털을 뽑았다. 그때 왕은 그 흰 털을 보고 곧 이 게를 말하였다.

지금 나의 머리 위에
이미 흰 털이 났구나.
하늘사자 이미 왔으니
집을 나올 때가 됐도다.

나는 이제 이미 사람 가운데 복을 누렸다. 이제는 하늘에 오를 덕을 스스로 힘써야 하겠다.

수염과 머리를 깎고 세 가지 가사[法衣]를 입고, 믿음을 굳건히 해 집을 나와 도를 배워 온갖 괴로움을 여의어야 하겠다.'

**마하데바 왕은 디기티에게,
디기티는 선관에게 왕위 물려준 본사를 말씀함**

"그때 마하데바 왕은 곧 첫째 태자 디기티(Dīghīti, 長壽)에게 말하였다.

'너는 지금 아느냐? 내 머리에는 벌써 흰 털이 났다. 나는 수염과 머리를 깎고 세 가지 가사를 입고, 믿음을 굳건히 해 집을 나와 도를 배워 온갖 괴로움을 여의려고 한다.

너는 내 자리를 이어 법으로 나라를 다스리고 교화하라. 내 당부를 잊고 내 가르침을 어겨서 범부(凡夫)의 행을 하는 일이 없도록 하라.

왜냐하면 만약 그 어떤 사람이 내 말을 어기면 곧 범부의 행이 되기 때문이다. 그러한 범부는 길이 세 갈래 나쁜 세계[三塗]와 여덟 가지 어려움[八難] 속에서 살게 될 것이기 때문이다.'

그때 마하데바 왕은 왕의 자리를 태자에게 물려주고 또 재물과 보배는 지비에게 내려주고는 곧 그곳에서 수염과 머리를 깎고 세 가지 가사를 입고 믿음을 굳건히 해 집을 나와 도를 배워서 온갖 괴로움을 여의었다.

그리고 팔만 사천 세 동안 범행을 잘 닦고, 네 가지 평등한 마음인, 사랑의 마음 · 슬피 여기는 마음 · 따라 기뻐하는 마음 · 평정한 마음을 행하다, 목숨을 마친 뒤에 브라흐마하늘[梵天]에 태어났다.

그때 디기티는 아버지의 가르침을 기억하고는 일찍이 잠깐도 버리지 않고, 법으로 나라를 다스려 교화해 아첨하거나 굽히는 일이 없었다. 그래서 열흘이 채 못 되어 전륜왕이 되어 일곱 가지 보배를 갖추었다.

일곱 가지 보배란 바퀴보배[輪寶] · 코끼리보배[象寶] · 말보배[馬寶] · 구슬보배[珠寶] · 여인의 보배[玉女寶] · 서적의 보배[典藏寶] · 군대의 보배[典兵寶]를 말한다. 또 일천 명의 아들을 두었는데 그들은 다 용맹스럽고 지혜로워 뭇 괴로움을 없애고 사방을 거느려 다스렸다.

그때 디기티는 앞 왕의 법으로 위와 같은 게송을 지었다.

　지금 나의 머리 위에
　이미 흰 털이 났구나.
　하늘사자 이미 왔으니
　집을 나올 때가 됐도다.

'나는 이제 이미 사람 가운데 복을 누렸다. 이제는 마땅히 하늘에 오를 덕을 스스로 힘써야 하겠다.

수염과 머리를 깎고 세 가지 가사[法衣]를 입고, 믿음을 굳건히 해 집을 나와 도를 배워 온갖 괴로움을 여의어야 하겠다.'

그때 디기티는 첫째 태자 선관(善觀)에게 분부하였다.

'너는 지금 아느냐? 내 머리에는 벌써 흰 털이 났다. 나는 수염과 머리를 깎고 세 가지 가사를 입고, 믿음을 굳건히 해 집을 나와 도를 배워 온갖 괴로움을 여의려고 한다.

너는 내 자리를 이어 법으로 나라를 다스리고 교화하라. 내 당부를 잊고 내 가르침을 어겨서 범부의 행을 하는 일이 없도록 하라.

왜냐하면 만약 그 어떤 사람이 내 말을 어기면 곧 범부의 행이 되기 때문이다. 그러한 범부는 길이 세 갈래 나쁜 세계와 여덟 가지 어려움 속에서 살게 될 것이기 때문이다.'

그때 디기티는 팔만 사천 세 동안 범행을 잘 닦고, 네 가지 평등한 마음인, 사랑의 마음·슬피 여기는 마음·따라 기뻐하는 마음·평정한 마음을 행하다, 목숨을 마친 뒤에 브라흐마하늘에 태어났다.

그때 선관왕은 아버지의 가르침을 기억하고는 일찍이 잠깐도 버리지 않고, 법으로 나라를 다스려 교화해 아첨하거나 굽은 일이 없었다."

**마하데바 왕이 지금의 사카무니시고, 디기티는 아난다이며,
선관왕이 웃타라 비구임을 말함**

"카샤파시여, 아십니까? 그때의 마하데바가 어찌 다른 사람이겠습니까? 그렇게 생각하지 마십시오. 그때의 왕은 바로 지금의 사카무니 바로 그분이십니다.

그때의 디기티는 바로 지금의 저 아난다고, 그때의 선관왕은 바로 지금의 웃타라 비구입니다.

그 비구는 늘 왕의 법을 받들어 한 번도 버리거나 잊은 적이 없고 또 끊어지게 한 일도 없습니다. 그때 선관왕은 다시 부왕의 명령을 더욱 일으켜 법으로 나라를 다스려 왕의 분부를 끊어지지 않게 하였습니다. 왜냐하면 부왕의 분부는 어기기 어려운 일이었기 때문입니다."

그때 존자 아난다가 곧 게송으로 말하였다.

법을 공경하며 높여야 할 분 받들고
본래의 은혜를 잊지 않고 갚으며
다시 세 가지 업을 받드는 것은
지혜로운 이가 귀하게 여김이네.

"나는 이런 뜻을 살피므로 이 증일아함을 웃타라 비구에게 준 것입니다. 온갖 법에는 다 말미암은 바가 있기 때문입니다."

웃타라 비구에게 여래의 법 받아 지니어 길이 이어가기를 당부함

그때 존자 아난다가 웃타라에게 말하였다.

"그대는 옛날 전륜왕이 되었을 때에 왕의 가르침을 잃지 않았다. 그래서 지금 다시 이 법을 서로 부쳐주는 것이니, 바른 가르침을 잃지 말고 범부의 행을 짓지 말라.

그대는 이제 알아야 한다. 만약 여래의 좋은 가르침을 어기어 잃게 되면 곧 범부 자리에 떨어질 것이다. 왜 그런가. 그때의 마하데바왕도 마쳐 다한 해탈의 자리에 이르지 못하고 해탈하여 안온한 곳에 이르지 못했기 때문이다.

비록 브라흐마하늘에 태어나는 복의 과보(果報)를 받긴 했지만, 마쳐 다한 곳에 이르지 못했다.

여래의 좋은 업[如來善業]이라야 '마쳐 다한 안온한 곳'[究竟安隱之處]이라 이름하니, 그곳은 즐거움이 끝이 없어 하늘과 사람이 공경하는 바라, 반드시 니르바나를 얻게 된다.

이런 까닭에 웃타라여, 반드시 이 법을 받들어 지녀 읊어 외우고 읽고 생각하며 빠뜨리거나 새지 않도록 해야 한다."

• 증일아함 1 서품 중반부

• 해설 •

붇다께서 니르바나에 드신 뒤 교단에는 상가의 화합의 뜻을 지켜오는 가운데 선정과 두타행을 주로 전한 제자와, 붇다의 가르침을 잘 기억하고 남에게 전하며 가르침을 통해 언교를 돌려 굴리는 다라니 삼매[旋陀羅尼]를 일으킨 제자 사이에 주도권 경쟁이 있었을 것이다.

특히 경전 편집을 카샤파 존자가 중심이 되어 진행했지만 실질적으로 가르침을 기억하고 자신이 기억하는 가르침을 대중에게 공인받아 여래의 가르침으로 확정하는 중심에 아난다 존자가 있었으니, 카샤파와 아난다를 따르는 2세대 제자 사이에는 눈에 보이지 않는 경쟁이 있었으리라.

실제로 붇다 니르바나 뒤 역사의 기록은 아난다와 그 제자그룹 중심으로 교법이 전승되었음을 보이고 있다.

증일아함의 편집은 네 아함 가운데 맨 뒷시기이니, 증일아함이 편집될 때는 이미 아난다 중심의 교단 편성이 끝난 뒷일 것이다.

경에서 아난다를 향해 증일아함을 웃타라에게만 부쳐준 까닭을 묻는 카샤파의 말에는 다음과 같은 뜻이 들어 있다고 보아야 할 것이다.

"아난다여, 그대는 붇다로부터 많이 들음에 으뜸이고 늘 곁에 모신 시자로서 으뜸가는 제자라고 인정받았으므로 경을 기억하고 전하며 풀이하는 데 그대의 사상적 권위는 존중할 수 있소. 그러나 어찌 다른 2세대 비구제자들은 다 무시하고 오직 당신의 제자 웃타라에게만 붇다의 가르침에 유권해석할 수 있는 그런 사상적 권위를 인정하는 것이오!"

아난다의 답변에는 다음과 같은 뜻이 들어 있다.

"카샤파여, 나는 여래로부터 많이 들음에 으뜸가는 제자로 인가받고 칭찬받았소. 그리고 사카무니 붇다로부터 전해받은 법은 과거 붇다들께서 깨친 법이고 전해준 것이므로 사카무니 붇다께서 인정하신 것은 과거 붇다로부터 인정받은 것이오.

또 사카무니 붇다로부터 인가받은 내가 저 웃타라의 자질과 살아온 과정의 진실성을 인정하니, 이는 바로 웃타라가 곧 과거 붇다로부터 인정받고 그 법을 전해받은 것과 같소."

분명 사카무니 붇다와 아난다의 제자 웃타라 사이에는 얼굴 앞에서 말로 직접적으로 교법의 전수를 행한 일[口傳授受]은 없다. 이는 마치 마하데바왕이 디기티에게 왕위를 물려주고 출가하여 범행 닦고서 브라흐마하늘에 태어난 뒤 디기티가 다시 아들 선관에게 왕위를 물려준 것과 같다.

그러나 마하데바 왕이 디기티의 왕으로서의 권위를 인정하고 디기티가 다시 선관에게 왕위를 물려주었으므로 선관은 마하데바에게서 직접 왕권을 물려받은 것과 다름없다.

이처럼 웃타라에게 교법 전승의 주도권을 맡긴 것은 붇다로부터 전폭적으로 인정받은 아난다가 다시 그의 충분한 자질을 보아 인정한 것이므로 붇다가 직접 전해줌과 같고 붇다가 전해준 것은 과거 붇다가 전해준 것과 같다.

과거생 자신과 웃타라의 본사를 말한 아난다의 뜻으로 다시 살펴보자. 오늘날 아난다가 웃타라에게 교법을 전한 것은 분명 지금 웃타라 스스로 갖춘 교법 전승의 자질로 인해 지금 전해줌이 있게 된 것이다.

그러나 지금의 그럴 수 있음이 어찌 그 이전의 그럴 수 있게 한 원인 없이 될 수 있겠는가.

과거 붇다가 계실 때도 붇다께서 아난다에게 교법을 전하시고 많이 들음을 찬탄해주셨으며, 과거세상에서도 웃타라 비구가 아난다의 뜻을 이어 바른 정치를 행한 충실한 계승자였기 때문이다.

지금의 해탈의 과덕이 있게 한 과거의 본사를 말하는 것은 미래의 실천에 대한 당부이고 실천의 결과에 대한 희망의 약속이다.

지금 전해줌은 다시 미래에 교법을 이어감에 본사(本事)가 된다. 그러므로 지금 전해줌을 통해 바르게 받아 지녀 지혜에 나아가지 않으면 그 전해줌은 끊어지는 것이고, 그 교법의 전승을 통해 바르게 나아가면 그는 반드시 여래가 이루신 '마쳐 다한 안온한 곳'에 이르게 되는 것이다.

아난다와 아난다로부터 전해 받은 웃타라뿐이겠는가. 붇다의 가르침을 듣는 뒷세상 그 누구라도 이 법을 잘 받아 지녀 읊어 외우고 잘 사유해 빠뜨림이 없으면, 그는 반드시 니르바나의 땅에 이르게 될 것이니, 그가 현성으로부터 과거의 본사(本事)로써 격려받고 미래의 해탈의 과덕을 언약 받은 [受記] 사람이다.

『화엄경』(「십주품」十住品) 또한 법왕이 법왕의 아들에게 법을 맡겨 당부하는 모습을 다음과 같이 보인다.

법왕에게 있는 정수리에 물 뿌리는 법
신묘한 힘으로 더해 지니어 두려움 없네.
니르바나의 편안한 침상과 궁전
잘 행하는 이를 기리어 말해줌
이 법으로 법왕의 아들 가르치시네.

法王所有灌頂法 神力加持無怯畏
宴寢宮室及歎譽 以此敎詔法王子

이와 같이 말해줌도 다하지 않음 없어
그 마음이 집착할 바 없게 하시니
여기에서 깨쳐 알아 바른 생각 닦으면
온갖 모든 붇다 그 앞에 나타나리라.

如是爲說靡不盡 而令其心無所著
於此了知修正念 一切諸佛現其前

경의 가르침처럼 법왕이 법의 아들에게 법을 맡김은 온갖 중생에게 세
계의 진실을 열어 중생이 모두 해탈의 이익을 얻게 함에 마지막 뜻이 있으
니, 「세주묘엄품」은 하늘신들이 여래의 경계에 들어감을 이렇게 말한다.

모든 붇다의 경계는 사의할 수 없어서
온갖 법계에 널리 두루하시도다.
모든 법에 들어가 저 언덕에 이르시니
용맹한 지혜 하늘신이 보고서 기쁨을 내네.

諸佛境界不思議 一切法界皆周遍
入於諸法到彼岸 勇慧見此生歡喜

중생은 어리석어 늘 미혹에 덮였으니
여래는 중생 위해 고요한 법 설해주네.
이것이 세간 비추는 지혜의 등불이니
묘한 눈 하늘신이 이 방편을 알 수 있네.

衆生癡暗常迷覆　如來爲說寂靜法
是則照世智慧燈　妙眼能知此方便

만약 중생이 여래의 교화 받을 수 있어
붇다의 공덕을 듣고 보디에 나아가면
복의 바다에 머물게 해 늘 청정케 하시니
묘한 빛 하늘신이 이 뜻을 잘 살피도다.

若有衆生堪受化　聞佛功德趣菩提
令住福海常淸淨　妙光於此能觀察

9 자타카

　자타카(jātaka)는 뜻으로 본기(本起) 또는 본생(本生)으로 옮겨지니, 본래 일어난 일을 말한다. 곧 사카무니 붇다와 그 밖 대승경전에서 아미타, 마이트레야 등 붇다들께서 과거세상 기나긴 겁에 태어남을 받아 갖가지 몸으로 '보디사트바의 도'[菩薩道] 행한 옛일을 말한다.

　자타카의 서술방식은 지금의 위대한 붇다의 공덕의 결과가 지금의 일만이 아니라 과거 셀 수 없는 세상에서 행한 실천의 과보임을 보이고 있다.

　사카무니 붇다께서 금생에 보디 나무 아래서 갖가지 고행을 거쳐 연기법을 사유하여 위없는 보디를 이루었지만, 붇다는 금생에만 그런 것이 아니다. 붇다는 한량없는 오랜 생에 몸 바꾸어나는 곳마다 보시와 인욕, 갖가지 중생을 위한 착한 행을 지어 오늘날 붇다가 되신 것이다.

　자타카의 이러한 서술은, 지금 붇다의 위없는 보디의 결과[菩提果]는 아무런 원인 없이 이루어진 것이 아니라 기나긴 세월 원인이 되는 갖가지 착한 행과 파라미타의 행으로 이루어진 것임을 보인다.

이는 결과에 대해 원인을 설명하는 인과론적 기술이다. 이와 같은 자타카의 이야기를 한번 돌이켜 살펴보자.

어떤 사람이 강을 건너 저 언덕에 이르려면 건널 뜻을 일으켜서 배를 구해서 힘차게 노 저어야만 가능할 것이다. 그러나 저 언덕에 이르르면 배와 노를 모두 버려야 한다.

저 언덕에 이르름이라는 성취된 결과는, 건너려는 뜻과 배와 노, 노 젓는 노동이 없이는 이루어질 수 없지만, 배를 타고 이르른 저 언덕에는 배도 없고 노도 없으며 건네는 뜻도 없고 노 저음도 찾을 수 없다. 그리고 주체의 뜻과 배와 노 저음이 저 언덕에 이르른 결과의 원인이 되기 위해서는, 배를 저어 저 언덕에 이르른 결과가 성취되어야 결과의 성취가 원인의 결과에 대한 원인됨을 이루어준다.

그와 같이 붇다의 본생담의 갖가지 행이 위없는 보디의 인행(因行)으로 설명되어지는 것은 붇다가 이 세간에 출현하여 스스로 위없는 보디를 완성했기 때문이다.

더 근원적으로는 보디의 원인은 보디에 의해서 성취된 법계진리의 땅에서 연기한 행[法界行], 진리의 세계 그 실상에 맞는 행[稱理行]만이 위없는 보디의 원인이 되는 실천행이 될 수 있다.

그러므로 과거의 온갖 좋은 행이 나되 남이 없음을 알고 지금 여래의 보디에 얻음이 없는 줄 알면, 과거 자타카의 보디의 원인이 되는 갖가지 실천행은 과거의 이야기가 아니라 지금 현재법 가운데 보디에 돌아가고 보디에서 일으키는 파라미타의 행에 다름 아니다.

연기법에서 시간은 아득한 겁의 인과적 연속성이지만 온갖 기나긴 시간은 지금 현재의 한 생각[現在一念]을 떠나지 않는다.

이런 뜻으로 자타카에서 보디의 결과가 오랜 세월의 시간적 간격을 두고 기나긴 세월 보디의 씨앗과 공덕을 닦아서 이루어졌다는 것을 살펴보자.

지금의 결과가 과거의 행을 떠남이 없지만 과거의 행이 지금의 결과에 실로 있는 것이 아니다. 지금의 보디의 결과는 지금 이 자리에 드러나 있는 진리[正因]를 비추는 지혜[了因]와 진리의 공덕을 현실화시키는 파라미타의 행[緣因]을 통해 바로 현재의 한 생각[現前一念] 가운데 일이 되는 것이다.

그러므로 지금 붇다의 한 생각 가운데서 위없는 보디가 완성되는 그때, 기나긴 겁토록 붇다가 지어온 온갖 행은 지금 비로소 보디의 원인 아닌 원인이 되는 것이니, 『화엄경』(「여래현상품」)은 말한다.

한량없는 겁 가운데 닦아 행함 가득해져
보디 나무 아래서 바른 깨침 이뤘네.
중생을 건네주려 널리 몸을 나투니
구름처럼 온누리에 두루하여서
미래세가 다하도록 끝이 없으리.

無量劫中修行滿　菩提樹下成正覺
爲度衆生普現身　如雲充遍盡未來

붇다께선 윤회의 길 가운데 가고 오면서
모든 중생 교화해 무르익게 하시사
신통은 자재하여 끝이 없고 한량없으니
한 생각에 모두다 해탈 얻게 해주시네.

佛昔往來諸趣中　敎化成熟諸衆生

神通自在無邊量　一念皆令得解脫

　지금 이룬 보디의 완성처에서 보면 한량없는 세계 한량없는 중생의 몸 온갖 보디사트바의 행이 보디인 법계의 땅을 떠나지 않으니, 과거 여래의 온갖 행은 바로 이 법계의 몸에서 중생 교화를 위해 나타내신 몸이 된다. 이 뜻을 「입법계품」은 이렇게 말한다.

　세간의 참된 인도자께서는

　한량없고 셀 수 없는 겁에

　붇다의 깊고 깊은 법을 배워서

　교화해야 할 바를 따라

　세간에 묘한 몸을 나타내셨네.

無量無數劫　學佛甚深法

隨其所應化　顯現妙色身

내가 크샤트리아의
'정수리로 난 왕'이 되었을 때

나는 들었다, 이와 같이.

한때 붇다께서 슈라바스티 국에 노닐어 다니실 적에 제타 숲 '외로운 이 돕는 장자의 동산'에 계셨다. 그때 어떤 비구가 고요한 곳에서 좌선하며 사유하다 이렇게 생각하였다.

'과연 다시 어떤 물질이 늘 머물러 변하지 않고 한결같이 즐거우며 늘 있을 수 있는가. 다시 느낌·모습 취함·지어감·앎이 늘 머물러 변하지 않고 한결같이 즐거우며 늘 있을 수 있는가.'

그 비구는 해질 무렵 좌선에서 일어나, 붇다 계신 곳에 나아가 머리를 대 절하고 물러나 한쪽에 앉아서 말씀드렸다.

"세존이시여, 저는 지금 고요한 곳에서 좌선하며 사유하다 이렇게 생각했습니다.

'과연 다시 어떤 물질이 늘 머물러 변하지 않고 한결같이 즐거우며 늘 있을 수 있는가. 다시 느낌·모습 취함·지어감·앎이 늘 머물러 변하지 않고 한결같이 즐거우며 늘 있을 수 있는가.'"

붇다께서 비구에게 말씀하셨다.

"어떤 물질[色]도 늘 머물러 변하지 않고, 한결같이 즐거우며 늘 있을 수 있는 것은 없다.

느낌·모습 취함·지어감·앎도 늘 머물러 있는 것은 없다."

이에 세존께서는 손가락으로 손톱만큼 쇠똥을 조금 집어들고 말씀하셨다.

"비구여, 너는 지금 내가 손가락으로 손톱만큼 쇠똥을 집은 것이 보이느냐?"

"보입니다, 세존이시여."

"비구여, 이와 같이 조그만 물질도 늘 머물러 변하지 않고, 한결같이 즐거우며 늘 있을 수 있는 것은 없다.

느낌·모습 취함·지어감·앎도 늘 머물러 있는 것은 없다."

다섯 쌓임의 덧없음을 보이기 위해 과거 본생담을 말씀하심

"왜 그런가. 비구여, 내가 옛날을 기억해보니 나는 기나긴 밤 동안 복을 짓고 복을 지은 뒤에도 오래도록 즐거운 과보를 받았다.

비구여, 내가 옛날에 칠 년 동안 사랑의 마음을 행하고, 세상이 일곱 번 이루어지고 무너지는 동안에도 이 세상에 오지 못하다가, 세상이 무너질 때에는 빛나는 하늘[晃昱天]에 태어났고, 세상이 이루어질 때에는 공한 브라흐마하늘[空梵天] 궁전에 태어나, 그 브라흐마하늘에서 큰 브라흐마하늘[大梵天]이 되었었다.

다른 곳에서는 천 번을 자재하늘왕[自在天王]이 되었고, 서른여섯 번을 인드라하늘왕[帝釋天王]이 되었으며, 또 한량없이 반복해서 크샤트리아[刹利] '정수리로 난 왕'[頂生王]이 되었었다.

비구여, 내가 크샤트리아 '정수리로 난 왕'이 되었을 때에는 큰 코끼리 팔만 사천 마리가 있었다. 좋은 탈 도구[乘具]를 갖추었는데 뭇 보배로 장식하였으며, 흰구슬[白珠]로 엮어 덮었으며, '우포사타코끼리왕'[于娑賀象王, Uposathahāgarāja]이 으뜸이었다.

비구여, 내가 크샤트리아 '정수리로 난 왕'이 되었을 때에는 팔만 사천 마리 말이 있었다. 좋은 탈 도구를 갖추었는데 뭇 보배로 장식하였으며, 금은으로 엮어 덮었고, '바라하카 말의 왕'[駈馬王, Valāhaka assarāja]이 으뜸이었다.

비구여, 내가 크샤트리아 '정수리로 난 왕'이 되었을 때에는 팔만 사천 대의 수레가 있었다. 네 가지로 장식하고 뭇 좋은 것들로 꾸몄는데, 사자·호랑이·표범의 얼룩무늬 가죽, 여러 빛깔로 짠 베로 장식하였다. 이 수레들은 아주 빨랐는데, 음악소리수레[樂聲車, Vejayantaratha]가 으뜸이었다.

비구여, 내가 크샤트리아 '정수리로 난 왕'이 되었을 때에는 팔만 사천 개의 큰 성이 있었다. 아주 커서 부유하고 안락하였으며 많은 사람들이 있었는데, 그 가운데 쿠사바티(Kusāvatī) 왕성이 으뜸이었다.

비구여, 내가 크샤트리아 '정수리로 난 왕'이 되었을 때에는 팔만 사천 개의 누각이 있었다. 금·은·유리·수정, 이 네 가지로 누각을 지었는데, 그 가운데 바른 법의 전각[正法殿, Dharmapāsāda]이 으뜸이었다.

비구여, 내가 크샤트리아 '정수리로 난 왕'이 되었을 때에는 팔만 사천 개의 자리[御座]가 있었다. 네 가지 보배인 금·은·유리·수정으로 만든 자리에 털로 짠 깔개를 깔고, 비단 덮을 거리로 덮었으며, 비단 속이불과 두 머리 베개인 가릉가파화라(加陵伽波想邏)·파차시타라나(波遮悉多羅那)가 있었다.

비구여, 내가 크샤트리아 '정수리로 난 왕'이 되었을 때에는 팔만 사천 벌의 두 짝 옷[雙衣]이 있었는데, 거친 풀옷·비단옷·무명옷·가릉가파화라 옷[加陵伽波想邏衣] 등이었다.

비구여, 내가 크샤트리아 '정수리로 난 왕'이 되었을 때에는 팔만 사천 명의 여자가 있었다. 그들의 몸에는 빛과 윤기가 있고 희고 조촐하고 밝고 깨끗하여, 아름다움은 어떤 사람보다 뛰어났으나 하늘 여인보다는 조금 미치지 못하였다. 얼굴 자태는 단정하여 보는 사람마다 기뻐하였고, 온갖 보배와 구슬목걸이로 꾸며 갖추었는데, 다 크샤트리아 종족의 여인인데, 다른 종족도 한량없었다.

비구여, 내가 크샤트리아 '정수리로 난 왕'이 되었을 때에는 팔만 사천 가지 먹을거리가 밤낮으로 늘 바쳐져, 나를 위해 차려져 내가 늘 먹을 수 있도록 하였다. 비구여, 그 팔만 사천 가지 먹을거리 가운데 한 가지 먹을거리만은 아주 아름답고 깨끗하며, 한량없는 맛이 있었는데, 이것은 내가 늘 먹는 것이었다.

비구여, 그 팔만 사천 명의 여자 가운데는 크샤트리아 여자가 가장 단정하고 아름다워 늘 나를 받들어 모셨었다.

비구여, 그 팔만 사천 두 짝 옷 가운데 하나의 두 짝 옷이 있었는데, 그것은 거친 풀옷·비단옷·무명옷·가릉가파화라 옷이었다. 나는 늘 그것을 입었다.

비구여, 팔만 사천 자리 가운데는 하나의 자리[御座]가 있었으니, 금이나 은, 유리나 수정으로 만들었다. 그 위에 털깔개를 깔거나 비단 덮을 거리로 덮었으며, 비단 속이불 두 머리 베개인 가릉가파화라와 파차시타라나가 있었는데, 이것은 늘 내가 누운 것이었다.

비구여, 저 팔만 사천 개의 누각 가운데 한 누각이 있었는데, 금이나 은, 유리나 수정으로 만든 것인데, 바른 법의 전각이라 이름하였다. 이는 내가 늘 머물던 곳이었다.

비구여, 저 팔만 사천 큰 성 가운데 한 성이 있었는데, 아주 커서 부유하고 안락하였으며, 많은 사람들이 있었는데, 쿠사바티라고 이름하였다. 이는 늘 살던 곳이었다.

비구여, 저 팔만 사천 대의 수레 가운데 한 수레가 있었는데, 온갖 좋은 것으로 사자 · 호랑이 · 표범의 얼룩무늬 가죽, 여러 빛깔로 짠 베로 장식하였다. 이 수레는 아주 빨랐는데, 음악소리수레라 이름하였다. 이것은 내가 늘 타고 다니면서 동산을 구경하던 것이었다.

비구여, 저 팔만 사천 마리 말 가운데 한 말이 있었으니, 몸은 검푸른 빛이었고 머리 모양은 까마귀 같았는데, '바라하카 말의 왕'이라고 이름하였다. 이것은 내가 늘 타고 다니면서 동산을 구경하던 것이었다.

비구여, 저 팔만 사천 마리 큰 코끼리 가운데는 한 코끼리가 있었는데, 온몸이 희고 일곱 활개가 다 반듯하였는데, '우포사타 코끼리 왕'이라 이름하였다. 이것은 내가 늘 타고 동산으로 가 구경하던 것이었다."

과거의 한량없는 좋은 업과 업의 과보가 다 덧없음을 보이심

"비구여, 나는 이렇게 생각하였다.

'이것은 어떤 업의 결과[果]이고 어떤 업의 갚음[報]이기에, 나로 하여금 오늘 이러한 큰 신통이 있고 큰 위덕이 있으며, 큰 복이 있고 큰 위신이 있게 하였는가?'

비구여, 나는 또 이렇게 생각하였다.

'이것은 세 가지 업[三業]의 결과이며 세 가지 업의 갚음으로 나로 하여금 오늘 이와 같은 큰 신통이 있고 큰 위덕이 있으며, 큰 복이 있고 큰 위신이 있게 한 것이다.

세 가지 업이란 첫째는 보시(布施)요, 둘째는 고루어 길들임[調御], 셋째는 지켜 보살핌[守護]이다.'

비구여, 나는 저 온갖 있는 것이 사라지고, 신통 또한 없어지는 것을 살폈다.

비구여, 어떻게 생각하느냐? 물질은 항상한가, 덧없는가?"

"덧없는 것입니다, 세존이시여."

"만약 덧없는 것이라면 이것은 괴로운 것인가, 괴롭지 않은 것인가?"

"괴로운 것이며 변해 바뀌는 것입니다, 세존이시여."

"만약 덧없는 것이요, 괴로운 것이며, 변해 바뀌는 것이라면, 이 많이 들은 거룩한 제자[多聞聖弟子]로서 '이것은 나다, 이것은 내 것이다, 나는 저의 것이다'라는 것을 받아들이겠느냐?"

"아닙니다, 세존이시여."

"비구여, 어떻게 생각하느냐? 느낌[覺] · 모습 취함[想] · 지어감[行] · 앎[識]은 항상한가, 덧없는가?"

"덧없는 것입니다, 세존이시여."

"만약 덧없는 것이라면 이것은 괴로운 것인가, 괴롭지 않은 것인가?"

"괴로운 것이며, 변해 바뀌는 것입니다, 세존이시여."

"만약 덧없는 것이요, 괴로운 것이며, 변해 바뀌는 것이라면, 이 많이 들은 거룩한 제자로서 '이것은 나다, 이것은 내 것이다, 나는 저의 것이다'라는 것을 받아들이겠느냐?"

"아닙니다, 세존이시여."

"그러므로 비구여, 너는 이와 같이 배워야 한다.

'만약 물질이 있어 과거든 미래든 현재든, 안이든 밖이든, 거칠든 가늘든, 곱든 밉든, 멀든 가깝든, 저 온갖 것은 나가 아니요 내 것도 아니며, 나는 저의 것도 아니다.'

이렇게 지혜로운 살핌으로 그 진실 그대로 알아야 한다.

'만약 느낌·모습 취함·지어감·앎이 있어 과거든 미래든 현재든, 안이든 밖이든, 거칠든 가늘든, 곱든 밉든, 멀든 가깝든, 저 온갖 것은 나가 아니요 내 것도 아니며, 나는 저의 것도 아니다.'

이렇게 지혜로운 살핌으로 그 진실 그대로 알아야 한다.

비구여, 만약 많이 들은 거룩한 제자로서 이와 같이 살핀다면, 그는 곧 물질을 집착하지 않을 것이요, 느낌·모습 취함·지어감·앎을 집착하지 않을 것이다.

그렇게 집착하지 않은 뒤에는 곧 탐욕이 없게 되고, 탐욕이 없어진 뒤에는 곧 해탈할 것이며, 해탈해서는 곧 해탈한 줄을 알아, 태어남은 이미 다하고 범행은 이미 서며, 지을 바를 이미 지어 다시는 뒤의 있음 받지 않는다고 진실 그대로 알게 될 것이다."

본생담의 가르침을 듣고 비구가 법을 깨달아 아라한이 됨

이에 저 비구는 붇다의 말씀을 들어 잘 받아가지고는, 곧 자리에서 일어나 붇다의 발에 머리를 대 절하고 붇다를 세 바퀴 돌고 나서 물러갔다.

그 비구는 붇다의 교화를 받고서는 멀리 떠난 곳에 홀로 머물면서, 마음에 방일함이 없이 닦아 행하며 부지런히 힘썼다.

좋은 종족의 사람이 해야 하는 것은 수염과 머리를 깎고 가사를 입고, 지극한 믿음으로 집을 버리고 집이 없이 도를 배우는 것이다.

그래서 그는 오직 위없는 범행을 다하여 현재의 법에서 스스로 알고 스스로 깨닫고 스스로 증득하고 성취하여 노닐었다.

그리하여 태어남은 이미 다하고 범행은 이미 서고, 지을 바를 이미 지어 다시는 뒤의 있음 받지 않음을 진실 그대로 알았다.

이렇게 그 비구는 법을 안 뒤에 아라한이 되었다."

붓다께서 이렇게 말씀하시자, 여러 비구들은 붓다의 말씀을 듣고 기뻐하며 받들어 행하였다.

• 중아함 61 우분유경(牛糞喩經)

• 해설 •

온갖 법의 실상이 있되 공한 것이라면 온갖 법 가운데 손톱만한 작은 법일지라도 있되 공하지 않은 법이 있겠는가. 앎활동과 알려지는 것이 모두 항상 머물러 있지 않아서 취할 것이 없는 줄 바로 살피면, 세간법을 보고 듣고 아는 이 자리에서 바로 해탈법계에 들게 된다.

위없는 보디의 완성자 붓다께서는 과거세상 하늘의 빛나는 복을 받고 사람으로 나서도 크샤트리아 '정수리로 난 왕'[頂生王]이 되어 한량없는 복을 받았다.

과거 보디사트바는 이 복이 그냥 주어진 복이 아니라 보시와 마음 잘 길들임과 지켜 보살핌의 복된 업으로 성취된 결과인 줄 살피고, 그 결과가 인연으로 성취된 복이라 그 복은 복 아닌 복임을 깨달아 알았다.

높은 왕의 복된 과보, 하늘의 신통도 인연으로 성취된 것이라 취할 것이 없는 줄 알고서, 복덕을 받아 쓰지 않고 죄가 공한 줄 알아 죄의 모습에 물들지 않을 때, 죄와 복에서 벗어나는 자유의 길이 있다. 곧 복을 받는 왕의 자리에 앉아 복덕을 받지 않을 때[不受福德] 여래의 장엄으로 스스로의 삶을 장엄하는 길이 있으며, 모습이 공한 줄 알아 모습에 매이지 않을 때 비구와 거사, 우파사카 · 우파시카의 몸으로도 그 몸을 버리지 않고 여래의 공덕으로 스스로의 삶을 온전히 충만케 하는 길이 있다.

여래의 지나간 옛날 본생담은 뒷세상 보디 이룰 지금 우리 새로 마음 낸 보디사트바의 실천의 발걸음이 나아갈 곳을 가르친다.

가르침을 듣고 지금 보고 듣고 아는 경험의 장 속에서 앎에도 머물 앎이 없고 알려지는 것에도 취할 알려지는 것이 없는 줄 알면, 그가 지금 보고 듣는 그 자리, 비구의 몸이거나 흰옷 입은 거사의 몸이거나 이 몸을 떠나지 않고 여래의 장엄으로 스스로의 삶을 장엄하는 자가 될 것이다.

모습에서 모습 떠나는[於相離相] 자, 그가 곧 나고 죽음 속에서 나고 죽음을 다해 걸음걸음 범행을 이미 세우고 지을 바를 이미 지은 크나큰 자재의 사람[大自在人]이다.

아난다여, 옛날 그때 마하수다르사나 왕을 너는 다른 사람이라 생각하지 말라

그때 세존께서 아난다에게 말씀하셨다.

"아난다여, 쿠시나가라(Kuśinagara) 성에는 왕이 있었는데 이름을 마하수다르사나(Mahā-sudarśana, 大善見)라 하였다.

그는 전륜왕이 되었는데, 총명한 지혜가 있었으며, 네 종류의 군사를 두어 천하를 바르게 다스리며, 스스로 자재하여 법다운 법왕으로서 일곱 가지 보배를 성취하고, 사람의 네 가지 뜻대로 되는 덕[如意德]을 얻었었다.

어떤 것이 일곱 가지 보배를 성취하고 사람의 네 가지 뜻대로 되는 덕을 얻은 것인가? 앞에서 말한 일곱 가지 보배와 네 가지 사람의 뜻대로 되는 덕들이다.

아난다여, 이에 쿠시나가라 왕성의 브라마나와 거사들은 구슬보배[珠寶]와 좋은 비단베 보배[鉗婆羅寶]를 많이 가져다 싣고 마하수다르사나 왕에게 나아가 말씀드렸다.

'하늘왕이여, 우리들을 사랑하고 가엾이 여겨 이 많은 구슬보배와 좋은 비단베 보배를 받아주시기 바랍니다.'

마하수다르사나 왕이 브라마나와 거사들에게 말하였다.

'그대들이 이런 물건을 바치지만 나에겐 필요 없소. 나 또한 많이 있소.'

아난다여, 다시 팔만 사천의 모든 작은 국왕들이 마하수다르사나 왕에게 나아가 말씀드렸다.

'하늘왕이여, 우리들은 하늘왕을 위하여 궁전을 짓고자 합니다.'

마하수다르사나 왕이 작은 왕들에게 말하였다.

'그대들이 나를 위하여 정전(正殿)을 짓고자 하지만, 내게는 아무 필요가 없소. 나 또한 정전이 있소.'

팔만 사천의 모든 작은 국왕들은 모두 두 손을 맞잡고 하늘왕을 향하여 두 번 세 번 말씀드렸다.

'하늘왕이여, 우리들은 하늘왕을 위하여 정전을 짓고자 합니다. 우리들은 하늘왕을 위하여 정전을 짓고자 합니다.'

그러자 마하수다르사나 왕은 팔만 사천의 모든 작은 국왕을 위하여 잠자코 들어주었다. 그때 팔만 사천의 모든 작은 국왕들은 마하수다르사나 왕이 잠자코 들어준 것을 알고, 절하고 물러나 하늘왕의 주위를 세 바퀴 돌고 물러갔다. 그들은 각기 본국으로 돌아가 팔만 사천 대의 수레에 금을 가득 싣고, 다시 돈과 사람이 만든 것과 만들지 않은 것을 싣고, 또 낱낱 구슬보배의 기둥을 싣고 쿠시나가라 성으로 갔다. 그리하여 그 성에서 멀지 않은 곳에 큰 정전을 지었다.

아난다여, 그 큰 정전은 길이가 한 요자나이고 너비도 한 요자나나 되었다. 그 큰 정전은 온통 금·은·유리·수정 등 네 가지 보배의 벽돌로 쌓았다."

(중략)

세존 니르바나의 땅인 쿠시나가라에서 과거생에
세존이 네 한량없는 마음 닦았음을 보이심

"아난다여, 저 팔만 사천 부인과 여인의 보배들이 돌아간 지 오래지 않아, 마하수다르사나 왕은 곧 시자와 함께 돌아와 대전(大殿)에 올라가 금누각으로 들어갔다.

은자리에다 털담요와 털자리를 펴고 비단 덮을 거리로 덮고, 속옷을 입고, 두 머리 베개를 두고 가릉가파화라와 파차시타라나에 앉았다. 앉은 뒤에는 이렇게 살폈다.

'나는 이제 마지막에 이르렀다. 탐욕을 생각하고 성냄을 생각하며, 해침을 생각하고, 다투어 서로 미워하며, 아첨하고 거짓을 부리며, 속여 거짓말하는 따위의 한량없이 악하고 착하지 않은 법은 이제 마지막에 이르렀다.'

그렇게 생각하고 나서 마음은 사랑과 함께하여 한 방위[一方]에 널리 차서 성취하여 노닐었다. 이렇게 둘·셋·네 방위와 네 모서리, 위아래 온갖 곳에 두루하여 맺힘도 없고 원한도 없으며, 성냄도 없고 다툼도 없으며, 지극히 넓고 매우 크며, 한량없이 착함을 닦아 온갖 세간에 널리 차서 성취하여 노닐었다.

다음에는 금누각에서 나와 은누각으로 들어갔다. 금자리에다 털담요와 털자리를 펴고 비단 덮을 거리로 덮고, 속옷을 입고, 두 머리 베개를 두고 가릉가파화라(加陵伽波想邏)와 파차시타라나[波遮悉多羅那]에 앉았다. 앉은 뒤에는 이렇게 살폈다.

(중략)

이와 같이 슬피 여김과 함께하여[悲俱] 널리 온갖 곳에 두루하고, 나아가 기뻐함과 함께하여[喜俱] 널리 온갖 곳에 두루하였다.

다음에는 유리누각에서 나와 수정누각으로 들어갔다. 유리자리에다 털담요와 털자리를 펴고 비단 덮을 거리로 덮고, 속옷을 입고,

두 머리 베개를 두고 가룽가파화라와 파차시타라나에 앉았다. 앉은 뒤에는 이렇게 살폈다.

'나는 이제 마지막에 이르렀다. 탐욕을 생각하고 성냄을 생각하며, 해침을 생각하고, 다투어 서로 미워하며, 아첨하고 거짓을 부리며, 속여 거짓말하는 따위의 한량없이 악하고 착하지 않은 법은 이제 마지막에 이르렀다.'

다시 마음은 평정함과 함께하여[捨俱] 한 방위에 널리 차 성취하여 노닐었다. 이렇게 둘·셋·네 방위와 네 모서리, 위아래 온갖 곳에 두루하여 맺힘도 없고 원한도 없으며, 성냄도 없고 다툼도 없으며, 지극히 넓고 매우 크고 한량없이 착함을 잘 닦아 온갖 세간에 널리 차서 성취하여 노닐었다."

브라흐만의 집에 태어난 마하수다르사나 왕이
세존의 옛 몸임을 보이심

"아난다여, 마하수다르사나 왕은 맨 마지막 때가 이르자, 아주 작은 죽음의 괴로움을 느꼈다. 마치 거사나 거사의 아들이 아주 맛있는 음식을 먹고 작은 괴로움을 내는 것과 같이 마하수다르사나 왕이 맨 마지막 때에 이르자, 아주 작은 죽음의 괴로움을 느끼는 것이 또한 그와 같았다.

그때에 마하수다르사나 왕은 '네 가지 브라흐만의 집'[四梵宅]에 태어남을 닦아 익히어 생각의 탐욕을 버린 뒤에 목숨 마치자 브라흐마하늘에 태어났다.

아난다여, 옛날 그때의 마하수다르사나 왕을 너는 다른 사람이라 생각하느냐? 그런 생각을 말라. 알아야 한다.

그때의 그는 바로 지금의 곧 나이다. 아난다여, 나는 그때에 스스로를 요익하게 하였지만 또한 남도 요익하게 하였으며, 여러 사람을 요익하게 하였고 세상을 가엾이 여겼으며, 하늘을 위하고 사람을 위하여 바른 뜻과 요익됨을 구하고 안온한 즐거움을 구하였다.

그때에는 설법하여 마쳐 다함에 이르지 못하였고, 맨 뒤의 깨끗함을 이루어 마치지 못했으며, 맨 뒤의 범행을 이루어 마치지 못했다. 그때에는 나고 늙고 병들고, 죽음·울음·걱정·슬픔을 여의지 못하였고, 아직 온갖 괴로움을 벗어나지 못하였었다."

• 중아함 68 대선견왕경(大善見王經) 부분

• 해설 •

고타마 붇다는 마지막 파리니르바나에 드시기 전 니르바나의 길을 떠나 흙먼지 날리는 쿠시나가라 성에 이르른다.

당시 인도 최대의 도시 라자그리하나 바이살리와 같이 아름답고 화려한 도시를 놓아두고 왜 고타마 붇다는 맨발로 북쪽으로 걷고 걸어 흙먼지 날리고 잡풀만 우거진 쿠시나가라 옛 성터에서 니르바나에 드시려 했는가. 이 세간에 몸 받은 인연을 소중히 여기어 카필라가 있는 북쪽으로 걸어가신 것인가.

걷고 걷다 누워 쉬시며 니르바나에 드시려 결정한 곳이 곧 붇다의 파리니르바나의 처소로 이미 약속된 땅이다.

이곳이 흙먼지 날리고 잡풀만 우거진 곳이라 말하지 말아야 하니, 지금 저 화려한 도시의 풍요한 있음이 끝내 사라질 있음이고, 흙먼지 날리는 옛 성터가 예전에는 칠보 가득한 전륜왕의 보배궁전이었으니 지금 없는 것이 없는 것이 아니다.

붇다의 니르바나의 처소는 곧 한 티끌이 시방에 통하는 걸림 없는 법계의 처소이다. 옛 인행의 때[因行時] 보디사트바의 몸인 대선견왕의 한량없는 마음은 법계진리에서 일어난 것이니, 그 마음은 여기 내 마음이 온갖 중생에게 두루한 내 마음이고, 여기 이곳이 시방에 두루 통한 여기 이곳이다.

과거 보디사트바의 한량없는 마음은 아직 마쳐 다함에 이르지 못했고 맨뒤의 깨끗함을 이루고 맨 뒤의 범행을 마치지 못했지만, 지금 붇다는 깨끗함에 깨끗함 없는 맨 뒤의 깨끗함을 이루고 삼계 안 티끌 속에 나고 사라짐을 보이되 늘 고요함이 현전하는 크나큰 니르바나에 계신다.

그러니 어찌 이곳 니르바나의 처소를 흙먼지에 때묻고 잡풀 우거진 더러운 땅이라 말할 것인가.

지금 쿠시나가라 성 붇다가 니르바나 드시려 한 이곳이 바로 온갖 보배가 넘치는 공덕의 곳간이고, 오래고 먼 옛날 보디사트바가 셀 수 없이 몸을 버려 니르바나에 든 곳이자 지금 붇다가 항상하고 늘 즐거운 니르바나의 공덕으로 장엄하는 곳이다.

지금 이제 고타마 붇다가 니르바나의 긴 여정의 발걸음을 멈추어 오른쪽으로 누워 니르바나를 나투어 보인 곳이 오랜 생에 붇다의 니르바나의 처소로 이미 약속된 땅이고, 오랜 생에 보디사트바가 버림이 없이 몸을 버린 그곳이다.

위와 같이 마지막 니르바나의 자리를 펴신 쿠시나가라의 이 땅이 과거생보디사트바가 한량없는 몸 닦고 니르바나 든 곳이라는 여래의 말씀을 지금물든 땅에서 온갖 갈등을 겪으며 배워가는 이들은 어떻게 이해해야 하는가.

여래의 니르바나에 머물 처소가 없되 온갖 곳에 두루함을 나타냄인가.

여기 이곳 물든 땅이 있되 공하고 공함도 공해 한량없는 공덕이 충만함을 알면, 여기 이곳을 떠나 바이로차나의 국토가 어디 있고, 여래가 늘 니르바나에 들고 중생 위해 설법하는 해탈의 땅이 어디 있겠는가.

『화엄경』(「화장세계품」)은 이렇게 말한다.

화장세계 끝없는 세계 바다는
법계와 평등해 차별 없도다.

장엄하고 지극히 청정하여
허공에 편안히 머물러 있네.

華藏世界海　法界等無別
莊嚴極淸淨　安住於虛空

이 세계의 바다 가운데
세계 종류 사의하기 어려워라.
낱낱이 다 자재하여서
각각 어지럽게 섞임 없네.

此世界海中　刹種難思議
一一皆自在　各各無雜亂

  사바의 티끌먼지 낀 이곳이 여래 진리의 땅이고 니르바나의 처소가 되는
뜻을, 「보현행품」)은 다시 이렇게 노래한다.

모든 붇다 널리 몸을 나툴 수 있어
곳곳에서 온전히 니르바나하시니
한 생각 가운데 한량이 없는
사리가 각기 차별되도다.

諸佛能現身　處處般涅槃
一念中無量　舍利各差別

10 바이풀야

산스크리트어 바이풀야(vaipulya)는 한문으로 반듯하고 넓음[方廣]·반듯하고 평등함[方等]·견줄 수 없음[無比]으로 옮겨진다. 이는 곧 넓고 크고 반듯한 뜻을 널리 설한 말로, 열두 가지 교설의 형식 가운데 하나이다.

방등(方等)은 대승경전의 뜻이 바르고 내용이 넓고 풍부함을 나타낼 때 쓰이니, 보통 경전의 이름에 붙여 '대승방등경전'(大乘方等經典)이라고 한다.

『화엄경』의 갖춰진 이름 또한 '대방광불화엄경'(大方廣佛華嚴經)이라 한역되었다. 교설의 형식으로서 바이풀야를 방광·방등이라 함은 요즈음 말로 하면 인식론적 철학적 정합성[方]을 가지고 듣는 이를 위해 넓고 자재하게[廣] 가르치는 교설이라 할 수 있다.

중국 화엄종 조사들은 『화엄경』의 이름에서 불화엄(佛華嚴) 앞에 붙인 '대방광'의 크고[大] 바르고[方] 넓음[廣]에 대해 모습에 모습 없는 진리의 바탕[體]을 '크다'[大]고 하고, 진리에서 모습이 연기함[相]을 바름[方]이라 하며, 진리의 끝없는 작용[用]을 넓음[廣]이라고 하여 경 제목을 풀이한다. 그러므로 대방광은 붇다가 깨친 넓고 큰 진리의 세계 자체를 뜻한다.

『화엄경』의 제목에서 대방광이 바탕과 모습과 작용을 갖춘 진리의 세계를 나타낸다면, 십이부경에서 방광은 크고 반듯하고 넓은 교설의 방식을 뜻한다.

여래가 한량없이 방편의 문을 열고 크고 넓고 반듯한[大方廣] 교설의 문을 셀 수 없이 열더라도, 그 뜻은 모습에 갇혀 질곡의 삶 속에 쳇바퀴 구르는 중생에게 모습에 모습 없는 해탈의 길을 열기 위함이니 『화엄경』(「십주품」)은 말한다.

온갖 모든 법은 다 모습 없으며
바탕 없고 성품 없어 공해 실다움 없어
허깨비 같고 꿈과 같아 분별 떠났으니
여래의 법에 잘 머문 보디사트바는
이와 같은 뜻 듣기를 늘 즐거워하네.

一切諸法皆無相　無體無性空無實
如幻如夢離分別　常樂聽聞如是義

세존이시여, 저는 젊은 비구들을
어떻게 가르치고 어떻게 설법해야 합니까

나는 들었다, 이와 같이.

한때 붇다께서 슈라바스티 국을 노닐어 다니실 적에 제타 숲 '외로운 이 돕는 장자의 동산'에 계셨다.

그때 존자 아난다는 해질녘 좌선에서 일어나, 여러 젊은 비구들을 데리고 붇다 계신 곳으로 가서 붇다의 발에 머리를 대 절하고 물러나 한쪽에 머물렀다. 다른 젊은 비구들 또한 붇다의 발에 머리를 대 절하고 물러나 한쪽에 앉았다.

존자 아난다가 말씀드렸다.

"세존이시여, 이 젊은 비구들을 제가 어떻게 가르치고 어떻게 깨우치며, 어떻게 저들을 위하여 설법해야 하겠습니까?"

앎 내는 곳을 바로 살펴야 안온한 곳에 이르게 됨을 보이심

세존께서 말씀하셨다.

"아난다여, 너는 여러 젊은 비구들을 위하여 앎 내는 곳[處, ayātana]을 말해주고 앎 내는 곳을 가르쳐야 한다. 만약 여러 젊은 비구들을 위하여 앎 내는 곳을 말해주고 그곳을 가르쳐주면, 그들은 곧 안온함을 얻고 힘을 얻고 즐거움을 얻어, 몸과 마음이 번뇌의 열로 뜨거워지지 않고 몸을 마치도록 범행을 행할 것이다."

존자 아난다는 두 손을 맞잡고 붇다를 향하여 말씀드렸다.

"세존이시여, 지금이 바로 그때입니다. 잘 가신 이[善逝]여, 지금 이 바로 그때입니다.

만약 세존께서 여러 젊은 비구들을 위하여 앎 내는 곳을 말해주고 그곳을 가르쳐주신다면, 저는 젊은 비구들과 함께 붙다게 들은 뒤에 잘 받아 지니겠습니다."

"아난다여, 너희들은 자세히 듣고 잘 사유하라. 나는 너와 여러 젊은 비구들을 위하여 널리 분별하여 말해주겠다."

존자 아난다와 대중은 분부를 받고 말씀을 들었다.

연기로 있는 다섯 쌓임, 열두 내는 곳, 여섯 앎을 가르치도록 하심

세존께서 말씀하셨다.

"아난다여, 나는 본디 너를 위하여 다섯 가지 치성한 쌓임[五盛陰], 곧 물질·느낌·모습 취함·지어감·앎의 치성한 쌓임을 말했다.

아난다여, 너는 이 다섯 치성한 쌓임을 여러 젊은 비구들을 위하여 말해주고, 그것으로 그들을 가르쳐야 한다. 만약 여러 젊은 비구들을 위하여 이 다섯 쌓임을 말해주고 가르치면, 그들은 곧 안온함을 얻고 힘을 얻고 즐거움을 얻어 몸과 마음이 번뇌의 열로 뜨거워지지 않고 몸을 마치도록 범행을 행할 것이다.

아난다여, 나는 본디 너를 위하여 여섯 안의 내는 곳[六內處]인 눈·귀·코·혀·몸·뜻의 내는 곳을 말해주었다.

아난다여, 너는 이 여섯 안의 내는 곳을 여러 젊은 비구들을 위하여 말해주고, 그것으로 그들을 가르쳐야 한다. 만약 여러 젊은 비구들을 위하여 이 여섯 안의 내는 곳을 말해주고 가르치면, 그들은 곧 안온함을 얻고 힘을 얻고 즐거움을 얻어 몸과 마음이 번뇌의 열로 뜨거워지지 않고 몸을 마치도록 범행을 행할 것이다.

아난다여, 나는 본디 너를 위하여 여섯 밖의 내는 곳[六外處]인 빛깔·소리·냄새·맛·닿음·법의 내는 곳을 말해주었다.

아난다여, 너는 이 여섯 밖의 내는 곳을 여러 젊은 비구들을 위하여 말해주고, 그것으로 그들을 가르쳐야 한다. 만약 여러 젊은 비구들을 위하여 이 여섯 밖의 내는 곳을 말해주고 가르치면, 그들은 곧 안온함을 얻고 힘을 얻고 즐거움을 얻어 몸과 마음이 번뇌의 열로 뜨거워지지 않고 몸을 마치도록 범행을 행할 것이다.

아난다여, 나는 본디 너를 위하여 여섯 앎의 몸[六識身]인 눈의 앎·귀의 앎·코의 앎·혀의 앎·몸의 앎·뜻의 앎을 말해주었다.

아난다여, 너는 이 여섯 앎의 몸을 여러 젊은 비구들을 위하여 말해주고, 그것으로 그들을 가르쳐야 한다. 만약 여러 젊은 비구들을 위하여 이 여섯 앎의 몸을 말해주고 가르치면, 그들은 곧 안온함을 얻고 힘을 얻고 즐거움을 얻어 몸과 마음이 번뇌의 열로 뜨거워지지 않고 몸을 마치도록 범행을 행할 것이다."

닿음·느낌·지어감·애착 등 마음의 작용이 연기임을 가르치도록 하심

"아난다여, 나는 본디 너를 위하여 여섯 닿음의 몸[六更樂身]인 눈의 닿음[眼更樂]·귀의 닿음[耳更樂]·코의 닿음[鼻更樂]·혀의 닿음[舌更樂]·몸의 닿음[身更樂]·뜻의 닿음[意更樂]을 말해주었다.

아난다여, 너는 이 여섯 닿음의 몸을 여러 젊은 비구들을 위하여 말해주고, 그것으로 그들을 가르쳐야 한다. 만약 여러 젊은 비구들을 위하여 이 여섯 닿음의 몸을 말해주고 가르치면, 그들은 곧 안온함을 얻고 힘을 얻고 즐거움을 얻어 몸과 마음이 번뇌의 열로 뜨거워지지 않고 몸을 마치도록 범행을 행할 것이다.

아난다여, 나는 본디 너를 위하여 여섯 느낌의 몸[六覺身]인 눈의 느낌·귀의 느낌·코의 느낌·혀의 느낌·몸의 느낌·뜻의 느낌을 말해주었다.

아난다여, 너는 이 여섯 느낌의 몸을 여러 젊은 비구들을 위하여 말해주고, 그것으로 그들을 가르쳐야 한다. 만약 여러 젊은 비구들을 위하여 이 여섯 느낌의 몸을 말해주고 가르치면, 그들은 곧 안온함을 얻고 힘을 얻고 즐거움을 얻어 몸과 마음이 번뇌의 열로 뜨거워지지 않고 몸을 마치도록 범행을 행할 것이다.

아난다여, 나는 본디 너를 위하여 여섯 모습 취함의 몸[六想身]인 눈의 모습 취함[眼想]·귀의 모습 취함[耳想]·코의 모습 취함[鼻想]·혀의 모습 취함[舌想]·몸의 모습 취함[身想]·뜻의 모습 취함[意想]을 말해주었다.

아난다여, 너는 이 여섯 모습 취함의 몸을 여러 젊은 비구들을 위하여 말해주고, 그것으로 그들을 가르쳐야 한다. 만약 여러 젊은 비구들을 위하여 이 여섯 모습 취함의 몸을 말해주고 가르치면, 그들은 곧 안온함을 얻고 힘을 얻고 즐거움을 얻어 몸과 마음이 번뇌의 열로 뜨거워지지 않고 몸을 마치도록 범행을 행할 것이다.

아난다여, 나는 본디 너를 위하여 여섯 지어감의 몸[六思身]인 눈의 지어감[眼思]·귀의 지어감[耳思]·코의 지어감[鼻思]·혀의 지어감[舌思]·몸의 지어감[身思]·뜻의 지어감[意思]을 말해주었다.

아난다여, 너는 이 여섯 지어감의 몸을 여러 젊은 비구들을 위하여 말해주고, 그것으로 그들을 가르쳐야 한다. 만약 여러 젊은 비구들을 위하여 이 여섯 지어감의 몸을 말해주고 가르치면, 그들은 곧 안온함을 얻고 힘을 얻고 즐거움을 얻어 몸과 마음이 번뇌의 열로 뜨거워지지 않고 몸을 마치도록 범행을 행할 것이다.

아난다여, 나는 본디 너를 위하여 여섯 애착의 몸[六愛身]인 눈의 애착[眼愛]·귀의 애착[耳愛]·코의 애착[鼻愛]·혀의 애착[舌愛]·몸의 애착[身愛]·뜻의 애착[意愛]을 말해주었다.

아난다여, 너는 이 여섯 애착의 몸을 여러 젊은 비구들을 위하여 말해주고, 그것으로 그들을 가르쳐야 한다. 만약 여러 젊은 비구들을 위하여 이 여섯 애착의 몸을 말해주고 가르치면, 그들은 곧 안온함을 얻고 힘을 얻고 즐거움을 얻어 몸과 마음이 번뇌의 열로 뜨거워지지 않고 몸을 마치도록 범행을 행할 것이다."

여섯 법의 영역과 십이연기를 가르치도록 하심

"아난다여, 나는 본디 너를 위하여 여섯 법의 영역[六界]인 땅의 영역[地界]·물의 영역[水界]·불의 영역[火界]·바람의 영역[風界]·허공의 영역[空界]·앎의 영역[識界]을 말해주었다.

아난다여, 너는 이 여섯 법의 영역을 여러 젊은 비구들을 위하여 말해주고, 그것으로 그들을 가르쳐야 한다. 만약 여러 젊은 비구들을 위하여 이 여섯 법의 영역을 말해주고 가르치면, 그들은 곧 안온함을 얻고 힘을 얻고 즐거움을 얻어 몸과 마음이 번뇌의 열로 뜨거워지지 않고 몸을 마치도록 범행을 행할 것이다.

아난다여, 나는 본디 너를 위하여 인연이 일어남[因緣起]과 인연이 일어나 나는 법[因緣起所生法]을 말해주었다.

'만약 이것이 있으면 저것이 있고, 만약 이것이 없으면 저것이 없으며, 만약 이것이 생기면 저것이 생기고, 만약 이것이 사라지면 저것이 사라진다.

무명(無明) 때문에 지어감[行]이 있고, 지어감 때문에 앎[識]이 있으며, 앎 때문에 마음·물질[名色]이 있고, 마음·물질 때문에 여섯 곳[六處]이 있다.

여섯 곳 때문에 닿음[更樂]이 있고, 닿음 때문에 느낌[覺]이 있으며, 느낌 때문에 애착[愛]이 있고, 애착 때문에 취함[受]이 있으며, 취함 때문에 존재[有]가 있고, 존재 때문에 남[生]이 있으며, 남 때문에 늙고 죽음[老死]이 있다.

만약 무명이 사라지면 곧 지어감이 사라지고, 지어감이 사라지면 앎이 사라지며, 앎이 사라지면 마음·물질이 사라지고, 마음·물질 사라지면 여섯 곳이 사라진다.

여섯 곳이 사라지면 닿음이 사라지고, 닿음이 사라지면 느낌이 사라지며, 느낌이 사라지면 애착이 사라지고, 애착이 사라지면 취함이 사라지며, 취함이 사라지면 존재가 사라지고, 존재가 사라지면 남이 사라지며, 남이 사라지면 곧 늙고 죽음이 사라진다.'

아난다여, 너는 이 인연이 일어남과 인연이 일어나 나는 법을 여러 젊은 비구들을 위하여 말해주고, 그것으로 그들을 가르쳐야 한다. 만약 여러 젊은 비구들을 위하여 이 인연이 일어남과 인연이 일어나 나는 법을 말해주고 가르치면, 그들은 곧 안온함을 얻고 힘을 얻고 즐거움을 얻어 몸과 마음이 번뇌의 열로 뜨거워지지 않고 몸을 마치도록 범행을 행할 것이다."

네 곳 살핌, 네 가지 끊음, 자재한 선정, 네 가지 선정
사제법을 가르치도록 하심

"아난다여, 나는 본디 너를 위하여 네 곳 살핌[四念處]을 말해주었다.

'몸을 몸 그대로 살피고, 느낌·마음·법을 느낌·마음·법 그대로 살피라.'

아난다여, 너는 이 네 곳 살핌을 여러 젊은 비구들을 위하여 말해주고, 그것으로 그들을 가르쳐야 한다. 만약 여러 젊은 비구들을 위하여 이 네 곳 살핌을 말해주고 가르치면, 그들은 곧 안온함을 얻고 힘을 얻고 즐거움을 얻어 몸과 마음이 번뇌의 열로 뜨거워지지 않고 몸을 마치도록 범행을 행할 것이다.

아난다여, 나는 본디 너를 위하여 네 가지 바른 끊음[四正斷]을 말해주었다.

'비구는 이미 생긴 악하여 착하지 않은 법을 끊기 위해, 하고자 함을 일으켜 방편행을 구하여 부지런히 힘써 마음을 다하여 끊어야 한다.

아직 생기지 않은 악하여 착하지 않은 법은 생기지 않게 하기 위해, 하고자 함을 일으켜 방편행을 구하여 부지런히 힘써 마음을 다하여 끊어야 한다.

아직 생기지 않은 착한 법은 생기게 하기 위해, 하고자 함을 일으켜 방편행을 구하여 부지런히 힘써 마음을 다하여 생기게 해야 한다.

이미 생긴 착한 법은 머무르게 하고, 잊히지 않게 하고, 물러나지 않게 하고, 더욱 많아지게 하고, 널리 퍼지게 하고, 가득 갖춰지게 하기 위해, 하고자 함을 일으켜 방편행을 구하여 부지런히 힘써 마음

을 다하여 끊어야 한다.'

아난다여, 너는 이 네 가지 바른 끊음을 여러 젊은 비구들을 위하여 말해주고, 그것으로 그들을 가르쳐야 한다. 만약 여러 젊은 비구들을 위하여 이 네 가지 바른 끊음을 말해주고 가르치면, 그들은 곧 안온함을 얻고 힘을 얻고 즐거움을 얻어 몸과 마음이 번뇌의 열로 뜨거워지지 않고 몸을 마치도록 범행을 행할 것이다.

아난다여, 나는 본디 너를 위하여 네 가지 자재한 선정[四如意足]을 말해주었다.

'비구는 하고자 함의 선정[欲定]을 성취하여 모든 지어감을 불사르고, 자재한 선정을 닦아 익히되 탐욕 없음[無欲]에 의해, 떠남[離]에 의해, 사라짐[滅]에 의해, 차제 아님[非品]에 이르기를 바라야 한다.

이와 같이 정진의 선정[精進定]과 마음의 선정[心定] 또한 그러하며, 살핌의 선정[觀定]을 성취하여 모든 지어감을 불사르고, 자재한 선정을 닦아 익히되 탐욕 없음에 의해, 떠남에 의해, 사라짐에 의해 차제 아님에 이르기를 원해야 한다.'

아난다여, 너는 이 네 가지 자재한 선정을 여러 젊은 비구들을 위하여 말해주고, 그것으로 그들을 가르쳐야 한다. 만약 여러 젊은 비구들을 위하여 이 네 가지 자재한 선정을 말해주고 가르치면, 그들은 곧 안온함을 얻고 힘을 얻고 즐거움을 얻어 몸과 마음이 번뇌의 열로 뜨거워지지 않고 몸을 마치도록 범행을 행할 것이다.

아난다여, 나는 본디 너를 위하여 네 가지 선정[四禪]을 말해주었다.

'비구는 탐욕을 여의고 악하여 착하지 않은 법을 여의며 나아가

넷째 선정을 얻어 성취하여 노닌다.'

아난다여, 너는 이 네 가지 선정을 여러 젊은 비구들을 위하여 말해주고, 그것으로 그들을 가르쳐야 한다. 만약 여러 젊은 비구들을 위하여 이 네 가지 선정을 말해주고 가르치면, 그들은 곧 안온함을 얻고 힘을 얻고 즐거움을 얻어 몸과 마음이 번뇌의 열로 뜨거워지지 않고 몸을 마치도록 범행을 행할 것이다.

아난다여, 나는 본디 너를 위하여 네 가지 거룩한 진리[四聖諦], 곧 괴로움의 거룩한 진리[苦聖諦] · 괴로움 모아냄의 거룩한 진리[苦習聖諦, 苦集聖諦] · 괴로움 사라짐의 거룩한 진리[苦滅聖諦] · 괴로움을 없애는 길의 거룩한 진리[苦滅道聖諦]를 말해주었다.

아난다여, 너는 이 네 가지 거룩한 진리를 여러 젊은 비구들을 위하여 말해주고, 그것으로 그들을 가르쳐야 한다. 만약 여러 젊은 비구들을 위하여 이 네 가지 거룩한 진리를 말해주고 가르치면, 그들은 곧 안온함을 얻고 힘을 얻고 즐거움을 얻어 몸과 마음이 번뇌의 열로 뜨거워지지 않고 몸을 마치도록 범행을 행할 것이다."

네 가지 생각 있는 선정, 물질 없는 세계의 선정
한량없는 마음을 가르치도록 하심

"아난다여, 나는 본디 너를 위하여 네 가지 생각 있는 선정[四想定]을 말해주었다.

'비구는 작은 생각[小想]이 있고, 큰 생각[大想]이 있으며, 한량없는 생각[無量想]이 있고, 있는 바 없는 생각[無所有想]이 있다.'

아난다여, 너는 이 네 가지 생각 있는 선정을 여러 젊은 비구들을 위하여 말해주고, 그것으로 그들을 가르쳐야 한다. 만약 여러 젊은 비구들을 위하여 이 네 가지 생각 있는 선정을 말해주고 가르치면, 그들은 곧 안온함을 얻고 힘을 얻고 즐거움을 얻어 몸과 마음이 번뇌의 열로 뜨거워지지 않고 몸을 마치도록 범행을 행할 것이다.

아난다여, 나는 본디 너를 위하여 네 가지 한량없는 마음[四無量心]을 말해주었다.

'비구는 마음이 사랑과 함께하여 일방을 두루 채워 성취하여 노닐며, 이·삼·사방 네 모서리 위아래 온갖 곳을 널리 두루한다.

마음이 사랑과 함께하여 맺음도 없고[無結] 원한도 없으며[無怨], 성냄도 없고[無恚] 다툼도 없으며[無諍], 지극히 넓고 매우 크며 한량없이 잘 닦아, 온갖 세간을 두루 채우고 성취하여 노닌다.

이렇게 슬피 여김[悲]과 따라 기뻐함[喜] 또한 그러하며, 평정[捨]과 함께하는 마음으로 맺음도 없고 원한도 없으며, 성냄도 없고 다툼도 없으며, 지극히 넓고 매우 크며 한량없이 잘 닦아, 온갖 세간을 두루 채우고 성취하여 노닌다.'

아난다여, 너는 이 네 가지 한량없는 마음을 여러 젊은 비구들을 위하여 말해주고, 그것으로 그들을 가르쳐야 한다. 만약 여러 젊은 비구들을 위하여 이 네 가지 한량없는 마음을 말해주고 가르치면, 그들은 곧 안온함을 얻고 힘을 얻고 즐거움을 얻어 몸과 마음이 번뇌의 열로 뜨거워지지 않고 몸을 마치도록 범행을 행할 것이다.

아난다여, 나는 본디 너를 위하여 네 가지 물질 없는 세계의 선정[四無色定]을 말해주었다.

'비구는 물질의 생각[色想]을 끊고 나아가 생각 있음도 아니고 생

각 없음도 아닌 곳[非有想非無想處]을 성취하여 노닌다.'

아난다여, 너는 이 네 가지 물질 없는 세계의 선정을 여러 젊은 비구들을 위하여 말해주고, 그것으로 그들을 가르쳐야 한다. 만약 여러 젊은 비구들을 위하여 이 네 가지 물질 없는 세계의 선정을 말해주고 가르치면, 그들은 곧 안온함을 얻고 힘을 얻고 즐거움을 얻어 몸과 마음이 번뇌의 열로 뜨거워지지 않고 몸을 마치도록 범행을 행할 것이다."

거룩한 씨앗, 사문의 과덕을 가르치도록 하심

"아난다여, 나는 본디 너를 위하여 네 가지 거룩한 씨앗[四聖種]을 말해주었다.

'비구·비구니는 거칠고 소박한 옷을 얻어 만족할 줄을 알며 좋은 옷을 구해 그 뜻을 채우려 하지 않는다. 만약 옷을 얻지 못해도 걱정하지 않고 울지 않으며, 가슴을 치지 않고 어리석게 의혹하지 않는다.

만약 옷을 얻으면 물들지 않고 집착하지 않으며 욕심 내지 않고 탐하지 않으며 마음이 흔들리지 않고 얽매이지 않으며, 재앙을 보면 벗어날 수 있는 쓰임새로만 옷을 입는다.

이와 같이 일에 날카롭고 게으르지 않아 바르게 알면 이것을 비구·비구니가 옛 거룩한 씨앗[舊聖種]에 바르게 머무는 것이라 한다.

이와 같이 먹을거리[食]와 사는 곳[住處]도 그러하며, 끊기[斷]를 좋아하고 끊기를 즐기며, 닦기[修]를 좋아하고 닦기를 즐긴다.

그는 끊기를 좋아하고 끊기를 즐기며, 닦기를 좋아하고 닦기를 즐기기 때문에, 스스로를 귀하게 여기지도 않고 남을 천하게 여기지도 않는다.

이렇게 일에 날카롭고 게으르지 않아 바르게 알면, 이것을 비구·비구니가 옛 거룩한 씨앗에 바르게 머무르는 것이라 한다.'

아난다여, 너는 이 네 가지 거룩한 씨앗을 여러 젊은 비구들을 위하여 말해주고, 그것으로 그들을 가르쳐야 한다. 만약 여러 젊은 비구들을 위하여 이 네 가지 거룩한 씨앗을 말해주고 가르치면, 그들은 곧 안온함을 얻고 힘을 얻고 즐거움을 얻어 몸과 마음이 번뇌의 열로 뜨거워지지 않고 몸을 마치도록 범행을 행할 것이다.

아난다여, 나는 본디 너를 위하여 네 가지 사문의 과덕[四沙門果], 곧 스로타판나(srotāpanna, 入流)·사크리다가민(sakṛdāgāmin, 一來)·아나가민(anāgāmin, 不來)과 가장 높은 아라한(arhat, 應供)의 과덕을 말해주었다.

아난다여, 너는 이 네 가지 사문의 과덕을 여러 젊은 비구들을 위하여 말해주고, 그것으로 그들을 가르쳐야 한다. 만약 여러 젊은 비구들을 위하여 이 네 가지 사문의 과덕을 말해주고 가르치면, 그들은 곧 안온함을 얻고 힘을 얻고 즐거움을 얻어 몸과 마음이 번뇌의 열로 뜨거워지지 않고 몸을 마치도록 범행을 행할 것이다."

다섯 해탈의 생각, 해탈하는 곳, 다섯 가지 진리의 뿌리 힘을 가르치도록 하심

"아난다여, 나는 본디 너를 위하여 다섯 가지 익은 해탈의 생각[五熟解脫想]인 덧없다는 생각[不常想], 덧없어 괴롭다는 생각[無常苦想], 괴롭고 나 없다는 생각[苦無我想], 몸은 깨끗하지 않다는 생각[不淨惡露想], 온갖 세간은 즐길 것이 없다는 생각[一切世間不可樂

想]을 말해주었다.

아난다여, 너는 이 다섯 가지 해탈의 생각을 여러 젊은 비구들을 위하여 말해주고, 그것으로 그들을 가르쳐야 한다. 만약 여러 젊은 비구들을 위하여 이 다섯 가지 해탈의 생각을 말해주고 가르치면, 그들은 곧 안온함을 얻고 힘을 얻고 즐거움을 얻어 몸과 마음이 번뇌의 열로 뜨거워지지 않고 몸을 마치도록 범행을 행할 것이다.

아난다여, 나는 본디 너를 위하여 다섯 가지 해탈하는 곳[五解脫處]을 말해주었다.

'만약 비구·비구니가 이것을 의지한다면 아직 해탈하지 못한 이는 마음이 해탈하고, 아직 모든 흐름을 다하지 못한 이는 흐름 다해 남음 없음을 얻게 되며, 아직 위없는 니르바나[無上涅槃]를 얻지 못한 이는 위없는 니르바나를 얻게 될 것이다.

어떤 것이 다섯 가지 해탈하는 곳인가?

아난다여, 세존은 비구·비구니를 위하여 설법하고, 여러 지혜로운 범행자(梵行者) 또한 비구·비구니를 위하여 설법한다.

아난다여, 만약 세존이 비구·비구니를 위하여 설법하고, 여러 지혜로운 범행자 또한 비구·비구니를 위하여 설법하면 그들은 그 법을 들은 뒤에는 곧 법을 알고 뜻을 풀게 된다.

그들은 법을 알고 뜻을 풀므로 곧 기쁨을 얻고, 기쁘기 때문에 법의 즐거움을 얻고, 그 즐거움 때문에 곧 몸을 쉬게 되고, 몸을 쉬므로 곧 깨달음의 즐거움을 얻고, 깨달음의 즐거움으로 말미암아 곧 마음의 선정을 얻는다.

아난다여, 비구·비구니는 마음의 선정으로 말미암아 곧 진실대로 보고 진실 그대로 알게 되며, 진실대로 보고 진실 그대로 알게 됨으로 집착하지 않게 된다.

집착하지 않음으로 탐욕이 없게 되고, 탐욕이 없음으로 해탈을 얻으며, 해탈로 말미암아 해탈한 줄을 알게 되어, '태어남은 이미 다하고 범행은 이미 서고 지을 바를 이미 지어, 뒤의 있음 다시 받지 않음'을 진실 그대로 알게 된다.

아난다여, 이것을 첫째 해탈하는 곳[解脫處]이라 한다.

이것으로 말미암아 비구 · 비구니가 아직 해탈하지 못하였으면 마음이 해탈하고, 아직 모든 흐름[漏]을 다하지 못하였으면 흐름이 다해 남음 없음을 얻게 되고, 아직 위없는 니르바나를 얻지 못하였으면 위없는 니르바나를 얻는다.

또 아난다여, 세존도 비구 · 비구니를 위하여 설법하지 않고, 여러 지혜로운 범행자들 또한 비구 · 비구니를 위하여 설법하지 않으면 본래 듣고 외워 익힌 법대로 그것을 널리 읽으라.

만약 본래 듣고 외워 익힌 법대로 널리 읽지 않으려면 다만 본래 듣고 외워 익힌 법을 따라 남을 위해 널리 말해주라.

만약 본래 듣고 외워 익힌 법대로 따라 남을 위해 널리 말하지 않으려면, 다만 본래 듣고 외워 익힌 법을 따라 마음으로 사유하고 분별하라.

만약 본래 듣고 외워 익힌 법대로 마음으로 생각하고 분별하지 않으려면, 다만 여러 사마디의 모습[三昧相]을 잘 받아 지니라.

아난다여, 만약 비구 · 비구니가 여러 사마디의 모습을 잘 받아 지니면 곧 법을 알고 뜻을 풀게 된다[知法解義].

그들은 법을 알고 뜻을 풀므로 곧 기쁨을 얻고, 기쁘기 때문에 법의 즐거움을 얻고, 그 즐거움 때문에 곧 몸을 쉬게 되고, 몸을 쉬므로 곧 깨달음의 즐거움을 얻고, 깨달음의 즐거움으로 말미암아 곧 마음의 선정[心定]을 얻는다.

아난다여, 비구·비구니는 마음의 선정으로 말미암아 곧 진실대로 보고 진실 그대로 알게 되며, 진실대로 보고 진실 그대로 알게 됨으로 집착하지 않게 된다. 집착하지 않음으로 탐욕이 없게 되고, 탐욕이 없음으로 해탈을 얻으며, 해탈로 말미암아 해탈한 줄을 알게 되어, '태어남은 이미 다하고 범행은 이미 서고 지을 바를 이미 지어, 뒤의 있음 다시 받지 않음'을 진실 그대로 알게 된다.

아난다여, 이것을 다섯 번째 해탈하는 곳이라 한다.

이것으로 말미암아 비구·비구니가 아직 해탈하지 못하였으면 마음이 해탈하고, 아직 모든 흐름을 다하지 못하였으면 흐름이 다해 남음 없음을 얻게 되고, 아직 위없는 니르바나를 얻지 못하였으면 위없는 니르바나를 얻는다.'

아난다여, 너는 이 다섯 해탈하는 곳을 여러 젊은 비구들을 위하여 말해주고, 그것으로 그들을 가르쳐야 한다. 만약 여러 젊은 비구들을 위하여 이 다섯 해탈하는 곳을 말해주고 가르치면, 그들은 곧 안온함을 얻고 힘을 얻고 즐거움을 얻어 몸과 마음이 번뇌의 열로 뜨거워지지 않고 몸을 마치도록 범행을 행할 것이다.

아난다여, 나는 본디 너를 위하여 다섯 가지 진리의 뿌리[五根], 곧 믿음의 뿌리[信根]·정진의 뿌리[精進根]·생각의 뿌리[念根]·선정의 뿌리[定根]·지혜의 뿌리[慧根]를 말해주었다.

아난다여, 너는 이 다섯 가지 진리의 뿌리를 여러 젊은 비구들을 위하여 말해주고, 그것으로 그들을 가르쳐야 한다. 만약 여러 젊은 비구들을 위하여 이 다섯 가지 진리의 뿌리를 말해주고 가르치면, 그들은 곧 안온함을 얻고 힘을 얻고 즐거움을 얻어 몸과 마음이 번뇌의 열로 뜨거워지지 않고 몸을 마치도록 범행을 행할 것이다.

아난다여, 나는 본디 너를 위하여 다섯 가지 진리의 힘[五力], 곧 믿음의 힘[信力]·정진의 힘[精進力]·생각의 힘[念力]·선정의 힘 [定力]·지혜의 힘[慧力]을 말해주었다.

아난다여, 너는 이 다섯 가지 진리의 힘을 여러 젊은 비구들을 위하여 말해주고, 그것으로 그들을 가르쳐야 한다. 만약 여러 젊은 비구들을 위하여 이 다섯 가지 진리의 힘을 말해주고 가르치면, 그들은 곧 안온함을 얻고 힘을 얻고 즐거움을 얻어 몸과 마음이 번뇌의 열로 뜨거워지지 않고 몸을 마치도록 범행을 행할 것이다."

• 중아함 86 설처경(說處經) 전반부

• 해설 •

바이풀야의 경으로서 두 단으로 편집된 이 경은 중아함 가운데 '앎 내는 곳을 말씀한 경[說處經]'을 나누어 편집한 것이다. 먼저 앞부분을 살펴보자.

깊고 깊은 뜻을 널리 자세히 설함이라는 방광(方廣)의 뜻 그대로 이 경은 불교의 존재론·인식론·실천론을 모두 망라해서 가르치고 있다.

이 경은 아난다 존자가 세존께 '젊은 비구들을 어떻게 가르쳐야 하는가' 묻고, 그 물음에 대답해보이신 교설이다. 세존의 뜻은 잘 가르치기 위해선 스스로 법을 잘 받아 그 뜻을 깨닫고 스스로 지혜의 흐름에 들지 못하면 잘 가르칠 수 없다는 깨우침을 담고 있다.

잘 듣는 자만 잘 말할 수 있고, 잘 배우는 자만 잘 가르칠 수 있으며, 스스로 법바다에 들어간 자만이 법의 은택을 남에게 줄 수 있는 것이다.

먼저 여래는 지금 보고 듣고 느끼는 앎[識]을 배움과 가르침의 출발이라 말씀하신다. 앎의 연기적 진실을 깨닫는 것이 스스로 해탈하고 남을 해탈시키는 바탕이기 때문이다.

연기법에서 앎[識]은 자아와 세계 속에서 일어나 자아와 세계를 머금으니, 앎이 곧 안의 주체[內處]이고 밖의 세계[外處]이다. 바른 행[正道] 또한 앎활동인 실천이므로 존재·인식·실천은 하나의 통일된 고리로 설명되어야 한다.

앎 내는 곳[處] 가운데 여섯 아는 뿌리[六根] 곧 주체는 앎의 내적 근거가 되므로 여섯 안의 내는 곳[六內處]이라 하고, 여섯 경계[六境] 곧 객체는 앎의 외적 토대이자 앎의 보편적 근거이므로 여섯 밖의 내는 곳[六外處]이라 한다.

안과 밖의 내는 곳은 앎을 내고 앎을 거두어들이므로 내는 곳[處]은 다시 들임[入]이라고 옮겨진다. 이때 안과 밖의 내는 곳은 앎활동 밖에서 앎을 내는 자가 아니라 앎의 토대이자 오직 앎 자체로만 활동하는 근거이다.

왜 그런가. 아는 자[內處]는 늘 알려지는 것[外處]을 의지해서만 아는 자가 되므로 아는 자는 앎으로만 살아 움직이는 아는 자이고 활동 자체인 아는 자이다. 그러므로 아는 자·앎·알려지는 곳이 모두 공하여 실체가 없다.

다시 앎을 따라 일어나[相應], 앎의 구체적 내용을 이루어주는 여섯 닿음·느낌·모습 취함·지어감·애착 또한 앎을 따라 일어나고 경계를 의지해 일어나므로 실체가 없고 실체가 없으므로 취할 것이 없다.

세간법을 땅·물·불·바람·허공·앎의 여섯 가지 법의 영역[六界]으로 분류하는 것은 뜻있는 중생[有情]과 뜻 없는 세계[無情], 인간과 우주자연이 서로 의지해 있는 연기관계를 보이기 위함이다.

세계는 앎의 토대이자 앎인 세계이고 앎은 세계인 앎이다. 그러므로 앎에서도 앎을 벗어나야 되고 세계의 모습에서도 모습을 벗어나야 된다.

이와 같이 온갖 법은 이것과 저것이 서로 의지해 있고 의지해 발생하므로 이것에도 이것이 없고 저것에도 저것이 없다. 나고 죽음에 나고 죽음 없는 곳에서 나고 죽음을 보는 것이 무명이고, 무명과 무명의 맹목적 활동[行]으로 나고 죽음은 실로 있는 나고 죽음으로 굳어지니, 인연으로 일어난 십이연기에서 공함을 체득하면 안온함을 얻고 즐거움을 얻게 된다.

저 보여지는 세계의 모습에서 모습을 떠나고 앎에서 앎을 떠나는 실천방법은 무엇인가. 몸·느낌·마음·법[身·受·心·法]을 돌이켜 살펴 그것이 그것 아닌 그것인 줄 바로 보는 것이 요점이 된다. 아는 자와 알려지는 것에서 실로 있다는 집착을 벗어나 그름을 그치고 바름을 세우며, 괴로움과 즐거움, 괴롭지도 않고 즐겁지도 않은 느낌을 떠나 사유의 청정[念淸淨]을 성취하는 것이 네 곳 살핌[四念處]이고, 네 가지 끊음[四正斷]·네 가지 자재한 선정[四如意足]·네 가지 선정[四禪]이다.

붇다의 연기론적 선정 또한 기존 세간에 유행하던 선정의 이름을 빌려 연기론의 실천관을 나타낸다.

네 가지 선정은 탐욕의 세계[欲界]를 대치하기 위해 탐욕의 대상을 취해 얻는 괴로움과 즐거움의 감각을 뛰어넘어 사유의 청정함을 성취케 하므로 탐욕 없는 물질세계의 선정[色界定]이라 이름하니, 네 가지 선정이 곧 욕계와 색계에 물들지 않는 해탈의 길을 보인다.

물질 있는 세계의 장애[色界]를 대치하기 위해 '네 가지 물질 없는 선정'[四無色定]을 세워 물질 있음을 상대해 '허공이 한량없고 끝없는 곳의 선정'[空無邊處定], 다시 허공의 없음을 상대해 '앎이 끝없는 곳의 선정'[識無邊處定], 관념의 있음을 상대해 '있는 바 없는 곳의 선정'[無所有處定], '생각 있음도 아니고 생각 없음도 아닌 곳의 선정'[非想非非想處定]을 세운다. 그 선정에서 다시 모습 없음에 머묾을 부정하기 위해 느낌과 모습 취함 없애는 선정[滅受想定]을 말하니, 선정의 차제는 중생 망념에 따르는 차제일 뿐이다.

그러므로 탐욕의 경계·탐욕 떠난 깨끗한 물질의 경계·물질 없는 경계에 취할 것이 없으면, 탐욕과 물질의 경계 가운데 경계에 대한 느낌 없고 모습 취함 없는 선정[滅受想定]을 수용할 수 있다.

탐욕경계에서 탐욕을 떠나고 물질세계에서 물질을 떠나며 물질 없음에서 물질 없다는 생각마저 떠나면 늘 네 가지 한량없는 마음[四無量心]을 성취하니, 네 가지 모습 없는 선정 다음에 한량없는 마음을 세운다.

수행자가 늘 모습과 모습 없음을 떠나 자비희사(慈悲喜捨)의 한량없는 마음으로 두타행을 행하여, 입을거리와 먹을거리와 머무는 곳에 만족함을 알고, 탐욕스런 꾸밈을 떠나 번뇌 끊기를 좋아하고 거룩한 행 닦기를 좋아하면, 그가 바로 탐욕의 씨앗을 없애고 상가의 거룩한 씨앗에 머무는 자이다.

거룩한 씨앗에 머물며 다시 탐욕경계에 물들지 않으면, 그는 지혜의 흐름에 들어가 다시는 동요하거나 물러섬이 없이, 배울 것 없는 지위에 이르러 범행을 늘 세워 지을 것을 지어 마치게 된다.

위와 같은 선정을 다시 관행(觀行)으로 돌이켜 보자. 관행에는 다섯 가지 해탈의 생각이 있고 다섯 가지 해탈하는 곳이 있다.

어떤 것이 다섯 가지 해탈의 생각[解脫想]인가. 온갖 법이 덧없고[無常], 덧없으므로 취하면 곧 괴로우며[苦], 괴로운 것에는 실로 나가 없고[無我] 몸은 깨끗하지 않으며[不淨], 세간은 즐길 것이 없다는 생각[不可樂]이 다섯 가지 해탈의 생각이다. 이는 세간이 항상하고 내가 있고 깨끗하고 즐길 만하다는 집착을 상대한 대치관(對治觀)이다.

다시 어떤 것이 다섯 가지 해탈하는 곳[解脫處]인가. 다섯 가지 해탈하는 곳의 첫째는 세존의 설법을 잘 듣고 받아 지니어 선정에 나아감이고, 둘째는 세존과 선지식이 설법하지 않으면 이미 들은 법을 외워 지니어 널리 읽음이고, 셋째는 본래 외워 지닌 법을 남을 위해 말해줌이며, 넷째는 듣고 외워 지닌 법을 마음으로 잘 사유함이고, 다섯째는 외워 지닌 법 따라 여러 사마디를 잘 받아지님이다.

이와 같이 듣고[聞] 사유하여[思] 남을 위해 설해주고[說法] 사마디를 잘 받아 지니면[修] 그는 마음의 선정으로 해탈하게 될 것이다.

위의 모든 법은 다섯 가지 진리의 뿌리[五根]와 다섯 가지 진리의 힘[五力]에 다 거두어지니, 삼보에 대한 굳센 믿음의 뿌리와 정진의 뿌리를 행하고 네 곳 살핌 등 생각의 뿌리를 행하여 선정과 지혜를 아울러 닦으면, 다섯 가지 진리의 뿌리는 삶 속에 무너질 수 없고 깨질 수 없는 다섯 가지 진리의 힘을 안겨준다.

지금 보고 듣는 앎을 돌이켜 앎에 앎 없음을 통달하여 굳센 진리의 뿌리에 안주해 세간에 진리의 깃발 세우는 자가 세간에 법을 잘 설해 여래의 은혜를 갚고 중생을 위해 세간의 복밭이 되는 것이다. 그러므로 여래는 보디사트바에게 이 법으로 스스로 행하고 남 가르치길 당부하시는 것이다.

화엄회상(「입법계품」)의 선지식도 여래의 뜻을 받아 다음과 같이 구도자에게 당부한다.

나의 이 해탈의 문은
깨끗한 법의 밝은 빛을 내
어리석음의 어두움 깨뜨리나
이 법 듣는 중생이 받아들일
때를 기다려 연설하도다.

我此解脫門 生淨法光明
能破愚癡暗 待時而演說

나는 옛날 끝없는 겁에
넓고 큰 자비 부지런히 행해
모든 세간 널리 덮었으니
구도자여 반드시 닦아 배우라.

我昔無邊劫 勤行廣大慈
普覆諸世間 佛子應修學

아난다여, 여래의 가르침대로 법을 살피고 가르치는 것이 많이 들은 거룩한 제자의 행이니

세존께서 말씀하셨다.

"아난다여, 나는 본디 너를 위하여 '다섯 가지 벗어남의 세계'[五出要界]를 말해주었다.

'어떤 것이 다섯 가지인가? 첫째 탐욕에서 벗어남이다.

아난다여, 많이 들은 거룩한 제자는 탐욕[欲]을 아주 잘 살핀다. 그는 탐욕을 아주 잘 살핌으로 마음이 곧 탐욕을 향하지 않고, 탐욕을 좋아하지 않으며, 탐욕을 가까이하지 않고, 탐욕을 믿거나 이해하지도 않는다.

만약 탐욕이 생기면 곧바로 녹이고 불태워 다시 도로 펼치지 못하게 하고, 버리고 떠나 탐욕에 머무르지 않고, 더럽고 나쁘다고 여겨 탐욕을 싫어한다. 아난다여, 마치 닭털이나 힘줄을 가져다 불 속에 넣으면 당장에 녹고 타서 다시 도로 펼치지 못하는 것과 같다.

아난다여, 많이 들은 거룩한 제자 또한 그와 같이 탐욕을 아주 잘 살핀다. 그는 탐욕을 아주 잘 살핌으로 마음이 곧 탐욕을 향하지 않고, 탐욕을 좋아하지 않으며, 탐욕을 가까이하지 않고, 탐욕을 믿거나 이해하지도 않는다. 만약 탐욕이 생기면 곧바로 녹이고 불태워 다시 도로 펼치지 못하게 하고, 버리고 떠나 탐욕에 머무르지 않고, 더럽고 나쁘다고 여겨 탐욕을 싫어한다.

탐욕 없음을 살펴 마음이 탐욕 없음을 향하고, 탐욕 없음을 즐기며, 탐욕 없음을 가까이하고, 탐욕 없음을 믿고 이해한다.

그리하여 마음에 걸림도 없고 마음에는 흐림이 없으며, 마음은 즐거움을 얻고, 즐거움을 이룬다. 온갖 탐욕과 탐욕으로 인한 모든 흐름과 번뇌의 뜨거움과 근심을 멀리 떠나 그것을 풀고 그것을 벗어난다. 다시 그것을 해탈하여 그는 다시 이 느낌[覺]을 받지 않으니, 느낌은 탐욕으로 인하여 생기는 것이다. 이것이 '탐욕에서 벗어남'[欲出要]이니, 아난다여 이것을 '첫 번째 벗어남'[第一出要界]이라 한다."

탐욕에서 벗어남을 보이신 뒤, 성냄·해침에서 벗어남을 보이심

"아난다여, 많이 들은 거룩한 제자는 성냄[恚]을 아주 잘 살핀다. 그는 성냄을 아주 잘 살핌으로 마음이 곧 성냄을 향하지 않고, 성냄을 좋아하지 않으며, 성냄을 가까이하지 않고, 성냄을 믿거나 이해하지도 않는다.

만약 성냄이 생기면 곧바로 녹이고 불태워 다시 도로 펼치지 못하게 하고, 버리고 떠나 성냄에 머무르지 않고, 더럽고 나쁘다고 여겨 성냄을 싫어한다. 아난다여, 마치 닭털이나 힘줄을 가져다 불 속에 넣으면 당장에 녹고 타서 다시 도로 펼치지 못하는 것과 같다.

아난다여, 많이 들은 거룩한 제자 또한 그와 같이 성냄을 아주 잘 살핀다. 그는 성냄을 아주 잘 살핌으로 마음이 곧 성냄을 향하지 않고, 성냄을 좋아하지 않으며, 성냄을 가까이하지 않고, 성냄을 믿거나 이해하지도 않는다.

만약 성냄이 생기면 곧바로 녹이고 불태워 다시 도로 펼치지 못하게 하고, 버리고 떠나 성냄에 머무르지 않고, 더럽고 나쁘다고 여겨 성냄을 싫어한다.

성냄 없음을 살펴 마음이 성냄 없음을 향하고, 성냄 없음을 즐기며, 성냄 없음을 가까이하고, 성냄 없음을 믿고 이해한다.

그리하여 마음에 걸림도 없고 마음에는 흐림이 없으며, 마음은 즐거움을 얻고, 즐거움을 이룬다. 온갖 성냄과 성냄으로 인한 모든 흐름과 번뇌의 뜨거움과 근심을 멀리 떠나 그것을 풀고 그것을 벗어난다. 다시 그것을 해탈하여 그는 다시 이 느낌을 받지 않으니, 느낌은 성냄으로 인하여 생기는 것이다. 이것이 '성냄에서 벗어남'[恚出要]이니, 아난다여 이것을 '두 번째 벗어남'이라 한다.

아난다여, 많이 들은 거룩한 제자는 해침[害]을 아주 잘 살핀다. 그는 해침을 아주 잘 살핌으로 마음이 곧 해침을 향하지 않고, 해침을 좋아하지 않으며, 해침을 가까이하지 않고, 해침을 믿거나 이해하지도 않는다.

만약 해침이 생기면 곧바로 녹이고 불태워 다시 도로 펼치지 못하게 하고, 버리고 떠나 해침에 머무르지 않고, 더럽고 나쁘다고 여겨 해침을 싫어한다. 아난다여, 마치 닭털이나 힘줄을 가져다 불 속에 넣으면 당장에 녹고 타서 다시 도로 펼치지 못하는 것과 같다.

아난다여, 많이 들은 거룩한 제자 또한 그와 같이 해침을 아주 잘 살핀다. 그는 해침을 아주 잘 살핌으로 마음이 곧 해침을 향하지 않고, 해침을 좋아하지 않으며, 해침을 가까이하지 않고, 해침을 믿거나 이해하지도 않는다.

만약 해침이 생기면 곧바로 녹이고 불태워 다시 도로 펼치지 못하게 하고, 버리고 떠나 해침에 머무르지 않고, 더럽고 나쁘다고 여겨 해침을 싫어한다.

해침 없음을 살펴 마음이 해침 없음을 향하고, 해침 없음을 즐기며, 해침 없음을 가까이하고, 해침 없음을 믿고 이해한다.

그리하여 마음에 걸림도 없고 마음에는 흐림이 없으며, 마음은 즐거움을 얻고, 즐거움을 이룬다. 온갖 해침과 해침으로 인한 모든 흐름과 번뇌의 뜨거움과 근심을 멀리 떠나 그것을 풀고 그것을 벗어난다. 다시 그것을 해탈하여 그는 다시 이 느낌을 받지 않으니, 느낌은 해침으로 인하여 생기는 것이다. 이것이 '해침에서 벗어남'[害出要]이니, 아난다여 이것을 '세 번째 벗어남'이라 한다."

다섯 가지 벗어남의 영역에서 물질과 몸에서의 해탈을 보이심

"다시 아난다여, 많이 들은 거룩한 제자는 물질[色]을 아주 잘 살핀다. 그는 물질을 아주 잘 살핌으로 마음이 곧 물질을 향하지 않고, 물질을 좋아하지 않으며, 물질을 가까이하지 않고, 물질을 믿거나 이해하지도 않는다.

만약 물질의 마음이 생기면 곧바로 녹이고 불태워 다시 도로 펼치지 못하게 하고, 버리고 떠나 물질에 머무르지 않고, 더럽고 나쁘다고 여겨 물질을 싫어한다. 아난다여, 마치 닭털이나 힘줄을 가져다 불 속에 넣으면 당장에 녹고 타서 다시 도로 펼치지 못하는 것과 같다.

아난다여, 많이 들은 거룩한 제자 또한 그와 같이 물질을 아주 잘 살핀다. 그는 물질을 아주 잘 살핌으로 마음이 곧 물질을 향하지 않고, 물질을 좋아하지 않으며, 물질을 가까이하지 않고, 물질을 믿거나 이해하지도 않는다.

만약 물질의 마음이 생기면 곧바로 녹이고 불태워 다시 도로 펼치지 못하게 하고, 버리고 떠나 물질에 머무르지 않고, 더럽고 나쁘다고 여겨 물질을 즐거하지 않는다.

물질 없음을 살펴 마음이 물질 없음을 향하고, 물질 없음을 즐기며, 물질 없음을 가까이하고, 물질 없음을 믿고 이해한다.

그리하여 마음에 걸림도 없고 마음에는 흐림이 없으며, 마음은 즐거움을 얻고, 즐거움을 이룬다. 온갖 물질과 물질로 인한 모든 흐름과 번뇌의 뜨거움과 근심을 멀리 떠나 그것을 풀고 그것을 벗어난다. 다시 그것을 해탈하여 그는 다시 이 느낌을 받지 않으니, 느낌은 물질로 인하여 생기는 것이다. 이와 같이 '물질에서 벗어나는 것'[色出要]이니, 아난다여 이것을 '네 번째 벗어남'이라 한다.

다시 아난다여, 많이 들은 거룩한 제자는 자기 몸을 아주 잘 살핀다. 그는 자기 몸을 아주 잘 살핌으로 마음이 곧 자기 몸을 향하지 않고, 자기 몸을 좋아하지 않으며, 자기 몸을 가까이하지 않고, 자기 몸을 믿거나 이해하지도 않는다.

만약 자기 몸이라는 마음[己身心]이 생기면 곧바로 녹이고 불태워 다시 도로 펼치지 못하게 하고, 버리고 떠나 자기 몸에 머무르지 않고, 더럽고 나쁘다고 여겨 자기 몸을 싫어한다. 아난다여, 마치 닭털이나 힘줄을 가져다 불 속에 넣으면 당장에 녹고 타서 다시 도로 펼치지 못하는 것과 같다.

아난다여, 많이 들은 거룩한 제자 또한 그와 같이 자기 몸을 아주 잘 살핀다. 그는 자기 몸을 아주 잘 살핌으로 마음이 곧 자기 몸을 향하지 않고, 자기 몸을 좋아하지 않으며, 자기 몸을 가까이하지 않고, 자기 몸을 믿거나 이해하지도 않는다.

만약 자기 몸의 마음이 생기면 곧바로 녹이고 불태워 다시 도로 펼치지 못하게 하고, 버리고 떠나 자기 몸에 머무르지 않고, 더럽고 나쁘다고 여겨 자기 몸을 싫어한다.

자기 몸 없음을 살펴 마음이 자기 몸 없음을 향하고, 자기 몸 없음을 즐기며, 자기 몸 없음을 가까이하고, 자기 몸 없음을 믿고 이해한다.

그리하여 마음에 걸림도 없고 마음에는 흐림이 없으며, 마음은 즐거움을 얻고, 즐거움을 이룬다. 온갖 자기 몸과 자기 몸으로 인한 모든 흐름과 번뇌의 뜨거움과 근심을 멀리 떠나 그것을 풀고 그것을 벗어난다. 다시 그것을 해탈하여 그는 다시 이 느낌을 받지 않으니, 느낌은 자기 몸으로 인하여 생기는 것이다. 이와 같이 '자기 몸에서 벗어나는 것'[己身出要]이니, 아난다여 이것을 '다섯 번째 벗어남'이라 한다.

아난다여, 너는 이 '다섯 가지 벗어남의 영역'[五出要界]을 여러 젊은 비구들을 위하여 말해주고, 그것으로 그들을 가르쳐야 한다. 만약 여러 젊은 비구들을 위하여 이 다섯 가지 영역에서 벗어남을 말해주고 가르치면, 그들은 곧 안온함을 얻고 힘을 얻고 즐거움을 얻어 몸과 마음이 번뇌의 열로 뜨거워지지 않고 몸을 마치도록 범행을 행할 것이다."

일곱 가지 법의 재물과 진리의 힘을 가르치도록 하심

"아난다여, 나는 본디 너를 위하여 '일곱 가지 법의 재물'[七財], 곧 믿음의 재물[信財]·계의 재물[戒財]·스스로 부끄러워함의 재물[慚財]·남에 대한 부끄러움의 재물[愧財]·들음의 재물[聞財]·보시의 재물[施財]·지혜의 재물[慧財]을 말해주었다.

아난다여, 너는 이 일곱 가지 법의 재물을 여러 젊은 비구들을 위하여 말해주고, 그것으로 그들을 가르쳐야 한다. 만약 여러 젊은 비구들을 위하여 이 일곱 가지 법의 재물을 말해주고 가르치면, 그들은 곧 안온함을 얻고 힘을 얻고 즐거움을 얻어 몸과 마음이 번뇌의 열로 뜨거워지지 않고 몸을 마치도록 범행을 행할 것이다.

아난다여, 나는 본디 너를 위하여 '일곱 가지 진리의 힘'[七力], 곧 믿음의 힘[信力]·정진의 힘[精進力]·스스로 부끄러워함의 힘[慚力]·남에 대한 부끄러움의 힘[愧力]·생각의 힘[念力]·선정의 힘[定力]·지혜의 힘[慧力]을 말해주었다.

아난다여, 너는 이 일곱 가지 힘을 여러 젊은 비구들을 위하여 말해주고, 그것으로 그들을 가르쳐야 한다. 만약 여러 젊은 비구들을 위하여 이 일곱 가지 힘을 말해주고 가르치면, 그들은 곧 안온함을 얻고 힘을 얻고 즐거움을 얻어 몸과 마음이 번뇌의 열로 뜨거워지지 않고 몸을 마치도록 범행을 행할 것이다."

일곱 갈래 깨달음 법, 여덟 가지 바른 길을 가르치도록 하심

아난다여, 나는 본디 너를 위하여 '일곱 갈래 깨달음의 법'[七覺支], 곧 생각의 깨달음 법[念覺支]·법 가림의 깨달음 법[擇法覺支]·정진의 깨달음 법[精進覺支]·기쁨의 깨달음 법[喜覺支]·쉼의 깨달음 법[息覺支]·선정의 깨달음 법[定覺支]·버림의 깨달음 법[捨覺支]을 말해주었다.

아난다여, 너는 이 일곱 갈래 깨달음의 법을 여러 젊은 비구들을 위하여 말해주고, 그것으로 그들을 가르쳐야 한다. 만약 여러 젊은 비구들을 위하여 이 일곱 갈래 깨달음의 법을 말해주고 가르치면, 그들은 곧 안온함을 얻고 힘을 얻고 즐거움을 얻어 몸과 마음이 번뇌의 열로 뜨거워지지 않고 몸을 마치도록 범행을 행할 것이다."

"아난다여, 나는 본디 너를 위하여 '여덟 가지 바른 길'[八聖道, 正

道]을 말해주었으니, 곧 바른 견해[正見]·바른 말[正語]·바른 생각[正念]·바른 생활[正命]·바른 선정[正定]·바른 뜻[正思惟]·바른 행위[正業]·바른 정진[正精進]이다.

아난다여, 너는 이 여덟 가지 바른 길을 여러 젊은 비구들을 위하여 말해주고, 그것으로 그들을 가르쳐야 한다. 만약 여러 젊은 비구들을 위하여 이 여덟 가지 바른 길을 말해주고 가르치면, 그들은 곧 안온함을 얻고 힘을 얻고 즐거움을 얻어 몸과 마음이 번뇌의 열로 뜨거워지지 않고 몸을 마치도록 범행을 행할 것이다."

다시 정수리의 법에서 물러섬이 없는 행을 보이시고 당부하심

이에 존자 아난다는 두 손을 맞잡고 붇다를 향하여 말씀드렸다.

"세존이시여, 아주 기이하고 아주 빼어나십니다. 세존께서는 여러 젊은 비구들을 위하여 앎 내는 곳[處]을 말씀해주시고, 그곳을 가르쳐주셨습니다."

세존께서 말씀하셨다.

"아난다여, 그렇다. 이와 같이 참으로 기이하고 아주 빼어나다. 나는 여러 젊은 비구들을 위하여 앎 내는 곳을 말하고, 앎 내는 곳을 가르쳐주었다.

아난다여, 만약 네가 여래에게 다시 정수리의 법[頂法]과 정수리의 법에서 물러남[頂法退]을 묻는다면 너는 곧 여래를 지극히 믿고 기뻐하게 될 것이다."

이에 존자 아난다는 두 손을 맞잡고 붇다께 말씀드렸다.

"세존이시여, 지금이 바로 그때입니다.

잘 가신 이여, 지금이 바로 그때입니다. 만약 세존께서 여러 젊은 비구들을 위하여 정수리의 법과 정수리의 법에서 물러남을 말씀해 주시고 가르쳐주신다면, 저와 여러 젊은 비구들은 세존께 들은 뒤에 잘 받아 지니겠습니다.”

세존께서 말씀하셨다.

“아난다여, 너희들은 자세히 듣고 그것을 잘 생각하라. 나는 너와 여러 젊은 비구들을 위하여 정수리의 법과 정수리의 법에서 물러남을 말해주겠다.”

존자 아난다와 대중은 분부를 받아 말씀을 들었다.

세존께서 말씀하셨다.

“아난다여, 많이 들은 거룩한 제자[多聞聖弟子]는 진실하게, 마음으로 인하여 덧없음[無常]·괴로움[苦]·공함[空]·나 아님[非我]을 생각하고 헤아리며, 잘 살피고 분별한다.

그는 이와 같이 생각하고 이와 같이 헤아리며, 이와 같이 잘 살피고 분별한 뒤에는 참는 법[忍]을 내고 즐거움[樂]을 내고 하고자 함[欲]을 내, 듣고 생각하고 살피고자 한다.

아난다여, 이것을 정수리의 법이라 한다. 아난다여, 만약 이 정수리의 법을 얻었더라도 다시 잃어 시들고 물러서며, 지켜 보살핌을 닦지 않고, 힘써 나아감을 익히지 않으면 아난다여, 이것을 정수리의 법에서 물러남이라 한다.

이와 같이 안의 내는 곳[內處]·밖의 내는 곳[外處]·앎[識]·닿음[更樂]·느낌[覺]·모습 취함[想]·지어감[思]·애착[愛]·존재의 영역[界]·인연이 일어남[因緣起] 또한 그렇다.

아난다여, 많이 들은 거룩한 제자는 이 인연이 일어남과 인연이 일어남으로 나는 법에 대하여 덧없음·괴로움·공함·나 아님을 생각하고 헤아리며 잘 살피고 분별한다.

그는 이와 같이 생각하고 이와 같이 헤아리며, 이와 같이 잘 살피고 분별한 뒤에는 참는 법을 내고 즐거움을 내고 하고자 함을 내, 듣고 생각하고 살피고자 한다. 아난다여, 이것을 정수리의 법이라 한다. 아난다여, 만약 이 정수리의 법을 얻었더라도 다시 잃어 시들고 물러서며, 지켜 보살핌을 닦지 않고, 힘써 나아감을 익히지 않으면 아난다여, 이것을 정수리의 법에서 물러남이라 한다.

아난다여, 너는 이 정수리의 법과 정수리의 법에서 물러남을 여러 젊은 비구들을 위하여 말해주고, 그것으로 그들을 가르쳐야 한다. 만약 여러 젊은 비구들을 위하여 이 정수리의 법과 정수리의 법에서 물러남을 말해주고 가르치면, 그들은 곧 안온함을 얻고 힘을 얻고 즐거움을 얻어 몸과 마음이 번뇌의 열로 뜨거워지지 않고 몸을 마치도록 범행을 행할 것이다.

아난다여, 나는 너희들을 위하여 앎 내는 곳을 말해주고 가르쳤으며, 정수리의 법과 정수리의 법에서 물러남을 가르쳤다."

부지런히 정진하기를 당부하심

"높은 스승이 제자를 위하는 것이란 큰 사랑과 슬피 여김을 일으켜 가엾이 여겨 아파하며, 뜻[義]과 요익됨[饒益]을 구하고, 안온함과 즐거움을 구하는 것이니, 나는 이제 이미 지어 마쳤다.

너희들은 다시 스스로 힘써 지어, 일 없는 곳[無事處]인 산숲나무 밑이나 비어 고요한 곳에 가서, 편안히 앉아 고요히 사유하여[晏坐思惟] 방일하지 말고, 더욱 부지런히 정진하여 뉘우침이 없게 하라.

이것이 바로 나의 가르침[教勅]이요, 나의 깨우침[訓誨]이다."

붇다께서 이와 같이 말씀하시자, 존자 아난다와 여러 젊은 비구들은 붇다의 말씀을 듣고 기뻐하며 받들어 행하였다.

• 중아함 86 설처경(說處經) 후반부

• 해설 •

뒷부분을 따로 떼어 편집한 경의 이 부분은 무엇을 가르치고 있는가. 경은 앞에서 여래께서 수행자에게 스스로 잘 살펴 닦고 새로 배우는 이들에게 가르치도록 당부한 여러 실천법들을 행함으로써 얻는 해탈의 경계를 보여 스스로와 세간 중생 요익케 하는 행에 물러섬 없이 나아가게 하시고, 이 법으로 중생 가르치길 당부하고 있다.

경은 이 단에서 수행자가 가르침대로 닦아 행하면 다섯 가지 벗어남의 세계[五出要界]와 일곱 가지 법의 재물[七法財]을 얻어, 일곱 갈래 깨달음 법, 여덟 가지 바른 길에서 물러섬이 없고 여래로부터 받은 정수리의 법[頂法]에서 물러섬이 없이 나아가게 됨을 보인다.

그리하여 여래는 선정과 지혜가 하나된 곳에서 스스로 니르바나를 얻고 세간을 가엾이 여겨 세간에 요익됨과 안락함을 넓히도록 마지막 당부를 보이신다.

위의 가르침 가운데 일곱 가지 법의 재물, 일곱 갈래 깨달음 법, 여덟 가지 바른 길은 모두 계·정·혜 삼학을 고루 지님[三學等持]이요, 정수리의 법에서 물러나지 않음은 삼학을 고루 지니고 정진 파라미타에 나아감이다.

높은 스승의 제자에 대한 마지막 당부는 선정과 지혜의 행업을 방일함이 없이 정진해감이고 세간을 이 법으로 가르쳐 뜻으로 요익되게 하고 세간 중생으로 하여금 이 법을 통해 안온함과 즐거움을 얻도록 함이다. 스스로 그 일을 모두 지어 마치신 여래가 세간에 법의 등불이 꺼지지 않도록 제자들에게 스스로 부지런히 정진하고 세간에 법의 등불 전하도록 당부하시는 것으로 경을 마친다.

여래의 제자가 참으로 스스로 선정과 지혜로 정진하며 세간을 가엾이 여겨 세간 중생을 선정과 지혜의 길에 이끌어 그들을 바른 법과 뜻으로 요익되게 하고, 그들을 위해서 니르바나의 안온함과 즐거움을 구해야 비로소 여래 법왕의 자식이라 이름할 수 있는 것이다.

앞선 성인의 가르침을 잘 받아 듣고 잘 배워 지니어 스스로 행하지 않고 자기 사견에 성인의 이름을 포장하여 남을 가르치는 자들은, 현성의 법을 훔치는 자이니 현성의 참된 법의 자손이 아니다. 스스로 잘 배워서 법을 역사에 회향하는 참된 비구 보디사트바의 행을, 『화엄경』(「명법품」)은 이렇게 가르친다.

여래의 법 잘 행하는 보디사트바는
이와 같이 닦아서 묘한 법 얻고
이미 법을 얻고서 중생에게 베풀되
그 마음의 좋아함과 근성 따라서
중생의 마땅함을 따라 연설하도다.

如是而修獲妙法　旣得法已施群生
隨其心樂及根性　悉順其宜爲開演

보디사트바는 남을 위해 법 연설하되
자신의 여러 파라미타행 버리지 않고
파라미타의 도가 이미 이루어지면
있음의 바다에서 고통받는 중생들
언제나 그 바다에서 건져주도다.

菩薩爲他演說法　不捨自己諸度行
波羅蜜道旣已成　常於有海濟群生

11 아부타다르마

• 이끄는 글 •

범어 아부타다르마(adbhuta-dharma)는 드문 법[希有法], 빼어난 법, 일찍이 없었던 법[未曾有法]으로 옮겨진다. 붇다에 의해서 구현된 지혜와 자비 그 위신력이 인류역사 그 누구에 의해서도 실현된 일이 없으므로 붇다의 빼어난 위신력과 빼어난 경계에 대해 기술한 법을 아부타다르마라고 한다.

붇다의 빼어난 경계를 바라본 제자들이나 경전 편집자에 의해서 아부타다르마가 기술되기도 하지만, 붇다 스스로 여래의 법과 율이나 여래의 제자들의 빼어난 법을 찬탄할 때 아부타다르마를 말씀한다.

경전에 기술된 예로는 붇다께서 탄생하실 때 몸에서 큰 빛을 놓아 널리 시방을 비춘 것이나 마야 부인 앞에 깨끗한 못이 생겨나 태자를 목욕시킨 일, 브라흐마하늘왕이 일산[傘蓋]을 든 일, 두 용이 물을 품는 일 등은 세상에 없는 드문 일이다.

이와 같이 빼어난 일들을 기록한 경전의 법이 아부타다르마이다.

그러나 알고 보면 하늘신을 섬기고 브라흐만을 섬기며 마라를 섬

제2장 십이부경의 여러 형식 597

기던 시대 대중 앞에 마라와 하늘, 브라흐만을 뛰어넘어 위없는 깨달음의 길을 제시하신 붇다의 가르침이 '일찍이 없었던 법'이며, 미망의 세간을 뒤흔드는 혁명적 가르침인 것이다.

이런 뜻에서 붇다는 스스로 여래의 법과 율이야말로 이 세간의 아부타다르마이며, 여래의 법과 율을 따라 범행에 나아가고 니르바나의 길에 나아가는 제자들의 행이 바로 아부타다르마라고 선언하고 계시는 것이다.

이 법은 사카무니 붇다밖에 아무에 의해서도 밝혀지지 않았고 아무에 의해서도 실현되지 않은 미증유법이지만, 중생과 세계의 본래 갖춘 진실이고 옛 붇다가 이미 깨우쳐 쓰던 법이다.

모든 법의 진실한 모습은 오직 붇다만이 깨달아 밝힌 것이고 붇다와 붇다께서만 이 법을 다할 수 있다. 그러나 오직 붇다만이 새로 깨친 법이 실은 옛 붇다의 마음이고, 온갖 중생의 마음이며, 붇다의 새로 보디 이룸[始成正覺]이 오래고 먼 옛날 본래부터 진실하게 이루어져 있음[久遠實成]인 것이다.

그러므로 붇다에게서만 이루어진 '이 세간에 일찍이 없었던 법'[未曾有法]에서 새로 이룸[始成]과 본디 이루어져 있음[本成]이 둘이 아님을 알 수 있는 자가 여래의 아부타다르마의 뜻을 알 수 있으리라.

화엄회상(「입법계품」) 선지식은 보디의 법 구하는 수행자에게 이렇게 당부한다.

위없는 법 구하는 이여
만약 방편의 바다에 들어가

붇다의 보디에 편히 머물며
큰 인도자 따라 배울 수 있으면
온갖 것 아는 지혜 이루게 되리.

若入方便海　安住佛菩提
能隨導師學　當成一切智

대혜선사(大慧禪師)의 다음 게송 또한 수트라의 뜻과 다르지 않으니, 선사의 노래를 들어보자.

가을강이 맑아지고 낮아졌을 때
하얀 이슬 안개 낀 섬에 섞이네.
거룩하다 관세음 보디사트바여
온몸이 묵은 풀 속에 들어가도다.

秋江清淺時　白露和煙島
良哉觀世音　全身入荒草

묵은 풀 속 있지만 찾으려 마라.
무엇 때문에 이와 같은 것인가.
큰 형님의 부인을 알지 못했는데
원래로 그분이 형수님이로다.

在荒草不須討　爲甚麼如此
不識大哥妻　元來是嫂嫂

큰 바다의 여덟 가지 '일찍이 없었던 법'과
여래의 법 가운데 여덟 가지 '일찍이 없었던 법'

나는 들었다, 이와 같이.

한때 붇다께서 바이란쟈(Vairañjā)에 노니실 적에 노란 갈대 동산[黃蘆園]에 계셨다. 그때 파하라다(Pahārāda) 아수라 왕과 아들 무리차[牟梨遮] 아수라는 빛깔과 모습이 우뚝하고, 빛이 환하게 밝은 모습으로 밤이 지나고 날이 밝으려 할 무렵 붇다 계신 곳에 나아가 그 발에 절하고, 물러나 한쪽에 앉았다.

세존께서 물으셨다.

"파하라다여, 큰 바다 가운데서 아수라는 아수라의 목숨, 아수라의 빛깔, 아수라의 즐거움, 아수라의 힘을 시들어 물러서게 함이 없는가? 여러 아수라들은 큰 바다 가운데를 좋아하는가?"

파하라다 아수라 왕과 아들 무리차 아수라가 대답하였다.

"세존이시여, 우리 큰 바다 가운데서 여러 아수라는 아수라의 목숨, 아수라의 빛깔, 아수라의 즐거움, 아수라의 힘을 시들어 물러서게 함이 없습니다. 그래서 여러 아수라들은 큰 바다 가운데를 좋아합니다."

세존께서 다시 물으셨다.

"파하라다여, 큰 바다 가운데는 몇 가지 '일찍이 없었던 법'이 있기에, 여러 아수라들이 보고는 그 가운데를 좋아하게 하는가?"

큰 바다의 여덟 가지 일찍이 없었던 법을 아수라 왕이 말함

"세존이시여, 우리 큰 바다에는 여덟 가지 '일찍이 없었던 법'이 있어, 여러 아수라들로 하여금 보고서는 그 가운데를 좋아하게 합니다.

어떤 것이 그 여덟 가지인가 하면, 다음과 같습니다.

세존이시여, 우리의 큰 바다는 밑에서 위로 올라갈수록 둘레가 점점 넓어져 고르고 편편하며, 더욱 위로 오르면 언덕을 이루어 그 물이 늘 가득하여 일찍 흘러나간 적이 없습니다.

세존이시여, 만약 우리의 큰 바다가 밑에서 위로 올라갈수록 둘레가 점점 넓어져 고르고 편편하며, 더욱 위로 오르면 언덕을 이루어 그 물이 늘 가득하여 일찍 흘러나간 적이 없다면, 이것을 우리 큰 바다 가운데 '첫 번째 일찍이 없었던 법'이라고 하니, 여러 아수라는 그것을 보고 거기서 즐거워합니다.

다시 세존이시여, 우리의 큰 바다의 조수는 일찍이 때를 잃은 적이 없습니다. 세존이시여, 만약 우리의 큰 바다 조수가 일찍이 때를 잃은 적이 없다면, 이것을 우리 큰 바다 가운데 '두 번째 일찍이 없었던 법'이라고 하니, 여러 아수라는 그것을 보고 거기서 즐거워합니다.

다시 세존이시여, 우리의 큰 바다는 그 물이 매우 깊고 깊어 바닥이 없고 아주 넓어 끝이 없습니다. 세존이시여, 만약 우리의 큰 바다는 그 물이 매우 깊고 깊어 바닥이 없고 아주 넓어 끝이 없다면 이것을 우리 큰 바다 가운데 '세 번째 일찍이 없었던 법'이라고 하니, 여러 아수라는 그것을 보고 거기서 즐거워합니다.

다시 세존이시여, 우리의 큰 바닷물은 짜서 다같이 한맛입니다. 세존이시여, 만약 우리의 큰 바닷물은 짜서 다같이 한맛이라면, 이것을 우리 큰 바다 가운데 '네 번째 일찍이 없었던 법'이라고 하니,

여러 아수라는 그것을 보고 거기서 즐거워합니다.

다시 세존이시여, 우리의 큰 바다 가운데에는 많은 진기한 보배가 있어, 한량없이 귀하고 진기한 갖가지 보배구슬이 그 가운데 가득 차 있습니다. 그 진기한 보배 이름은 금·은·수정·유리·마니·진주·푸른 옥·흰 구슬·소라구슬·산호·호박·마노·바다거북·붉은 구슬·옥구슬입니다.

세존이시여, 우리의 큰 바다 가운데 많은 진기한 보배가 있어, 한량없이 귀하고 진기한 갖가지 보배구슬이 그 가운데 가득 차 있습니다. 만약 이와 같아서 그 진기한 보배 이름이 금·은·수정·유리·마니·진주·푸른 옥·흰 구슬·소라구슬·산호·호박·마노·바다거북·붉은 구슬·옥구슬이라면 이것을 우리 큰 바다 가운데 '다섯 번째 일찍이 없었던 법'이라고 하니, 여러 아수라는 그것을 보고 거기서 즐거워합니다.

다시 세존이시여, 우리의 큰 바다 가운데에는 큰 신들이 살고 있습니다. 그 큰 신들의 이름은 아수라(Asura)·간다르바(gandharva)·라크샤(rakṣa)·물고기 마카라(Makara)·거북·악어·포류니[婆留泥]·디니[帝麑]·디니가라[帝麑伽羅]·티디니가라[提帝麑伽羅]입니다.

다시 큰 바다 가운데는 참으로 기이하고 참으로 빼어나, 중생의 몸은 일백 요자나도 되고, 이백 요자나나 삼백 요자나 나아가 칠백 요자나쯤 되는 것도 있습니다. 그런 몸들이 다 바다 가운데서 살고 있습니다.

세존이시여, 만약 큰 바다 가운데 큰 신들이 살고 있는데 그 이름이 곧 아수라·간다르바·라크샤·물고기 마카라·거북·악어·포류니·디니·디니가라·티디니가라입니다. 다시 큰 바다 가운데는 참으로 기이하고 참으로 빼어나, 중생의 몸은 일백 요자나도 되고, 이백 요자나나 삼백 요자나 나아가 칠백 요자나쯤 되는 것도 있습니다. 만약 이와 같아서 그런 몸들이 다 바다 가운데서 산다면, 이것을 우리 큰 바다 가운데 '여섯 번째 일찍이 없었던 법'이라고 하니, 여러 아수라는 그것을 보고 거기서 즐거워합니다.

다시 세존이시여, 우리의 큰 바다는 맑고 깨끗하여 죽은 시체를 받지 않습니다. 만약 목숨 마친 자가 있으면 밤새껏 바람이 불어 곧 언덕 위로 밀어붙입니다.

세존이시여, 만약 우리의 큰 바다가 맑고 깨끗하여 죽은 시체를 받지 않고, 만약 목숨 마친 자가 있으면 밤새껏 바람이 불어 곧 언덕 위로 밀어 붙인다면, 이것을 우리 큰 바다 가운데 '일곱 번째 일찍이 없었던 법'이라고 하니, 여러 아수라는 그것을 보고 거기서 즐거워합니다.

다시 세존이시여, 우리 큰 바다의 잠부드비파[閻浮洲] 가운데는 다섯 큰 강[五大河]이 있습니다. 첫째는 강가아(Gaṅgā)요, 둘째는 야무나(Yamunā)이고, 셋째는 사라부(Sarabhū)이며, 넷째는 아치라바티(Aciravatī)이고, 다섯째는 마히(Mahī)라 하는데, 다 큰 바다로 들어갑니다. 이미 바다 가운데로 들어간 뒤에는 각기 본디 이름을 버리고 모두 큰 바다라 불립니다.

세존이시여, 큰 바다의 잠부드비파 가운데 다섯 큰 강이 있습니다. 곧 강가아, 둘째 야무나, 셋째 사라부, 넷째 아치라바티, 다섯째 마히라 하는데, 다 큰 바다로 들어갑니다.

만약 이와 같아서 이미 바다 가운데로 들어간 뒤에는 각기 본디 이름을 버리고 모두 큰 바다라 불린다면, 이것을 우리 큰 바다 가운데 '여덟 번째 일찍이 없었던 법'이라고 하니, 여러 아수라는 그것을 보고 거기서 즐거워합니다."

붓다의 바른 법과 율 가운데
'여덟 가지 일찍이 없었던 법'을 말씀하심

"세존이시여, 붓다의 바른 법과 율 가운데 몇 가지 '일찍이 없었던 법'이 있어서 여러 비구들이 보고서는 그 가운데를 좋아하게 합니까?"

세존께서 대답하셨다.

"파하라다여, 나의 바른 법과 율 가운데에도 또한 여덟 가지 일찍이 없었던 법이 있어, 여러 비구들이 보고서는 그 가운데를 좋아하게 한다.

어떤 것이 그 여덟 가지인가? 파하라다여, 큰 바다는 밑에서 위로 올라갈수록 둘레가 점점 넓어지고 고르고 편편하며, 더욱 위로 오르면 언덕을 이루어 물이 늘 가득하여 일찍이 흘러나간 적이 없다. 그처럼 나의 바른 법과 율 또한 다시 이와 같아 차츰 짓고 차츰 배우며, 차츰 다하고 차츰 가르친다.

파하라다여, 만약 나의 바른 법과 율 가운데서 차츰 짓고 차츰 배우며 차츰 다하고 차츰 가르친다면, 이것을 나의 '바른 법과 율의 첫 번째 일찍이 없었던 법'이라고 하니, 여러 비구들이 보고서는 그 가운데를 좋아하게 한다.

다시 파하라다여, 큰 바다의 조수는 일찍이 때를 잃은 적이 없다.

그처럼 나의 바른 법과 율 또한 다시 이와 같아, 비구·비구니·우파사카·우파시카를 위하여 금하는 계[禁戒]를 만들면, 여러 좋은 종족의 사람들은 목숨이 다할 때까지 끝내 계를 범하지 않는다.

파하라다여, 만약 나의 바른 법과 율이 비구·비구니·우파사카·우파시카를 위하여 금하는 계[禁戒]를 만든다 하자. 그래서 여러 좋은 종족의 사람들이 목숨이 다할 때까지 끝내 계를 범하지 않는다면, 이것을 나의 '바른 법과 율의 두 번째 일찍이 없었던 법'이라고 하니, 여러 비구들이 보고서는 그 가운데를 좋아하게 한다.

다시 파하라다여, 큰 바다는 그 물이 깊고 깊어 바닥이 없고 아주 넓어 끝이 없다. 그처럼 나의 바른 법과 율 또한 다시 이와 같아, 모든 법은 매우 깊고 깊어 바닥이 없고, 지극히 넓어 끝이 없다.

파하라다여, 만약 나의 바른 법과 율이 매우 깊고 깊어 바닥이 없고, 지극히 넓어 끝이 없다면, 이것을 나의 '바른 법과 율의 세 번째 일찍이 없었던 법'이라고 하니, 여러 비구들이 보고서는 그 가운데를 좋아하게 한다.

다시 파하라다여, 큰 바다의 물은 짜서 같이 한맛이다. 그처럼 나의 바른 법과 율 또한 다시 이와 같아, 탐욕 없음[無貪]으로 맛을 삼나니, 깨침의 맛[覺味]과 쉼의 맛[息味]과 도의 맛[道味]이다.

파하라다여, 만약 나의 바른 법과 율이 탐욕 없음으로 맛을 삼으며, 그것이 깨침의 맛과 쉼의 맛과 도의 맛이라면, 이것을 나의 '바른 법과 율의 네 번째 일찍이 없었던 법'이라고 하니, 여러 비구들이 보고서는 그 가운데를 좋아하게 한다.

다시 파하라다여, 큰 바다에는 많은 진기한 보배가 있어, 한량없이 귀하고 진기한 갖가지 보배구슬이 그 가운데 가득 차 있다. 그 진기한 보배 이름은 금·은·수정·유리·마니·진주·푸른 옥·흰 구슬·소라구슬·산호·호박·마노·바다거북·붉은 구슬·옥구슬이다.

파하라다여, 나의 바른 법과 율 또한 다시 이와 같아, 한량없이 귀하고 진기한 갖가지 보배구슬이 그 가운데 가득 차 있다. 그 보배 이름은 네 곳 살핌[四念處]·네 가지 정근[四精勤]·네 가지 자재한 선정[四如意足]·다섯 가지 진리의 뿌리[五根]·다섯 가지 진리의 힘[五力]·일곱 갈래 깨달음 법[七覺支]·여덟 가지 바른 길[八正道]이다.

파하라다여, 나의 바른 법과 율 가운데는 많은 보배가 있어, 한량없이 귀하고 진기한 갖가지 보배구슬이 그 가운데 가득 차 있다 하자. 그래서 그 보배 이름이 네 곳 살핌·네 가지 정근·네 가지 자재한 선정·다섯 가지 진리의 뿌리·다섯 가지 진리의 힘·일곱 갈래 깨달음 법·여덟 가지 바른 길이라면, 이것을 나의 '바른 법과 율의 다섯 번째 일찍이 없었던 법'이라고 하니, 여러 비구들이 보고서는 그 가운데를 좋아하게 한다.

다시 파하라다여, 큰 바다 가운데 큰 신들이 살고 있는데, 그 이름이 곧 아수라·간다르바·라크샤·물고기 마카라·거북·악어·포류니·디니·디니가라·티디니가라이다. 다시 큰 바다 가운데는 참으로 기이하고 참으로 빼어나, 중생의 몸은 일백 요자나도 되고, 이백 요자나나 삼백 요자나 나아가 칠백 요자나쯤 되는 것이 다 바다 가운데서 산다.

그처럼 나의 바른 법과 율 또한 다시 이와 같아, 거룩한 대중인 큰 신들이 다 그 가운데서 산다.

그 큰 신들의 이름은 곧 아라한(arhat), 아라한을 향함[阿羅漢向], 아나가민(anāgāmin), 아나가민을 향함[不來向], 사크리다가민(sakṛdāgāmin), 사크리다가민을 향함[一來向], 스로타판나(srotāpanna), 스로타판나를 향함[入流向]이다.

파하라다여, 우리 바른 법과 율 가운데는 거룩한 대중인 큰 신들이 살고 있다 하자. 그래서 그 큰 신들의 이름이 아라한·아라한을 향함·아나가민·아나가민을 향함·사크리다가민·사크리다가민을 향함·스로타판나·스로타판나를 향함이라면, 이것을 나의 '바른 법과 율의 여섯 번째 일찍이 없었던 법'이라고 하니, 여러 비구들이 보고서는 그 가운데를 좋아하게 한다.

다시 파하라다여, 큰 바다가 맑고 깨끗하여 죽은 시체를 받지 않고, 만약 목숨 마친 자가 있으면 밤새껏 바람이 불어 곧 언덕 위로 밀어붙인다. 그처럼 파하라다여, 나의 바른 법과 율 또한 다시 이와 같아, 거룩한 대중은 맑고 깨끗하여 죽은 시체를 받지 않는다.

만약 정진하지 않는 사람이 악을 행하여 범행이 아닌 것을 범행이라 일컫고, 사문이 아닌 것을 사문이라 일컬으면, 그는 비록 거룩한 대중을 따라 그 가운데 있더라도 끝내 거룩한 대중에게 가기가 멀고, 거룩한 대중도 그에게 떨어져 가기가 멀어진다.

파하라다여, 나의 바른 법과 율 가운데 거룩한 대중은 맑고 깨끗하여 죽은 시체를 받지 않는다.

만약 정진하지 않는 사람이 악을 행하여 범행이 아닌 것을 범행이라 일컫고, 사문이 아닌 것을 사문이라 일컬으면, 그는 비록 거룩한 대중을 따라 그 가운데 있더라도 끝내 거룩한 대중에게 가기가 멀고, 거룩한 대중도 그에게 가기가 멀어진다.

이와 같다면 이것을 나의 '바른 법과 율의 일곱 번째 일찍이 없었던 법'이라고 하니, 여러 비구들이 보고서는 그 가운데를 좋아하게 한다.

다시 파하라다여, 큰 바다의 잠부드비파 가운데에는 다섯 큰 강이 있는데, 곧 강가아, 둘째 야무나, 셋째 사라부, 넷째 아치라바티, 다섯째 마히라 하는데, 다 큰 바다로 들어간다. 이미 들어간 뒤에는 각기 본디 이름을 버리고 모두 큰 바다라 불린다.

그처럼 나의 바른 법과 율 또한 다시 이와 같아, 크샤트리아 종족의 좋은 사람이 수염과 머리를 깎고 가사를 입고, 지극한 믿음으로 집을 버려 집이 없이 도를 배우면, 그는 본디 이름을 버리고 다 같이 사문이라 한다.

브라마나 종족·거사 종족·기술자 종족의 좋은 사람들이 수염과 머리를 깎고 가사를 입고, 지극한 믿음으로 집을 버려 집이 없이 도를 배우면, 그들도 본디 이름을 버리고 다같이 사문이라 한다.

파하라다여, 만약 나의 바른 법과 율 가운데 크샤트리아 종족의 좋은 사람이 수염과 머리를 깎고 가사를 입고, 지극한 믿음으로 집을 버려 집이 없이 도를 배우면, 그는 본디 이름을 버리고 다 같이 사문이라 한다.

브라마나 종족·거사 종족·기술자 종족의 좋은 사람들이 수염과 머리를 깎고 가사를 입고, 지극한 믿음으로 집을 버려 집이 없이 도를 배우면 그들도 본디 이름을 버리고 다 같이 사문이라 한다. 만약 이와 같다면 이것을 나의 '바른 법과 율의 여덟 번째 일찍이 없었던 법'이라고 하니, 여러 비구들이 보고서 그 가운데를 좋아하게 한다."

아수라 왕이 바른 법의 뛰어남을 듣고 삼보에 귀의함

"파하라다여, 어떻게 생각하느냐? 만약 나의 바른 법과 율에 여덟 가지 일찍이 없었던 법이 있고, 너희들의 큰 바다에 여덟 가지 일찍이 없었던 법이 있다면, 이 두 가지 일찍이 없었던 법에 어느 것이 위가 되고 빼어나며 묘하고 으뜸이 되는가?"

파하라다가 대답하였다.

"세존이시여, 우리 큰 바다 가운데 '여덟 가지 일찍이 없었던 법'은 여래의 '여덟 가지 일찍이 없었던 법'에 미치지 못합니다. 저희의 법보다 천 배, 만 배라도 같지 않아 견줄 수도 없고, 비유할 수도 없으며, 이루 잴 수도 없고, 셀 수도 없습니다.

세존의 여덟 가지 일찍이 없었던 법이 위가 되고 빼어나고 묘하고 으뜸이 됩니다.

세존이시여, 이제 저는 스스로 붓다와 법과 비구상가에 귀의합니다. 세존께서는 제가 우파사카가 되도록 들어주시길 바랍니다.

저는 오늘부터 이 몸을 마치도록 스스로 귀의하여 목숨이 다하는 그날까지 그렇게 하겠습니다."

붓다께서 이렇게 말씀하시자, 파하라다 아수라 왕과 여러 비구들은 붓다의 말씀을 듣고 기뻐하며 받들어 행하였다.

• 중아함 35 아수라경(阿修羅經)

• 해설 •

여래의 법이 중생과 세계의 실상을 밝힌 법이라면, 붇다 이전에 일찍이 아무도 말한 바 없고 밝혀 보인 바 없는 미증유법이 실은 이미 있는 법이고 본래 있는 법이다.

큰 바다가 밑에서 위로 올라갈수록 점점 넓어지듯, 붇다의 법과 율도 차츰 짓고 차츰 배우면 차츰 넓어지고 차츰 밝아져 끝내 나머지 없음[無餘]에 이르니, 어찌 아수라 바다의 미증유법이 붇다의 법과 율에 견줄 것인가.

큰 바다가 때를 잃지 않듯 여래의 법과 율도 모든 대중을 거두어 악을 그치고 착함을 짓게 하되 끝내 다시 물듦 없는 범행을 성취케 하니, 어찌 아수라 바다의 미증유법이 붇다의 법과 율에 견줄 것인가.

큰 바다의 물이 모두 짠맛으로 한 맛이듯 여래의 법과 율은 온통 보디의 맛이요 휴식의 맛이요 도의 맛이다. 여래법의 한 맛은 온갖 중생을 니르바나의 법과 해탈의 법으로 성취시키는 한맛이니, 어찌 아수라 바다의 미증유법이 붇다의 법과 율에 견줄 것인가.

큰 바다에 여러 진기한 보배가 가득하듯 여래의 법과 율에도 중생의 번뇌의 병을 낫게 해주는 한량없는 법보가 가득하다. 가르침의 법보가 다함없는 법계진리의 곳간, 여래장, 보디의 곳간을 열어주니, 어찌 아수라 바다의 미증유법이 붇다의 법과 율에 견줄 것인가.

큰 바다에 여러 큰 신들이 가득하듯 여래의 법과 율에도 거룩한 상가대중 셀 수 없는 현성들이 가득하다. 셀 수 없는 현성이 여래의 법을 깨달아 니르바나에 이르고 현성의 법을 더욱 늘려 다함없으니, 어찌 아수라 바다의 미증유법이 붇다의 법과 율에 견줄 것인가.

큰 바다가 맑고 깨끗하여 죽은 시체를 받지 않고 언덕 위에 밀어내듯 여래의 법과 율도 거짓 수행자, 사문이 아닌 사문을 꾸짖고 내친다. 그러나 끝내 그 꾸짖음과 내침으로 범행으로 나아가게 하고 해탈의 저 언덕에 이르게하니, 어찌 아수라 바다의 미증유법이 붇다의 법과 율에 견줄 것인가.

큰 바다가 여러 강줄기를 받아들여 모두 하나의 큰 바다가 되게 하듯 여래의 법과 율도 온갖 출신 온갖 종족의 사람을 받아들여 모두 붇다의 사문이 되게 하고 여래 집안의 권속이 되게 한다. 그리하여 끝내 온갖 중생을 여래의 장엄으로 장엄케 하고 여래의 갖춤으로 갖추게 하니, 어찌 아수라 바다의 미증유법이 붇다의 법과 율에 견줄 것인가.

이와 같은 여래의 '일찍이 없었던 법' 앞에 그 어느 사나운 이가 사나움의 광기를 쉬지 않을 것이며, 그 어느 권세와 위력 있는 이가 높은 위세의 깃발을 꺾고 돌아가 귀의하지 않겠는가.

귀의하는 그 자리가 여래의 법과 율에 들어가 중생의 탐욕과 무명을 버리고 여래의 법과 율로 다시 나는 자리이다.

여래의 일찍이 없었던 법을 어찌 나의 미혹의 견해로 알 수 있을 것인가.
『화엄경』(「입법계품」)은 깨우친다.

모든 붇다 세간에 나오심은
그 크기 중생수와 평등하네.
여래의 갖가지 해탈의 경계는
내가 알 수 있는 것이 아니네.

諸佛出世間　量等衆生數
種種解脫境　非我所能知

온갖 모든 보디사트바들이
붇다의 한 털구멍 속에 들어가니
이와 같은 묘한 여래의 해탈은
내가 알 수 있는 것이 아니네.

一切諸菩薩　入佛一毛孔
如是妙解脫　非我所能知

나의 법과 율에는 늘어나고 줄어듦이 없으니

나는 들었다, 이와 같이.

한때 붇다께서 참파(Campā) 국에 노니시면서 각가라 못가에 계셨다.

그때에 세존께서는 보름날 프라티목샤(prātimokṣa, 從解脫)를 설하실 때 비구들 앞에서 자리를 펴고 앉으셨다. 세존은 자리에 앉으시자 곧 선정에 드시어 남의 마음 아는 지혜로써 대중의 마음을 살피신 뒤에 초저녁이 끝날 때까지 잠자코 앉아 계셨다.

그때에 한 비구가 자리에서 일어나, 가사 한 자락을 벗어 메고 두 손을 맞잡고 붇다께 말씀드렸다.

"세존이시여, 초저녁이 이미 끝나고, 붇다와 비구들이 모여와서 앉은 지 오래되었습니다. 세존께서는 프라티목샤를 말씀해주시길 바랍니다."

세존께서는 잠자코 답하지 않으셨다. 이에 세존께서는 한밤이 되도록 잠자코 앉아 계셨다.

그 비구는 다시 자리에서 일어나, 가사 한 자락을 벗어 메고 두 손을 맞잡고 붇다께 말씀드렸다.

"세존이시여, 초저녁은 지나고 한밤중도 끝나려 합니다. 붇다와 비구들이 모여와서 앉은 지 오래되었습니다. 세존께서는 프라티목샤를 말씀해주시길 바랍니다."

세존께서는 또 잠자코 답하지 않으셨다. 이에 세존께서는 다시 새벽이 되도록 잠자코 앉아 계셨다.

그 비구는 세 번째로 자리에서 일어나 가사 한 자락을 벗어 메고 두 손을 맞잡고 붓다께 말씀드렸다.

"세존이시여, 초저녁은 벌써 지났고 한밤중도 다시 끝나고 새벽도 다하려 합니다. 곧 날이 밝으려 하니 머지않아 해가 뜰 것입니다.

붓다와 비구들이 모여와서 앉은 지 아주 오래되었습니다.

세존께서는 프라티목샤를 말씀해주시길 바랍니다."

대중 가운데 깨끗하지 않은 자 때문에
프라티목샤 법을 설해주시지 않음

그때 세존께서는 그 비구에게 말씀하셨다.

"이 대중 가운데 한 비구가 깨끗하지 않기 때문이다."

그때 존자 마하목갈라야나 또한 대중 가운데 있었다. 이에 존자 마하목갈라야나는 곧 이렇게 생각하였다.

'세존께서는 어느 비구 때문에 이 대중 가운데 한 비구가 이미 깨끗하지 않기 때문이라고 하시는가.

나는 이제 '코끼리와 같은 선정'[如其象定]에 들어가 남의 마음 아는 지혜로써 대중의 마음을 살피리라.'

그리하여 존자는 코끼리와 같은 선정에 들어가 남의 마음 아는 지혜로써 대중의 마음을 살폈다. 그는 곧 세존께서 어떤 비구 때문에 '이 대중 가운데 한 비구는 이미 깨끗하지 않다'고 말씀하신 것을 알았다.

이에 그는 곧 자리에서 일어나, 그 비구 앞으로 가서 팔을 끌고 문을 열고 밖으로 내쫓으면서 말했다.

"어리석은 사람아, 멀리 가라. 여기서 머물지 말라. 다시는 비구들과 만나지 말라. 지금부터 너는 비구가 아니다."

그러고는 문을 닫고 문고리를 걸었다. 다시 붇다 계신 곳에 나아가 머리를 대 붇다의 발에 절하고 물러나 한쪽에 앉아 말씀드렸다.

"세존이시여, 세존께서 '이 대중 가운데 한 비구가 이미 깨끗하지 않기 때문이다'라고 하신 그 비구는 제가 이미 쫓아냈습니다.

세존이시여, 초저녁은 벌써 지났고 밤도 끝나고 새벽도 다하여 곧 날이 밝으려 하니, 머지않아 해가 뜨겠습니다.

붇다와 비구들이 모여와서 앉은 지는 아주 오래되었습니다. 세존께서는 프라티목샤를 말씀해주시길 바랍니다."

여래의 법과 율 가운데 일찍이 없었던 법을 말씀하고, 법에는 더하고 덜함이 없음을 보이심

세존께서는 말씀하셨다.

"마하목갈라야나여, 저 어리석은 사람은 세존과 비구대중을 힘들게 했기 때문에 반드시 큰 죄를 받을 것이다. 마하목갈라야나여, 만약 여래가 깨끗하지 않은 자가 있는 데서 프라티목샤를 설하면, 그는 곧 머리가 부서져 일곱 조각이 날 것이다.

그러므로 마하목갈라야나여, 너희들이 지금부터 프라티목샤를 설하라. 여래는 다시 프라티목샤를 설하지 않겠다. 무슨 까닭인가.

마하목갈라야나여, 마치 저 바다가 밑에서 위로 올라갈수록 둘레는 점점 넓어져 고르고 편편하며, 더욱 위로 올라가면 언덕을 이루어 그 물이 늘 가득하여 일찍 흘러나온 적이 없는 것과 같다.

그처럼 우리의 바른 법과 율 또한 다시 이와 같이 차츰 짓고 차츰 배우며, 차츰 다하고 차츰 가르친다면, 이것을 우리의 바른 법과 율 가운데 일찍이 없었던 법이라고 한다.

마하목갈라야나여, 큰 바다의 조수는 일찍이 때를 잃은 적이 없다. 그처럼 우리의 바른 법과 율 또한 다시 이와 같아, 비구·비구니·우파사카·우파시카를 위하여 금하는 계[禁戒]를 만들면, 여러 좋은 종족의 사람들은 목숨이 다할 때까지 끝내 계를 범하지 않는다.

만약 우리의 바른 법과 율이 비구·비구니·우파사카·우파시카를 위하여 금하는 계를 만들고, 여러 좋은 종족의 사람들은 목숨이 다할 때까지 끝내 계를 범하지 않는다면, 이것을 우리의 바른 법과 율 가운데 일찍이 없었던 법이라고 한다.

마하목갈라야나여, 큰 바다는 그 물이 깊고 깊어 바닥이 없고 아주 넓어 끝이 없다. 그처럼 우리의 바른 법과 율 또한 다시 이와 같아, 모든 법은 매우 깊고 깊어 바닥이 없고, 지극히 넓어 끝이 없다.

만약 우리의 바른 법과 율이 매우 깊고 깊어 바닥이 없고, 지극히 넓어 끝이 없다면, 이것을 우리의 바른 법과 율 가운데 일찍이 없었던 법이라고 한다.

마하목갈라야나여, 큰 바다의 물은 짜서 같은 한 맛이다. 그처럼 우리의 바른 법과 율 또한 다시 이와 같아 탐욕 없음으로 맛을 삼나니, 깨침의 맛[覺味]과 쉼의 맛[息味]과 도의 맛[道味]이다.

만약 우리의 바른 법과 율이 탐욕 없음으로 맛을 삼아 그것이 깨침의 맛과 쉼의 맛과 도의 맛이라면, 이것을 우리의 바른 법과 율 가운데 일찍이 없었던 법이라고 한다.

마하목갈라야나여, 큰 바다에는 많은 진기한 보배가 있어, 한량없이 귀하고 진기한 갖가지 보배구슬이 그 가운데 가득 차 있는데, 그 진기한 보배 이름은 금·은·수정·유리·마니·진주·푸른 옥·흰 구슬·소라구슬·산호·호박·마노·바다거북·붉은 구슬·옥구슬 이다.

그처럼 우리의 바른 법과 율 또한 다시 이와 같아, 한량없이 귀하고 진기한 갖가지 보배구슬이 그 가운데 가득 차 있다. 그 보배 이름은 네 곳 살핌·네 가지 정근·네 가지 자재한 선정·다섯 가지 진리의 뿌리·다섯 가지 진리의 힘·일곱 갈래 깨달음 법·여덟 가지 바른 길이다.

만약 우리의 바른 법과 율 가운데 많은 보배가 있어, 한량없이 귀하고 진기한 갖가지 보배구슬이 그 가운데 가득 차 있다 하자.

그래서 그 보배 이름이 네 곳 살핌·네 가지 정근·네 가지 자재한 선정·다섯 가지 진리의 뿌리·다섯 가지 진리의 힘·일곱 갈래 깨달음 법·여덟 가지 바른 길이라 한다면, 이것을 우리의 바른 법과 율 가운데 일찍이 없었던 법이라고 한다.

마하목갈라야나여, 큰 바다 가운데 큰 신들이 살고 있는데, 그 이름이 곧 아수라·간다르바·라크샤·물고기 마카라·거북·악어·포류니·디니·디니가라·티디니가라이다. 다시 큰 바다 가운데는 참으로 기이하고 참으로 빼어나, 중생의 몸은 일백 요자나도 되고, 이백 요자나나 삼백 요자나 나아가 칠백 요자나쯤 되는 것이 다 바다 가운데서 살고 있다.

그처럼 우리의 바른 법과 율 또한 다시 이와 같아, 거룩한 대중인 큰 신들이 다 그 가운데서 산다. 그 큰 신들의 이름은 곧 아라한·아라한을 향함·아나가민·아나가민을 향함·사크리다가민·사크리다가민을 향함·스로타판나·스로타판나를 향함이다.

만약 우리의 바른 법과 율 가운데 거룩한 대중인 큰 신들이 살고 있다 하자. 그래서 그 큰 신들의 이름이 곧 아라한·아라한을 향함·아나가민·아나가민을 향함·사크리다가민·사크리다가민을 향함·스로타판나·스로타판나를 향함이라면, 이것을 우리의 바른 법과 율 가운데 일찍이 없었던 법이라고 한다.

마하목갈라야나여, 큰 바다가 맑고 깨끗하여 죽은 시체를 받지 않고, 만약 목숨 마친 자가 있으면 밤새껏 바람이 불어 곧 언덕 위로 밀어붙인다.

그처럼 우리의 바른 법과 율 또한 다시 이와 같아, 거룩한 대중은 맑고 깨끗하여 죽은 시체를 받지 않는다.

만약 정진하지 않는 사람이 악을 행하여 범행이 아닌 것을 범행이라 일컫고, 사문이 아닌 것을 사문이라 일컬으면, 그는 비록 거룩한 대중을 따라 그 가운데 있더라도 끝내 거룩한 대중에게 가기가 멀고, 거룩한 대중도 그에게 떨어져, 가기가 멀어진다.

만약 우리의 바른 법과 율 가운데 거룩한 대중이 맑고 깨끗하여 죽은 시체를 받지 않는다 하자.

그래서 만약 정진하지 않는 사람이 악을 행하여 범행이 아닌 것을 범행이라 일컫고, 사문이 아닌 것을 사문이라 일컬으면, 그는 비록 거룩한 대중을 따라 그 가운데 있더라도 끝내 거룩한 대중에게 가기가 멀고, 거룩한 대중도 그에게 떨어져 가기가 멀어진다면, 이것을 우리의 바른 법과 율 가운데 일찍이 없었던 법이라고 한다.

마하목갈라야나여, 큰 바다의 잠부드비파 가운데에는 다섯 큰 강이 있는데, 곧 강가아, 둘째 야무나, 셋째 사라부, 넷째 아치라바티,

다섯째 마히라 하는데, 다 큰 바다로 들어간다. 이미 들어간 뒤에는 각기 본디 이름을 버리고 모두 큰 바다라 불린다.

그처럼 우리의 바른 법과 율 또한 다시 이와 같아, 크샤트리아 종족의 좋은 사람이 수염과 머리를 깎고 가사를 입고, 지극한 믿음으로 집을 버려 집이 없이 도를 배우면 흔들리지 않고 마음이 해탈하여, 스스로 증득하여 성취하여 노닌다.

마하목갈라야나여, 흔들리지 않고 마음이 해탈하더라도 우리의 바른 법과 율에는 더함도 없고 덜함도 없다.

이와 같이 브라마나 종족·거사 종족·기술자 종족의 좋은 사람들이 수염과 머리를 깎고 가사를 입고, 지극한 믿음으로 집을 버려 집이 없이 도를 배우면, 흔들리지 않고 마음이 해탈하여, 스스로 증득하여 성취하여 노닌다.

마하목갈라야나여, 그렇게 흔들리지 않고 마음이 해탈하더라도 우리의 바른 법과 율에는 더함도 없고 덜함도 없다.

만약 우리의 바른 법과 율 가운데 크샤트리아 종족의 좋은 사람이 수염과 머리를 깎고 가사를 입고, 지극한 믿음으로 집을 버려 집이 없이 도를 배우면, 흔들리지 않고 마음이 해탈하여, 스스로 증득하여 성취하여 노닐게 된다.

이와 같이 브라마나 종족·거사 종족·기술자 종족의 좋은 사람들이 수염과 머리를 깎고 가사를 입고, 지극한 믿음으로 집을 버려 집이 없이 도를 배우면, 흔들리지 않고 마음이 해탈하여 스스로 증득하여 성취하여 노닐게 된다.

이와 같이 되어도 우리의 바른 법과 율 가운데 더함도 없고 덜함도 없다면, 이것을 우리의 바른 법과 율 가운데 일찍이 없었던 법이라고 한다.”

붇다께서 이렇게 말씀하시니, 존자 마하목갈라야나와 여러 비구들은 붇다의 말씀을 듣고 기뻐하며 받들어 행하였다.

• 중아함 37 첨파경(瞻波經)

• 해설 •

여래의 법과 율을 어기고 상가를 속이고 여래를 속이는 자를 크게 꾸중하고 그를 한 번 크게 내치는 것은 서릿발 같은 법도를 세워 붇다의 상가를 만대 중생의 복밭이 되게 하기 위함이다.

크게 내침은 삿됨을 깨뜨려 바름을 세워주는 자비의 방편이니, 내침을 받는 자는 지금 꾸중 듣고 내침을 받음으로 온갖 죄업장을 씻고 여래의 법과 율 속에서 새로운 삶을 받으리라.

여래는 꺾어 누르되 크게 거두며 내치되 크게 껴안으니, 여래의 비판과 나무람은 크나큰 관용의 비판이다.

또한 여래의 법과 율은 다함없는 여래장 생명 바다에서 세워지는 법 아닌 법이고 율 아닌 율이라, 한량없는 뭇 대중이 그 법과 율을 받아 써서 해탈의 땅에 나아간다 해도 그 법은 늘어나고 줄어듦이 없다.

왜 그런가. 있음을 있음으로 집착하는 이가 없음의 법약을 받아 쓴다 해도 있음이 사라지고 없음이 되는 것이 아니고, 없음을 없음으로 집착하는 이가 있음의 법약을 받아 쓴다 해도 없음이 있음으로 채워지는 것이 아니기 때문이다.

온갖 모습[一切相]이 실로 모습 아닌 줄 알지 못하고 중생이 탐욕을 일으키므로 여래는 탐욕할 것 없음[無貪]으로 법을 세워 중생을 니르바나에 이끄신다.

그러나 온갖 법은 모습에 모습 없되 모습 없음도 없는 진실의 모습이라 본래 탐욕할 것 없는 해탈의 맛[解脫味]이 가득한 것이다.

이처럼 여래장 생명 바다에는 있음이 있음이 아니고 공함 또한 공하여 늘어남과 줄어듦이 없는 해탈의 법맛[法味]이 한량없고, 중생이 이미 니르바나되어 있으므로 중생의 번뇌 속에 늘어나고 줄어듦 없는 니르바나의 법의 젖[法乳]이 다함없고 끝이 없는 것이다.

그 법바다에 몸을 적시고 법의 젖을 마시는 자, 그가 니르바나의 법자리에 여래와 함께 앉는 자이고 여래를 모시고 여래의 법의 교화를 함께 돕는 자이다. 한 방울 물을 바다에 던지면 그 물방울이 그대로 바닷물이 되듯, 여래의 법바다에 들면 여래의 공덕과 함께하는 것이니, 『화엄경』(「십지품」)은 이렇게 말한다.

> 만약 잘 가신 이의 힘이 더해지게 되면
> 반드시 법의 보배가 그의 마음에 들어가
> 모든 지위 때가 없이 차제로 채워지고
> 여래의 열 가지 힘 또한 갖추게 되리라.
>
> 若爲善逝力所加　當得法寶入其心
> 諸地無垢次第滿　亦具如來十種力

12 우파데사

우파데사(upadeśa)는 경전 구성의 한 형식으로 물음과 답함을 주고 받으면서 법문의 뜻과 이치[義理]를 밝게 드러내는 것을 말한다.

'뜻을 말함'[義說]이라 옮겨지기도 하고 '법을 말함'[法說]이라고 옮겨지기도 한다.

보통 붓다와 제자 사이에 뜻을 논하여 경의 내용을 해명하고 법의 모습[法相]을 밝히고 분별하는 형식을 지닌다. 어떤 때는 붓다 스스로 뜻을 말하고 묻고 답해 이치를 밝히기도 하고, 붓다의 제자가 붓다의 말씀과 붓다께서 가르친 법의 모습을 의논해 붓다의 뜻과 서로 맞게 하는 것[與佛相應]을 또한 논의라 한다.

아함경 가운데서 우파데사는 붓다의 말씀을 이미 듣고서 그 뜻에 아직 의심이 남아 있는 제자들이 다시 붓다께 묻거나 다른 장로비구에게 붓다의 가르침의 뜻을 다시 물어 듣는 방식으로 등장한다.

이 논의 형식이 발전하여 후대 경전의 뜻을 논리적 서술형식으로 밝히는 논장(論藏)이 형성되었다. 그러므로『유가사지론』(瑜伽師地論)은 다음과 같이 논의를 정의한다.

"어떤 것이 논의인가. 온갖 마트리카(mātṛka, 論藏)의 아비다르마를 말하니, 깊고 깊은 수트라를 연구하여 온갖 계경(契經)의 마루가 되는 요점[宗要]을 가려내는 것을 논의라 이름한다."

동아시아 불교에서는 여래의 논의(論議, upadeśa)의 형식을 빌린 저술로서 논(論)의 이름을 얻은 저술은 달마선사의 『이입사행론』(二入四行論), 천태선사의 『관심론』(觀心論)이 있다. 그밖에 천태의 『마하지관』(摩訶止觀)을 '대정혜론'(大定慧論)이라 이름 부르고, 원효대사의 『금강삼매경』(金剛三昧經)의 풀이를 '금강삼매경론'(金剛三昧經論)이라 높여 부르는 예가 보인다.

이런 입장으로 보면 동아시아 선종의 전통 속에서 혜능선사의 어록을 『육조단경』(六祖壇經)이라 부르고 있지만, 『대감선사단어』(大鑑禪師壇語) 또는 『대감혜능선사어록』(大鑑慧能禪師語錄)으로 불러야 마땅할 것이다.

존자 마하카타야나께서 세존의 뜻을 널리 분별해 설명해주소서

나는 들었다, 이와 같이.

한때 붇다께서는 사카족의 세상을 노닐어 다니시다가 카필라 국에 머무셨다.

그때 세존께서는 밤을 지내고 이른 아침에 가사를 입고 발우를 가지고 밥을 비시려고 카필라로 들어가셨다.

밥을 드시고 오후가 되어 가사와 발우를 거두고 손과 발을 씻으시고 니시다나를 어깨에 메고, 대숲[竹林]의 사카 절로 가시어 큰 숲으로 들어가 한 나무 밑에 이르러 니시다나를 펴고 두 발을 맺고 앉으셨다.

그때 '사카족 지팡이 쥔 이'가 오후에 지팡이를 짚고 천천히 거닐어 붇다 계신 곳으로 나아가 서로 문안하고, 지팡이를 짚고 붇다 앞에 서서 세존께 여쭈었다.

"사문 고타마시여, 무엇으로써 주장의 근본[宗本]을 삼고, 어떤 법을 말씀하십니까?"

세존께서 말씀하셨다.

"'사카족 지팡이 쥔 이'여, 온갖 세간과 하늘과 마라와 브라흐만, 사문과 브라마나 등 사람에서 하늘에 이르기까지 서로 싸워 다투지 않게 하고, 탐욕 떠남을 닦아 익혀 브라마나를 청정하게 하오.

아첨과 거짓말을 버려 떠나고 뉘우침을 없애고, 있음과 있음 아님과 또한 생각 없음에 집착하지 않게 하니, 이것이 내 주장의 근본이고, 설함 또한 이와 같소."

이에 사카족 지팡이 쥔 이는 붇다의 말씀을 듣고 옳다고도 않고 그르다고도 하지 않고, 머리를 떨쳐 흔들고 떠나갔다.

이에 세존께서는 사카족 지팡이 쥔 이가 떠난 지 오래지 않아 해질녘 좌선에서 일어나 강당으로 가시어, 비구들 앞에 자리를 펴고 앉아 비구들에게 말씀하셨다.

"나는 오늘 이른 아침에 가사를 입고 발우를 가지고, 밥을 빌려고 카필라로 들어갔다. 밥을 다 먹은 뒤 오후가 되어 가사와 발우를 거두고 손과 발을 씻고, 니시다나를 어깨에 메고 대숲의 사카 절로 가서, 큰 숲으로 들어가 한 나무 밑에 이르러 니시다나를 펴고 두 발을 맺고 앉아 있었다.

그때 사카족 지팡이 쥔 이가 오후에 지팡이를 짚고 내가 있는 곳으로 와서 서로 문안하였다. 그는 지팡이를 짚고 내 앞에 서서 물었다.

'사문 고타마시여, 무엇으로써 가르침의 근본을 삼으며, 어떤 법을 연설하십니까?'

내가 대답했다.

'사카족 지팡이 쥔 이여, 온갖 세간과 하늘과 마라와 브라흐만, 사문과 브라마나 등 사람에서 하늘에 이르기까지 서로 싸워 다투지 않게 하고, 탐욕 떠남을 닦아 익혀 브라마나를 청정케 하오.

아첨과 거짓말을 버려 떠나고 뉘우침을 없애고, 있음과 있음 아님과 또한 생각 없음에 집착하지 않게 하니, 이것이 내 주장의 근본이고, 설함 또한 이와 같소.'

그러자 그 사카족 지팡이 쥔 이는 내 말을 듣고 옳다고도 않고 그르다고도 하지 않고 머리를 떨쳐 흔들고 떠나갔다."

**세존의 답하신 뜻을 비구가 다시 물으니,
집착 없음으로 간략히 답하심**

그러자 어떤 비구가 곧 자리에서 일어나, 가사 한 자락을 벗어 메고 두 손을 맞잡고 붇다를 향하여 여쭈었다.

"세존이시여, 어떻게 온갖 세간과 하늘과 마라와 브라흐만, 사문과 브라마나 등 사람에서 하늘에 이르기까지 서로 싸워 다투지 않게 하고, 어떻게 탐욕 떠남을 닦아 익혀 브라마나를 청정케 할 수 있으며, 어떻게 아첨과 거짓말을 버려 떠나고 뉘우침을 없애고, 있음과 있음 아님과 또한 생각 없음에 집착하지 않게 합니까?"

세존께서 말씀하셨다.

"비구여, 만약 사람이 어떤 생각으로 말미암아 집을 나와 도를 배우고 생각하여 닦아 익히고, 또 과거와 미래와 현재의 법을 사랑하지도 않고 즐거워하거나 집착하지 않고 머물지도 않으면, 이것을 괴로움의 끝이라고 말한다.

탐욕의 번뇌[欲使]·성냄의 번뇌[恚使]·존재의 번뇌[有使]·교만의 번뇌[慢使]·무명의 번뇌[無明使]·견해의 번뇌[見使]·의심의 번뇌[疑使]·싸워 다툼·미워함·아첨·속임·거짓말·두말과 한량없이 악하여 착하지 않은 법을 여의면, 이것을 괴로움의 끝이라고 말한다."

붇다께서는 이렇게 말씀하시고 곧 자리에서 일어나 방에 들어가시어 좌선하셨다.

이에 여러 비구들은 곧 이렇게 생각하였다.

'여러 어진 이들이여, 아셔야 하오. 세존께서는 이 뜻을 다음처럼 간략히 말씀하시고 널리 분별하지 않으셨소. 그러고는 곧 자리에서 일어나시어 방으로 들어가 좌선하시오.

〈만약 사람이 어떤 생각으로 말미암아 집을 나와 도를 배우고 생각하여 닦아 익히고, 또 과거와 미래와 현재의 법을 사랑하지도 않고 즐거워하거나 집착하지 않고 머물지도 않으면, 이것을 괴로움의 끝이라고 말한다.

탐욕의 번뇌·성냄의 번뇌·존재의 번뇌·교만의 번뇌·무명의 번뇌·견해의 번뇌·의심의 번뇌·싸워 다툼·미워함·아첨·속임·거짓말·두말과 한량없이 악하여 착하지 않은 법을 여의면, 이것을 괴로움의 끝이라고 말한다.〉'

그들은 다시 이렇게 생각하였다.

'여러 어진 이들이여, 조금 전 세존께서 간략히 말씀하신 뜻을 누가 널리 분별할 수 있겠소?'

그들은 다시 이렇게 생각하였다.

'존자 마하카타야나(Mahākātyāyna)는 늘 세존의 칭찬과 모든 지혜로운 범행인들의 칭찬을 받소. 존자 마하카타야나라면 조금 전 세존께서 간략히 말씀하신 뜻을 널리 분별할 수 있을 것이오.

여러 어진 이들이여, 우리 다함께 존자 마하카타야나에게 가서 이 뜻을 말씀해줄 것을 청하고, 만약 존자 마하카타야나께서 그 뜻을 분별해주면, 우리는 잘 받아 지녀야 하오.'

세존의 뜻을 마하카타야나에게 다시 묻자 사양함

이에 여러 비구들은 존자 마하카타야나가 있는 곳으로 가서, 서로 문안한 뒤에 물러나 한쪽에 앉아 말씀드렸다.

"존자 마하카타야나시여, 아셔야 합니다. 세존께서는 다음의 뜻을 간략히 말씀하시어 널리 분별하지 않으시고, 곧 자리에서 일어나 방으로 들어가 좌선하셨습니다. 세존께서 말씀하셨습니다.

'비구여, 만약 사람이 어떤 생각으로 말미암아 집을 나와 도를 배우고 생각하여 닦아 익히고, 또 과거와 미래와 현재의 법을 사랑하지도 않고 즐거워하거나 집착하지 않고 머물지도 않으면, 이것을 괴로움의 끝이라고 말한다.

탐욕의 번뇌·성냄의 번뇌·존재의 번뇌·교만의 번뇌·무명의 번뇌·견해의 번뇌·의심의 번뇌·싸워 다툼·미워함·아첨·속임·거짓말·두말과 한량없이 악하여 착하지 않은 법을 여의면, 이것을 괴로움의 끝이라고 말한다.'

그래서 저희들은 곧 이렇게 생각하였습니다.

'여러 어진 이들이여, 조금 전 세존께서 간략히 말씀하신 뜻을 누가 널리 분별할 수 있겠소?'

우리들은 다시 이렇게 생각하였습니다.

'존자 마하카타야나는 늘 세존의 칭찬과 모든 지혜로운 범행인들의 칭찬을 받소. 존자 마하카타야나라면 조금 전 세존께서 간략히 말씀하신 뜻을 널리 분별할 수 있을 것이오.'

존자 마하카타야나께서 저희를 사랑하고 가엾게 여기시어, 이 뜻을 널리 말씀해주시길 바랍니다."

그때 존자 마하카타야나는 비구들에게 말하였다.

"여러 어진 이들이여, 내가 비유로 말하는 것을 들으시오. 지혜로운 사람은 비유를 들으면 곧 그 뜻을 이해하오.

여러 어진 이들이여, 마치 어떤 사람이 나무심[實]을 구하려고 도끼를 가지고 숲으로 들어간 것과 같소. 그는 큰 나무가 뿌리와 줄기·마디·가지·잎·꽃·나무심으로 이루어진 것을 보고, 뿌리와 줄기·마디·나무심은 건드리지 않고, 가지와 잎만을 건드렸소.

여러 어진 이들이 말하는 것 또한 이와 같소. 세존께서 앞에 계시는데, 그분을 버리고 이 뜻을 내게 와서 물으니 말이오.

왜냐하면, 여러 어진 이들이여, 알아야 하오. 세존께서는 눈이요 지혜시며, 뜻이시오. 법이시며, 법의 주인이요 법의 장수로서, 진리의 뜻을 말씀하시니, 온갖 뜻을 나타내는 것은 저 세존을 말미암은 것이오. 여러 어진 이들은 세존 계신 곳으로 가서 이렇게 물어야 하오.

'세존이시여, 이것은 어떠하며, 이것은 무슨 뜻입니까.'

만약 세존께서 말씀하시면, 여러 어진 이들은 반드시 잘 받아 지녀야 하오."

그때 여러 비구들은 말씀드렸다.

"그렇습니다. 존자 마하카타야나시여, 세존께서는 눈이요 지혜이시며, 뜻이십니다. 법이시며, 법의 주인이요 법의 장수로서, 진리의 뜻을 말씀하시니 온갖 뜻을 나타내는 것은 저 세존을 말미암습니다. 저희들은 세존 계신 곳으로 가서 이렇게 물어야 합니다.

'세존이시여, 이것은 어떠하며, 이것은 무슨 뜻입니까?'

그래서 만약 세존께서 말씀해주시면 저희들은 반드시 잘 받아 지녀야 합니다.

그러나 존자 마하카타야나께서는 늘 세존께서 칭찬해주시고, 또 여러 지혜로운 범행인들의 칭찬을 받고 있습니다. 존자 마하카타야나시라면 세존께서 조금 전에 간략히 말씀하신 뜻을 널리 분별하실 것입니다. 존자 마하카타야나께서 저희를 사랑하고 가엾게 여기시어, 널리 그 뜻을 말씀해주길 바랍니다.”

대중의 뜻을 받아 널리 풀이해줌

서로 의지해 나는 앎 등에 집착할 것 없음을 보임

존자 마하카타야나는 여러 비구들에게 말하였다.

“여러 어진 이들이여, 다같이 내 말을 들으시오. 여러 어진 이들이여, 눈[眼]과 빛깔[色] 때문에 눈의 앎[眼識]을 내고, 세 가지가 함께 모여 곧 닿음[更觸]이 있으며, 닿음 때문에 곧 느낌[覺]이 있소.

만약 느낌이 있으면 곧 모습 취하고[想], 만약 모습 취하면 곧 지어가고[思], 만약 지어가면 곧 기억하고[念], 만약 기억하면 곧 분별하게 되오.

비구는 이 생각으로 말미암아 집을 나와 도를 배우고 생각하며 닦아 익히오. 이 가운데서 과거와 미래와 현재의 법을 사랑하지도 않고 즐거워하지도 않으며, 거기에 집착하지도 않고 머물지도 않으면, 이것을 괴로움의 끝이라 말하오.

탐욕의 번뇌 · 성냄의 번뇌 · 존재의 번뇌 · 교만의 번뇌 · 무명의 번뇌 · 견해의 번뇌 · 의심의 번뇌 · 싸워 다툼 · 미워함 · 아첨 · 속임 · 거짓말 · 두말과 한량없이 악하여 착하지 않은 법을 여의면, 이것을 괴로움의 끝이라고 말하오.

이와 같이 귀 · 코 · 혀 · 몸에 대해서 또한 그러하오.

뜻[意]과 법(法) 때문에 뜻의 앎[意識]을 내고, 세 가지가 함께 모여 곧 닿음이 있으며, 닿음 때문에 곧 느낌이 있소.

만약 곧 모습 취하고, 만약 모습 취하면 곧 지어가고, 만약 지어가면 곧 기억하고, 만약 기억하면 곧 분별하게 되오.

비구는 이 생각으로 말미암아 집을 나와 도를 배우고 생각하며 닦아 익히오. 이 가운데서 과거와 미래와 현재의 법을 사랑하지도 않고 즐거워하지도 않으며, 거기에 집착하지도 않고 머물지도 않으면, 이것을 괴로움의 끝이라 말하오.

탐욕의 번뇌·성냄의 번뇌·존재의 번뇌·교만의 번뇌·무명의 번뇌·견해의 번뇌·의심의 번뇌·싸워 다툼·미워함·아첨·속임·거짓말·두말과 한량없이 악하여 착하지 않은 법을 여의면, 이것을 괴로움의 끝이라고 말하오."

아는 뿌리와 아는바 앎에 의해 닿음이 있고 느낌이 있음을 보임

"여러 어진 이들이여, 비구가 눈[眼]을 없애고 빛깔[色]을 없애고 눈의 앎[眼識]을 없애고도, 닿음[更觸]이 있다고 해 닿음을 세운다면, 그것은 그럴 수가 없소.

만약 닿음을 세우지 않고도 느낌[覺]이 있다고 느낌을 세운다면, 그것은 그럴 수가 없는 것이오. 만약 느낌을 세우지 않고도 모습 취함을 세워, 집을 나와 도를 배우고 생각하며 닦아 익힌다고 한다면, 그것은 그럴 수가 없소.

이와 같이 귀·코·혀·몸에 대해서 또한 그러하오.

뜻을 없애고 법을 없애고 뜻의 앎을 없애고서도, 닿음이 있다고 해 닿음을 세운다면, 그것은 그럴 수가 없소.

만약 닿음을 세우지 않고도 느낌이 있다고 느낌을 세운다면, 그것은 그럴 수가 없는 것이오. 만약 느낌을 세우지 않고도 모습 취함을 세워, 집을 나와 도를 배우고 생각하며 닦아 익힌다고 한다면, 그것은 그럴 수가 없소.

여러 어진 이들이여, 비구가 눈을 말미암고, 빛깔을 말미암고, 눈의 앎 때문에 닿음이 있다고 해 닿음을 세운다면, 반드시 그럴 수가 있는 것이오.

닿음을 세움으로 인해 느낌이 있다고 해 느낌을 세운다면, 반드시 그럴 수가 있는 것이오. 느낌을 세움으로 인해 모습 취함을 세워, 집을 나와 도를 배우고 생각하며 닦아 익힌다고 한다면, 반드시 그럴 수가 있는 것이오.

이와 같이 귀·코·혀·몸에 대해서 또한 그러하오.

뜻을 말미암고, 법을 말미암고, 뜻의 앎을 말미암아 닿음이 있다고 해 닿음을 세우면, 반드시 그럴 수가 있는 것이오.

닿음을 세움으로 인해 느낌이 있다고 느낌을 세우면, 반드시 그럴 수가 있는 것이오. 느낌을 세움 때문에 모습 취함을 세우고, 집을 나와 도를 배우고 생각하며 닦아 익힌다고 한다면, 반드시 그럴 수가 있는 것이오.

여러 어진 이들이여, 세존께서는 간략히 이 뜻을 말씀하시어 널리 분별하지 않으시고, 곧 자리에서 일어나 방으로 들어가 좌선하셨소.

세존께서는 말씀하셨소.

'비구여, 만약 사람이 이 생각으로 말미암아 집을 나와 도를 배우고 생각하며 닦아 익히고, 이 가운데서 과거와 미래와 현재의 법을 사랑하지도 않고 즐거워하지도 않으며, 거기에 집착하지도 않고 머물지도 않으면, 이것을 괴로움의 끝이라 말하오.

탐욕의 번뇌·성냄의 번뇌·존재의 번뇌·교만의 번뇌·무명의 번뇌·견해의 번뇌·의심의 번뇌·싸워 다툼·미워함·아첨·속임·

거짓말·두말과 한량없이 악하여 착하지 않은 법을 여의면, 이것을 괴로움의 끝이라고 말하오.'

이것을 세존께서는 간략히 말씀하시고, 널리 그 뜻을 분별하시지 않으셨소. 나는 이 글귀와 이 글로써 이와 같이 널리 말하였소.

여러 어진 이들이여, 붇다께 가서 갖추어 여쭈어 만약 세존께서 말씀하신 뜻과 같으면, 여러 어진 이들은 곧 받아 지녀도 좋소."

이에 여러 비구들은 존자 마하카타야나의 말을 듣고, 잘 받아 지녀 외우고 곧 자리에서 일어나, 존자 마하카타야나를 세 번 두루고 떠났다.

세존께서 마하카타야나의 논의를 찬탄하고,
여섯 아는 뿌리[六根]를 돌이켜 살펴 법의 맛 얻도록 가르치심

그들은 붇다 계신 곳으로 나아가 머리를 대 절하고, 물러나 한쪽에 앉아 말씀드렸다.

"세존이시여, 얼마 전 세존께서는 이 뜻을 간략히 말씀하시어 널리 분별하시지 않고, 곧 자리에서 일어나 방으로 들어가 좌선하셨는데, 존자 마하카타야나가 이런 글귀와 이런 글로써 그 뜻을 널리 말하였습니다."

세존께서는 들으시고 찬탄하여 말씀하셨다.

"참 좋은 일이다. 나의 제자 가운데는 눈이 있고 지혜가 있으며, 법이 있고, 뜻이 있다. 왜 그런가. 곧 스승은 제자를 위해 간략히 이 뜻을 말하고 널리 분별하지 않았는데, 제자는 이런 글귀와 이런 글로써 그 뜻을 널리 말하였다.

마하카타야나가 말한 대로 너희들은 이와 같이 받아 지녀야 한다.

왜냐하면, 뜻을 살펴 말하는 것은 이와 같아야 하기 때문이다.

비구들이여, 마치 어떤 사람이 일 없는 곳이나 산숲이나 나무 사이에 갔다가 홀연히 꿀덩이를 얻어, 그 먹는 바를 따라 그 맛을 얻는 것과 같다. 이와 같이 좋은 종족의 사람도 나의 바른 법과 율에서 그의 살피는 바를 따라 그 맛을 얻는다. 눈을 살펴 맛을 얻고, 귀·코·혀·몸을 살피고, 뜻을 살피어 맛을 얻는다.”

'꿀덩이로 비유한 경'이라 이름하여 받아 지니게 하심

그때 존자 아난다는 털이[拂子]를 잡고 붇다를 모시고 있었다. 이에 존자 아난다는 두 손을 맞잡고 붇다를 향하여 말씀드렸다.

“세존이시여, 이 법을 무엇이라 이름해야 하며, 저는 어떻게 받들어 지녀야 하겠습니까?”

세존께서 말씀하셨다.

“이 법을 ‘꿀덩이로 비유한 경’[蜜丸喩經]이라 이름하여 너는 받아 지녀야 한다.”

그리고 이에 세존께서는 여러 비구들에게 말씀하셨다.

“너희들은 이 꿀덩이로 비유한 법을 받아 읊어 외우고 읽어야 한다. 왜냐하면 비구들이여, 이 꿀덩이로 비유한 법은 법이 있고 뜻이 있으며 범행의 근본으로서, 신통에 나아가고 깨달음에 나아가며, 니르바나에 나아가기 때문이다.

만약 좋은 종족의 사람으로 머리와 수염을 깎고 가사를 입고, 지극한 믿음으로 집을 나와 집 없이 도를 배우는 자는, 이 꿀덩이로 비유한 법을 잘 받아 지녀야 한다.”

붇다께서 이렇게 말씀하시자, 존자 아난다와 비구들은 붇다의 말씀을 듣고 기뻐하며 받들어 행하였다.

• 중아함 115 밀환유경(蜜丸喩經)

• **해설** •

세존의 가르침은 세간의 다른 여러 주장 가운데 또 하나의 주장을 세워 보인 것인가. 이에 대해 세존께서는 '나의 법은 있음과 있음 아님, 생각 없음에 집착 없는 법이라 다툼 떠나 참으로 삶을 청정케 하는 법'이라 답변하신다.

세존께서는 있음에서 실로 있음을 떠나고 없음에서 실로 없음을 떠난다. 그러므로 주장하고 말하는 것에 실로 말할 것이 없고 사유하는 것에 실로 생각할 것이 없음을 알게 하시어, 주장하는 것에 실로 말할 것이 있다고 해 자기주장을 세워 싸우는 이들 가운데 다툼 없는 진리의 길을 열어 보인다.

세존은 말하고 보는 것에 실로 말할 것과 볼 것을 두어 집착함으로써 번뇌를 일으키고 성냄을 일으키는 세간 속에서, 집착 떠나 괴로움의 끝에 이르는 길을 보이시니, 앎에서 앎을 떠난 자만이 모습에서 모습 떠나 다툼 없는 사마디[無諍三昧]의 길을 따라 배울 수 있을 것이다.

이 뜻을 다시 묻는 여러 비구들에게 논의로 으뜸가는 제자 마하카타야나는 보는 자[六根]와 보여지는 것[六境], 보는 앎[六識]에 실로 그렇다 할 자기실체가 없어서, 앎을 따라 일어난 닿음·느낌·모습 취함에도 실로 머물 것이 없음을 먼저 논의한다.

그리하여 인연으로 자기동일성을 성취한 앎과 느낌 등에 취할 것이 없고 머물 것이 없으면, 탐욕과 성냄, 삼세의 법에 대한 집착과 그릇된 언어생활을 떠나 괴로움의 끝에 이를 수 있음으로 다시 풀이한다.

세존께서 카타야나의 풀이를 다시 크게 인정하여 그의 해설과 논의가 '붇다의 뜻과 맞음'을 대중 앞에 찬탄한다.

세존의 법은 세존의 내면의 법이 아니라 온갖 중생의 법이다. 그러므로 세존의 연기의 진리는 가르침을 듣고 자기자각에 이르른 카타야나에 의해 그 진리성이 검증되고, 카타야나의 바른 논의는 붇다에 의해 인정받고, 카타야나의 바른 설명으로 붇다의 가르침은 대중 속에 대중의 진리로 선포되었다.

저 깊은 산속에 들어가 눈을 잘 뜨고 찾아보면 반드시 꿀덩이를 얻을 수 있다.

그렇듯 아는 눈뿌리를 살펴 실로 보고 아는 자가 없는 줄 알고, 보여지는 빛깔을 살펴 실로 볼 것이 없는 줄 알며, 보는 앎을 돌이켜 보되 봄이 없는 줄 알면, 보고 듣고 아는 가운데 다함없는 법맛[法味]을 볼 수 있는 것이다. 니르바나의 법맛에 이끄는 이 길이 이렇듯 분명한데 이 길밖에 다시 어떤 바깥길을 헤매어 다닐 것인가.

저 카타야나만이 세존께서 말씀하신 뜻을 설명할 수 있으리라

이와 같이 들었다.

한때 붇다께서는 사카족 카필라 국의 니그로다 동산에서 큰 비구 대중 오백 명과 함께 계셨다.

그때 세존께서는 공양을 마치고 니그로다 동산에서 비라야(毗羅耶)로 가셔서 마을 가운데 한 나무 밑에 앉아 계셨다.

이때 지팡이를 쥔 사카족 사람이 카필라 성을 나와 세존 계신 곳에 나아가 잠자코 서 있었다. 그때 지팡이를 쥔 사카족 사람이 세존께 여쭈었다.

"사문께서는 무엇을 가르치고 무엇을 주장하시오?"

세존께서 말씀하셨다.

"브라마나는 알아야 하오. 내가 주장하는 것은 하늘이나 용이나 귀신이 미칠 수 있는 것이 아니오. 또한 세상에 집착하는 것도 아니고 다시 세상에 머무르는 것도 아니오. 내가 주장하는 것은 바로 이것을 말할 뿐이오."

그러자 지팡이를 쥔 사카족 사람은 머리를 끄덕이며 찬탄하고는 곧 물러갔다.

이때 여래께서도 곧 자리에서 일어나 머무시는 곳에 돌아가셨다. 그때 세존께서 여러 비구들에게 말씀하셨다.

"조금 전 저 동산 가운데 앉아 있었는데 지팡이를 쥔 어떤 사카족이 나 있는 곳에 찾아와 내게 물었다.

'사문께서는 무엇을 가르치고 무엇을 주장하시오?'

그래서 나는 대답해 말했다.

'내가 주장하는 것은 하늘이나 용이나 귀신이 미칠 수 있는 것이 아니오. 또한 세상에 집착하는 것도 아니고 다시 세상에 머무르는 것도 아니오. 내가 주장하는 것은 바로 이것을 말할 뿐이오.'

그랬더니 지팡이를 쥔 사카족 사람은 이 말을 듣고 곧 물러갔다."

집착 없음과 머묾 없음의 뜻을 비구가 다시 물으니
간략히 말씀하고 널리 분별하지 않으심

그때 어떤 비구가 세존께 말씀드렸다.

"어떤 것이 세상에 집착하지 않고 다시 세상에 머무르지도 않는다는 것입니까?"

세존께서 말씀하셨다.

"내가 주장하는 것이란, 아주 이 세상을 집착하지 않는 것이다. 지금도 탐욕에서 해탈하여 그 사카족의 여우 같은 의심을 끊어 뭇 생각이 없게 하였다. 내가 주장하는 것은 바로 이것을 말할 뿐이다."

세존께서는 이렇게 말씀하시고 곧 일어나 방으로 들어가셨다.

이때 비구들은 각기 서로 말하였다.

"세존께서 조금 전 하신 말씀은 그 뜻을 간략히 말씀한 것이다. 누가 이 뜻을 말해줄 수 있을까?"

이때 여러 비구들은 서로 말하였다.

"세존께서는 늘 존자 마하카타야나를 칭찬하신다. 지금 오직 존자 카타야나만이 이 뜻을 말할 수 있다."

이때 여러 비구대중들은 카타야나에게 말하였다.

"아까 여래께서는 그 뜻을 간략히 말씀하셨습니다. 존자께서는 널리 연설하고 낱낱이 분별해 이 사람들이 이해하도록 해주시길 바랍니다."

카타야나가 앎·느낌·닿음이 인연으로 일어나 실체 없음을 보임

카타야나가 대답하였다.

"마치 마을의 어떤 사람이 재목의 진짜 심을 구하려고 마을을 나섰다가, 큰 나무를 보고는 곧 도끼로 베어 가지와 잎사귀만 가지고 나무는 버리고 떠나는 것과 같소.

지금 그대들도 다시 이와 같아서 여래를 버리고 가지에서 심을 찾는 것이오. 여래께서는 모든 것을 다 살펴보시고, 두루하지 않음이 없이 세간을 비추어 밝히시니, 하늘과 사람의 길잡이시오.

여래께서는 법의 참주인이시니 그대들도 때가 되면 저절로 여래께서 그 뜻을 말씀해주심을 만나게 될 것이오."

그때 여러 비구들은 대답하였다.

"여래께선 법의 참주인이시어서, 그 뜻을 널리 연설해주십니다. 그러나 존자께서는 세존의 언약을 받으셨으니 그 뜻을 널리 말씀하실 수 있습니다."

카타야나는 대답하였다.

"그대들은 자세히 듣고 잘 사유해 생각하시오. 내가 그 뜻을 연설해 분별해주겠소."

여러 비구들이 말하였다.

"매우 좋습니다."

이때 비구들은 곧 그 가르침을 받아들이니, 카타야나는 말하였다.

"여래께서 말씀하신 것은 다음과 같소.

'내가 주장하는 것은 하늘이나 용이나 귀신이 미칠 수 있는 것이 아니다. 세상에 집착하는 것도 아니고 다시 세상에 머무르는 것도 아니다. 그렇게 나는 거기서 해탈하였고 여러 여우 같은 의심을 끊어 다시는 머뭇거림이 없다.'

지금 중생의 무리들은 싸워 다투기를 좋아해 온갖 어지러운 생각을 일으키는데, 또 여래께서는 말씀하셨소.

'나는 그 가운데 물들어 집착하는 마음을 일으키지 않는다.'

이것은 바로 탐욕의 번뇌, 성냄·삿된 견해·욕계의 번뇌, 교만의 번뇌, 의심의 번뇌, 무명의 번뇌로서 칼과 몽둥이의 고통을 만나는 갚음, 사람들과 싸워 다툼, 여러 가지 좋지 못한 행을 일으킴과 어지러운 생각을 일으킴, 좋지 않은 행을 일으킴이오.

만약 눈[眼]이 빛깔[色]을 보면 앎[識想]이 일어나고, 이 세 가지가 서로 원인[因]이 되어 닿음[更樂]이 있게 되며, 닿음으로 말미암아 괴로운 느낌[痛]이 생기고, 느낌으로 말미암아 느끼는 바[覺]가 있게 되고, 느낌이 있으므로 모습 취함[想]이 있고, 모습 취함이 있으므로 곧 헤아리게 되며, 거기서 온갖 집착하는 생각을 일으키게 되오.

귀[耳]로 소리[聲]를 듣고, 코[鼻]로 냄새[香]를 맡으며, 혀[舌]로 맛[味]을 보고, 몸[身]으로 가늘고 부드러운 닿음[細滑]을 느끼고, 뜻[意]으로 법(法)을 알고는 곧 앎[識想]을 일으키오.

이 세 가지가 서로 원인이 되어 닿음이 있게 되며, 닿음으로 말미암아 괴로운 느낌이 생기고, 느낌으로 말미암아 느끼는 바가 있게 되고, 느낌이 있으므로 모습 취함이 있고, 모습 취함이 있으므로 곧 헤아리게 되며, 거기서 온갖 집착하는 생각을 일으키게 되오.

이것이 곧 탐욕의 번뇌, 성냄·삿된 견해·욕계·교만·의심·무명의 번뇌이니, 다 칼과 몽둥이의 변고를 일으키고 여러 가지 변고를 일으켜 이루 헤아릴 수 없소.

만약 어떤 사람이 '눈이 없고 빛깔이 없어도 닿음이 있다'고 말한다면 이 일은 그럴 수 없소.

또 '닿음이 없어도 아픈 느낌이 있다'고 말한다면 이 또한 그럴 수 없소. 또 '아픈 느낌이 없어도 모습 취하는 집착이 있다'고 말한다면 이 또한 그럴 수 없소.

또 설사 어떤 사람이 '귀가 없고 소리가 없으며, 코가 없고 냄새가 없으며, 혀가 없고 맛이 없으며, 몸이 없고 닿음이 없으며, 뜻이 없고 법이 없어도 앎이 있다'고 말한다면 끝내 그럴 수 없소.

또 만약 '앎이 없어도 닿음이 있다'고 말한다면 이 또한 그럴 수 없소. 또 '닿음이 없어도 느낌이 있다'고 말한다면 이 또한 그럴 수 없소. 또 '느낌이 없어도 집착하는 생각이 있다'고 말한다면 그것도 옳지 않소.

만약 다시 어떤 사람이 '눈이 있고 빛깔이 있으면 그 가운데서 앎을 일으킨다'고 말한다면 그것은 반드시 그렇소.

또 '귀와 소리·코와 냄새·혀와 맛·몸과 닿음·뜻과 법이 있으면 그 가운데서 앎을 일으킨다'고 말한다면 그것은 반드시 그렇소.

여러 어진 이들이여, 아셔야 하오. 이런 인연으로 말미암아 세존께서 말씀하셨소.

'내가 주장하는 것은 하늘이나 세상 사람, 마라와 마라의 하늘이

미치지 못하는 것이다. 또한 세상에 집착하지도 않고 다시 세상에 머무르지도 않는 것이다. 그렇게 나는 그 탐욕에서 해탈을 얻어 여우 같은 의심을 끊고 다시는 머뭇거림이 없다.'

그렇게 세존께서는 이런 까닭에 그 뜻을 간략히 말씀하신 것이오.

그대들이 만약 마음에 풀리지 않으면 다시 여래 계신 곳에 찾아가 이 뜻을 거듭 여쭈어보십시오. 그리고 여래께서 무슨 말씀이 계시거든 잘 기억해 받들어 지니시오."

그때 많은 비구들은 카타야나의 말을 듣고 옳다고 말하지도 않고 그르다고 말하지도 않고 곧 자리에서 일어나 떠났다. 스스로 서로 이렇게 말했다.

"우리는 이 뜻을 가지고 여래께 가서 여쭤봅시다. 그리고 세존께서 무슨 말씀이 계시면 잘 받들어 행합시다."

그때 비구대중들은 세존 계신 곳으로 나아가 세존의 발에 머리를 대 절하고 한쪽에 앉았다. 그리고 비구대중들은 조금 전 있었던 일을 세존께 갖추어 말씀드렸다.

세존께서 카타야나를 찬탄하고 경을 잘 받들어 행하도록 당부하심

그때 여래께서 비구들에게 말씀하셨다.

"카타야나 비구는 총명하고 말솜씨[辯才]가 있어 그 뜻을 널리 말하였다. 만약 너희들이 나 있는 곳에 찾아와 이 뜻을 물었더라도 나 또한 이런 뜻으로 너희에게 말해주었을 것이다."

그때 아난다가 여래의 뒤에 있었는데, 아난다가 붇다께 말씀드렸다.

"이 경의 뜻과 이치는 아주 깊고 깊습니다. 마치 어떤 사람이 길을 가며 단이슬을 얻게 되었는데, 가져다 맛보니 아주 향기롭고 맛있어 아무리 먹어도 물리거나 싫증이 나지 않는 것과 같습니다.

이 또한 이와 같아서 잘 행하는 남자나 여인이 이르는 곳에서 이 법을 듣는다면 싫증이 나지 않을 것입니다."

아난다는 거듭 세존께 말씀드렸다.

"이 경의 이름은 무엇이며, 어떻게 받들어 행해야 합니까?"

세존께서 아난다에게 말씀하셨다.

"이 경의 이름은 '단이슬 같은 법의 맛'[甘露法味]이다. 잘 생각해 받들어 행해야 한다."

그때 아난다는 붇다의 말씀을 듣고 기뻐하며 받들어 행하였다.

• 증일아함 40 칠일품(七日品) +

• 해설 •

보고 들음 속에서 보고 들음을 떠나고 세간의 온갖 존재 가운데 존재를 벗어나 세간에 대한 집착과 머묾 떠난 붇다의 크나큰 자유의 길을 누가 다시 올바르게 풀이할 수 있는가.

마하카타야나 존자가 세존의 길을 다시 밝히니, 세존은 늘 카타야나 존자가 성문제자 가운데 논의로 으뜸이라 찬탄하신다.

여기 실로 아는 자가 있고 저기 실로 알 것이 있고 볼 것이 있다면, 세간에 대한 온갖 집착과 탐욕 다툼이 일어나 쉬지 않는다.

실로 아는 자와 알 것이 있지 않기 때문에 아는 자[根]는 아는 것[境]을 의지해 앎[識]을 일으키니, 앎에 실로 앎이 없으면[知而無知] 온갖 집착된 사유와 관념으로 다투거나 물들지 않는다.

있음에서 있음을 벗어나고 앎에서 앎을 벗어난 여래의 해탈의 길을, 있음[有]에 갇혀 있음을 늘려 키워 더 많은 것을 갖고 더 높은 곳으로 오르려는 저 온갖 세간 하늘과 마라의 무리들이 어찌 엿볼 수 있겠는가.

이 법이야말로 맛봄에서 맛봄을 떠나되 한량없는 법맛[無量法味]을 늘 맛보는 단이슬의 법맛[甘露法味]이니, 이 법을 받아 지니는 자 영겁의 목마름을 풀고 배고픔을 쉴 것이다.

여래의 길은 세간에 집착 없고 머묾 없다는 이 경의 가르침과 같이,『화엄경』(「보현행품」) 또한 여래의 몸 아닌 법의 몸이 세간에 들어가 계시되 세간에 집착 없음을 다음과 같이 찬탄한다.

여래 법신의 공덕의 곳간은
널리 세간 가운데 들어가서
비록 이 세간에 계시지만
세간에 집착하는 바 없네.

如來法身藏　普入世間中
雖在於世間　於世無所著

비유하면 맑고 깨끗한 물에
그림자의 모습 오고감이 없듯
법의 몸이 세간에 두루하심도
또한 이와 같음 알아야 하네.

譬如淸淨水　影像無來去
法身遍世間　當知亦如是

학담 鶴潭

1970년 도문화상(道文和尙)을 은사로 출가하여
동헌선사(東軒禪師)의 문하에서 선(禪) 수업을 거친 뒤
상원사·해인사·봉암사·백련사 등 제방선원에서 정진했다.
스님은 선이 언어적 실천, 사회적 실천으로 발현되는
창조적 선풍을 각운동(覺運動)의 이름으로 제창하며,
용성진종선사 유업 계승의 일환으로 서울 종로에
대승사 도량을 개설하고 역경불사를 진행하여
『사십이장경강의』『돈오입도요문론』『원각경관심석』
『육조법보단경』『법화삼매의 길』등 많은 불전 해석서를 발간했다.
이밖에도 한길사에서 출간한 『물러섬과 나아감』을 비롯하여,
『소외와 해탈의 연기법』『선으로 본 붇다의 생애』등
많은 저서가 있다.
시대의 흐름에 맞는 새로운 선원과 수행처 개설을 위해
도량을 양평 유명산(有明山)으로 이전하고
화순 혜심원 진각선원(眞覺禪院), 오성산 낭오선원(朗晤禪院)
도량불사를 진행 중이다.

아함경 **4**

연기법의 언어

지은이 · 학담
펴낸이 · 김언호
펴낸곳 · (주)도서출판 한길사

등록 · 1976년 12월 24일 제74호
주소 · 413-120 경기도 파주시 광인사길 37
　　　www.hangilsa.co.kr
　　　http://hangilsa.tistory.com
　　　E-mail: hangilsa@hangilsa.co.kr
전화 · 031-955-2000~3　　팩스 · 031-955-2005

부사장 · 박관순 | 총괄이사 · 김서영 | 관리이사 · 곽명호
영업이사 · 이경호 | 경영담당이사 · 김관영 | 기획위원 · 류재화
책임편집 · 서상미 이지은 박희진 박호진
기획편집 · 백은숙 안민재 김지희 김지연 김광연 이주영
전산 · 노승우 | 마케팅 · 윤민영
관리 · 이중환 문주상 김선희 원선아

CTP출력 및 인쇄 · 예림인쇄 | 제본 · 경일제책

제1판 제1쇄 2014년 7월 30일

값 30,000원
ISBN 978-89-356-6284-5 94220
ISBN 978-89-356-6294-4 (세트)